吉野作造選集 3

大戦から戦後への国内政治

岩波書店

編集
松尾尊兊
三谷太一郎
飯田泰三

凡　例

一　本巻には、一九〇九年から一九二一年に至る国内政治に関する論説を収録した。時系列に排列し、本文は原則として初出の新聞・雑誌を底本とした。

二　底本を可能な限り尊重したが、次の諸点については整理をおこなった。

1　漢字は原則として新字体を用い、異体字等はおおむね通行の字体に改めた。

2　合字は通行の字体に改めた。

3　句読点、中黒などについては基本的に底本のあり方を尊重したが、特に必要と認められる箇所に限り補正した。傍点については極端に多用されているものは省いた。

4　底本の明らかな誤字・誤植は正した。

5　振りがなについては、原文を尊重しながら、編者によって新かなで付した。

6　底本にある引用符は慣用に従って整理したが(引用文や論文名などは「　」、書名・雑誌名などは『　』)、引用符が原文にない場合はそのままとした。

三　編者による注記は次の原則によりおこなった。

誤記等によって文意が通じ難い箇所には、行間に〔　〕を用いて注記を加えた。また、脱字及び特に注記が必要な場合は、本文中に〔　〕を付して補った。

目　次

大戦から戦後への国内政治　（一九〇九年―一九二一年）

教育界に於ける基督教の圧迫を難ず

近頃東京毎日によりて伝えられたる高等師範の教授の辞職、生徒の退学なる二事実に依て、教育と宗教との関係といふ古き問題が、再び世間の注意を惹くこととなつた。実は斯んな問題は、疾《と》うの昔に解決されて居るものであつて、今頃之を繰り返すまでも無い筈のものである。然るに、実際教育社会には猶未だ此事に就て間違つた考を抱いて居るものがあるし、基督《キリスト》教を圧迫して居るの事実は、右の二件の外に、東京にも、地方にも、まだ沢山あるといふ事であるから、予は玆に之等の謬想を正す為めに、数言を費さうと思ふ。

教育者並びに将来教育家たらんと欲する師範学校生が、教会に出入したり、基督教を信じたりするのは、何故悪るいか。何の理由に基いて、学校の当局者が信者たる教師を罷免し、何の理由あるに依つて教師舎監の輩が、生徒の教会に出入するを妨げ、甚しきは之に退学を命ずるか。中には何の理由もなく、単に毛嫌するといふ自分の私情より打算して、斯かる大事を決行するのもあるらしい。斯かる輩は、盲目者流として笑ふと共に、教育界の賊として厳重に排斥せざるを得ぬのであるが、其の相当の理由を有するといふ者に就て観るも、其理由たるや頗る薄弱である。今此輩の宗教排斥の理由として取る所如何を考ふるに、大体(一)基督教は我国国体と合はぬといふ説、(二)基督教は我国固有の家族制度と合はぬといふ説、(三)宗教と教育との分離は欧洲諸国にても漸次行はれて居るといふ説、(四)教育者にして基督教徒たる者は自然に頭脳未だ定らざる学生を感化して特種の信仰に偏せしむるの嫌ありとの説の、四種に分るゝやうである。予は此四種の説を簡単に批評して見やう。

第一に、基督教が我国体と一致両立するを得ぬといふ説は今日に於て、加藤老博士の外は、何人《なんびと》も之を唱ふるの勇気を有《も》たない。理論としては、此問題は既に二十年前に解決を告げた。又事実としても、基督教界の名士中より幾多の愛国者を出せることによりて、此問題は問題たらざるに至つた。予自身の意識に於ても、忠君愛国の赤誠に於て、敢て基督教徒たらざる多くの友人に劣るとは夢にも思つて居ぬ。殊に最近加藤博士の質問あつて以来、此問題は縦横無尽に十分に論じ尽されたから、今更冗言を加うるまでもない。実は、予は加藤博士の議論はまだ之を熟読して居らぬ。只夫の二大質問なるものは読んで見たが、其時、予は斯かる問題は、基督教徒のみの問題では無いと感じた。国家が不義の戦争を命ずる時吾々は如何に処置するかと云ふやうな問題は、独り基督教徒のみならず、仏教徒も報徳宗も、博士にも皇族にも共通なる、云はゞ日本国民が共同に解釈の責任を有するの道徳的大問題である。又鳥獣草木を食ふのは如何と云ふが如きも、基督教にも仏教にも共通のものであつて、殊に近代の如く慈悲博愛の精神の発達するに当りては、一部の倫理問題と云つてよい。斯んな問題を動物虐待防止会にでも向けるなら兎も角、之を我が基督教の急所を衝ける問題として掲げ来るのは、噴飯に堪えない。以て基督教反国体論の根拠なきことを想像するに足る。且つ又基督教が果して国体と相容れぬ者であるならば、基督教は単に教育界より之を排斥すべきのみならず、日本全国のあらゆる方面に於て之を禁ぜねばならぬ。日本国民に対し、国禁として基督教の信奉を差し止めねばならぬ筈である。頑迷固陋なる教育家諸君、諸君は、敢て基督教国禁論を主張するの確信と気力とを有するか。

第二に、基督教は我国固有の家族制度と合はぬといふ説を楯として、之を排斥せんとする者がある。併し基督教は、事実上果して我国固有の家族制度と合はぬものであるかどうか。仮りに事実上合はぬとしても、其固有の家族制度は、基督教を棄てゝまでも之を維持するの必要あるかどうか。我等は国粋保存論者である。併し乍ら、国粋の存在を危くする者は、何物と雖《いえど》も悉《ことごと》く之を棄てよと主張する程、没分暁漢《わからずや》では無い。固有の家族制度は、出来るなら之を維持したい。併し之を危うするから基督教を棄てよといふならば、先づ所謂固有の家族制度なるものは、基督教よりも価値多きものなりや否やを研究せよと答ねばならぬ。之を研究せずして、基督教を一概に棄てようとするのは、角を保存する為めに牛を殺すやうなものである。我国固有の家族制度は、明治時代になりて、殊に近代に至りて、大に動揺を来して居るのは、疑ふべからざる事実である。而して其原因は、決して基督教の為めでは無い。何となれば、基督教は、不幸にして、今日未だ我国の家族制度を動す程に普及して居らぬ。尤も全然無関係とは断言するを憚るも、其主たる原因でないことは、明白である。家族制度が、数千百年来の固有の形状を、段々失はんとしつゝあるに至つたのは、実に時勢の変に基くのである。今日の社会の進歩が、斯の結果を生んだのである。故に家族制度の動揺を憂うるものは、須《すべか》らく明治現代の文明を呪咀すべきである。基督教を兎や角いふのは御門違である。予は更に一歩を進めて云ふ。既に動揺しかけた家族制度にして、其紛乱を解き其放漫を収め、再び衰勢を挽回して、新なる面目を以て現代に活躍せんとせば、実に我が基督教と提携せざるを得ぬ。此辺の消息は、猶詳論を要するから、他日別に論ずるとしやう。兎に角、固有の家族制度の破壊者は、現時の文明其者である。基督教は正に其修補の任に当るべきものであることのみを断言しておく。

第三に、宗教教育の分離は最近欧洲諸国の流行なりといふ説を唱へ、以て教育より宗教を駆逐すべき道理の事実上の証明とする者がある。併し、欧羅巴《ヨーロッパ》に行うた事は、何時でも我国の之に倣《なら》つてよいといふ理窟は何処にあるか。又欧羅巴で行つて正当な事が、必ず我国に行つて正当であるといふ理窟は何処にあるか。加之《しかのみならず》、欧洲諸国に於ける宗教教育の分離といふ事は、我国の宗教教育の関係とは、丸で訳が違ふ。其差別のある処をも知らずして、一概に彼此混同して議論するとは、無識にも程があると呆れざるを得ない。欧洲に於ける宗教教育の分離といへば、先づ第一に指を英国の例に屈するが、英国に於ては、日本の様に、全然宗教的勢力を教育界より一掃せんと企てたのでは無い、教育上に於ける国教の独占的特権を剝奪し、国教も民立諸教会も、平等の地位に置かんとしたのである。英国にては、従来国民教育の全権を国教に委ねて居つた。従て国立教会は、人民の租税に依て学校を建て、僧侶(学校教師は皆僧侶なり)を養ひ、且つ之に依て国教の信仰を学生に強うることを得た、而かも之等の負担は国教信徒たると否とを問はず、苟《いやし》くも人民たるもの丶均しく負ふ所である。其他国立教会は、啻《ただ》に教育上のみならず、政治上にも、社会上にも、種々の特権を有つて居つた。国立教会が多くの特権を有つて居るだけ、又其特権を恣《ほしいまま》に弄するだけ、一般人民、特に民立諸教会の信徒は苦むのである。而して所謂宗教教育の分離とは、実に国民教育の事業をして、此国教の専恣より解放救済せんことを目的とするものである。決して一般の宗教と教育とを、全く絶縁せしめんとするものでは無い。次に仏国にも、先年来、政教分離問題と云ふものがある。之は教育方面のみではなく、広く一般の公社〔会〕界より、宗教を排斥せんとするの企図である。之も能く研究して見ると、一般に基督教を排斥せんとするものでは無くして、羅馬《ローマ》旧教を社会の表通りから追ひ除《の》けて、裏通に押込めんとするに過ぎないのである。従来羅馬旧教は、仏国の国教として公認せられ、国家より種々の特権と補助とを受け、其僧侶の如きは、政治上重要の権利を有して居つた。時としては、教会の勢力が政府を眼中に置かぬと云ふ様の事すらあつた。殊にローマ旧教では、ローマ法王を無上の主と仰ぐが故に、勢ひローマ旧教の跋扈は、仏国々家の統一を危うするの恐がある。於是《ここにおいて》、仏国の識者は、ローマ旧教の政治上の特権を剝ぎ、其の補助を止め、全然他の一般の宗教派と同じく、全然宗教的事業のみに従事せしめやうと企てた。是即ち同国に於ける政教分離問題の真相にして、之に伴つてローマ旧教は、教育界に於ても、無論其特権を失ふ訳になるが、要するに、基督教そのものを排斥するといふ主旨でないことは明白である。其他伊太利《イタリア》にも西班牙《スペイン》にも、同様の問題は起つたが、何《いず》れも国教に対する信仰自由主義の反抗若くは勝利とい〔ふ〕べきものであつて、基督教そのものを排斥したものは一つも無い。寧ろ彼等は、教育と宗教と密接に関係せんことを希望して居るものであつて、只国教主義の弊害に飽くまで反抗したのみである。故に、若し吾人にして彼等に対《むか》ひ、吾等は卿等の為す所に倣ひて、宗教の勢力を全然教育界より駆逐し去らんと腐心しつゝありと云はゞ、彼等は寧ろ事の意想外なるに一大喫驚を感ぜざるを得ないであらう。

第四に基督教徒たる教師は、やゝもすれば学生を感化して、特種の信仰に偏せしむるの嫌ありとの説を唱ふる者がある。併し乍ら、教師が其人格の力を以て自づと学生を感化開導するのは、何故に厭ふべきか。教育といふことが、只機械的に物を教うるに止らざる限り、人格的感化といふことは、寧ろ最も貴むべきものではなからうか。否、寧ろ之れこそ却て教育の真髄ではあるまいか。若し人格的感化といふことを教育界が容るゝことが出来ぬとならば、有為の良教師は皆其職を去らねばなるまい。教育界は全く平凡なる教授機械を以て充さるゝの外なからう。論者或は曰う。人格的感化が悪いのでは無い、人格的感化に由て、耶蘇《ヤソ》教といふ特種の偏した信仰を抱かしむることが宜しくないと。然らば問ふ。耶蘇教といふ特種の信仰に偏することは、ナゼ悪いか。之には更に理由が無いやうだ。又仮りに数百歩譲りて、耶蘇教といふ特種の信仰に偏するが悪いとした所で、之は左まで憂ふべき事では無い。良教師を排斥してまで争ふべき程の問題ではないと思ふ。何となれば、斯くして得たる特種の信仰は、多くの場合に於て之を覆すに大なる困難は無いからである。斯んな事は基督教徒たる吾人の口より言ふを恥ぢる。併し事実だから致方がない。随分現代の青年間には、信徒は多い。然るに、之等の者の中、或は学校の迫害により、或は家庭の圧迫により、又卒業後社会に出でゝ俗界の風波にもまるゝの結果により、全然之を棄てざる迄も、甚だ基督教と遠くなるもの頗る多いのである。吾人は実に、彼等の薄志弱行を悲み、又此種の青年の多き現代の社会の為めに、長大息を禁ぜざるものであるが、是亦適《まさに》「所謂特種の信仰」なるもの、深く恐る丶に足らざる証拠である。故に地を換て教育界の諸君の側に立つて云ふならば、特種の偏信するものは、放任しておいても自ら消滅に帰するかも知れないものである。併し又多数の中には、斯かる薄志弱行者流とは全く選を異にし、一旦植えつけられたる信仰は、年と共に根蔕を深くし、日に月に生長発達して行くものもあらう。若し斯種の青年が少しでもあらば、教育者諸君は、須らく自己の人格の力を以て、反対の方向に之を開導すべきである。無垢の青年学生は、人格の力には動き易いものである。若し諸君の力が基督教徒たる教師其人の人格の力よりも、強く且優等なるものであるならば、耶蘇的偏信を覆すことは、一挙手一投足の労にも値せまい。若し一度決然として起つことあらば、基督教徒たる教師其人をも、自己の信念に同化することは出来る筈である。故に現今の教育社会は、自ら無能を以て居り、人格的感化力の皆無を自白する者に非る限り、基督教徒たる教師を排斥し去るの必要は、毛頭も無いと信ずる。(四月十七日吉野生記す)

〔『新人』一九〇九年五月〕

選挙権拡張論

一

つら〳〵我が国に於ける政党が従来、其の党勢拡張の方法を見るに、多くは地方の利益問題を提げ来つて、之を餌として、地方の人民を釣るといふが如き有様であつた。各政党共に、殆んど一として其の主義綱領を掲げ、輿論に訴へて、之を成就するが如きものはなかつたのである。たま〳〵大正の政変は、所謂「二月革命」を起こして、桂内閣は瓦解し、遂に立憲同志会の成立を告ぐるに至るや、同志会は極力其の地盤拡張の為めに、地方遊説を試みた。兎にも角にも、到る処に演説会を公開し、其の主張を陳弁して、輿論の批判を求めたのである。事態斯くの如くなるに及んでは、政友会も亦黙視する能はずして、遊説員の部署を定め、新党対抗の策に出でたのである。事を隠微の間に決せず、正々の陣を張つて、旗鼓堂々の間に見ゆ、政治の公開――これたしかに憲政の一進歩として、慶賀するに躊躇しないのである。

併しながら、これは表面丈けの事実で、其の内幕を見ると、実は正反対である。所謂御馳走政略なるものが巧みに行はれて、暮夜饗宴遊楽、事は多く脂粉の香紛〔芬〕々たるの間に決せられてしまふ。これでは何の役にも立たない。勿論今の政治界に於いても、全く言論の勢力がないといふのではない。総選挙の際などに於いては、随分言論の実力も認められて居る。けれども、これとても亦、多くは其の時にのみ限られて、平時には全く用ひられない。否、総選挙の際といへども、最後の決着は言論の力にあらずして、畢竟金力である。それも少し許《ばか》りの額ではなくて、少なくとも四五千円、多くは五万十万といふ多額に達するといふに至つては、如何なる偉人といへども、金力の後援なくしては、当選を期し難いことゝなる。言論、学問、識見、手腕は何の力にもならずに、たゞ金力の如何によつて定まるといふが如きは、決して健全なる現象といふことが出来ぬ。而して其の結果はと言へば、言ふまでもなく、議会に人物が集まらぬといふことである。議会に人物が集まらぬといふは、すなはち議会が政府を監督するの力を有せぬといふことである。議会が政府を監督するの実力がないといふのは、畢竟するに、人民の意思によつて、政治が行へぬといふことである。

第一、多少の識見を有する者は、馬鹿々々しくて、政党者流の仲間入をしやうとは思はないのである。言論や手腕あることが、政治家として何の重きをもなさぬからである。そこで政党は人物欠乏といふことになる。人物が欠乏して居るから、いざ政党内閣が出来たといふときにも、政党内の人物を以ては、内閣を組織することが出来ぬ破目になる。山本氏、奥田氏等が、政友会に入党といふことになつたのも、法律上の議論は別として、畢竟政党――議会――に人物なきことを証明するものである。英国の立憲政治が、早く大に発達したのは、畢竟政党――議会――に人物が集まつたからだ。仏国も亦然りである。米国の立憲政治が時々まごつくのも矢張議会に人物のない結果である。故に立憲政治の発達如何は、繋《かか》つて政党及び議会に人物が集まるや否やにある。而して遺憾ながら、我が国選挙界の現状は、第一流の人物を議会に送り得ぬ状態にあるのである。

二

日本に於いては、第一流の人物は、議会に集まらずして、寧ろ直接に政府を組織し得る部分に集まつて居る。無論、日本は今過渡時代にあるから、一概にいふことは出来ぬが、政友会の大を以てしても、内閣大臣の全部を自党内部より出すことが出来なかつた。要するに日本に於ては、政治の中心点は議会を離れて居る。

そこで、議会は常に主動者の地位にあらずして、受動の地位に置かれてある。併し受動の地位にあるとは言へ、憲政の運用上、必要の機関であるからして、議会の同意を求めねばならぬ。是に於いてか、所謂議会操縦なるものが行はれるので、幾多の罪悪の根源は、則ちこゝに伏在するのである。勿論政界指導の任に当る人は、其の懐抱する政見に従つて、万般の政務を処理するけれども、一方議会操縦の必要の為めに、種々の公正を欠く手段の行はるゝは、避くべからざる所である。然も其の手段たるや、極めて巧みに運用するにあらざれば、容易に政権を掌握すること能はざるが故に、苟くも当今の日本に於いて、政界の要路を占め、其の実権を握らんとするには、単に政治上の手腕識見あることを要するのみならず、また別に政界の暗流に通じて、樽俎折衝《そんそせつしよう》の妙味を解することが必要条件である。是に於いてか、政治は遂に一種の専門の職業とならざるを得ない。一度専門の職業となるや、其の事を共にするものが、互に連盟して、堅く城壁を築き、飽くまでも其の地位を頑守せんと努力するが故に、足一度其圏外に出でたるものは、たとひ前述の諸要件を備へたる俊英の士と雖も、復た政権に近づくを得ないのである。例へば清浦子、高島子、伊東子等の如き、海千山千といふ人々であるが、一度桂系を脱出すれば、再び廟堂に立つの機会を捉へることが出来ぬのである。山本伯の崛起の如き、実は偶然の機会を捕へたのである。これは決して健全なる現象ではない。かゝる現状を打破して、見識あり、手腕ある人々をして、自由に内閣を組織せしめ得るやうにせねば、立憲政治の発達は、到底これを期待することが出来ぬのである。

彼の米国を見よ。現大統領ウヰルソン氏の如きは、もとこれ一介の学究ではないか。然も其政治家としての経験の如きも、短期間の知事たりしことあるに過ぎない。然るにも拘らずして、一度其の手腕あることを認めらるゝや、民主党より大統領候補者に推され、見事勝利の月桂冠を贏《か》ち得た。而して彼は就任後間もなく、自分の旧同僚たるウイスコンシン大学教授レインシユ氏を抜いて、これに支那公使たるの栄誉と責任とを与へた。而してまた彼の万国基督教青年会同盟総幹事モツト博士に対しては、英国の大使たらんことを懇請したのである。以て如何に一切の情実を無視して、切に能才を擢用しつゝあるかを知ることが出来る。吾人は真に健羨の情に堪へざるものである。

言論をして物言はしめよ、而して学問識見をして金力以上の権威たらしめよ。斯くの如くするにあらずんば、憲政の発達は空中架楼に終るであらう。而してこれを成就する所のもの、勿論、宗教家、教育家等の協力を要するのであるが、こゝに制度改正の一面よりいへば、予は遂に普通選挙論——選挙権拡張論——を提唱せざるを得ない。これたしかに一要素、否、一大要素であると信ずる。

三

普通選挙にすれば、如何なる利益があるかと尋ねる人があらう。予は直ちにこれに向つて答へたい。普通選挙によれば、候補者は最早金力を以て争ふことが出来なくなる。否でも応でも金力以外の要素すなはち言論、学問、識見を以て争はざるを得なくなる。これ憲政の一大進歩にあらざるかと。これは既に大選挙区制に於いて明かに認むることが出来る。況んや普通選挙になつては、選挙人が非常の多数になるから、中々金力が届き兼ねる。従つて買収は止むのである。これは西洋先進国の実例によつて、明かに知ることが出来る。

既に金力の及ばざる所、これ則ち言論、識見、雄弁、操守、学識、人格の天地の開くる所である。其の結果は、左の二大利益がある。

（一）　当選を欲する者並に、後援の政党が、大に人民の教育をすることゝなる。

（二）　議会に人物が集まる。

人民教育の一事は、ひとり総選挙の時のみならず、平常より力を入れてかゝるのである。西洋の政党などは、何処へ行つても大なる出版部を有して居て、種々の時事問題に就いて、平明に解説し、又意見を陳べたる小冊子を、幾十万となく印刷して、極めて廉価を以て販売し、以て其の普及を図るに努むること、実に驚くばかりである。我々研究者なども、其の出版部へ行きさへすれば、独り其の政党の出版物のみならず、学者の著書、反対党の著書なども集めて居るので、極めて便利を得るのである。また夫れ〴〵の新聞紙は、絶えず人民を教育して、自他の立場を、人民に了解せしめんと努めて居る。且つ毎年其の年頭に於て、政治上の出来事の年報を発行して居るが、これは学者に取つても参考となるもの多く、極めて有益なものである。若し夫れ総選挙の際の如きは、実に死物狂になつて、輿論の後援を得ることに努むるので、人民の教育されることは、実に非常なものである。

斯くなつては、最早金力などが、物の役に立つものでない。従つて苟くも自信ある者は進んで、政治の舞台に出でんことを希ふに至るのである。そこで一種の激烈なる生存競争が行はれることになつて結局全体に於いては、議論の筋の立つた、識見手腕ある人が選出されるやうになるのである。よく世人は西洋の議会は、政府を圧迫するとか、下院が上院を圧迫するとかいふのであるが、これは決して偶然でないので、畢竟するに人物の問題である。下院に人物が集まれば、上院を圧迫し、議会に人物集まれば、政府を圧迫する、これ寧ろ必然の理である。だから上院に人物が集まれば、逆まに下院を圧迫し、政府に人物が集まれば、議会を圧迫することもないとは言へぬのである。世人或は、英国に於いては下院が重きをなすところから、下院は皆さういふものと心得て居るが、仏国は寧ろ反対である。これ従来の伝説を破るものである。人物を議会に送ることが、如何に憲政の発達に関係するかは、今更喋々するを要しないのである。

四

普通選挙に対する反対説は、日本には中々に多い。予も亦固より、文字通に之を主張するのではない。要は選挙権の拡張といふことにあるので、例へば、従来直接国税十円以上の納税者に権利を与へて居たものを、五円以上に改めるとか、又はそれも直接税のみならず、間接税=消費税にまでも及ぼすとかいふが如きも、勿論よろしいのである。而して今其の普通選挙に対する反対説の重なるものを列挙して見れば――

第一、普通選挙を行ふには、其の選挙権を行使するに適するまで、人民の程度を高めざるべからずとの説。此の説はノンセンスである。例へば現在の制度に於いても、直接国税十円以上を納付する者は、果してよく其の選挙権の行使に堪へ得るものであるか。否、事実は全く之に反して居る。頻々として買収の行はるゝは何の状ぞ。予を以て之を見れば、現在有権者の三分の二以上――少なくとも過半数はたしかに正当に権利を行使し得ぬ者である。則ち此の議論を貫かんが為めには、遂に現在の制度を改正せざるべからざるに至るであらう。又十円の制限も、之を直〔接〕税にのみ限るは不公平である。よろしく之を間接税にも及ぼすべきで、之を直接〔税〕に限るは、正に富豪に偏する者である。更に進んで、之を欧洲先進国の実例に徴するも、人民の程度高きに及んで、普通選挙制を採れる国は一もないのである。欧洲に於いて、普通選挙制度を採用した時代の人民〔の程度〕は、今日の日本人よりも遥かに低い。否、今日と雖も、平均の教育程度は、日本の方が寧ろ高からう。たゞ日本に於いては、従来の教育方針なるものが、教育政治峻別の制度に出でたので、日本人は割合に政治の事には盲目であるが、一般文化の平均程度は、日本の方が高からうと思ふ。国民に政治的教育を施さずして、政治的智識なきが故に、之に選挙権を与へずといふが如きは、恰も動物を檻中に繋ぎながら、檻外の食物を取つて食へといふが如きである。欧洲に於いて普通選挙をして差支《さしつかえ》なしとせば、日本に於いても亦差支なしと認めて、何の不可なることがあらう。

第二、普通選挙にすれば、人民が社会主義などの煽動に乗つて、過激なる変革を喜ぶに至るとの説。これは重に保守主義の人の恐るゝ所であるが、此の憂は一応尤もである。けれども人民に政治教育を施さねばこそ、かゝる憂もあれ、若し政治教育を充分に施すならば、かゝる憂は断じてあるまいと信ずるのである。今日の日本に直ちに普通選挙を行へば、一時は弊害も起るであらう。併し各人各党を競ふの結果、政治的教育が充分に行はるゝやうになれば、附和雷同の弊は次第に減ずること、思はれる。欧洲の歴史よく之を証明して居る。普通選挙を直ちに日本に移すことは出来ぬにしても、之を行ひさへすれば、何時でも軽卒に人民が附和雷同するものと見るは、吾人同胞を侮辱するものである。

五

今仮りに百歩を譲つて、社会主義の如き急激者流が要路に立つたとせば、如何であるか。無論予は社会主義に対しては、正反対の意見を有するもので、従つて社会主義並に之に類する者が、政界に勢力を占むるが如きは、喜ばざる所であるが、議論上かく仮定して見れば如何であらうか。予は彼等が実権を握れば握るほど、思想行動共に穏健になることを信ずるものである。否、これは事実の明示するところである。仏国の社会党、瑞西《スイス》の社会党の極めて穏健なるは申すまでもなく、特に社会党の過激なるべき理由ある独逸に於いても、所謂修正派の勢力は日に増しつゝあるのである。今年五月を以て没落したる濠洲聯邦の首相フイツシヤーが、七八年前労働党の首領として、内閣を組織したる時に、世界に於いてはフイツシヤーが、如何に急激突飛の変革をなすべきかと、注目を怠らなかつたが、事実は甚だ案外で、極めて着実穏健なる社会政策的政治を行うたに過ぎなかつた。勿論其の間に多少の失政はあつて、其の結果今年の五月自由党に代られたのであるが、世界の操觚者は、筆を揃へて、フイツシヤーの内閣を以て、最近に於ける理想的の善政をなせりと賞讃したのである。だから普通選挙の結果、一般民衆の勢力が如何に政界の実権を占めたればとて、保守派の人々が不当に之を攻撃せざる限り、国運の進捗《しんちよく》に差支なきのみならず、それ以外の方面に於いて、寧ろ大なる利益なるを信ずる者である。

予は以上の理由を以て、憲政の進歩の為めに、選挙権の拡張を希望するのである。

〔『六合雑誌』一九一三年一一月〕

民衆的示威運動を論ず

（一）　民衆的示威運動の来歴

本年二月例の通り日比谷に於て民衆の示威運動があつた。問題としては、減税問題などもあつたけれども主なるものは海軍収賄問題であつた。同じやうな事は昨年の二月にもあつた。昨年二月の方は今年よりは運動も激烈で、其結果到頭桂公を内閣から追ひ出して了つた。今年は政府の方の準備が行届いて居つた為めであらう、昨年程の大騒動もなく、又結果としては是ぞといふ程の事もなかつたけれども、兎も角も政界に一転機を起さんといふ意気込であつたといふことは今年も昨年も同一であつた。昨年もあり今年もあつたから、又来年もあるといふ事は、必ずしも断定は出来ぬけれど、斯の如きことは今後一種の流行となり、容易に其跡を絶たざるのみならず、恐らく益々盛んになるかも知れぬと思はれる。

一体かういふ事は、何時頃から始まつたかと考へると、明治三十八年九月、ポーツマウス条約に対して国民が不満だといふので、日比谷で大集会を催したのが初まりと見てよからうと思ふ。尤もずつと古い事をいへば、一部の労働者が上野に集つたとか、芝公園に集つたとかいふ事はあつたやうだけれども、其れは其の時丈けで終つて、後に何等の影響を残さなかつた。民衆が政治上に於て一つの勢力として動くといふ傾向の流行するに至つた初めは矢張り三十八年九月からと見なければならぬと思ふ。尤も三十八年九月の時のは、国民の不平が期せずしてあらはれ、それに偶々点火するものがあつて爆発したので、昨年や今年のやうに、全然民衆が受働的《うけみ》になり、多少二三の人から煽動されたやうな気味の、とは些《いささ》か事情を異にするやうだけれども、然し何《いず》れにしても、民衆的示威運動としての政治上の意味は同一のものと見てよい。

扨《さて》、然らば、かういふ運動は一体政治上から見て、或は立憲政治の発達と云ふやうな事から見て、喜ぶべきものであるか、或は呪ふべきものであるかと云ふ事は、我々に取つて大いに研究を要すべき問題であると思ふ。

（二）一面に於て喜ぶべき現象

民衆が多数集つて騒ぐと云ふ事は、大体に於て実は憂ふべき現象である。然し又他の一面に於ては、日本今日の憲政の発達と云ふ上から見て、此民衆的示威運動と云ふ現象は、一つの喜ぶべき現象であるとすべき方面もある。それは政治問題の解釈乃至政権の授受に関する終局の決定を、民衆の判断の左右する所たらしむると云ふ意味に於て、又は民衆の判断を政治上重要なる意義あるものたらしむると云ふ点に於て、私は之を喜ぶべき現象であると云ふのである。

勿論従来とても、民衆の判断と云ふものが、全く政治上に於て無視せられて居つた訳ではない。然しながら問題解決の終局の帰着点と云ふものは、多くの場合に於て決して民衆にはなかつた。極く手近い例を申すならば今度の議会に於て貴族院が、海軍拡張費に七千万円の削減を加ふる事になつたと云ふので、扨山本内閣は其結果どうなるだらうかといふ問題について、三月三日の『朝日新聞』には「山本伯と政友会」と題する一つの記事があつた。其書いて居る所によると、政友会では如何なる手段を以てしても政権を離れまいとする希望を持つて居る。然るに若し山本伯が辞職すると云ふ事になつたならば、其代りを西園寺侯の所へ持つて行くと云ふのも一説だけれども、西園〔寺〕侯では、侯自身に再起の念がないのみならず、昨年二月の事件の為めに宮中や貴族院辺に於て、多少面白くないと云ふ関係もある。そんなら原敬氏が内閣を組織したらと云ふ説もあるが、それでは宮中は勿論、貴族院や枢密院の辺が収まりが着くまい。或は伊東、清浦若くは寺内と云ふ方面へ交渉したらどう云ふものかと云ふやうな意味合である。此記事によつて見ても詰り、政権の帰着の問題になると、人民とか民衆とか云ふ事は一向に念頭に措いてなく、只貴族院や枢密院辺の通りがよければ夫でよいと云ふ事になる。若しも民衆を問題決定の帰着点として、即ち民衆を後援として立つと云ふ事ならば、政友会は何を苦しんで、総理大臣になる人を外に求むる必要があらう。政友会は兎も角も衆議院に於て絶対多数党であるに拘らず、自分が単独に内閣を組織することが出来ず、貴族院や枢密院辺に、通りのよき人を総理大臣に借りて来なければならぬと云ふ事は、民衆の判断と云ふものを、政治上結局に於て認めないと云ふ事に外ならぬ。今日も已にかういふ考があるんだからして、昔は無論民意と云ふものは政治上に於て顧慮されなかつたのである。それで昔は政権の授受と云ふ事は極く隠密の間に行はれて、表面には一向にあらはれなかつた。例へていへば、少し古い事になるが、明治十四年の政変の如きは、何故大隈伯が野に下つたかなど云ふ事は一寸外界に分らないと云ふ形になつて居る。然し之はまだ憲法施行前の事であるから、暫く措いて問はずとするも、憲法施行後に於ても政権の推移と云ふやうな事は、決して万人環視の中に公明正大に行はれては居なかつた。久しい間所謂超然内閣など云ふ事が唱へられて、内閣は兎も角も議会内部の勢力の変動とは没交渉で居らんとするの態度を示した。無論議会の勢力の外に全然超然として居ると云ふ事は出来なかつたけれども、然しながら多くの場合に於て、憲法施行当時の内閣の変動と云ふものは、大抵其当時の所謂藩閥の内部で極《き》まつて了つた。だからして、外からは何故に黒田内閣が倒れて伊藤内閣が出来たかと云ふやうな事は一寸分らなかつた。少くとも其内閣の変動と云ふものに、民意乃至民意の代表者たる議会の勢力関係とは直接の交渉はなかつたやうである。其後所謂藩閥も、薩派と長派と分れて権力を争ひ、後には長派の中でも、山県公の派と伊藤公の派と分れて暗闘をするとか云ふやうな風で、政権の授受と云ふ事は一部の人の内部——即ち表面にあらはれない事情で以て決定されて居つた。其後政党と云ふものが段々発達して、政友会の如き、兎も角も有力なる政党が出て来ると云ふと、政府も全く之を無視することが出来ぬといふ事になり、茲に初めて民衆的勢力と云ふものが、政権の推移に関する問題についても、大いなる影響を与ふるに至るかと楽しんで見て居つたのに、何時の間にやら政党の幹部が政府と、之も外部からは分らない内密の妥協をして、頗る公明を欠く政権の授受をやつて居つた。所謂数年前の桂公と政友会との情意投合なんと云ふ事は、政治上から見ると云ふと、一つの迷宮であつて、外からは何が何やら薩張《さつぱ》り分らぬものである。それで政治と云ふものは一向に公明正大を欠いて了つた。従つてかう云ふ内密の事情に通じたものでなければ、政治と云ふ事が出来なくなり、政治と云ふものは著しく専門になつて了つた。斯の如きは決して立憲政治の健全なる発達ではない。どうしても斯くの如き暗室政治と云ふものは打毀《うちこわ》さなくてはならぬものである。而して之を打毀はすにはどうしても民衆の力を藉《か》るより外はない。所謂民衆の示威運動と云ふものは、政界の弊風其甚しきを致して、尋常の手段では之を破ることが難いので、止むを得ず起らねばならぬ訳になつたのである。之が段々に盛んになれば、一方に於ては政界の暗流に浮沈して居るものを警醒し、他の一方に於ては民衆をして益々政治と云ふ事に趣味を深からしむるからして、此点に憲政の発達の上には何等か貢献すべき部分を持つて居ると思はるゝ。所謂之は民衆の自覚の結果であつて、又之を促がす原因である。故に仮令《よしんば》受働的《うけみ》であつたとしても、之が民衆の自覚を促す機会たる事を得ば、此意味に於ては確かに喜ぶべき現象と云つてもよいと思ふ。

(三) 何故に民衆の自覚を喜ぶべしと云ふ乎

世の中には随分頑固な人があつて、民衆の勢力の張る事を非常に忌む人がある。民衆の勢力が張ると云ふ事は何か社会主義的な危険思想でも蔓衍するやうに考へたり、或は仏蘭西革命当時のモツブの騒擾などを聯想したりして、非常に之を懼《おそ》るべき且つ忌むべきものと考へて居る人が頗る多い。之は老人や、それから又所謂官僚などの間に随分根柢が深い。然しながらよく此等の頑固な考を持つて居る人を観察して見ると云ふと、中には民衆の勢力が張れば自分等が拠つて以て立つて居る所の地盤が崩れる、自分等の現在の境遇と云ふものを防衛する為めには民衆の勢力を抑ふる必要がある。さう云ふ境遇にある所からして、意識的に或は無意識的に民衆の自覚と云ふ事を喜ばなくなる人がある。然し何れにしても之は利己心であつて、固より耳を傾くるには足らぬ。然し又他の一部に於ては、かう云ふ利己心を離れて真に憂国の至情からして民衆の自覚と云ふ事に一種の疑を持つて居るものもあるやうである。

然かし此等の人は、思ふに只物の一面を見て居る人である。物には固より利害の両面があるのであつて、民衆政治《デモクラシー》にも固より弊害はある。然し弊害を挙ぐるならば寡人政治にだつて矢張り弊害がある。若し其の弊害を比較するならば実は寡人政治の方が弊害が多いのである。只寡人政治は所謂暗室政治であるからして曲事が外にあらはれない。民衆政治は明けつ放しの政治であるから、少しの曲事も忽ち眼に着く。故に世人は動《やや》もすれば民衆政治の弊害を挙げて、寡人政治の弊害を忘るゝの傾がある。況んや寡人政治に於ける勢力階級（閥）の中に居る人には余程聡明な人でも、其寡人政治の弊害と云ふものは見えるものぢやない。

一体国家の政治と云ふものは公明正大を第一義とする。事の善悪を問はず、原則として一点の秘密ある事を許さない。然るに民衆を基礎としない少数の専門政治家が、内々に相談をして政治をすると云ふ事になると、其の人がどんなエライ人でも、又或はどんな立派な人でも、必ずいろ〳〵の情実と云ふものが出来るものだ。例へば役所で物を買ふ時にしても、何時でも公然多くの人の眼の前で買入をやるならば安心だけれども、さうでない或特別の人から物を買ふ事になれば、何時の間にやら其処に弊害を生ずる。之は現に今日矢《や》釜《かま》しい海軍収賄問題でも明白である。誰か帝国海軍々人の忠君愛国の念を疑ふものがあらうか。而かも此中に非常な一大弊害の蟠屈して居ると云ふ所以のものは、畢竟之は其一切の買入や何かを黒幕の中でやつて居つたからである。若しも彼等が海軍と云ふ所は玻璃張りの箱のやうなものであつて、何をやつてもみんな外から見えると云ふ考があつたならば、こんな弊害は決して起らなかつた。其他こんな例はいくらでもある。例へば三月十七日の貴族院の予算総会に於て、田健次〔治〕郎、石黒忠悳《ただのり》男等が海軍省が室蘭製鋼所を助けたと云ふ不法行為を指摘したるが如き、之も其一例であつて、政府は之に対して理義明白なる答弁が出来なかつた。由来陸海軍などは随分事柄を秘密にして居る所だから、かう云ふ事のあるのは止むを得ぬとしても、現に人の眼の前で政治をして居るべき筈の政友会と桂公でさへコソ〳〵と妥協したと云ふやうな事があるではないか。其間にいろ〳〵な弊害があつたと云ふ事は誰も皆感じて居るけれども、何分内密でやる事であつて、明白な証拠がないから黙つて居るのである。

　かう考へて見れば、少数専門家の政治といふものはどんなによいものでも民衆政治よりよいものでない。そして一旦政権を取つたものは兎角之を自分の専門にしたがる。之を取る際には民衆の後援によつて取つたものですら、之を行く〳〵は自分の専門にして、外のものゝ窺ひ知ることの出来ないものにしたがるの傾がある。それで之を打毀はす為めにはどうしても民衆の勢力と云ふものを立てゝ行かなければならぬ。どこまでも民衆の勢力を立てゝ之をして政治上に重きをなさしむるに非れば、到底政界の潔白を維持することが出来ない。此点に於て私は断じて民衆政治論者である。そして此点からして又私は今回の現象は一面に於て賀すべきものであると云ふのである。

然るに此議論に対して世の中にはいろ〳〵の反対論がある。その（第二）は日本の国体に合はぬとか、或は日本の憲法に背くとか云ふやうな議論である。然し之は飛んでもない謬《あやま》りであつて、民衆の意思を法律上絶対最高のものとするなら、そりや無論日本の国体の上から許す事の出来ない説であるけれども、然しながら主権者が其政治を行はせらるゝに方《あた》つて、民間の考を御参考になさると云ふ事は何にも国体とは相渉ることはない。どうせ主権者は事実上御一人のお考で政治をなさらぬ。誰かに必らず御相談になる。只之を少数のものに御相談なさるか、多数のものに御相談なさるかといふ差である。若し民衆政治を国体に合はぬといふならば、寡人政治も亦国体に合はぬ訳である。何となれば其間に只御相談なさるものが少数か多数かといふ差しかないからである。日本の国体はそんなものぢやない。又　陛下の御精神も決してこゝに在《おわ》さぬ。現に　明治天皇陛下は維新の際、五箇条の御誓文を発せられて、其中に「広く会議を興し、万機公論に決すべし」と云ふ事を仰せられてある。民衆政治を日本の国体に合はぬなどと云ふ説をなすのは、それは君主と人民とを敵味方にして、そして貴族とか云ふやうなものを其中間に置いて、君主の民衆に対する防禦線とした所の昔の謬つた考の遺物である。かう云ふ謬つた考は不幸にして現今も仍《な》ほ存する事は疑ないやうだ。所謂貴族を皇室の藩屏と云ふが、その藩屏の文字が明かに之をあらはして居る。藩屏とは外敵を防がんとする防禦線の意味である。秦の始皇帝が匈奴を防ぐに万里の長城を築いたやうなものである。そして所謂藩屏を以て自ら居るものは、人民を皇室の敵と見て、自分独りが皇室のお味方であると考へて居るのである。然るに民衆政治と云ふものは皇室に忠義を尽すと云ふ役目を、所謂藩屏者流丈けの特権とせないで、弘く一般人民に与へんとするものであるんだからして、藩屏の連中から見れば、如何にも自分の特権が殺がるゝやうな訳になつて、そこで民衆政治が国体に背くなどゝいふ、恰度近頃大学の特権を廃すると云ふので、之ほど明白な問題に、社会の最も賢明なる階級を代表すべき大学が反対するのとよく似たものである。（私は大学に関係あるけれども、私一己の考としては最も熱心なる特権廃止論者である。）若し夫れ民衆政治が帝国憲法に背くと云ふ議論に至つては、之は法律論と政治論とを混同するの誤解から来るものである。法律の研究に政治論を混同することは学問の発達の上に固より忌むべき事である。然しながら法律論から政治論を駆逐するの極、法律論を以て政治を律せんとするの弊も亦之を避けねばならぬと信ずる。法律と云ふものは只一定の方向を示すに止るものであつて、其運用は自由である。故に法の範囲内で政治上の慣例の生ずるのは当然である。例へて云ふならば大臣の任免権が君主にありと云ふ事は之は憲法上の一原則である。然しながら此原則の範囲内で政党内閣と云ふ政治上の慣例の生ずる事は何も差支《さしつかえ》はない。成程大臣任命の終局の権は君主にあるんだけれども、事の実際に於て君主が全然独断で大臣を任命なさると云ふ事は、少くとも我国に於てはない。必ず君主が何人《なんぴと》かの奏請を待つて其れに基いてお決しになる。どうせ何人にか御相談になるといふ事であれば、其相談に与《あずか》るものを何処に取るかと云ふ事は之は所謂憲法の運用上の問題で、即ち政治的慣例の発生する余地の存する所である。然らば政党内閣制が一つの慣例として発生しても何等憲法と相牴触することはない。若しも政党内閣の制度が大臣任命の大権と相容れずと云ふならば、山本伯が大岡育造氏を奏請して文部大臣の任命を見たるも、亦君主の大権の侵犯といはなければならぬ。政党内閣を法律上に認めると云ふなら無論違憲と云ふ問題が起るだらうが、然しながら一の慣例として之に拠ると云ふ事ならば、何も憲法と牴触すると云ふ事は出来ない。又或人は慣例でも兎も角も実際に於ては君主の大権を制限する事になるではないかと難ずる。然し実際上の話を云ふならば、政党内閣で無くたつて、現に我国に於て行はれて居る所の、前内閣が後継内閣を其辞職の際に奏薦すると云ふ慣例や、又時として数名の所謂元老が集つて後継内閣の人選を相談すると云ふ慣例の如きも亦君主大権の制限と言はなければならぬ。且つ又政党内閣と云ふ制度が固まつても、それでも若しも君主が其慣例を破つて、詰り大権本来の行使をなされやうと思へば、なす事が出来るのである。現に政党内閣の制度の最もよく固まつて居る所の英国に於て、政治には最も遠ざかつて居給ふべきヴイクトリア女皇ですら、時々大臣の選任に干渉して、其時の総理大臣を苦しめたと云ふ例は、最近に至つて女皇の日記の公刊によつて明かになつた。英明の君主が一度立て自分の考を行ふと云ふ事であれば、慣例なんて云ふものは何時でも無難に破る事も出来るものである。故に政党内閣と云ふ制度が出来上つても永久に君主の大権を制限して了ふものであると云ふ事は出来ない。又反対の

（第二）は無智の人民に政権に参与せしめると云ふのは小供に刃物を預けるやうなもので、非常に危険なものだと云ふ説である。之れも屢々聞く所の反対論である。政権に参与するには、先づ其政権参与の何たるかを知らなければならぬ。政治と云ふ事について相当の知識が発達して居なければいかぬと云ふ人がある。然しながら私の考では此の説も民衆政治と云ふもの丶本体を誤解して居るものだと思ふ。民衆政治は人民の相当の発達を前提とすることは一点の疑を容れない。併し其政治的方面の発達を絶対的の必要条件とするものぢやない。政治上の事なんて云ふものは、之は普通一般の人民は無論の事、余程教育を受けた者でもさうよく分るものぢやない。さう云ふ高等なる程度の発達を民衆政治は常に必しも、絶対的に人民に要求して居ない。例へば此頃問題になつて居る所の営業税廃止の可否如何とか、或は地租軽減の可否如何とか云ふやうな問題を、国家的立場からして正当に判断しろと云つたつて、之は大学の学生を摑へたつて、分るものぢやない。代議士の中にだつて分らぬ人が随分あるだらうと思ふ。さう云ふ問題の利害得失の判断をし得るものでなければ、政権に参与せしめないと云ふなら、之はプラトーの所謂哲学者丈けが政治をすると云ふ理想論になつて了ふ。民衆政治では、人民が自分の之はと認むる人を議会に送つて、其人をして議会で以て大いに活動させるんだが、此場合には人民から選ばれんとするも

のは、自分の政見を述べて之を人民に訴へる。其際に人民はいろ〳〵な具体的の問題についてどつちの政見がよいと云ふやうな事を、十分に判断し得るなら、固より之に越した事はないけれども、併し実際は多くの場合に於て人民はこゝまで判断する丈けの力を有つて居るものではない。それから又仮りにどつちかゞよいとしても、其政見と云ふものは時によつて変り得るものである。自分の選んだ人は何時までも同じ政見であると云ふ事は必しも期し難い。そこで民衆政治は人民に、其政見によつて其判断をしろと云ふやうな六つかしい事を常に要求するものでない。無論之も出来ればいゝ。出来ぬとすれば民衆政治はそんなら何を最少限度の要求として人民に臨むかと云ふに、之は人格の判断である。詰り候補者になつて争つて居る人が、どつちが立派な人であるか、どつちが信頼するに足る人であるか、どつちが国事を托するに足る人であるかと云ふ事を判断することを要求する。だからして人民が細目の政治上の事の判断などは、どうでもよいが、只心術の真偽を理解して、偽を悪《にく》んで正に与《くみ》し、総ての正しきものを理解して之に同情し得る丈のものがあれば夫で民衆政治を行ふに沢山である。之だけの事を民衆政治は先づ以て人民に要求するのであつて、而して此れ丈けのものは、政治とか法律とか経済とか云ふ専門の知識が無くても、総て人間として何人も持ち得る能力であるからして、これは決して過当の要求ではない。而して此点から見ると云ふと、多少の遺憾は無論あるけれども、日本人民は決して民衆政治を行ふの資格ないものと云ふ事は出来ぬ。加之《しかのみならず》一般民衆はいろ〳〵な直接の、且つ具体的の利害関係に囚へられない、従つて個々の政治問題を考ふる場合に於ても案外に公平なる意見を立てる事が出来るものである。政権の参与を少数の人に限つて置くと云ふと、之がいろ〳〵な利害団体と交渉がついて、国家問題に対して適当公平なる判断をなし得ない事があるものである。例へば今度の織物消費税廃止運動についても、一時は所謂当業者の意見と云ふものは廃止に一致して居つたやうであつたけれども、中頃其足並が余程崩れた。従つて議会に於ける運動の反映も亦歩調の一致を欠いた。之は何故かと云ふと、機元《はたもと》と販売業者との間に利害の反対を来して、織物税廃止を不利益とする所の販売業者の連中が盛んに運動を初めた結果だと云ふ事である。若し夫れ航路補助法案が、各種の会社の運動によつて、理論上から見て解する事の出来ないやうな変梃なものになつて了つたと云ふのも、如何に国家問題が各種利害関係の運動から左右されて居るかと云ふ事を示して余りある。其事に当つて居るもの、又之と近い関係に立つて居るものは、兎角其境遇を超越して公平な判断をなし得ないものである。従つて時には其事に丸で関係のない局外者の無責任な言論を聞くと云ふ事も必要である。之を戦争に譬へても、戦略は直接に軍隊を指揮して居るものを差し置いて、比較的疎遠の地位にある参謀官連中の、いはゞ無責任の言論によつて決すると云ふのも、此点に於てなか〳〵意味があると思ふ。故に人民をして政権に参与せしめると云ふ事は此方面から云つても大いに主張すべき理由があると思ふ。序《ついで》に云ふが此事は又同時に選挙権を拡張すべしといふ議論の根柢にもなると思ふ。反対論の

（第三）は、又或る他の一部の人は民衆政治の盛んな所には、常にいろんな弊害を伴ふと云ふ事をいふ。然し之はどこを指して云ふのか。近頃日本では米国をモツブ政治などゝ罵つて民衆政治の弊害に苦しんで居る国の標本と唱へて居るものがある。然し之は例の排日問題などで憤慨して居る所の感情論でなければ、全く米国近来の政治史を知らざる所の暴論である。米国は無論民衆政治の弊と云ふものを極端に暴露して居る国である。然しながら他の一面に於て民衆政治の長所と云ふものをも極端に発揮して居る。今、場所によつては弊害と長所と代る〳〵争つて居る所もあるが、然しながら概して云へば、其弊は頗る少くして大体に於て民衆政治の利益を享受して居る。殊に中央政府の有様などを見ると云ふと、実に羨望に堪へざるものがあるんで、決して政府の大臣などの間に収賄などと云ふやうな忌まはしい嫌疑だに受くるものはない。今の大統領のウキルソンは無論の事、先代

のタフトにしても、或は其前のルーズヴエルトやマツキンレーにしても、皆世界の歴史を飾るに足るべき偉人である。否な米国は建国以来、多少でも道徳上批難すべき人間は大統領に選れた事はない。其大多数は品格に於て、技倆の上に於て、優に一代の偉人であつたのみならず、世界歴史の華と云ふべき人物に富んで居る。常に斯う云ふ人物を挙げて政権を托する所の米国を、如何にして我々は民衆政治に苦しんで居る国と罵倒する事が出来るか。又或人は英吉利《イギリス》では選挙権拡張以来、議員の種が悪るくなつたと云ふ人がある。成程之も或意味に於て正しい。何となれば英吉利の議員と云ふものは古来貴族や金持などがなつたので、所謂精神に於ても外形に於てもゼントルマンの集まりであつた。それだから議員は皆フロツクコートを著て、行儀正しくやつて来るし、お互を呼ぶにも我名誉ある紳士《オノラブル・ゼントルマン》と呼びかける。実に行儀は立派なものである。然るに選挙権が拡張された結果として、約二十年来段々労働者の代表者と云ふものも議員に出て来た。そこでフロツクコートを着ないで議場に入るものもあるやうになつた。伝ふる所によれば、千八百九十三年ケーア・ハルデーが労働者を代表する最初の議員として議会に出席した時は、汚ない労働服を着て鳥打帽を被つて議場に現れて、六百の議員を吃驚《びつくり》させたと云ふ事である。因に云ふが、ケーア・ハルデーは八つの歳から鉱山の鉱夫で、学校の教育なんてものは全《まる》で受けた事のない純然たる労働者出身である。其後此種の議員が段々殖えて、千九百〇七年の労働党成立の最初の総選挙には五十人の此種の議員を送るに至つた。此点から云へばフロツクコートが汚ない背広になつたり、シルクハツトが鳥打帽になつたりしたんだから、種が悪るくなつたともいへる。然しながら此等の人は外形はゼントルマンでないけれども、精神までゼントルマンでないかといふに決してさうでない。現にケーア・ハルデーの如きは道徳の点から見てもまた其の人の見識の点から見ても実に見上げた立派な人物で、先に風采の余りに従来の議員と違つて居るので、寧ろ軽蔑の眼を以て彼を迎へた議員は、日ならずして彼は我々の何人よりも、より以上の尊敬に値すべき人物なりと嘆称せざるを得なかつたとの事である。其他同じく労働党の領袖たるラムシー・マクドナルドの如きも、其着物こそ汚なけれ、其人物に至つては総理大臣のアスキスと相対して決して遜色はない。今より両三年前、ヴイクトリア女皇の像の除幕式に独逸皇帝がお出になつた時に、皇帝は一夕マクドナルドを御旅館にお招ぎになつて数時間の長きに亘る会見を賜はつたと云ふ事である。現内閣の大立物〔者〕たるロイド・ジヨーヂの如きも亦選挙権拡張のお蔭で代議士となつた一人である。若しもロイド・ジヨーヂが、後年英吉利の歴史を説く場合に方つて、グラツドストーンや、ビーコンスフヰールド等に劣らざる大人物と認めらるゝであらうと云ふ私の観察をして誤なからしめば、詰り英国に於ける選挙権の拡張は、英国の議会の種を悪るくした所か、却つて反対に斯くの如き大人物を供給したのだといひたい。

之を要するに民衆的勢力の盛んな所には、いろ〳〵な弊害が多いと云ふのは全く事実に反する。更に瑞西《スイス》とか濠洲とかの政治が理想的の政治として嘆称されて居るといふ事実を見たならば、思半ばに過ぐるであらう。仏蘭西は些かいけないんであるけれども、それでも我国に見るやうな弊害はない。若し政治上いろんな弊害があると云ふ国を数ふるならば、寧ろ民衆的勢力の最も少い露西亜を挙ぐべきである。

要するに民衆政治と云ふものは、一部の人の憂ふるが如き厭ふべきものでなく、却つて大に歓迎すべきものである。一歩譲つて是非得失の論は別問題としても兎も角も民衆政治と云ふものは是れ一の勢である、世界の大勢である。憲法学者が何と云はうとも、藩屏者流が何と論じようと、民衆の勢力は日一日に張りつゝあるんだから、何とも仕様がない。私は之を助長した方がよいといふ議論であるが、よしんば之を悪るい物としても民衆政治を全く抑ふると云ふ事は出来ないと云ふ事丈けは、明白に認めて、そして国家の大計を案ずべきであると思ふ。

（四）然し他面に於て我国今日の民衆運動は大いに憂ふべきものあり

民衆の運動と云ふものは、先づ自発的であつて、且つ積極的である場合に大いに政治上に於て重んぜらるべき値打を有するものである。人から煽動されて起るのではどうも面白くない。何等一定の要求が無くつて只破壊的に騒ぐと云ふ事であつては、甚だ憂ふべきものであると思ふ。三十八年九月の騒動はアレは全然自発的と云ふ事は出来ぬけれども、兎も角或一定の要求と云ふものが人民の間に在つて、それが鬱結して今にも爆発しさうになつて居つた所へ、之に点火するものがあつて起つたのであるからして、随分非難すべき乱暴も行はれたけれども、之に一種の意味はあつたやうに思はれる。然るに此頃のはどう考へても積極的且つ自発的とは思はれない。どうも之は民衆の勢力と云ふものは之を結束して見ると云ふと、案外に強いものであると云ふ事を三十八年九月に経験した所の一部の人が、再び之を利用して、事をなさうといふ頭があつて、此等の者が煽動して、或は煽動せんとする計画に乗ぜられて起つたやうな風に感ぜられる。殊に今年の騒動の如きは全然消極的で、即ち政府反対と云ふ事が唯一の主眼で、外に何等積極的の主張と云ふものがない。民衆的示威運動と云ふ事は外国にも随分ある。然し外国のは大抵積極的の主義主張がある。例へば千九百〇七年以前の墺太利《オーストリア》の民衆運動の如き、昨年四月大爆発を見んとし、今日尚時々行はれて居る所の白耳義《ベルギー》の民衆運動の如きは、選挙権の拡張、若くは選挙法の改正と云ふ事を眼目として居る。今日独逸、墺太利等で屢々行はるゝ所の示威運動は、食料品の値段の下落を目的とする関税改革を要求して起つて居る。仏蘭西で労働者が時々示威運動をやるのも、例へば非戦論とか、軍備拡張反対とか、又は三年兵役反対とか云ふやうな標目を掲げて居る。単に現政府に反対すると云ふ漠然たる目的に騒いで居るやうな処はない。斯ういふ消極的の考で騒いで居ると云ふと、何時でも其手段が破壊的になつて、革命的になつて、やれ焼打だとか警察官との衝突だとか云ふ事になる。之では全然仏蘭西革命当時の乱民の騒動と何も違ふ所はない。もう一つは近頃の民衆運動は何時でもどうも受働的である、自発的でない。現に日比谷公園に集つて居る連中を見ると、何も積極的に主張のある人間が来て居るんぢやない、又積極的の主張のあるものは、そんな所へ来ない。来るものは時勢に慨するとか何とかいふ、感情は昂ぶつて居つても、先づ大体脳中無一物である所の下層〔階〕級の人か、若くは無責任の学生。而して此等のものは一番煽動に乗り易い。従つて一番危険な分子である。茲に序を以て申上るが、学生が斯ういふ運動に参加すると云ふ事は、之は今日の文明国では露西亜を除いては外になからう。英・米・仏・独のやうな放胆な教育をして居る所は、学生は平常盛んに政治を論じて居るけれども、かう云ふ運動には一向加はらない。劃一主義の教育を施して、個性の尋常なる発達を妨げて居り、且つ政治の事に携はる事を厳重に取締つて居る国程、学生が斯う云ふ運動に参加したがるやうだ。現に露西亜に騒動が起つたと云へば、其中心は必ず学生だ。一体私は学生の政治を談ずる事は一向差支ないと思ふ。然し民衆の運動の中心となつたり、少くとも之に参加すると云ふ事は、学生にとつて好ましい事ぢやない。此点は露西亜の例などを鑑みて識者の一考を煩はしたいと思ふ。

要するに我国今日の民衆と云ふものは、今申したやうな訳であるから、容易に野心家の利用する所となると云ふ傾向があると思ふ。之では益々仏蘭西革命当時のモツブと違はないものとなるので、到底民衆の健全なる発達と云ふ事を期する事は出来ない。民衆運動と云ふものは自発的に起つて、そして積極的の主張に基いて起るんでなければ、政治の発達の上には面白くないものである。西洋の多くの示威運動などの例を見ると、大抵皆一定の主張の下に自発的に起るんだからして、集る者は多くは現実の問題に現実の利害関係を持つて居る者ばかりだ。現に私の見聞した所によると、示威運動に参加するものは通例中年の労働者階級の人で、大抵女房子供を連れて来て居る。それだから其運動には明白に、一つの国民的運動と云ふ色合と意味とがあらはれて居つて、それと同時に非常に静穏なもので、決して破壊的のやうな事はない。斯うなければ駄目だと思ふ。

此点から見ると云ふと、最近の政治運動の如きは、新聞で何といつたつてアレは実は国民大会ぢやない。然しながら無論私はあの運動を以て、国民の考と全く没交渉のものとは見ない。只あれで以て国民の意思の其儘のあらはれとする訳にはいかぬと思ふ。何れにしても我国今日の民衆運動と云ふものは、或意味に於て一つの政治上の進歩とは見るけれども、他の一面に於て非常に不健全な方向に向つて居ると思ふ。

(五)　畢竟するに憲政の失敗

民衆運動に、よしんば前項に申したやうな、弊害が附き纏つて居ないとしても、実は民衆運動の盛んに起ると云ふ事は畢竟するに憲政の失敗を意味すると信ずる。何故かといふに、立憲政治と云ふものは他の言葉を以ていへば議会政治である。即ち議会は民意によつて動き、政府は議会によつて動くとする制度である。成程憲法論に於ては議会は民意と交渉なしなどと云ふ議論もあるけれども、之は乾燥な法律論で、政治の議論の上に於て顧る必要はない。政治上の立前から云へば、民意は議会を監督し、議会は政府を監督するものである。

此議会政治にも近頃はいろんな反対の議論が起つて来た。其反対の議論の主もなるもの丶一つは近頃流行のサンヂカリズムで、一つはレフエレンダムである。サンヂカリズムの議論では民意をして議会を通して発動せしむると云ふ間接の方法は、民意を如実に発動せしむる所以ではないと云ふ立場からして所謂直接行動と云ふ事を唱へる。議会政治を否認して、ストライキやら其他の革命的手段を推奨して居る。レフエレンダムに於ては議会は国民の意思を常に其儘に発表することが出来ないものであると云ふ事実を認めて、只国民全体の意見を、問題の度毎に徴すると云ふ事は不可能であるからして、通常の場合に於ては議会政治を認めてゐるけれども、重大な問題に限つて、不完全な事のあり得る所の議会によらずして、国民の意志を直接に聞かうと云ふ考に基いて居る。此二つの考は共に議会政治若くは代議政治と云ふものに反対の考を以て居るものである。

然しながら右の如き反対があるに拘らず、議会政治と云ふものは大体に於て今日最良の制度であると云ふ事は疑ない。濠洲の千九百年の憲法、瑞西の千八百七十四年の憲法、最近に於ける亜米利加合衆国の中の十ばかりの州の憲法では、此レフエレンダムと云ふものを或一定の条件の下に認めて居るけれども、其他の国に於ては之すらも認めない。皆等しく代議政治と云ふ主義を採つて居る。是れ畢竟此制度は今日の所考へ得べき最良の制度であるからである。私は此点は同じ考である。

私の考では最良の政治と云ふものは、民衆政治を基礎とする貴族政治であると思ふ。所謂貴族政治丈けで民衆政治なければ駄目である。今日我国の政治は正に此弊に苦しんで居る。又所謂民衆政治丈けで貴族政治と云ふ方面なければ、之も亦駄目である。仏蘭西革命当時の歴史が之を証明して居る。そこで国民が一つの偉大なる精神に指導せられて動き、又其精神を最も多く体得して居るものが、又国民の監督を受けつゝ政治をすると云ふ事であれば非常に結構だと思ふ。而して斯の如きが実は本当の民衆政治だと思ふ。而して今日の英国は正に是である。英国に於て政治をする所のものは社会上、道徳上、知識上の皆貴族階級の人である。彼等は其品格と智識とを以て国民を指導し、而して又国民の感情を全然無視せずして其要求の那辺にあるかと云ふ事を見て政治をして居る。であるからして何処までも基礎を民衆主義に置いて居る。亜米利加は時々脱線するけれども、大体に於いて矢張り英国と似て居る。仏蘭西は小党分立の為めに往々民衆主義と貴族主義との調和が旨くとれない事がある。独逸では二つのもの丶間に直接の交渉がないやうになつて居るけれども、貴族主義の方がなか〳〵悧巧で容易にボロ丶丶を出さぬ。で程度の差はあるけれども、兎も角も大体に於て民衆主義を基礎として政治が立派に行はれて居る。之れが即ちレフエレンダムなどよりも代議政治と云ふものを私が採る所以である。何となれば予の所謂貴族的民衆政治はこの代議政治に於て始めて可能〔と〕なるものであるからである。

扨、此代議制度が、其運用が其本来の理想の如く円滑に行はるれば何も事がない。之れが円滑に行はれない時に初めて民衆的示威運動と云ふものが起るものである。今日西洋の文明国で民衆運動の行はるゝ場合には二種ある。一つは国民の小部分たる一階級が其要求を貫徹せんが為めになすもので、例へば英国の婦人参政権運動の如き、又は諸国に於ける一部分の労働者のストライキの如き之れである。此等は国民全体の要求とは違ふ。であるからして大体に於て国民の承認を得ること難い。故に彼等は非常手段に訴へて社会を威嚇して、そして其目的を達せんとするものである。第二のものは国民の大多数が其要求をば立憲政治の尋常の方法では貫徹する事が出来ないと云ふ時に行はれるものである。之は制度其物に瑕疵のある場合によく起るものである。其最も著しい場合は選挙法が不都合な為めに人民の多数の希望が議会にあらはれて来ない、従つて議会で以て多数の要求を達する事が出来ないと云ふ場合に行はれる。例へば墺太利に於ける選挙権拡張運動の如き即ち是れである。墺太利では千九百〇七年に全然普通選挙になつた。此墺太利の新選挙法は此点に於て世界の模範的の法といつてよい。然し此法律の出来る前は千八百七十三年の法律が行はれて居つた。此法律によれば、国民を四級に分けて、第一級の大地主と云ふものは之は法人も婦人も皆含んで居るが、少数の団体でありながら、議員総数三百五十三人の中で八十五の議員を出し、第二級は都会に於ける商工業者であつて、十円以上の税金を収むる二十四歳以上の男子は一団となつて廿一人の議員を出して居る。第三級は商業会議所及び工業会議所であつて、之は百十六人出して居る。更に第四級は第二級と同じ条件を充たして居る田舎の農業家の団体であつて、之は百三十一人出して居る。

それで農業者は一万人以上で一人の代表者を出して居るし、商工業の会議所は廿七人で以て一人の代表者を出して居る。大地主は六十三人で以て一人の代表者を出して居る訳になつて居る。此制度の甚だ不都合なるのは言はずして明かである。そこで国民の大多数を占めて居る労働者階級は盛んに選挙権拡張を主張した。政府並びに議会は無論自分の勢力の失墜するのを恐れて承知しない。さう云ふ事であれば民衆は示威運動をするより外に途はない。後に至つて拾円と云ふ制限は五円に下り、又千八百九十六年には民間の要求が激しいものだから、政府は更に第五級の選挙権者と云ふものを作つて、財産上の制限に拘はらない一般の人民に選挙権を与へた。然しながら彼等の代表者を出し得る数は僅かに七十二人に過ぎない。そこで紙の上では普通選挙は布かれた。然しながら四百二十五人の議員中たつた七十二人では労働者の要求と云ふものは丸で物にならぬ。是に於て民衆は更に完全なる普通選挙を要求すると云ふ趣意で盛んに示威運動をやつて、此間にいろ〳〵の曲折はあるが、千九百〇七年に初めて其目的を達した。

又同じやうな趣意で、白耳義に於ても近頃民衆の示威運動と云ふものがある。昨年の四月、同国の社会党の首領で、今日世界的偉人の一人と見てもよい所のヴアンダーヴイルドは、頗る大規模のストライキをやると云ふ計画を立てた。之は独り白耳義のみならず欧羅巴全体の利害に関する大問題であると云ふので中に熱心〔に〕仲裁する人があつて、実行はされなかつたけれども一時は世界を騒がした。之も何かと云へば選挙法改正の要求だ。白耳義でも成程普通選挙の制は採用して居る。又所謂比例代表制度の模範として称せられて居る国であるが、然し他の一面に於て同国の選挙法と云ふものは甚だ不公平である。何となれば財産と年齢と教育の程度と、それから職業の種類、又未婚者であるか既婚者であるか、又子供の有無等によつて、或者は一票の投票権を有し、他の者は二票三票の投票権を有して居る。そこで保守的のものは人数が少くとも選挙場裡では何時でも勝つと云ふ結果になる。かう云ふ選挙法の結果として白耳義では保守派が今日已に三十年間政権を握つて居る。尤も従来久しく自由党と社会党とは調和しなかつた。而して此二つの党派は単独にては保守党に当ることは出来なかつたから、保守党の政権を握つて居つた事は止むを得ぬけれども、千九百十一年初めて自由党と社会党とは提携した。そこで事によつたらば自由党と社会党といふものは保守党を覆へすことが出来るかも知れんと云ふ事を予想する者あるに至つた。且つ又同国に於ては人口の増すと共に議員の数を増加すると云ふ憲法上の規則がある。そこで千九百十年末の人口調査の結果として議員の数は新たに廿名を増加して、百八十八人にすると云ふ事になつた。而して議員数の増加と云ふ事に均霑《きんてん》する地方は概ね自由党及び社会党の盛んなる工業市地方であるからして、此点から見ても自由党と社会党と云ふものは余程都合のよい状態にあつた。そこで先づ千九百十一年八月示威運動をやつた。流石《さすが》はストライキの本場と称せられて居る白耳義だけあつて、秩序整然としたものがあつたと云ふ事である。此年の十月に各地方議会の議員の改選〔が〕あつた。此選挙では自由党と社会党との提携は見事に成功して保守党を圧倒した所が少くなかつた。そこで千九百十二年五月の国会の総選挙ではいよ〳〵保守党は没落して、天下は自由党と社会党のものとなるだらうと敵も味方も、国内でも又外国でも疑ふものはなかつた。処が総選挙の結果は案外にも、保守党は崩れざるのみならず、却つて前よりも党員を増した。そこで世人は吃驚したが、又他の一面に於て是れ畢竟選挙法が、不都合であるからだと云ふ感を深くした。人数から云へば自由党社会党の連合は遥かに保守党を凌駕して居る事は、統計上一点の疑ない。然るにも拘らず、議会に於て多数を占めること出来ぬと云ふのだから、自由党社会党が現選挙法に大不平を抱いて其改正を迫るは先づ当然と云はなければならぬ。而して保守党並びに之を基礎とする所の政府は現選挙法其物が自分等の権力の根拠なんだからして、此要求には断乎として応じない。そこで以て社会党の側は、「天下を騒がして誠にお申訳はないが、外に致方が無いから止むを得ないんだ」というて涙を揮つて此大々的示威運動をなすと云ふ事になつた。

要するに西洋では、右申したやうな場合に民衆的の示威運動が行はれて居る。何れにしても、立憲政治の尋常《ノルマル》な運動ぢやない。故に立憲政治の失敗と見てもよい。或は憲法政治の瑕疵の一つの結果と見てもよい。然し瑕疵であつても或は失敗であつても、かう云ふ風に堂々とやるならば未だ頼もしいと思ふ。日本のはどうかと云ふと、悪るく解釈をすると現在の政府を倒すことに利害関係を持つて居るものが其目的を達するの手段として民衆の勢力を利用するのではあるまいかと疑はるゝ点がある。精々よく解した所が、所謂多数党と政府と結托をして曲事を行つて居る、而して議会に於ける尋常の手段では、之を糺弾することが出来ぬからして、そこで示威運動に訴へるのだと見るより外はない。かう云ふ次第で以て示威運動をやるのは、天下一品であつて、我国の外に余り其例はあるまい。どうしても健全なる発達の徴候と見る事は出来ぬやうである。

(六) 所謂専制的憲法論にも同情すべき点あり

我国に於て此民衆的運動と云ふもの、真相が右のやうであるとすると、之で果して民衆は十分に議会を監督する事が出来るや否や疑はしい。現在の事を申せば議会を監督すべき民衆が却つて煽動家に利用せられて居る気味があるではないか。若し民衆に議会を監督する丈けの働が出来ぬとならば、民衆政治と云ふものは十分に其効用を発揮することが出来ぬ。従つて民衆の監督の外にある議会をして政府を監督せしむると云ふ事は一面に於て甚だ危険な事であると云はなければならぬ。かう考へて来ると云ふと、議会の権限を広く解釈すると云ふ事は日本の現在の上に果してよいものだらうかどうかと云ふ疑問は当然起らざるを得ない。先頃新聞で伝ふる所によると、帝国大学の上杉博士は帝国議会が不信任案や上奏案を議するのは憲法違反である、日本の憲法は議会に対して斯くの如き問題を議すべき権能を与へて居ないと、学生に向て教へたと云ふ事であるが、上杉博士は果して斯くの如き事を言つたかどうかは私は知らない。然し斯くの如く帝国議会の権能を非常に狭く解釈をすると云ふ憲法論は、一部の人の間に確かに行はれて居るといふ事は事実らしく思はるゝ。純粋の法律論として斯くの如き結論に到達するのは別論として、老人などの間には日本の現状に鑑みて、真に憂国の至情より此種の憲法論を是認せんと欲するものも少くないと思はれる。かう云ふ人の考には実は私も無限の同情を表する。民衆の状態斯くの如く、議会の体たらく斯くの如しとすれば、議会に行政監督の広い権限を認むると云ふ事は余程危険な事である。然しながら他の一面からいへば、若し議会の権能と云ふものを斯くの如く狭く解すべきものであるならば、即ち法律と予算を議定するといふ事丈けに止めて、外は何事についても其意思を表示することが出来ぬとするなら、議会を設けたと云ふ特別の意味は消滅するであらう。昔のやうに元老院と云ふやうなものに此任務を托してもよからうし、或は今日の法典調査会といふやうな者に此任務を托してもよい筈だ。態々議会の如きものを設けたといふ意味は決してそんなものぢやない。態々面倒な手続を尽して議会を設けたと云ふものは必竟之を政治の中枢として十分なる活動をなさしめて、一般の政治を完全に監督せしむると云ふ趣意に外ならないのである。而して此任務は議会が十分に民意を代表し且つ又十分に人民から監督されて居ると云ふ事でなければ此目的は達せられない。而して我国の現状は遺憾ながら此目的を達するに未だ満足すべき程度に発達しては居ないのである。然し左ればと云つて一旦民衆政治と云ふものを理想的なる政治主義と認定する以上は、私は一部の短見なる論者と共に、議会の権能を極めて狭く解釈して、一時を弥縫すると云ふ事には到底左袒する事は出来ない。寧ろ憲法政治に通有なる解釈は其儘之を採つて、そして他の一面に於て民衆の開発に更に大に力を捧ぐるこそ識者の心掛くべき事と思ふ。

(七)　民衆運動に対する今後の方針

民衆政治は我々の結局の理想であるとすれば、どうしても現今存在する所のもろ〳〵の欠点は取り除いて之を善導して、そして所謂憲政有終の美を済《な》さしむるに尽力をする外に仕方がない。之にはいろ〳〵の方面から其途を講ぜねばならぬと思ふが、大体に於て二つの方面があると思ふ。

第一の方面は憲政の運用を円滑ならしむる方面の改革である。一体民衆の騒動と云ふ事は兎角憲政の運用が円滑を欠く場合に限りて起るんだからして、之を円滑にして置けば心配はない。円滑ならしむる方法としてはいろ〳〵な事があるだらうけれども、先づ第一着には選挙権の拡張と、選挙区の公平なる分配であると思ふ。選挙権が拡張されても独逸帝国議会の選挙法の如く、選挙区の分配が不公平であつては憲政の運用が妙ではない。それから政党内閣の樹立と云ふ事が、憲政の運用を円滑ならしむるに必要な改革である。尤も政党内閣が完全に行はるゝ事については二大政党の対立と云ふ事が必要である。政党が二つの大きい団体に纏まるかどうかと云ふ事は、之は勢の決する所であつて、選挙権の問題の如く一片の法律で極まる問題ぢやない。故に我々の努むべき所としては、少くとも政党内閣の発達を妨ぐべきもろ〳〵の事情があるならば、それを取り除くと云ふ事でなければならぬ。此事については外に又多少の意見があるけれども、之は他日改めて意見を述ぶる機会があるだらうと思ふ。

第二に民衆夫れ自身の開発の為めにいろ〳〵なすべき事があると思ふ。それにも大体に於て更に二いろある。其第一はいふまでもなく経済的開発である。どうも生活が楽でないと軽挙妄動し易い。且つ又野心家などからして利益を掲げて利用さるゝ恐がある。例へば墨西哥《メキシコ》に於て、昔から今日まで騒動の絶えない、その一つの原因は貧民が多くして野心家が多少の給料を餌にして人を集めると、幾らでも其の人の為めに兵隊になるものがあるのと、一遍其味を覚えたものは、正業に就くよりも兵隊になつて居つた方が飯が喰へるからして、罷《や》めらるゝ事を非常に厭ふといふ事に在る。同じやうな事は支那にもある。苦力《クーリー》などを集合して革命の旗を挙げたけれども、一度革命騒動が収つてからは之を解隊するに非常の困難があつた。今度政友会で以て三多摩の壮士を幾らかの金を呉れて雇つて来たと云ふのも多少似た所がある。詰り金で働くやうな人間が多くあると云ふ事は非常に危険な事である。恒産あれば恒心あると昔から云つてるんだから、民衆の勢力と云ふものを健全な所に落着かせるには、どうしても社会政策を大いに行つて、下層階級の生活の安固を計ると云ふ事が必要だと思ふ。此点はよく独逸と仏蘭西とを比較すれば忽ち分る。独逸は社会党などの議論は仏蘭西よりも激烈であつて、社会党の勢力も仏蘭西よりも非常に強いに拘らず、独逸の社会党は仏蘭西のそれに比して実際上大に穏健なのは、畢竟独逸はビスマークの見識に基いて大いに社会政策を行つて労働者の生活と云ふものが頗る安固であるからである。

然るに顧みて我国の状態を見ると云ふと、社会政策など云ふものは一つも行はれて居ない。否下層階級の利害と云ふものは更に顧られて居ない。今年の二月廿一日の貴族院予算会に於て、三宅秀、桑田熊蔵等の諸氏は、工場法を速かに実施せよと云ふ事を政府に迫つた。処が山本農相は答へて曰く、「財政整理其他の都合上、遺憾ながら実施することを得ずして止むを得ず延期す云々」。「其内容に於ても又一方に可なれば他方に不可なる等の事情もあり云々」。一方に可なれば他方に不可だと云ふのは暗に政府は資本家の圧迫を受けて居つて工場法の実施を躊躇して居ることを示して居る。一体日本の工場法案は、工場法などゝ云つて世界に出して恥しい程の、労働者保護の手薄い法律であるのに、それですら資本家の圧迫を受けて出来ないといふのは、如何に下層階級の利益が無視されて居るかと云ふ事を明示して居る。而して財政上の都合で延期したといふけれども、工場法実施の準備金は僅かに五万円である。一方に於ては産業奨励特別免税法案と云ふ美名の下に特権の事業家に保護金を与ふると云ふやうな制度を考へて居る所の政府が、最も大切な労働者の問題に、僅か五万円の金が出せないと云ふ理屈はない筈だと思ふ。

其他今度行はれた租税軽減の諸案の如きも、桑田博士が二月十九日の予算会議に於て述べられた通り「其減税方針は或は富者に偏し、或は資本家に偏し、下級民に対し頗る不公平なる憾《うらみ》なきを得ず。昨年減税の所得税は最下級民の均霑する所に非ず。今年已に衆議院に提出の相続税の如きも亦然り」で下層階級の生活問題など云ふ事は、殆んど全く、政界の省みる所となつて居ないやうである。三月九日の衆議院の委員会が、国民党提出の外国米輸入税廃止案を、農業奨励といふ理由で、否決したるが如きも、米を買つて食ふ所の貧民よりも、米を売つて贅沢をする地主の利害を先きにするものであつて、之も亦社会政策の趣意には全然背くものと思はれる。之を要するに、今日我国の政界に於ては社会政策と云ふ事は殆んど全く実際に於て顧みられないと云つてよい。之は我国の将来にとつて最も憂ふべき現象であると思ふ。

次に民衆夫れ自身の発達の為めに考ふべき第二の点は、其精神的の開発の方面である。此中で先づ第一着に考ふべき点は、民衆の政治教育を盛んにすると云ふ事である。之は今までは薩張《さつぱ》り行はれて居ない。一体政治教育の最も大事な機関と云ふものは政党である。西洋なぞでは、政党は固より直接に民衆の教育と云ふ事を主眼にして居るのぢやないけれども、平素自分の立場を民衆に訴へて、そして其民衆の間に自分の根拠を据ゑようとして居るからして、常にあらゆる方法を以て民衆に接することを怠らない。先づ演説会をよくやる。新聞を出す。時々の問題について絶えず小冊子などを発行して居る。然るに我国の政党は如何。有力な機関新聞を持つて居るか。又時々の問題について党の立場を説明すべき小冊子などを出して居るかと云ふに、ちつとも出して居ない。西洋であれば、例へば二個師団増設問題と云ふが如きものがあるとか、或は海軍の拡張問題と云ふが如きものがあれば、各政党は直ちに此問題を説明して、そして此問題に対する自党の意見を最も分り易く書きあらはした小冊子を出して居る。我々外国人でも、時事問題について一定の意見を立てやうとすれば、政党本部の附属の本屋に行けばよい。其外各政党は毎年詳細な年報も発行するし、又時には立派な研究の立派な本を発行し、之を安い値段で売り弘めて、事実上民衆を大いに政治的に教育して居る。然るに我国では之が行はれて居ない。之も畢竟選挙権がまだ制限されて居るんだからして、そこで賄賂其他の買収手段が行はれて、選挙は必ずしも言論に訴へなくてもよい事になつて居るからである。されば我国では平素民衆を教育して自分の党派の立場を説明して居ると云ふ事は、党勢拡張の上から必要なことでない。そこで此方面を怠つて居るのだらうと思ふ。政友会にしても、同志会にしても、国民党にしても、又中正会にしても、一つも堂々たる継続的の機関新聞と云ふものはない。其党報の如きも或党では発行はして居るけれども、内容は頗る貧弱なもので、又其頒布にも勉めて居ないからして、雑誌屋の店頭などに飾つてない。読まれても読まれなくても差支ないと云ふ顔付をして居る。況んや時事問題に対して適切な意見を小冊子の形に於て発行するなど云ふ事は殆んど一つもやつて居ない。演説はよくやる。けれども政府党となると薩張りやらない。例へば昨年桂公を倒す時には、政友会の連中も他の党派と一所に盛んに演説会をやつた。然し一旦政権を握つて政府に立つと云ふと、もう民衆には用はないと云ふやうな顔をして、更に公開の演説などにも出て来ない。そこで民衆は反対党の演説丈けを聞く。詰り片一方丈けを聞く。所謂片言以て訟を断ずであつて、政府の悪るい方丈けを聞くから、考が消極的破壊的になるのも無理はない。現に此頃新聞其他の論調によつて見ると、所謂営業税全廃論が盛んなやうである。然しながら学説上から云ふと、営業税の今日の賦課法は、或は適切を欠いて居るかも知れぬけれど、之を全廃すると云ふ事は又決して正当でないといふことに説が定まつて居ると云ふ事に聞いて居る。こんな事も民間の攻撃に対して政府も亦起つて其弁明を民衆に訴へるなら、民衆は玆に正当な判断をなす機会を得るんであらうと思ふ。然るに政府側は何も言はぬからして、民衆は片一方の言ふことばかりを聞いて判断することになる。独り民衆に訴ふることを怠るのみでない、政府がまた議会に於てする答弁の如きでも其不親切を極むること驚くべきものである。殊に外務大臣の答弁の如きは、或は「是れ外交の機微に関するが故に玆に明言する能はず」とか、又或は「帝国政府は全力を尽して該案の解決に力を効《いた》しつゝあり」などゝ云つて、更に腑に落ちるやうな答弁をして呉れぬ。一体外交は秘密と云ふけれども、例へば三国同盟の如く独逸が露西亜から戦を挑まれた時に、墺太利《オーストリア》が援《たす》けるとか云つたやうな事は、無論秘密とすべきものだが、そんな事以外は何も、秘密にすべき必要ないのみならず、却つて平常事情を明かにして置く方が国の為めによいと思ふ。彼の幕末に方つて、幕府は開国の止むべからざる事を万々承知して居つたけれども、何分民間では海外の事情に通じない為めに尊王攘夷の説が激しかつたからして、幕府は開国の必要と云ふ事と、民間の攘夷論との間に板挟みとなつて、非常の窮境に陥つたのも、一つには時の政府が外交を人民に秘密にした天罰である。私、密かに思ふに、今日の対米外交に於ても或は政府は斯う云ふ窮境に陥つて居やしないかと思ふ。若しも対米外交の次第を早くから民間に明かにして置いて、所謂日米問題に対して民間の輿論をば正当の解決を為すやうに導いて居つたならば、今日政府は或は此問題について余程其苦痛を減ずる事が出来たかとも思ふ。然し之は私の一片の推測に過ぎないんだからして事実に当らぬかも知れぬ。然しながら政府政党共に、此大切なる民衆の政治教育を等閑に附して居ると云ふ尤《とが》めは免るゝ事出来まいと思ふ。

精神的開発の今一つの方面は、狭義の精神教育——之は主として道義的開発の方面を云ふのである。即ち民衆を開発して正義の声を理解し之に同情し、又之に響応する丈けの素養を作ることに力めたいと思ふ。若し之がないと民衆政治と云ふものは、動《やや》もすれば腐敗堕落して、其堕落の底から浮び上る事が出来ぬ事になる。此の点に於て我々の最も感ずべきは亜米利加である。殊に紐育《ニューヨーク》の市政に於て之を見る。紐育に於ては例のタマニーホールと云ふものが跋扈して居つて、同市の市政の上に頗る大いなる障礙を与へて居る。一時は其弊害は極端に達するも、而も何人か一度起つて獅子吼すれば、流石に亜米利加の民衆の精神の底には、其正義の声と共鳴するものがあつて、民衆亦猛然として起つて腐敗の空気を一掃しなければ止まないと云ふ意気を示す。現に近頃三十ソコ〳〵の一青年が、一度起つて市政の刷新を唱へて遂に挙げられて市長になり、突飛だが併し又頗る痛快な改革をなして、在来の弊習を一掃しつゝあると云ふ報導の如きは、我々の何ともいへぬ欽羨の感情を以て聞く所の話である。かう云ふ程度まで民衆の精神的発達を引上げると云ふ事は非常に必要な事であつて、且つ之は間接であるけれども、実は民衆政治の発達の上から云つて一番に根本的な点であると思ふ。此点に就いては私は世の教育家並びに宗教家諸氏に向つて多大の期待を以て其尽力を要請せんとするものである。(三月十四日)

〔『中央公論』一九一四年四月〕

政治に対する宗教の使命

一

此問題に就て余が論究せんとするに至りし動機は、前号海老名牧師の説教中、「伊藤公がビスマルク公に会つて、憲法政治を日本に施く志望を語つた時、宗教はどうする積りかと尋ねられ、宗教はぬきにする積りであると答へた、所がビスマルク公は之を聞いて驚き、無宗教の憲法政治は我れ未だ之を聞かぬと云ふた話がある云々」とあつたのに起因してをる。宗教なしの立憲政治が成功するか、之れは実に面白い問題である。折あらば此事を考へて見たいと思つてをつた。

一体宗教と政治との関係はどんなものか。日本では政治と宗教は全然無関係であると云つて得意がつて居る学者政治家も少からずある。殊に西洋では政教分離の傾向が今頃になつて現はれて来るのに、我国では一足お先に行つてをると云つて如何にも卓識であつたかの如く語つて居るものも少くない。然しながら之は大なる誤謬である。成程政教の分離は現代の趨勢である、然し政教の分離は政教無関係と云ふことではない。否政治の根柢には宗教的精神が横はつて居らねばならないのである。故に政治と宗教とは実に密接なる関係を有するものである。最近欧米の政治界を見るに所謂権謀術数の政治家よりも、宗教心の燃えた人が大統領となり大臣宰相となるの傾向が見えて来た。又宗教なしの立憲政治が成り立たないと云ふことは目前に我国の政治が既に之を証明してゐるではないか。今や世人は政治家に信望を置かず、却て世の宗教家道徳家に政治の腐敗を訴ふるに至つた。国民は政治と宗教、政治と精神問題との間には密接なる関係あることに気が附いて来た。宗教を政治から駆逐し全然無関係のものとしたのは、我国政治家の大失敗であつた。然り両者を相伴はしめないならば立憲政治の進歩といふことはないのである。

二

抑も政治の変遷を考ふるに、種々の方面があるけれども、其一は政権の推移と云ふことが、尤も大なる事である。政権の推移は即ち政権争奪であつて、歴史的に之を考ふれば、昔は血を以て之を争つたのである。例令《たとえ》ば源平の戦、豊臣、徳川の戦ひ、皆之れ政権の争奪である。今日は道徳上許さぬ事になつて居るが、然も支那に於ては宋教仁《そうきょうじん》を殺したのは袁世凱《えんせいがい》の廻し者であつたといふ噂もあるから、矢張り自分に反対するものは之を殺すといふ所謂血を以てする政権の争奪は今も仍《な》ほ時々行はれて居るのである。斯くの如く昔は政権の競争のためには兄弟相鬩《せめ》ぎ骨肉相食むも尚辞せなかつた。其後血を見るといふ事は段々やまつたけれども、併し同じ国の中に反対の党派は一人もをかぬと云ふことになつて、放逐亡命といふ事が新に政権争奪の結果として現れて来た。例令ば孫逸仙《そんいつせん》、黄興《こうこう》の如き我国に亡命の客となつて居るのが即ち是れだ。其尤も新しき西洋における実例は墨西哥《メキシコ》の革命である。墨西哥の今回の革命は昨年二月マデロが殺された事に起因してをる。此のマデロは三年前の大統領デアスを追ふた。デアスは三十余年間大統領として勲功ある人物で最早八十歳をこえた人である。然るにマデロは之に背いて其権を奪ひ、為めにデアスは一族三十余人を率ゐ住み慣れし故国を後にして西班牙《スペイン》に亡命したのであつた。斯様に初めは血を以て政権を争つたものが、後には放逐の形をとつて、反対者を同じ国内に居ること能はざらしめ、自分の一族を以て政権を握るといふ事になつたのである。而して斯くの如き惨酷な方法を取つたのは其基く所の動機は、畢竟一身一家の功名栄達にあつたからである。

然るに今日はかの利益を主とした政権争奪の状態は消滅することになつた。此悪風一変して今や立憲政治といふ一定の主義主張を動機とする政権争奪といふ事になつて来た。其は果して何の理由であらうか。之れには二の理由がある。其の一は民衆の勢力が著しく拡大されたことで、他の一は宗教的精神の勃興である。然しながら第一の理由も詮じ詰むれば、宗教心勃興の結果、個人の価値の自覚するに至り、従て民衆の勢力が発展して来たからであつて、之れも畢竟は宗教の力である。換言すれば人民が人類平等の主義に立つて、堂々と理想の実現を主張するに至つたからで、結局立憲政治の濫觴《らんしよう》は宗教的精神の発露に基くものであるから、宗教と立憲政治とは元と元と離るべからざるものである。所が我国にては立憲政治を施きながら、其根柢たるべき宗教には思ひ至らなかつた。之れ我国初代政治家の大失敗と云ふべく、恰も根本を培はずして、美果を得んとするが如きものである。其結果が今日の有様となるは、寧ろ当然の事であらう。

三

夫れ権力のある処は同時に利益のある所であつて権力の中心には利益も亦伴ふのである。故に若し権力者にして宗教的の高潔なる精神なくば、そこに不義不正の利殖の行為の伴ふは已むを得ぬ事実である。故に宗教心なき所には政権の争奪と同時に、必ず利益の争奪が行はるゝは之亦自然の数と云ふべきであらう。維新の大改革に政権は徳川幕府より朝廷に移り、草廬より一躍して政府に入つた者が多かつたが、近頃或人の書いたものを見れば、当時要路の人にして賄賂を取らぬものはなかつた。若し夫れを取らぬ人ありとせばそは僅かに木戸、大久保、西郷の三人位のものだとある。之に由て之を見れば以上三氏以外のものは皆利益心の乗ずる所となり、収賄を敢てしたのである。如斯《かくのごとく》権力のある所には必ず利益が乗じて来る。故に宗教心なくば遂に権力の掌握によりて私腹を肥さんと考ふるに至るのである。而して之は当局者ばかりでない商人の如きも亦抜目なく此権力と結託して其人を利せしむると同時に自からも大に利するを心掛くる。例令ば彼の三菱や大阪の藤田家の如きが今日の富をなしたのは、当時の此権勢と結託して玆に至りしは何人も認むる所である。如斯金力と権力との間にはさらでだに深き因縁あるものなるに、我国に於て二大戦争の結果は一層密接に金と権とを結着せしめた。即日清日露の戦争に於て政府は軍費のために、富豪に低頭して金を出させた。故に一度戦争が局を結ぶや金持は俄然として頭角を表はし、従来は権力が金力を左右したのに、戦役以後は金力が権力を左右せんとするに至つた。今や金力の要求は政権も容易に之を卻《しりぞ》くることは出来ない。斯くて今日は正に金力全盛の時代となつた。故に法律にせよ行政上の処分にせよ之を観察し来れば我国程強者が弱者を虐待し、優者が劣者を虐げてをる国家はない。法律でも政府は種々の情実や関係から、金力の保護を図り、閥の利益を擁護してをる。即ち優等階級のための法律である。強者の利益の保護である。一例を挙ぐれば現行相続税法の如きはそれである。該税法によれば百円以上を収むる者は年賦にて分納することが出来るが、百円以下は之を許さない。然るに事実に於ては百円以下の者こそ却て困難を感じ、百円以上の者は一度に之を納むるに何等の苦痛を感じない人々である。之れ実に下流の人々を眼中にをかずして、富者に都合よい様に金持のために定めた法律である。如斯ことは労働者に対する政府の監督に就ても著しく表はれてをる。労働者は腕一本にて働いてゐる。今工場労働者が其作業の際、負傷して業に従ふこと能はざるものとなりし場合に、傭主は之れに見舞金として十円或は十五円の金を与へて之を解雇するのである。而して負傷者は生涯労働に従事する能はざる悲惨なる境遇に陥り、為めに一家は路頭に迷ふに至る。然るに資本家は曰く、社の規定だから仕方がない、営業だから仕方がないと。之れ実に由々しき大問題である、現今の法律は之に対して十分なる同情と理解とを持つた規定をしてをるか、乍遺憾《いかんながら》之を見出すことは出来ない。之れ実に我国の法律が弱者を何等眼中に置かない証拠である。其他経済界に於て、閥を保護するために特別なる取扱ひをなすことの如き、金力と権力との結托の結果、強者に利にして弱者に不利なるものは殆んど枚挙に遑《いとま》ないのである。

斯くて国民は今や困憊《こんぱい》の極に達して居る。如何にして之を救ふか。吾人は出来るなら法律の根本を改めて所謂社会政策的立法をドシ〳〵やつて之を救ひたいと思ふ。殊に此必要は非人格的関係に進みつゝある今日の産業組織の世の中に尤も切に感ぜらるゝ。昔のやうに雇主と被傭者との関係が親密で其間に多少情味があれば、被傭者が不時の災難に遇つたやうな場合に雇主が約束以外の救済を与ふと云ふと云ふやうな事も行はれたのであつた。然るに今日は契約関係の一本調子である、毫も人情の介入を許さない。人情などを考へて居ては営業が立ち行かない、他の同業者との競争に負けると云つて居る。此趨勢は今日尤も人格的関係の存続すべき筈の農業にまでも及で居る。中農が衰頽し、大農の兼併が行はれると、小作人は用捨なく取り立てられ、昔の様に事情を訴へて歎願するといふことは出来ぬ。斯う人情の這入り込む余地のない世の中になれば、国家は之れ迄のやうに黙つて見て居るわけには行かぬ。必ずや其本来の権力を以て之に臨み、弱者を保護するの態度に出でねばならぬ。故に世の産業が進むに連れて国家が法律を以て雇主被雇者の関係に干渉するの必要は加はるのである。然るに我国の目下の状態は、金権が実に政権を圧迫して、斯かる弱者保護の法律の発布を容易ならしめぬ。然らば如何にして此難境を脱することが出来るか。

第一の解決は、上に立つものがよく下の者の安寧休戚と云ふことに留意し、優者が劣者に同情し、弱者のために進んで利益を図つてやると云ふことによつて出来る。然るに優等階級のものが、下流人民の生活に同情し、十分なる理解を以て適当の処分をなすと云ふことは実は宗教心なくては出来ない事である。宗教心なくば上のものが下のものに同情することは出来ない。如何に立派な人物と雖も、自から其境遇に身を置かずして、其人を理解することは困難なる事で、之を諒解し同情することは、宗教の力に依らねばならないのである。然るに我国識者の間には宗教がない。故に此方面の穏かな解決も我国には望み難く思はれる。

此第一の解決が出来ぬとすれば将来どうなるであらうか。ドーセ今の儘では治らない、何時までも虐げられて下の者は永久に黙つてはゐまい。斯う考へて見ると結局遂に下の者自ら其地位を自覚し、自分の考で解決せんとするに至るではあるまいか。民衆自ら其階級の力を以て優者に対抗し云はゞ階級闘争の形に於て之が解決を試みるといふ事になりはしまいか。之れは西洋にも随分例はある。ストライ〔キ〕や其他の示威運動は即ち是だ。之は穏に行はるゝ事もあるけれども、時として革命的破壊的の手段に流るゝこと亦稀でない。少くとも斯うなる傾向があるから、要するに不祥事には相違ない。不祥事ではあるけれども今日のやうな有様では避けられまい。宗教なき国は誠に不幸である。

論じて玆に至ると予は転《うた》た英国の政治を羨むの情に堪へない。英国で政権を取つて居るのは今も昔も大体少数の優等階級である。而かも彼の如く立派な政治を実現するに至りしは、之れ彼等が一般民衆に無限の同情を有し、十分に民衆を理解して居つたからである。而して彼等が民衆に同情し、よく下民を理解するを得し所以のものは、之実にうるはしき宗教心の結果ではないか。

四

民衆の勢力で以て社会政治の問題を解決すると云ふことは恐らく今後の大勢であらう。少くとも人民の自然の要求に対し政府に立つ少数者の之に応ぜざる場合には、民衆の力で無理押しに押して行くの外はない。是れは必しも悪い事ではないと思ふが、只一つ心配に堪へぬは宗教心の有無の点である。若し人民に宗教的信念と云ふものがなければ、人民の運動は節制を欠き乱暴に流れ彼の仏国革命の如き形を取つて表はるゝ外に道はない。此点よりして世間には民衆政治を呪ふ人が少くない。併し民衆政治に上述の如き弊害ありとしても、之を以て直に少数政治を可とするの理由はない。何と云つても今日は最早立憲政治の世の中である。利害得失の問題は姑《しばら》く別として事実果して民衆を疎外して政治が出来るか。政治上民衆の意志に重きを置くは今日已に当然の事である。只心配に堪へぬは国民の宗教心のなきことである。然るに之を是れ憂へずして、徒らに民衆の勢力の勃興に杞憂をなし、民衆即ち暴徒、民衆政治即ちモツブ政治と云ふ如き考へを以て、非常に之を懼《おそ》れ、立憲制をとりながら、依然として少数の専門政治を夢みるが如きは何たる間違つた考であらうぞ。吾人も宗教的精神を伴はざる民衆政治には慊《あきた》らぬものであるが、去ればと云つて之に代うるに少数政治を以てする気は毛頭ない。蓋し少数政治は暗室政治である。故に不正な事が種々行はれて而かも隠蔽されて容易に外に表はれない。種々の忌むべき弊害の続出するは自然の勢と云はねばならぬ。之に反し民衆政治は明け放しの政治であるからして、少しの不正事も直ちに暴露されるが、其割合には潔白なものである。少数者政治に於ては到底政治の潔白を維持することは出来ない。此意味から私は熱心に民衆政治を主張する。

元来政治と云ふものは公明正大を原則とし、一点の秘密を許さない所のものである。然るに所謂暗室的政治となれば、必ずそこに種々の情実が起り、誘惑が来るのは免れることを得ない。斯る場合に宗教心あり神を恐るゝ人でなければ、如何に立派なる人でも浅薄な考へから、ツイ其誘惑にまけてしまふ。況んや凡庸の人間は直ちに其誘惑に乗ぜられるのである。其証拠には我国にては一度大臣となれば、巨万の金持となる。何事で金を儲けるか知らないが、大臣となつて金満家となる国柄は恐らく日本と支那位のものであらう。私が仏蘭西に居る時、大統領ファアリエールが任期満ちポアンカレーが就任した。其時ファアリエールが官舎を引払つて某処に借宅したと云ふ記事が新聞に出たから、私は前大統領の住居はどんなものかと思つて見に行つた。夫れは二階建の可なり大きな建物であつたが彼は其二階丈けを借りて居ると云ふ事であつた。其家賃は東京の標準から云へば百円位の家賃とでもいふべきものであらう。仏国大統領の年俸は六十万法《フラン》外に交際費の六十万法合して百二十万法(即ち我四十八万円)である。若し大統領たる人が一寸注意して貯へて置けば七年の任期中に十万や二十万の金が出来ない事はない。然るに大統領をやめた翌日から借家住居、然も全部が借れず二階住居をしなければならぬとは、如何に彼等が清廉潔白に生活して居るかを証明してをる。日本では大臣になれば金儲になるが、西洋では大臣になれば却つて貧乏になる。西洋では金満家でなければ大臣にはならぬと云ふ風があるのに日本では大臣になつて金を作ると云ふ様な次第である。本来ならば日本で大臣になつて十万円の財産が出来るなら、西洋では勝手が大きい丈け百万円も出来るのが当り前である。然るに日本の様な金のない経済の小さい国で、俄かに大金持になるのは、何かそこに罪悪が行はれをる証拠である。之即ち我国政治社会の公明正大ならざる所以、隠密の間に事をなし人を恐れて神を恐れざるの致す所である。されば吾人は宗教心を根柢としたる民衆政治を以て、公明正大なる政治を施かんことを主張するものである。

五

然るに世間には民衆政治は日本の国体に背くとか、或は憲法が許さぬとか、又は無智の人民をして政権に参与せしめるのは、小児に刃物を与へる如きものだとか云ふ者があるが、之れは何れも浅薄なる議論である。例令ば第一説に付て云はんに民衆の意志を絶対の最高権威とするなら国体上許すべからざるものなれど、主権者が其政治を行はせらる丶上に、国民の意見を参考せらる丶ことは何等差支はない。又憲法と衝突すると云ふ説は法律論と政治論とを混同したる僻論である。更に第三説に至つては民衆政治の本体を誤解せるものである。世人多くは民衆の参政権は其高等の政治的発達を条件とするといふが、併し一体政治上の事は一般人民は勿論の事、高等の教育を受けし者も立派なる判断が出来る筈のものでない。政治的発達といふ事を標準とせん乎、多くの人は落第せざるを得ない。ソンナ六かしい事は民衆政治は一般人民に要求しない。唯だ代表者を選ぶ時に我々の利益を托するに足る高潔なる人物か否かを判断し、正しく之はと思ふ人を選ぶことが出来れば足るのである。之れは政治や法律の智識はなくとも普通人間の持ち得る能力である。併し斯の能力のよく理想的に発揮さる丶には矢張り根柢に宗教がなければならぬ。我国現在の選挙では、一票五円で選挙権を売買するといふやうな噂を耳にするが、之は何の為めであるか。要するに予は民衆政治は到底之をやめることは出来ぬから、之は其儘之を維持し只他方退いて宗教の力にて人民の道徳性を陶冶し、正義の観念を明かにし、以て人物を正当に判断するの能力を養成すべきであると思ふ。さうすれば必らず立憲政治の美果を収めることが出来る。之を要するに民衆政治其物が悪いのではない。人民や政治家に宗教的精神の無いのが悪いのである。故に立憲政治の成否は国民に宗教心ありや否やと云ふことに帰着するのである。

又或人々は民衆政治の盛な所には、其盛なるに比例して政界の表面に立つ人の種がわるくなると罵るものがある。而して彼等は其一例として米国を挙げ民衆政治の弊に悩める国の標本と唱へて居るのであるが、之れは排日問題などに反感を抱けるもの丶僻見で、米国の歴史を知らず、今日彼国の真相を諒解せぬ者の言である。先づ第一に米国現大統領ウイルソンとは果して如何なる人か。彼は純然たる政党者でなく、大学教授として令名ありし人格の人である。而して彼と民主党候補者の地位を競争したハーストは金権の力を有し、又政治上の手腕を有した人物であつた。然るに米国民は後者を撰ばずして、一学究たる人格の人ウイルソン氏を挙げて、一国の政治を托した。之れが果してモツブの政治として罵倒に価する現象であらうか。又之を米国史に温《たず》ぬれば、彼のクリーヴランドもさうである。彼は品格の高潔なる人物であつたけれども、其政治的方面に至つては未知数であつた。然も国民は反対党たるブレーンの手腕あるも而も醜聞あるを厭ふて、彼クリーヴランドを挙げた。其他タフトと云ひルースベルトと云ひマツキンレーと云ひ又グラントと云ひ、実に其人格の高潔にしてその伎倆の卓越せる点に於て、優に米国史を飾るのみならず、世界史を飾る所の一代の偉人たるべき人物である。斯る人物を一国の元首として選び得るは、之れ即ち米国民がワシントン、リンコルン以来養ひ来りたる米国魂、換言すれば宗教的精神によりて陶治せられ、啓発せられたる結果であつて、断じて之をモツブ的民族と云ふことは出来ない。斯る国民と大統領によりて経営されつゝある国家を、民衆政治の弊に苦しみつゝある国と云ふに至つては、其浅見や寧ろ憐むべきものである。

又私が大学に学生たりし頃或教授は英国は選挙権拡張以来、大に議員の種が悪くなり人物が下落したと講義せられた。余は先年英国にて端なくも此言を思ひ、よく英国議会なるものを研究して見た。成程往時は英国の議員は貴族や金満家であつたから、其風采や行儀作法に至つては実に立派なものであつた。然るに約二十年前の選挙権の拡張と伴つて、労働者より代表者を選挙するに至るや、フロクコートを着ない議員も議会に出入するに至つた。此点から云へば確かに形の上からは議員の品位が落ちたとも云へる。然し其人物の上からはさう云ふことは出来ない。彼の労働党の代表者ケーア・ハルデーの如き、其見識より云ふも、又其人格より云ふも立派なものである。彼れが千八百九十三年、労働党の最初の代議士として議会に出席するや、汚ない脊広服を着し鳥打帽を被つて議場に表はれ、六百の議員をして吃驚《びつくり》させたと云ふことである。然るに侮蔑の眼を以て迎へた議員も、段々彼れの高潔なる人格を認識し、「彼は我々の中の何人よりも、より以上に尊敬すべき人物なり」と歎賞するに至つた。彼は八歳の時より、鉱山の穴掘に従事し、貧窮のために学校教育を受くることが出来なかつたと云ふことである。然も彼れは一種の精神家で、幼より宗教的信念あつく、理想的社会、即ち神の国を此の世に実現せんとの熱烈なる誠心に駆られて努力して居る人である。其他現内閣の大立者たる大蔵大臣ロイド・ヂヨーヂの如きも、又労働党の領袖たるラムシー・マクドナルドの如き、皆選挙権の拡張によりて議員となつた人々で、ロイド・ヂヨーヂの如きは確かに後世に於てはグラッドストーンやビーコンスフヰルドと並称すべき人物である。されば英国議会の議員が下落したとの評言は皮相の見で、議場にて脊広を着るものが多くなつたと云ふに過ぎない。さて是等の人物が何故に斯くの如く世界の尊敬を博するかと云へば、云ふまでもなく其の根柢に宗教的信念ありて、其人格を統一し支配して居るからである。斯く考へ来れば若し人民の中に宗教心あり、自己を代表すべき人物を選ぶに当り、其真に高潔なる人格なりや否やを判断するの能力だにあらば、議会は必ず立派なる人物を以て充ちて来るに違ひない。其反対に選挙人其人が何等宗教的正義の観念もなく自分は如何なる人物を選ぶべきかも弁《わきま》へず、人物判断の能力なくば、議会は醜類に充ち立憲政治は却つて国家を禍ひするものとなる事もあらう。一体立憲政治では議会が政府を監督するを要すると云ふ。併し事実上人物の集る所は則ち勢力の中心であつて、議会に人物が集らざる以上は、理窟では何と云つても議会の実力は到底政府を監督することは出来ぬ。而して議会に人物を集めんとせば先づ選挙人がシツカリせねばならぬ。それには先づ人民が自覚して確固たる精神を以て議会に人物を送らねばならぬ。而して国民をして玆に至らしむるには宗教の力に俟《ま》つ外はないのである。

六

さて右申す如く民衆政治は勢でもあり、又推奨に価するものである。併し民衆政治が完全に行はるゝには其前に従来の少数政治と戦ふを要するを以て、一時は之に対抗するために一種の民衆運動が盛行すると云ふ事も免るを得ぬ。此民衆運動といふも亦其根柢に宗教がなければ吾々の思ふやうにうまく行かぬものである。何となれば宗教なきの民衆は確信に基いて積極的に行動する能はず、動《やや》もすれば煽動に乗り又は野心家の買収する所となりて軽挙盲動することとなる。独り一般民衆のみではない、所謂識者も亦高遠なる理想なく、浅薄なる主義に誤るゝことが多い。此例は今日我国に甚だ多い。宗教なき彼等は動もすれば国家の名に眩惑して知らずして罪を重ねて居る。或人は日本人の特長は没我思想に在りとて威張つて居る。己を没却するはよい事だが併し何の為めの没却か。高遠なる理想の為めといふ事なしに己を没却するは死に均しくはあるまいか。於是《ここにおいて》予は我国の浅薄なる国家主義を呪はざるを得ない。国家も亦高き理想に立たねばならぬ。宗教なき国家は如何に多くの人をして国家の名に於て罪悪を犯さしめて居るか。予は思ふ真に国家の為めを思ふ者は却て正義の為めには国家の利益を犠牲にするも、猶之を辞せざるの覚悟がなければならぬ。正義を以て国家よりも高しとするの見識なければならぬ。現米国大統領ウイルソン氏の如きは、此点に於て実に予は無上の尊敬を払ふものである。

去三月十一日の新聞によればウイルソン氏は去る三月五日の議会に於て、巴奈馬《パナマ》運河通航料免除規定廃止を勧告するの教書を発して、沿岸航海の米国船舶に対し通航料を免除する所の運河法が各国に於て条約違反と解釈することを挙げ、自から進んで該規定を廃し、寛容の態度を中外に発揚せんことを勧告した。之れは実に宗教家か道徳家の云ひさうな処である。然るに日本の新聞記者が之を目して、之れ米国が諸外国の歓心を買ひ、墨西哥《メキシコ》問題を巧みに料理せんとの魂胆であるといふのは、思はざるの甚しきものである。又この墨西哥不承認の問題についてもウイルソンの態度は甚だ面白い。抑もウエルタが昨年二月政権を握り、四月欧洲大陸諸国の承認を得てゐることは世人の知る所である。然るに独り米国大統領のみは其承認を肯ぜない。之れは米国民が承認を非なりとするが為なりやといふに必ずしもさうでない。ウエルタに斃されたマデロが米国に於て人気あつた事は事実である。之を斃したウエルタの政策が米国の資本家に喜ばれざるは疑ふを要しない。乍併《しかしながら》墨西哥鎮定の一日も早からんことは米国資本家にとり目下の急務であり、而して之れが鎮定はウエルタに待つ外なき以上、此際ウエルタを承認する事は当然なるが如く思はれる。然かもウイルソンは断々乎として之を承認しないのである。之れは何故かといふに、ウエルタが道徳上許すべからざる人間であるからである。

昨年二月九日墨西哥市に騒乱が起つた。時にウエルタは政府軍の総司令官として約十日間戦争に従事したが、同月十八日突然裏切りして、大統領マデロの弟を縛し、直ちにマデロを官舎に襲ひ之を捕へて幽閉し、敵デアスと通じて政権を奪取し、十九日には大統領の弟を殺し、二十二日夜半又大統領を殺した。且つ彼ウエルタは初め先代のデアスの引立を受けて居つたが、後デアスに背きマデロに通じ、今又マデロを撃つて其位置を奪つた。之れ実に道徳上許すべからざる行為である。此等の事実こそはウイルソンが承認を肯んじない最も重要なる理由となつてをるのである。

ウイルソンの正義の観念に基けるやり口は夫れとして、斯の如く正義人道のためには国家の利益をも不問に附して、所信を断行する政治家に、其国家を托して居る人民も又実に偉大なる国民といはねばならぬ。斯く論じ来れば政治の根底には宗教がなければならぬことは明かで、政治家に宗教心がなければ立派な政治は行はれないのである。今日日本の外交が遅々として振はず事々に失敗の形跡を表はすのも、之れ我国の外交家に宗教的精神なく、世界の外交舞台が、宗教的精神に基ける高遠なる理想によつて開展しつゝあることを知る能はざるの致すところである。今や欧米の外交界は譎詐《きつさ》権謀の時代を過ぎて、実に偉大なる世界的精神によりて動されつゝある。此大勢を知らずして外交の衝に当り、旧来の手腕とか技倆とかいふことを夢みつゝあるは、恰《あたかも》白昼提灯を点ずると一般、時勢に遅るゝ之れより甚しきはない。内政の不振の如きも前来縷々述べる如く、国民に宗教的自覚なく、政治家に宗教的精神によれる正義の観念なきの致すところ、決して手腕とか伎倆とかいふ問題ではない。之を要するに立憲政治の美果は国民の宗教心の発露によりて結ばるゝもので、宗教を抜きにしては決して理想的の政治を見ることは出来ない筈のものである。附言す、余は漠然と宗教と称したるも、余の云ふ宗教が基督教を指せるものなることは、多く欧米の実例を挙げたるにても、又余自身が基督教徒たることでも明なることである。余は断じて神道や仏教が余が主張する処の能力を政治の上に貢献するものとは思はない。

〔『新人』一九一四年五月〕

山本内閣の倒壊と大隈内閣の成立

山本内閣の倒壊より大隈内閣の成立に至るまでの所謂最近の政変は、その前後に於て、我々政治の事を研究して居る者に種々の興味ある問題を提供した。今その中の二三の点を次に順を追うて論じようと思ふ。併しこれは素より、深く政界内部の事情に通じない余が、単純に外面に現はれた現象に就いて、多少学問的の評論を試みたに過ぎないといふことを予《あらかじ》めお断して置く。

一　山本内閣の倒壊

山本内閣の倒れた顚末については、その間に面白い問題が少くとも二つあると思ふ。一つは、内閣倒壊の原因が貴族院の反対にあつたといふ点で、今一つは、之に対する政友会の態度である。

山本内閣は、貴族院が海軍補充費の協賛を拒んだことが原因となつて倒れたのであるが、いつたい政治上の徳義としては、反対派が政府の原案に反対する場合には、都合に依つては必ず取つて代るといふ覚悟を必要とする。己れ代つて政府を組織する丈けの成算無くして濫《みだ》りに反対するといふことは、原則としては之を許さぬのである。尤も法律上、貴族院の議員(貴族院には限らないが)は、取つて代る覚悟を条件としてのみ政府の原案に反対し得るといふのではない。寧ろ取つて代ることが出来る出来ないに関係なく、自己の信ずる所に依つて賛否を表することが法律上議員の義務であると云つてよい。併しこれは一片の法律論に過ぎず、実際の政治の徳義としては、自己の所信に依つて行動することに就いても、相当の責任を持たねばならぬものである。殊に彼等が、政党とは言ひ得ないかも知れぬが、夫れ〴〵党派を造り、或る点までは共同一致の行動に出づる場合に於て、この政治的責任が最も重大なものと考へねばならぬ。然らば貴族院に於て政府に反対せる大多数の者は、果して己れ取つて代る丈けの成算があつたかと云ふに、此点は甚だ疑はしい。殊に彼等は両院協議会に於ても其の説を固執し、更に協議会の成案が問題となれる時、再び前説を固執して遂に之を否決した。その決心の強大なる丈け其れ丈け責任も非常に重かるべき筈である。普通の場合に於ては、貴族院は一応下院の決定に反対しても、両院協議会に於て下院が譲歩せぬならば、上院は暫く下院に譲歩するといふのが然るべき解決であると思ふ。若し下院が譲歩せぬ際に上院が飽く迄その説を固執するならば、その結果は己れ代つて新たに内閣に立つといふ政治上の責任を生ずるのである。この責任の自覚が甚だ稀薄にして、たゞ徒らに反対した――若し事実左様であつたとすれば――といふことは、政党政治の常道ではないと思ふ。但し断つて置くが、右の点は主義若しくは理論の問題である。而して現今の所謂腐敗したる海軍と目せられて居る者に、海軍拡張の事業を託することの可否といふ実際問題とは分離して考へたいと思ふ。而して此の実際問題は余が茲に論ずる所ではない。只余は、貴族院の反対が海軍収賄問題と関聯せるが為めに、反対した事それ自身までも世間の同情を博した点に多少の道理があると思ふ。故に此の場合、強いて貴族院の態度を責むるは酷に失するかも知らぬが、主義の問題としては、茲に一の疑問を投じて置く価値があると思ふ。

貴族院の反対に会つて大に困憊せる山本内閣が取るべき処置、否政友会が此の際に取るべき処置如何といふことは、政治上甚だ明白であつた。即ち解散に依つて政府の信任を国民に問ふか、若しくは潔く辞職をするか、この二つの外に途は無かつたのである。然るに政友会は飽くまで政権に恋々として、都合によつては貴族院と巧く妥協して——換言すれば、多少党の面目を傷けてまでも政権を離れないといふ醜い態度を示した。余は此の点に日本の政党の弱点を認めねばならぬ。政友会の斯かる嚙り附き的態度に対して、世間は思ひ切つて冷評熱罵を与へた。併し政友会としては、これ亦已むを得ない処置であつたと思ふ。単り政友会に限らず、他の党派でもこれと同一の境遇に陥つたならば、矢張り同じ態度に出でたであらう。不都合には相違ないが、斯の如きは畢竟日本の政党に共通の弱点である。何故かと云ふに、日本の政党は由来、政権を掌握することによつて始めて其の党勢の拡張も出来るので、この点は西欧先進国の政党とは正反対である。彼に在つては党勢を民間に張ることによつて始めて政権を掌握することが出来る。西洋のやうに斯く民間に於ける党勢の消長に依つて政権を取り、或は政権に離れるものなら、濫りに辞職する必要も無く、又徒らに政権に恋々たるにも及ばぬ。然るに我が国の政党を見るに、その議会に多数を占むるといふことは、政権の掌握若しくは政権掌握の希望に依つて、辛うじて之を維持して居るのである。左れば日本に於ては、政権に離れるといふことは直ちに党勢の衰微を意味する。又現在の政党は政権の掌握以外に党勢拡張の方法を知らぬゆゑ、たとひ馬鹿と云はれ阿呆と罵られても、政権には離れまいとする。斯かる状態は政党発達の上に変則なるのみならず、政治の進歩を阻害することも夥《おびただ》しい。何故かと云ふに、政権の掌握に依つて党勢を拡張するといふことは、実は其の地位を利用して有形無形の利益を提供し、之に依つて党勢を拡張するに外ならぬ。之を露骨に云へば、政権を利用し、利益といふ代価を以て投票を我が党に買ふやうなものである。而して此間に種々の弊害の生じ得るは言ふ迄もない。

右の党勢拡張の報酬たる利益は、各地方の人民一般の利益なら未だしも、多くは一部分の利益、少数なる所謂地方有力者の利益といふことになり勝ちである。これ丈けでも、利益の不公平なる分配といふ事と、一般人民の利益を無視するといふ二個の大弊害が生ずる。且つ之に依つて国帑濫費に陥ることは免れない。故に余は政党の発達を衷心より希望する一人であるにも拘らず、政権の掌握に依つて党勢を拡張するといふ遣り方には、飽くまで反対せざるを得ない。これと同時に、党勢拡張策としては、一層文明的、合理的にして且つ一層確実な方法に出でられんことを、政友会のみならず、総ての政党に向つて希望するのである。

二　後継内閣の物色

山本内閣の辞表提出後、例に依つて元老会議が開かれ、数回に亙つて後継内閣の組織者を物色した。而して其の間に於て最も興味ある問題は、超然内閣の主義が勝つか、政党内閣の主義が勝つかといふことであつた。民間の輿論(少くとも新聞紙に現はれたる)は啻《ただ》に政党内閣の主義を主張したるのみならず、又この主義に非ずんば到底紛更せる時局を収拾する能はずと論じた。然るにも拘らず、党の責任者たる元老の方では、超然内閣主義を取つたらしく、結局清浦子爵を奏薦すること丶なつた。茲に於て世人は一時超然内閣主義の勝利を考へたけれども、これは結局前内閣派の反対の為めに、成立を見るに至らず、終に稍々《やや》政党内閣主義の色彩を帯べる大隈伯に大命が降ることになつた。この経過は先づ大体に於て、我が国の憲政が今日最早や超然内閣の存在を許さず、漸次政党内閣制に進まんとする傾向あるを示すものと見て差支がない。果して然らば――進歩か退歩かといふことは別問題として――兎も角も我が国憲政発展の上に一転期〔機〕を劃するものに相違ないと思ふ。人或は言はん「政党内閣なるものは十数年以前より既に存在して居るではないか。明治三十四年以来桂公と西園寺侯とは相交代して、十年の間政権を遣り取りして居つたのである。桂公自身は政党を率ゐては居らなかつたが西園寺侯は常に政友会を提《ひつさ》げて居つた。これ即ち政党内閣ではないか」と。併しながら此の見解は誤つて居る。桂公の内閣が政党内閣にあらざりしは言ふ迄も無いが、西園寺侯の内閣と雖も素より純粋なる政党内閣と称することが出来ぬ。この両者は所謂情意投合に依つて政権を掌握して居つた。而して超然内閣たる桂公の政府が常に政友会の援助の下に立つたことは申す迄も無いが、西侯の政友会内閣と雖も、元老乃至官僚の尠《すくな》からざる援助の下に辛うじて其の政権を掌握して居つたのである。即ち政党を唯一の足場として立てる内閣ではない。故に形式は政界の二大勢力が相交代して政権を取つたなれども、之を以て政党内閣と称することが出来ぬのみならず、其の実政党内閣の端緒にすら著いて居たのではない。故に日本に於て政党内閣が出現した、或は出現しかゝ〔つ〕たといふことを申すならば、明治三十一年六月の憲政党内閣のことは暫く措き、先づ今度の大隈内閣を以て其の端緒を開いたと云はねばならぬ。

併し更に一考すれば、この間に未だ安心の出来ぬ点がある。即ち清浦子の超然内閣が成立しなかつたといふ事情に多少不明瞭な点があると共に、大隈伯の所謂政党内閣が成立せる事情にも亦多少徹底せざる点を認め得るからである。清浦内閣の不成立に終れるは、主として海軍側と政友会との陰謀の結果だといふことであるが、果して然らば、仮りに右の陰謀が無かつたとすれば、彼の清浦内閣の如きも立派に成立したことゝ思ふ。即ち超然内閣と雖も、到底成立し能はざる理由あつて成立を見なかつたのでは無い。左れば我が国現在の政界には如何《どう》やら超然内閣の成立し得る余地がありさうに思はれる。更に翻つて大隈内閣成立の経過を見るに、其の間に元老乃至官僚、少くとも政党とは直接の関係なき貴族院の勢力が参加して居ることを思はせる。して見ると、元老及び貴族〔院〕を疎外して内閣を組織し得る時期は未だ十分に熟し居らぬと言はざるを得ぬ。余が前に十分安心が出来ぬと言つたのは、実に此の点である。

何れにしても、政党内閣といふものが玆に成立した。たとひ前述の如き不安心なる点がありとしても今日の大隈内閣の成立は、右の如き曖昧の事情を滅却して、政党内閣の機運を一歩進むるものであることを疑はぬ。この点に於て新内閣の成立は、我が憲政史上に重大なる意味を与ふるものであると信ずる。

三　大隈内閣の成立

大隈内閣の成立に対しては、新聞なども大に此を歓迎して居るが、我々学者の立場から見ても歓迎すべき幾多の理由があると思ふ。其の第一は、同内閣は紛更せる時局を収拾するに最も適当なる内閣なりといふ点である。今日全然政党を無視して内閣に立つことの至難なるは申す迄も無い。而して政友会内閣は議会に多数を制しながら辞職し、又直接に此の内閣を仆《たお》せる貴族院の人々にも取つて代る実力が無いとすれば、結局政友会に反対なる党派が内閣に立つより外に途が無い。然るに此等の各派が全部合同しても以て政友会に当るに足らず、且つ其の間の関係も頗る円滑を欠いて居る。要するに非政友合同については、非常なる困難が横はつて居ると見なければならぬ。而して此の難関を切抜けるためには、第一、能く非政友の諸派を聯合し得る人物を起さしむることを必要とする。第二、近き将来に於て政友会の多数を覆し得る丈けの実力と民望ある人物なるを要する。而して大隈伯は此等の要件を具備する唯一の人物であると信じられて居る。故に大隈内閣は、此際是非とも出現せねばならぬ運命を持つて居つたのである。

新内閣を歓迎する理由の第二は、閣員の顔振〔触〕が良好なことである。見渡したところ、一人として是れはと危ぶまれるやうな人が無く、手腕、学識、人格に於て何れも内外に誇るに足る人物である。此の如き顔揃であれば、政府の重みは国の内外に於て一段と加はり、殊に外交上に尠からぬ好結果を来すであらうと思ふ。一昨年仏蘭西のカイヨー内閣がモロッコ問題の失敗を以て絶頂に達し時局の紛更甚しきに至つて、現大統領のポアンカレーが起つて之を始末した。その時に当つて同国第一流の政治家が、此の難局を救はんがために皆進んで内閣に列し、その結果当時の仏蘭西内閣は所謂「偉人内閣《グレートメンズ・キャビネット》」の名を内外に博し、欧洲の外交界に於て仏蘭西は頓《とみ》に重きを為したのである。彼のバルカン問題の起つた当初巴里が殆んど外交界の中心となつたのも、畢竟これが為めであつた。今日の大隈内閣は余程これと趣を同じうして居る。況やカウント・オークマの名が広く列国の間に喧伝せられて居る今日であるから、新内閣に於ける帝国の外交は今後頗る見るべきものがあると思ふ。少くとも対支外交の上には、余程強大なる影響があらねばならぬ。

新内閣を歓迎すべき理由の第三は、其の政党内閣の色彩を帯ぶる点である。尤も前述の如く、純然たる政党内閣とは言へぬかも知れないが、少くとも政党を主たる基礎とする聯立内閣と云つて差支が無い。尤も理想としては純然たる政党内閣に越したことは無いが、今俄かに其の完きを求むることが出来ぬとすれば、これ以上を望むは余りに過当であらう。只我々は新内閣を以て、政党内閣の端緒として之を迎ふることは決して不当でないと思ふ。

四　政党内閣論

政党内閣を論ずるに当つて先づ第一に考ふべき点は、其の是非得失の問題よりも、可能不可能の問題である。而して可能不可能の問題は、之を次の三点より考へねばならぬ。

第一、政党内閣の制度は事実上可能なりや否やといふ問題である。政党内閣の制度の完全に行はるゝには、大体に於て二大政党の対立を要件とする。小党分立の状態に在つても、内閣は矢張り政党を基礎として組織せらるゝが普通の例であるけれども、二大政党対立の場合でなければ政党内閣の制度の妙用は之を発揮することが出来ぬ。而して二大政党の対立と云ひ、或は小党分立と云ふも、畢竟勢の問題であつて、人為を以て左右することは出来ない。例へば選挙権拡張の如きは、一片の法律を以て之を実行することが出来るけれども、制度法律の変更によつて、直ちに小党分立の勢を変じて之を二大政党に集中せしめることは不可能である。故に政党内閣たるものは、是非得失の論は別として、其の国々の政党関係の実際上、或は完全に行はれ得ることもあり、或は行はれ得ぬこともある。併しながら斯く具体的の場合を暫く措き、単に抽象的に考へると、凡《およ》そ一国の政見は二つに分れる。即ち二個の政党に分派するのが大体の趨勢である。世には現状を維持する上に利益を有する者もあり、又一方には現状の打破に依つて境遇の改善を計らんとする者もある。この心理的基礎に依つて、一国の政見は大体「保守」「自由」の二党に分れる。尤もこの点は尚ほ詳細なる論及を要するも、茲には簡単に結論丈けを挙げたのである。兎も角二大政党の対立といふことは原則である。

然るに多くの国に於て小党分立を見るのは何故なりやと云ふに、是等の国に在つては、特に二大政党対立を妨ぐる原因が存するからである。先づ独逸の例を申せば、独逸は保守自由の二つの思想が大体政界の分野を彩る外に、各聯邦の利害の衝突、新旧二者の反目、被合併地方の異人種の反抗等の種々なる原因が、数多《あまた》の政党を発生存在せしめ、之に社会党まで加はつて、全体に於て十五六の政党に分れて居る。若し夫れ墺地利《オーストリア》の政党に至つては、人種の争の激烈なる国柄とて、議会に三十有余の小党派が分立して居るのである。これ皆特別の理由あつて然るもので、これを以て直ちに二大政党対立の原則を非認することは出来ない。現に是等の国に於ても、小異を棄てて大同に合するといふ傾向が近来特に著しく見えて居る。又最近の仏蘭西が二大政党対立の勢に進みつゝあることは『太陽』前号に於ける米田氏の論文にも明白に述べられて居る。要するに特別なる妨害の原因無き以上は、たとひ小党分立の状態に在りとも、其れが漸次二大政党対立に近づきつゝあることが各国を通じて政界の大勢である。翻て我が国には此の大勢を妨ぐる原因があるかと云ふに、余の考に依れば、我が国には斯かる原因は存在して居らぬ。我が国に在つては、宗教の争は政治上何等の意味なく、人種も大体に於て単一なり、地方の利害も著しき懸隔が無い。左れば早晩二大政党対立の勢を持来すべき国状であると云はねばならぬ。故に此の点から見ると、我が国に於ける政党内閣の樹立は、事実上必ずしも不可能では無いと思ふ。

第二、政党内閣の制度は法律上可能なりや否や。一部の学者には、政党内閣の制度は帝国憲法と相容れない。即ち憲法上許すべからざる制度なりと説く人がある。併しこの議論の誤れることは、茲に深く論ずる必要が無い。蓋し政党内閣は一種の政治上の慣例であつて、而も政治上の慣例は法律の範囲内に於て、十分存在の余地を有するものである。而して政党内閣の制は毫も憲法上の大臣任免の大権を制限するもので無いことは、特に世上の理解を求めなければならぬ。

第三、政党内閣の制度は道徳上可能なりや否や。茲に道徳上といふ語は余り適切でないが、これは日本の国体から見てといふ意味である。政党の首領が原則として常に政府を組織するといふことは、憲法上差支ないとしても、国体の上から如何なものであらうかといふ杞憂を抱く人がある。これは大体デモクラシイを嫌悪する思想と同じ系統に属し、勿論重大な誤解に基ける考であると思ふ。天皇は何《ど》の途《みち》御一人の御考で大臣を任命せられるのではなく、必ず何人かに御下問になる。その御下命を拝するのが少数の人か、或は多数の人かといふ丈けの違はあらうが、要するに少数多数何れかの意見が、陛下の最後の御決定に何等かの影響を持つて居るといふことは同一である。而して少数の意見が天皇の御決定に影響することが国体上差支なくして、多数の意見の影響する方が国体上不都合であるといふ理窟はない。さて此の両者の何方《どちら》がよいかといふことは別問題として、国体に対する関係に於ては両方とも全く同一であることは、特に識者の了解を得なければならぬ。況や国民は悉く天皇の赤子にして、忠良なる臣民たる特権は決して君側の少数者のみの壟断を許すべからざるに於てをや。

以上三点の論拠に照して、余は政党内閣の制度は我が国に於て可能なりといふ結論に達した。而して次に来るべきは、この可能なる政党内閣の制度が政治上好いものか将《は》た悪いものかといふ問題である。この問題についても、余は具体的の観察を離れて、出来るだけ抽象的に考へて見たいと思ふ。若し我国現在の政党を眼中に置いて論ずれば、彼《あ》の様な不始末な政党に政権を託すべからずといふ一理ある議論も起り、政党内閣の得失に関する理論上の問題は為めに蔽はれる気味がある。我国現在の諸政党が我々の理想に遠きものなることは事実であらう。然しこれを以て政党内閣制度の利害得失といふ主義の問題に累を及ぼしてはならぬ。要するに余は、理論問題として熱心に政党内閣を歓迎する論者である。凡そ隠密の政治は、如何に立派な人間が局に当るとも、必ず醜穢なる弊害の生ずるを免れない。而して公明なる政治は、議会の十分にして有効なる監督の下にのみ行はれるものである。また議会の十分にして有効なる監督は政党内閣の制度に依りてのみ完全に行はれるものである。超然内閣は隠密主義なるが故に弊害も多く外面に現はれず、世人もまた明証なきの故に、たとひ之を感知するも敢て訐発《けつぱつ》せず。之に反し政党内閣は公明政治なるが故に、些細の弊害も直に明白となる。従つて人動もすれば後者の弊害を説くに急にして、前者の弊害を寛容するの傾あれども、斯の如きは両者の得失を比較するに当つて、決して公平なる態度と称する訳には行かぬ。現に実際の例に見るも、政党の弊害なるものは、多く超然内閣の組織者たる官僚の政党操縦に発して居る。これは独り日本のみならず、西洋諸国に於ても同一である。

前述の理由に依つて余は政党内閣を歓迎し、従つて大隈内閣の成立を以て、我が国の憲政発達上喜ぶべき現象であると云ふを憚らぬ。

五　非政友三派合同論

附　普通選挙制論

余は本邦憲政発達の上から、大隈内閣の成立を歓迎する。従つて此の新しき内閣に対して、国家の為めに健全なる発達を遂げて、折角芽を吹き出した政党内閣制を十分鞏固なるものとするために、最善を尽されんことを希望する。この見地からして、余は最も根本的の要求として次の諸点を註文したい。

第一は、大隈内閣の大傘の下に集まつた所謂非政友三派は、出来るだけ感情を一掃して、今日の提携を続けて貰ひたいといふことである。若し此の点に失敗すれば、彼等は忽ち天下を両分して其の一を有するの実力を失ひ、ために再び政友会と官僚との妥協に後戻りをするの虞《おそれ》なきにあらず。斯くては我が国憲政発達のために憂ふべきことであると思ふ。故に内部に多少の内訌離散を見るとも、少し許の犠牲は国家のために忍んで、宜しく大同に従つて提携を続けて貰ひたいと思ふ。若し又右の三派が、従来の行懸り或は歴史を重んずるなら、必ずしも合同しなくてもよい。彼の英吉利の労働党が、幾多の政社の聯合であり、又所謂統一党が、保守党と自由統一党との聯合として、三十年来渾然たる一体となつて行動し来りたる如く、各自の独立を保ちつゝ、合同提携するの途もあると思ふ。

第二は、此の際大に奮発してもつと有力なる勢力となつて欲しいことである。三派合同して尚ほ一政友会に当るに足らずとあつては、政党内閣の存続の上に甚だ心細い。勿論今日の勢を以て議会を解散したならば、少からず政友会の勢力を動揺せしむることが出来やう。然しながら一挙政友会の過半数党たる地位を破り得るや否やは、必ずしも断言は出来ない。況や目下借物の容《うつわ》なる大隈伯の勢望を除かば、彼等が総選挙に於て華々しい成功を収め得るや否や、これ亦疑問である。この点から余は新らしき政府党に向つて、政友会と異れる地盤に立脚地を開拓せんことを勧告したい。換言すれば、此の際多数国民の輿望せる普通選挙制を断行して、新たに選挙権を得べき物の間に其の立場を開拓せんことを勧告したい。選挙法を今日の儘に放任して、政友会と同一の地盤を争ふのでは、恐らく政友会を凌駕することが至難であらう。

　普通選挙制の採用は、新政府党の立場から、従つて政党内閣制の確実なる発達の上から希望すべきことであるのみならず、又憲政発達の為めに、各方面から之を研究する必要があると思ふ。聞く処によれば、新内閣は現行選挙法に於ける選挙資格中の財産的制限を低下し、且つ新たに教育的標準に依つて選挙権を拡張せんとする方針であるとのことだが、余の考では、選挙法を現今の儘放任するよりは、これ丈けの改革でも多少の進歩であると思ふ。併しながら、これ亦姑息の手段に過ぎない。何故に思ひ切つて普通選挙制を採用しないかを怪む。普通選挙論については、識者の間にも重大な誤解がある。それは人間の知識の進歩の度が未だ洽《ひろ》く選挙権を与ふる迄に達して居らぬといふ点に在る。その証拠として、彼等は選挙場裡に於ける選挙民の腐敗を数へる。併しながら、選挙人が僅少の金の為めに投票を売るといふことは、余の考では寧ろ制度の罪であると思ふ。凡そ人間の弱点に乗ずる機会を与ふるが如き制度であればこそ、神聖なる宮内大臣ですら賄賂を取るではないか。僅少の金に目が眩むといふことを責むるなら、その罪は選挙人にのみ在るのではない。故にこの点を以て選挙権拡張論否認の論拠とするならば、余は反対に、同一の論拠によつて、某々等多数の大臣を即刻免職すべきことを要求する。選挙権の行使に必要なるは、候補者の人格を判断する能力である。これ丈けの能力があれば、選挙権を附与するに毫も差支が無い。要は唯、買収などの行はれぬ制度にさへして置けばよいので、即ち普通選挙制を採用するより外はない。

現在我が国民の発達の程度は、決して普通選挙制を布く程度に熟して居らぬとは信じられぬ。現に西洋の文明国と称する国々の中にも、実は日本ほど教育の普及して居る国が尠《すくな》い。最近の統計に依れば、所謂「読み且つ書き能はざる者」の数は人口千人中、白耳義《ベルギー》は約百人、仏蘭西は四十五人、英吉利は三十五人、和蘭《オランダ》及び瑞西《スイス》は約二十人の割合で、最も尠きは丁抹《デンマーク》や独逸の〇・〇七人である。日本には精密の統計は無いが、独逸や丁抹と大差は無いと聞いて居る。而もこれは今日の統計であつて、更に遡つて右の諸国が普通選挙を布いた当時を見るならば、その程度が一層低かつたに相違ない。而も此等の国が普通選挙を断行した後、尠くとも断行以前の如く弊害の無いのを見ても、我が国民の教育程度は、普通選挙制に堪へると云つて差支が無い。且つ又普通選挙制の長所を挙ぐれば、先づ普通選挙を行ふことに依つて、国民一般の利益が法律上偏頗《へんぱ》なく、平等に保護せらるゝことや、又之に依つて国民は更に大に政治教育を受くる機会を得ることや、又買収其他の不当手段が選挙場裡より駆逐せらるゝ結果として、真に手腕あり見識ある人物が議会に選出せらるゝことや、其の他利益を数ふれば限りが無い。尚ほ此等の点については、他日研究の結果を発表したいと思ふ。要するに政界廓清の如きも、普通選挙を布くことに依つて確かに其の端緒を得ることゝ信ずる。

余は以上の理由に依り、新内閣に向つて他の重要なる諸問題と共に、この普通選挙制を断行することに依つて大に政界の面目を一新し、更に之に依り与党の確実なる立脚地を造り、以て本邦憲政の進歩発達に貢献せられんことを希望する。

〔『太陽』一九一四年五月〕

蘇峰先生著『時務一家言』を読む

〔第一回〕

一

『時務一家言』は社内の北山学人が既に本誌三月号で比較的詳細なる批評を試みてをる。之れは余程著者に同情のある批評で、私も大体に於て至極同感である。実は私は蘇峰先生には数年、教をうけて居る一人で、先生の政治上及び社会上に関する御意見を親しく承はつた事も度々ある。本年二月『時務一家言』の出版なるや、一冊の御寄贈に与つて批評を求められた。素《もと》より私には批評する丈けの力はない事を知つてをる。併し徒に先生の厚意を無にする訳にも行かぬからして、読んで感ずる処を述べて先生の厚意に酬《むく》いやうとは、初めから考へてをつたけれど、爾来今日に至るまで筆を取るの暇なく、心ならずも先生の厚意に背いてをつた。此頃多少閑を得たので今一度先生の著を熟読して得たる感想を述べて見ようと思ふのである。敢て批評とは云はない。唯読んで得たる感想を順序もなく羅列したに過ぎないのである。本号に於ては先づ緒言を読んで得たる感想丈けを述べて見よう。

緒言三十四頁に亙る大文字は、畢竟する処、先生の政治的出処進退の弁明と、最近の政見の告白である。私は之れを読んで非常の興味を感じたのみならず、又幾多の暗示と啓発とを受けたのである。之に就て感ずる処がいろ〳〵あるけれども、私は先づ専ら政治と云ふ方面を主として二三の点を述べて見ようと思ふ。

二

緒言の中で尤も興味のある部分は十頁以下に詳述せられたる先生の思想の変化の弁明である。先生は初め平民主義(と云つてよからう?)を取られ、中頃帝国主義を取らるゝに至つた。此点は一寸考へると一方の極端から他の一方の極端に移つたので、余りに急激な変化を見たから、先生はために大に世間の誤解を招いたと云ふ事である。而して今先生の弁明を読んで見ると云ふと、先生の思想の変化は事理明白であつて毫も曲解すべき余地がない。先生は常に国家を思ふの至誠に立つて、其時その勢に応じて常に適当の説を立てられたのである。先生は至誠国を思ふと云ふ点に於ては終始一貫である。先生自から弁明せらるゝが如く、立場の異なるによつて意見を変ぜられたのではないと云ふ事は(十七頁及二十六頁)私の深く諒とする処である。乍《しか》併《しながら》私の見る処では、少くとも先生の自から緒言に於て述べらるゝ所によりて断定すれば、先生が世間の誤解を招いたと云ふ事に就ては或は全然先生に罪なしと云ふ事が出来るだらうかどうか、此点を私は一つ考へて見たいと思ふ。

第一に先生が初め取つて居つた処の平民主義と云ふものは何か。先生曰く「余は維新の皇謨《こうぼ》が開国進取を国是とし、天下と与《とも》に天下の政を為すにありとの一事は始終一貫して今尚我が中枢意見の一たるを悦ぶもの也」(十二頁)と。即ち先生は世界共通の思想に基き民衆と共に国家の休戚に任ぜんと志されたのである。乍併先生の平民主義は之れに止まつたであらうか。先生は此点に就て明かなる説明を与へては居られない。又其当時の先生の言論は私の少年時代の事で読んだ事もないからよく分らぬけれども、先生自から緒言に於て、先生の当時の意見が「英国ヴヰクトリア朝中紀の学士論客の説殊にスペンサー、コブデン、ブライトの影響を受けた」(十一頁)と自白せられて居る処によつて見れば、先生の平民主義なるものは、恐らく頗る偏つた平民主義であつたと思ふ。何を以て之を云ふか。之れは委しく論ずるまでもなくヴヰクトリア朝中紀の時代を考へ、殊に前記三名の名前を見た丈けでも分る。一体英国は名義は王国なるも建国の精神は民主国である事は同国の憲法史上疑ひのない処である。現に今日でも「英国の主権はパーリアメントにあり。パーリアメントは国王、貴族院及び衆議院よりなる」と云つて居る。之れは学者が云つて居るのみならず、現に私自身英国の議会に於て首相アスキスの口から之を聞いた事がある。斯う云ふ国柄であるのに、搗《か》て丶加へてヴヰクトリア朝中紀と云ふものは尤も民主的思想の盛な時であつた。殊に選挙法の改正とか其他種々の自由主義の運動があつて、所謂官憲に対する反抗の尤も盛な時代であつた。スペンサーなぞは政府を「必要な罪悪」と云つた時代である。換言すれば官民調和挙国一致の議論の盛な時代ではなくして、官民抗争の時代である。此時代は或点に於て先生が平民主義を説かれた時代と似てをる。即ち日清戦争以前の我国は久しく外患がなく、内部の争が政界の全般に瀰漫して居つた時代である。斯る時代に居られた先生が、英国ヴヰクトリア朝中紀の政治論の感化を受けたとすれば、先生の平民主義は或は殊によると共和主義に成り兼ねまじき極端なものであつたと想像される理由がある。併し之れも広い意味の平民主義の一面ではあるけれども、其凡てではない。今日欧米の立憲諸国に於て解せらる丶処のデモクラシーと云ふものは右の様なものとは大変趣きが違ふ。さうして見ると云ふと、先生が日清戦争以前に取られた処の所謂平民主義を捨てねばならなかつた場合に、先生は平民主義に他の一面があると云ふ事を考へられたであらうか。他の一面の平民主義をも之を捨つべき理由ありとして、そこで先生の所謂帝国主義に移つたのであらうか。先生は必ずや従来取られた平民主義の欠点を悟るに及び、直ちに平民主義と名のつく凡ての者を捨てられたのではあるまい。

先生は平民主義を捨て丶何に移られたか。先生自から其思想変化の因縁を十二頁以下に説いて居る。先生は廿七八年戦後の実物教訓に依て所謂「力の福音に帰依した実力あらば無理さへも押し通さる……苟《いやしく》も実力なければ十分の道理さへも押潰ぶさる……只だ自から力を養ふ以外には何物をも恃む所なきを覚悟」(十六頁)せられた。先生は其主義に帝国主義と云ふ名称を与へてをる。即ち平民主義から帝国主義に移られたのである。併し私の考へでは帝国主義にもいろ〳〵区別がある。唯だ漠然と帝国主義と云ふのみではどう云ふ主義か分らぬ。そこで先生はどう云ふ種類の帝国主義を取つたであらうか。先生は「帝国膨脹の旗幟」(十三頁)と云ふ事を説かれてをる。又「無力なる道理も有力なる無理に勝たず、道理をして実行せしめんとせば之を実行せしむる実力なかるべからざるを覚悟した」(十五頁)と云はれてをる。是等を綜合して推測すると、先生の帝国主義は、先づ武力的膨脹主義と云つてよい。私が斯く断言するは先生が「伊藤公の外交政策を以て尤も帝国の発展に妨害あるものと認め」(十八頁)られた事によつても疑ひはないと思ふ。其結果として先生は従来の態度を一変して、熱心なる軍備拡張論者となつた。而して当時の軍備拡張論者は目前の急を見るに余りに敏にして、此事業のためには有らゆるものを犠牲とせなければやまなかつた。而して之に多少でも反対するものは、悉く之れを消極主義者又は臆病者として排斥せねば已まなかつた傾向がある。之れ武力的膨脹主義者の往々にして陥る処の弊害である。私は聡明なる先生が此偏狭なる考を支持せられたとは云はない。併し少くとも斯る偏狭なる帝国主義者と事を共にせんとしたと云ふ責任を免るゝ事は出来まい。此点は先生が二十五頁に述べて居らるゝ処で稍《や》や明白である。私一個の考を申せば、軍備拡張論には必ずしも不賛成ではないが、地租増徴には反対であると主張した当時の所謂消極的民力休養論者には賛成は出来ぬ。乍併軍備拡張の前には何物をも犠牲とする事を辞しないと云ふ極端なる膨脹論にも異議がある。要するに当時の争と云ふものは極端なる積極論と極端なる消極論との争ひであつた。而して先生は以前は大体に於て極端なる消極論者とも見るべき部類に属して居つたのが、今度は極端なる積極論に移つたのだからして、世間は其急激なる態度の変化に驚いたのであつたらう。而して極端なる積極論は偶々当時官憲の唱ふる処であつたから、先生は不幸にして御用記者とか、変節漢とか云ふ嘲りを受けられたのであらう。私は先生が或は消極論をとり、或は積極論をとられたのも、一に愛国の至誠に出て居ると云ふことを信ずるからして、先生の此際に於ける苦衷には無限の同情を表するものである。乍併聊《いささ》か先生のために遺憾に思ふ事は、先生が其思想の変化を説いて審かならざるの点である。而して此説いて審かならざるの非難は、今度公にされた『時務一家言』の緒言に於て之を云ふことが出来ると思ふのである。

一体先生の説かるゝ松隈内閣時代の論争と云ふものは、両極端の争であつて、本当の帝国主義と平民主義との争ではない。一体帝国主義と平民主義とは本来の性質に於て両立しないものと思ふのが大なる誤りである。私の見る所によれば此両主義は共に国力の充実発展を期する点に於て一致するものであつて、唯聊か方面を異にするのみである。斯様に考へて見ると我日本は日清戦争を期として平民主義的基礎からして帝国主義的基礎に移るべき本来の運命にあつたものと思ふ。之は管々《くだくだ》しく云ふ迄もないのであるが、戦争前の日本は日本の日本であつて内部の充実に専念すべき時代である。故に此際の国家政策が主として平民主義的基礎の上に立つべきは論を待たない。日清戦争は日本をして一躍して世界の日本とならしめた。茲に於て我国の国家政策は更に一転して帝国主義的基礎の上に立つの必要に迫られた。併し茲に忘れてならぬことは、帝国主義を取つたからと云ふて、平民主義は之を捨てねばならぬ理由は毫頭ないことである。若しも一方を取るがために、他の一方を捨てたならば、其国家は到底永続するものではない。余り月並めいて居るが羅馬《ローマ》の歴史之を証し西班牙《スペイン》土耳古《トルコ》の歴史之を証し、更に土耳古の現状之を証すと云ひたい。今日健全に発達して居る国家は何れも此両主義を十分に取つてをる。例令《たとえ》ば帝国主義の尤も繁栄を極めてをる独逸は、社会政策の最も十分に行はれてをる国家である。それでこそ国家の円満なる発達は期する事が出来るのである。然るに世間往々にして此二主義を以て全く相容れざるものであるかの如く考へ、右と云へば必ず左を捨てなければならぬ様に思つて居るのは大なる間違である。此点に於て私は民力休養のみを眼中において、軍備拡張の必要を軽視した当時の誤つた平民主義者(?)の説に左袒せざると共に、「戦後経営に反対して増税案を否決したる団集」を非帝国主義として罵倒する所の議論(二十八頁)にも服する事が出来ない。若し当時の消極論者が偏狭なる軍備拡張論者を厭ふがために帝国主義其ものまでも嫌つたと云ふ誤りをなしたとすれば、当時の所謂帝国主義者も亦極端なる増税否認論に服せないからとて、等しく一切の平民主義をも排斥するに至つたと云ふ誤りを犯したと云ふ事は出来まいか。此処は特に先生に向つて重ねて説明を求めたいと思ふ点である。

三

次に興味ある点は先生が一頁以下に於て本書著述の来歴を述べられた点である。此部分に於ては先生最近の政見を覗《うかが》ふ事が出来る。而して先生の政見は桂公と屢々意見を交換したる結果であり、且つ「公の円熟したる思想と其豊富なる経験とに得たる処浅少ならざりし」(二頁)との事であれば、先生自から云ふ如く、桂公の政見と余程近いと云ふ点に於て、更に一段の興味があるのである。而して其政見の大要は尤も明白に、先生が桂公の求めに応じて筆を執られたる立憲同志会創立旨趣書草案に表はれてをる。然るに此草案は旧国民党側より来党したる人々の満足を買ふ事が出来なくなつて、大に訂正せられたとの事である。其結果として表はれたのが、即ち現在の立憲同志会宣言書である。然らば如何なる点で旧国民党側の人士は先生の起草したる桂公の草案に不満足であつたか、此点は桂公並に先生の政見を見るに欠くべからざる大切なる点である。そこでどう云ふ処が両方の意志の合致しなかつた点かと云ふに之は草案と宣言書とを比較して見ると分る。今此の両者を比較して見るに、文字は大部違つてをるが内容の上で極く肝要なる点で違つてをるのは二点ある。一は草案は予め政綱の要目を列記し、宣言書の方も同じく大体の要目は掲げてをるが、其細目の点は他日発起者諸氏の審議を待つて議定すると云ふ事にしてをる。即ち一方は専制的貴族主義をとり、他の一方は発起人一同で相談をすると云ふ所謂民衆主義をとつてをる。此点が著しい差である。今一の点を要目として列挙して居るもの丶中に、宣言書は「国務大臣の責任を厳明」にすると云ふ個条があり、原案には之を掲げてゐないと云ふ事である。之れも立憲政治の通義である大臣の責任を認めると、認めぬとの差であつて、即ち一方は飽までもアリストクラチツクの態度をとり、他の一方では何処までもデモクラチツクの態度をとると云ふ差別である。此区別と云ふものは政治の根本問題に関する区別であつて、容易に彼是相移る事の出来ない筈のものである。而して桂公は初めは貴族主義を以て臨んだけれども、後には旧国民党側の人々の説に従ふて、民衆主義に移つたものらしい。併しかう云ふ根本の大義を変へると云ふ事は責任のある政治家として軽々しく出来る事であるかどうか、先生は此桂公の行動に裏書をして居らる丶が、先生亦果して十分此点の弁明を辞せられざるや否や。而して余が先生の著書を通読して得たる感想は、先生は決して初め原案に書かれた処の貴族主義と云ふものを捨てられた跡は見えない。従て私は桂公も亦心から宣言書で云ふ処の根本義を十分に納得して、政党の組織に身を入れられた事と信ずる事は出来ない。果して然りとすれば桂公は宣言書では何と云はうが、自から貴族主義を取り先生初め多くの貴族主義的趣味の人を率いて民衆主義者たる旧国民党の人々と提携したものであつて、立憲同志会の一大弱点は玆に存するものと見なければならぬ。之を要するに貴族主義と平民主義との是非得失は暫く別問題としても、少くとも此貴族主義の草案から、平民主義の宣言書に移られた筋途に就ては、私は尚ほ先生の更らに明白なる弁解を承はりたいと思ふのである。

四

緒言を読みて得たる今一の感想は、先生が自から云はるゝが如く、其天分は議論にありて実行にあらず、新聞記者として一生を終るべき人であると云ふ事には異論はないが、然し先生の思想は理想的であるよりは、寧ろ余りに実際的ではあるまいかと云ふ事である。私は数回親しく先生の教を請ふ機会を得た。乍併まだ十分に先生の為人を知る程の深い関係には立つて居ない。故に軽々しく先生の人物を論ずるのは甚だ礼を欠くかもしれないけれど、敢て先生の許を得て忌憚なく私の感想を述ぶれば、先生は其の已むにやまれぬ至誠から国家の問題に対する政策を論議せらるゝに当つて、余りに目前の急に応ずるに忙殺せらるゝの嫌ひはあるまいか。従て目前の問題を顧念するに急にして、動もすれば他を顧みるに遑なしと云ふ様な事になりはしまいか。私は素より先生を盲目的に一の目的のみに驀進するものとは思はない。本来多趣味なる先生は其性格上、到底一方面のみで終る事は出来まい。乍併先生の国を思ふの情の切なる、何か当面の大問題があれば其問題の解決に熱中して他の不急の問題は事の軽重を問はず、悉く之を犠牲に供するも辞せずと云ふ様な事はあるまいか。斯う云ふ風に考へなければ聡明なる先生が一度遼東還附の実物教訓により、俄《にわか》に熱心なる軍備拡張論者となり、此事のためには有ゆる犠牲を払ふ事を辞せざらんとし、更に進んで此事の実現のためには之れが実現を成功し得る何人とも——其他の点は問はず——結托する事を辞せなかつたと云ふ点が説明がつかぬ。之れ即ち先生が一度松隈両老の提携に腐心し、再び桂公に全心を傾倒した所以ではあるまいか。斯く目前の急のためには何事もさし置いたと云ふ点が、先生の長処でもあり短処でもあり、又同時に世間の誤解を招いた理由ではあるまいか。

私は曾て先生と会談した時に、先生は「自分は未だ曾て女に惚れた事はないけれど、男にはよく惚れる」と云つた事を記憶してをる。而して近年に於ける先生の桂公に対する関係は殆んど恋愛に比すべき深い交りであつたと思ふ。先生は玆にも例の一本調子を出して、桂公の運動を助けるためには――桂公によつて先生多年の抱負を実行せんがためには――何事をもさし置かんと云ふ態度を示された。之れは先生が同志会に入られた理由によつても明白である。先生の同志会に入られたのは唯だ桂公が組織された政党であるからで、其外には何も理由がない。先生の志は私は深く之を諒とするけれど、併し之れは果して政見実行の常道であるかどうか、大に疑ひなきを得ない。先生は自から「政党は主義を以て存し人によりて立たずと云ふものあれども、余は本来桂公を相手として此意見を行はんと欲したるまでにして云々」と云はれてをる。一体かう云ふ政党観は我国には却々《なかなか》多い様である。近頃も政友会の領袖の一人たる伊藤大八氏は「政友会は西園寺公〔侯〕あつての政友会で、政友会あつての西園寺公ではない。西園寺公なくんば政友会存在の理由はない」と云ふ様な事を臆面もなく述べて居つた。若し果して我国の政党が或は西園寺公あつての政友会であつたり、又桂公あつての同志会であつたりするものなら、政党は最早公党ではない。桂公なり、西園寺公なりの個人的の政権争奪を助くる所の私党に過ぎないのである。西園寺公や桂公の政治家としての人格には、何等の非難がないにしても、其人の周囲に集つて政党を組織してをると云ふのでは、政界の争は常に個人的闘争と云ふ面目を改むる事が出来ないので、之れは近世立憲政治の根本義とは全く相容れざるものである。若し桂公あるがために同志会に入り、西園寺公あるがために政友会に入ると云ふのなら、之れは支那や墨西哥《メキシコ》の所謂政治家が、或は袁世凱の利用する所となり、或はウエルタの利用する処となると何等撰ぶ所はないのである。之によつて我国憲政の進歩に貢献せんと考ふるものあるならば、それはパンを求むる者に石を与ふるものである。

私の考へでは先生は本来政党の人ではない。先生が政党に入つたのは既に甚しい不合理であつて、唯だ桂公に恋々たるの余り、識つて敢て行動に出でられたものであると思ふ。先生は本来一種の英雄崇拝主義の人である様である。根が民衆を相手とする人ではない。現に桂公死して、抱負の実行が水泡に帰した事を歎ずる余り、其経綸を本書によつて世に問はんとするに当つても、「空言世に益《ますます》多からざるを知りつゝ」(二頁)と云つてをる。之れ実に民衆を相手とする事の何等世に実益なきを認むるものではないか。先生は先には「天下と与に天下の政を為」(十二頁)さんとするの主義を取られたけれども、之れは二十七八年の頃に捨てられた。今日先生は語るの友を英雄に求めて敢て民衆を指導せんとするの考へがない様である。新聞記者と云ふ本分には不似合な事と思ふけれども、どうも先生の根本観念はこゝにないかと思ふ。

終りに臨んで本号に於ては勿論、尚次号以下に於ても、忌憚なき管見が或は礼を失する事があるかも知れぬ。此点は切に先生の寛大なる宥恕を請はんと欲する処である。

〔以上『新人』一九一四年六月〕

〔第二回〕

一

本号以下に於ては全篇を通読して批評する積りであつたが余儀ない事情があつて全篇を通読することが出来なかつた。全六十篇中、前二十五篇(一―二五四頁)は大体本論の序言とも見るべき者であつて、先づ当今我国の内外の形勢を説明し、今後日本の処すべき途を論ずるの前提として居る。二十六篇以下に於て初て先生の積極的意見と云ふものを窺ふことが出来るやうである。即ち二十五篇以上と廿六篇以下とは前後の両段をなすものと思ふから、本号では廿五篇迄を読んで得たる感想を述ぶるに止めやう。

本書立言の趣意は最もよく第二篇(七―十一頁)に表はれてをる。先生は戦後に於ける対手《あいて》国たる露国の興隆の事実を説き、之に対して戦勝国たる我国が空々寂々何事もなさなかつたことを慨し、我大和民族の前途其世界に於ける立場に付て我々に一大警告を与へんとしてをる。所謂露西亜興隆の事実は事実として多少の異議がある。幾分誇張に過ぎる嫌はあると思ふけれど、大体に於て第二篇に表はれたる先生の意見に対しては同感に堪へない。我国民は上は一国の最高の政治家より、下は種々の職業に従事する人民に至る迄世界的の思想がない。我国が世界に於ける一国(一等国ではないとしても)として起つた以上は、我国の世界に対する関係を顧慮せずしては何事も為し得ない。世界に於ける日本の地位を明にすることは当今の急務である。此点に於て先生の『時務一家言』は最も当今の急に応ずるものと云はねばならぬ。

二

先生は第三篇以下に於て先づ最近に於ける国内の時務を頗る詳かに説いてをる。先生の観る所によれば、当今の時事咸《み》な非也といふに帰する。日露戦争以後若し事功として挙ぐるに足るものは唯三つある。鉄道国有、条約改正及韓国併合是れなりといふてをる(九頁)。此三つが最近八年間に於ける我国政府の推賞すべき事業とすべきに於ては必しも全然一致する訳には行かぬ。併し之を細論すれば水掛論になる故夫れは暫く措くとして、次に先生が最近の我国に於て慷慨すべき点として挙げて居る所のものを列挙して見よう。先づ第一に先生は政界に於ける一種の消極論といふものを否認してをる。否な寧ろ先生が領土拡張を唱へ、大陸経営を唱へ、従て軍備拡張を唱ふるに急なるの余り、之に反対なる凡ゆる説を排斥せんとしてをる傾が見える(十四頁)。夫れから第二に先生は無用なる内部の政争に勢力を浪費するの愚を斥《しりぞ》けてをる。即ち先生は所謂憲政擁護の運動なるものを非常なる悪感を以て排斥してをる(十五頁)。所謂憲政擁護の運動なるものは夫自身に於て「見苦しき事件」であるといふことは異論がない。ああいふ事件の起つたことは、我国民に「政治的常識」がなく、「政治的恒心」がなく、「政治的一貫せる見識」のなきことを証明するものであるといふことにも異議はない。乍併之を政治発達の歴史から見れば、憲政進歩の一階段として一種の積極的意味を有するといふことは、是れ亦疑ふべからざる事実である。此点は先生と余と多少観る所を異にするかとも思ふが、先生は啻に憲政擁護の運動のみならず、一般に民衆の運動に対して同情なき観察を下すやうに見える。余の推測する所によれば先生は元来民衆に同情のない人ではない。しかも民衆の運動に同情のない観察を下す所以は、先生が対外関係に於ける日本の困難なる地位を見るに急にして、従て国力を統一して此対外関係に於て大に為す所あらしむる所以に急にして、国力の対外的統一結束を弱くする所の一切の出来事に反対するといふ所から来てをるのではあるまいか。先生は本書の処々に於て外に張ると共に又内を省るの必要といふことを説いてをるけれども、併し大体に於て国内の政争に対しては余りに痛激なる批評を加へて居る。無用の政争の為に対外勢力を散漫ならしむるは素より国家の不祥事である。乍併国内の政治に関して国民全体に同一の意見を有せしめ様とするのは無理である。政見は種々に違ひ得る。政見の差によりて相争ふことは当然であつて又必要である。況んや統一の名を借りて異論の対立を抑へやうとする考は、往々にして一部の勢力の専制的跋扈を助長し、不知不識政界の腐敗堕落を来すの傾あるに於てをや。先生はまた近時の精神界に於ける忠君愛国の思想の欠乏を慨《なげ》いてをる(十九頁以下)。所謂忠君愛国の思想が(従来説かれたる意味に於て)、新日本の最高の精神的権威たるを得べきや否やは暫く別問題として、兎も角も此思想が薄らいで国民の精神が中心を失つて居るといふことは先生と共に我々の深く憂ふる所である。我国の青年の間には今や先生の云ふ如く破壊思想虚無思想が蔓《はびこ》らんとしつゝある。而して斯うなつた原因は何かといふと、先生は明白に「旧式なる忠君愛国一天張の教養」であるといふやうな意味を説かれてをる(廿八頁)。此忠君愛国一天張の教育が反て偽忠君偽愛国を養成するに止つたといふことは、先生と共に吾人の切に天下に警告せんとする所である。猶吾人は更に之に他の原因として政治の失敗と云ふ事をも数へたい。人間は万物の霊として物質を支配するものではあるけれ共、又他の一面に於て物質的境遇に支配せらるゝといふことも疑ひない事実である。然らば忠君愛国といふ如き抽象的の倫理主義も、国民の物質的境遇の安全が或程度まで君主国家の側から保障されて居なければ、深くなるものではないことも認めねばならぬ。忠君愛国思想の最もよく発達した封建時代を見ると、所謂武士は一定の封禄を世襲し、其君に仕へ其国を護るといふことは、同時に彼等自ら生活の基礎を保護するといふことである。且彼等は親戚故旧相密接して生活して居るから、仮令《たとえ》戦争があつて一命を捨てゝも、遺族は親戚故旧の世話になることも出来るし、君主から其家に付てゐる封禄をも貰へるし一向心配はない。然るに今日は家族の生活の基礎たる収入は個人的のものとなつた。自分が死ねば直ぐ其日から遺族が生活に困ることは目に見えてをる。加之今日は昔の封建時代と異りて、先祖代々同地に住んでをることはない。人間到る処青山ありだ。斯る時勢になれば命も惜しいと云ふ考の起るは当然である。何で高尚なる理想の為に命を捨てることが出来やうか。それにも拘らず今日の時勢に於て、忠君愛国の思想を封建時代に於ける如く養成しやうとならば、君主と国家と人民の生活との関係を、政治法律の力を以て昔のやうに密接なものとしなければならない。畏れ多いことではあるけれど近年我国の皇室は多額の金額を下万民の為に下し給ひて済生会の成立を見た如き漸々人民との関係が密接になつて来た。唯不幸にして宮内省辺の人が聊か頑固で、陛下と人民との間に障壁を設けたがるといふことを聞くが、どうか斯ることのなきことを望む。独り金を下し給ふのみならず、君主が真に下万民の休戚を思ひ給ふことになれば、忠君の思想は油然《ゆうぜん》として勃興することを疑はない。其例は最近伊太利《イタリア》西班牙《スペイン》之れを証してゐる。西国などに於ては多年暴政を行ふた結果、共和思想が横溢して、数年前迄は西国が先に共和国になるかと云はれて居つたのであるが、葡国は已に共和国となつたに拘らず、西国は反つて共和党の数が漸く減じて、今日は王政万歳の有様である。これは何故かといふに現主「アルフオンソー」十三世が、英国から来られた賢明の皇后と共に、屢々人情溢るゝばかりの行動を人民に示され、今や深く国民の愛慕を獲てをらるゝからである。此点から考へると、皇族の教育は甚だ畏れ多いことではあるが、国民の忠君思想の養成には第一に必要なことである。次に国家の側から云ふと、近年は経済上の発達などの為に、益々一般人民の生活が困難になるもの故、政治家は此点に着目して、所謂社会政策を行うて国民の生活を保障してやらねばならぬ。若しも国家が仮令時勢の変とは云ひながら、年々歳々人民の生活が困難になつて行くのを放任して居るといふことであつては、どうして国家を愛する心が深くなることが出来よう。如何に彼等に向つて、日本は今や世界の一等国となつたとか、朝鮮満洲にも発展したとか、世界の尊敬を受けてをるとか聞かした所が、夫が為に税金が重くなり物価が高くなるのみでは、何で国家の有難味が分らう。是れ即ち「吾人が祖先は国体論について未だ何故との疑問を発したる者なかりき。今日の青年に於ては殆んど其疑問を発せざる者なき」(廿七頁)所以であると思ふ。斯く論じ来れば忠君愛国の思想の欠乏は、一方に於ては形式的教育、他の一方に於ては社会政策なき武断政治が其の責任を分つべきものであると思ふ。何は兎もあれ、我国今日の形勢は頗る憂ふべき状態にある。人心萎微して更に潑剌たる元気なきは、先生と共に深く其感を同うする所である。

三

更に進んで先生は我国の国際間に於ける形勢を説いて居る。先生は先づ英国の形勢を説き、日英同盟の如きはイザとなれば当になるものにあらずと説いてゐる。露国とても亦同様である。若し夫れ米国に至りては到底我と融和することを得ない。其上に隣邦の支那に於ては常に紛擾の種は絶えない。従て我国は亜細亜大陸に於て紛乱の渦中に投ずべき機会に富み、又太平洋に於てアメリカと争ふべき運命にある。而して日英同盟必ずしも頼みとならず、日露協商の如きも亦頼むべからずとせば、我々は自ら自力を以て起つの外はない(四十九頁以下)。凡そ一国として独立の体面を保つ以上は、自ら守るの実力を養ふを必要とすることは論を俟たない。況んや我国の如く先生の述べてをる如き境遇に在るに於ては最も此必要がある。此点に於ては先生と全然同感で且先生と共に深く国民に警告したき点である。先生は更に進んで自ら衛《まも》るの良策は、更に奮つて外に発展することにありと説いてをる。真に自ら衛るは現状に休止することではない。先生の最も力を込めて説く如く国際競争に於て休止は即ち退却である。現状より一歩も退かざらんとすれば一歩を進めねばならぬ。進むか退くか、此の二つの外に採るべき途はない。かくて余は先生の帝国主義に全然同感の意を表するもので、先生の最も熱心に排斥せんとする、夫の内部の充実の為めに暫く対外発展の勢を差控へやうとの説には大反対である。

先生は右の趣意を明白にせんが為に大に帝国主義を論じ、殊に英国の帝国主義(六十一頁以下)、アメリカの帝国主義(二百廿三頁以下)を論じてをる。如斯《かくのごとく》各国が帝国主義を採りて海外に発展してゐる以上は、我国も之と伴うて外部に発展せずんばある可らずと云ふは当然である。かく競うて外部に発展すれば、どうしても其間に衝突あるを免れぬ。先生の吾人に教ふる如く、日本は到底太平洋と支那とに於て各国と衝突すべき運命をもつてをる。

世には世界主義又は人道主義を唱へて、世界万民融和の方面を高調して各国の利害の競争といふ暗黒なる方面に耳目を蔽はんとする者がある。成程一面に於て所謂同胞主義なるものが国際競争の禍を緩和するの傾向あることは疑はない。乍併此緩和的勢力は今日のところ極めて微弱で、国際間に於ては個人間に於けるとは異つて、先づ道徳はないといふてよい。殊に日本と西洋との如く人種宗教を異にしては此点は尚ほ一層甚しい。余の考では人種の差はそれほど隔をつくる原因ではなくして、宗教の差が彼此を分つ重大の障壁となる。宗教が同じければ異人種も割合融和し得る。人種競争の最も甚しい所は同時に宗教の差を伴ふ所に多いことは歴史上明白なる事実である。日本人は必ずしも之が為に政略として基督教を採る必要はないけれども、若し日本が漸時に基督教文明の精華を咀嚼して、彼の西洋人と共通の雄大なる世界思想を解し且抱くことゝならば、彼等と今よりも一層融和し得ると信ずる。今日日本人がアメリカなどに於て排斥を受くるのは、日本人が此偉大なる世界的精神を解して居ないことに責任があると思ふ。此問題は暫く措くとするも、兎に角今日国際関係を支配するものは、個人に於けるとは異りて、道徳が主でなくて腕力が主である。無論余は道徳は全然国際関係の支配に入つて来ぬとは云はぬ。寧ろ余は此数年来道徳が国際関係の規範として漸く重きをなしつゝあるの喜ぶべき傾向を見るものである。此事は他日別に論ぜんと兼々《かねがね》考へてをる。併し夫にしても今日の所は猶ほ腕力が主たる支配者であるんだから、そこで吾人は国際関係に於ける国家の独立乃至体面を維持保護する為には十分なる武力を養ふの必要あることを信じて疑はないのである。

此点迄は余は先生の説に承服する。而して先生は更に進んで日本国民の発展の為めとしては勿論日本国民の自存の為としても領土拡張の必要、否大陸経営の必要従つて軍備拡張を力説して居る。要するに軍備拡張と大陸経営とは先生の二大根本主張であるやうに見える。之にも余は全然同感である。且余の考にては現今の日本政客中には極端な消極論者を外にしては大概此点には異論はあるまいと思ふ。唯問題の起るのは軍備拡張の程度如何である。何を以て大陸に発展するかの内容の問題である。此の点が当今の政界に一番大切な問題であるから、余は此の点に関して十分詳細なる先生の意見を承りたかつたのである。

軍備拡張の必要は無論之を認むるけれども、唯この事は非常に金のかゝること故、必要の最小限度《ミニマム》に拡張を止むることが必要である。少しにても余分にするは毛頭必要なきのみならず、我国の如き財政困難の国にては最も此程度の確定が大切な問題であるのである。余は財政との均衡のみを着眼し軍備を極端に制限すべしとの論には、主義としては賛成しない、之は先生と同意見である。併し全然財政を無視する議論にも従ふを得ない。先生は貧国にして強兵なるはあれど富国にして強兵なるは難しと云はるゝが之は事実と異る。今日の意味で強兵とは唯軍隊の強いのみならず、軍隊を動かす財政的基礎がなければ以て強兵の要素を完全に有するものとは云へぬ。又金ばかりあるも軍隊がなければ駄目だといふけれども、アメリカや英国が依然強国の体面を保つ所を見るも、又今日弱国などゝ蔑視せらるゝ白耳義《ベルギー》和蘭《オランダ》瑞西《スイス》の如き中立国が、今や旭日昇天の勢を以て国力を張つてゐるのを見ても、富力が強国の一要素なることがわかる。瑞、白等を富国弱兵の例として挙ぐるものゝ如きは、深く之等の国の近状を研究せざるの誤である。それで余は軍備問題にはどうしても経済問題を関聯せしめたい。先生が軍備拡張の前には経済問題を犠牲に供するも可なりとする如き考の傾の仄見《ほのみ》ゆるのは余の遺憾とする所である。さればとて余は経済問題を旨として軍備拡張に反対する議論に対しては先生と共に賛成が出来ぬ。之は日本今日の経済状態が軍備拡張に耐ゆるや否やの実際問題にも関聯するが、余は租税の負担を尚一層公平——私は今日の租税は余りに下に重く上に軽いと信ず——にすれば、軍備拡張などは憂ふるに足らぬと思ふ。軍備拡張に反対するの議論は夫が為に必要なる租税の増徴を恐るゝ一部階級の利害の打算から起つた議論であらう。此の如き議論は素より顧みるの必要がない。真に主義として軍備拡張の否を論ずる者で在つても、多くは民力休養など、称へて、軍備拡張の財源を上流の富者階級よりとりて差支なきを心付かざるに基づくもので、此点に心付いたらば軍備拡張にはそれ程反対せぬかも知れぬ。要之《これをようするに》余は軍備拡張には必ずしも反対ではないが、唯其必要なる程度を余程よく研究し且之と相伴ふて経済方面の素養をも怠つてはならないことを高調したいのである。次に又其拡張程度如何に付ては四囲の内外の形勢を参酌し、之を軍事の技術上から決定するのではあるが、必ずしも絶対に軍事の専門的眼光からのみ決すべきものではないと信ずる。余は先生と共に同盟とか協商とかの外国の力を便《たよ》つて、自ら衛る所以を緩くすることは危険也と信ずるけれども、乍併巧に外交関係を利用して多少軍備の足らぬ所を補ふことは是れ実に政治家の最も力むべき所であると思ふ。外交関係を利用することを知らずして専門の軍事家の云ふ通りの軍備を備ふる如き馬鹿正直な、例へば資本の運転を知らずして大金を銀行に預け其利息で生活する如き愚直極る政治を行ふてをる国は今日世界の何処にあるか。遺憾ながら我国の外交は甚だ不振である。当局者は外交を利用すること甚だ巧妙ではないと聞いて居る。若し大に外交の刷新を謀り有為なる人物を外交官に挙げなば大に之を軍備問題の助とすることが出来ると思ふ。故に軍備拡張を論ずるに当り余は外交の刷新を絶叫したい。此辺の事は必ずしも先生と反対の意見ではないけれども、先生の説は兎角軍備拡張一天張の偏狭な議論であると誤解さる、嫌ありと思ふから茲に之を一言するのである。

対外発展といふことも単に此問題の形式だけには恐らくは何人も異論はあるまい。乍併何を発展するかの内容の問題に至りては大に議論の存する所、又此内容の問題が吾人の特に先生から承りたい点であつたのである。是迄の所にては先生は我国の政治的権力を外国に樹てることを以て対外発展の内容也と主張せらる、如く見ゆるが、真意は恐らくは茲にはあるまい。世界に優勝なる国民として永く其跡を天下後世に残してをる国民は、物質力に於て優れてをるのみならず、必ず精神力に於ても優れてをることは歴史の証明する所である。若し我日本民族が武力を朝鮮満洲に樹つることのみを是れ能とし、其外に何等優秀なる文明的理想の以て大陸に扶殖せんとするものを有つて居ないなら、吾人到底大陸経営の永遠の勝利者たる資格が無い。高尚なる理想の扶殖は無論武力の後援を必要とする。されど武力を以てする大陸経営は少くとも主義としては従たるものであらねばならぬ。余は世の道学者流と共に所謂正義人道を唱へて先生の所謂「力の福音」を軽んずるものに非ざるも、「力」は到底目的其ものではない。主義としては少くとも手段であると看ねばならぬと思ふ。此点は先生に於て必ずしも御異議はあるまいと思ふが、説いて詳《つまびらか》ならざるものあると思ふ故、茲に附け加へたのである。

四

第十五篇以下に於ては最近の社会主義的趨勢に付て説いてをらるゝ。殊に主として英国の内治政策最近の傾向が大に社会主義的なることゝ(九十九頁以下)、其極終に貴族院が平民の前に兜《かぶと》を脱いだ始末(百四十五頁以下)を主として説かれてをる。学究的説明は先生の厭はるゝ所なるも、しかし社会主義なる文字の用法に付ては少くとも誤解を防ぐ点より先生に対し異論がある。英国の所謂社会主義も、仏国のサンヂカリズムも共に広く之を達観して、同一の名目中に之を包含することは不都合とは思はざるも、乍併多少の精密の議論をなすときは、之を混同する事は論者往々誤をなすのみならず、聞く者をして亦大なる誤解に陥らしむる恐がある。何となれば英国の所謂社会主義と仏国のサンヂカリズムとは其間に無論一致点はあるけれども、其実際上の主義として大に径庭のあることは、先生の所謂積極的帝国主義と消極的平民主義との差よりも著しい。抑も漠然社会主義といふときは、近時の用例によれば独逸流の社会主義を意味する。英の社会主義は之をソシヤリズムといふ者が少い。仏のサンヂカリストの如きは自ら社会主〔義〕者《ソーシャリスト》にあらずと断言してをる。之れは名目の争とのみは云ふを得ない。英国流の社会主義ならば頑固なる保守党と雖も心ある者は之を採るに躊躇しまい。此点に於ては先生も我輩も均しく社会主義者である。乍併独逸流の意味に於ては、先生は素より社会主義者にあらず、余も亦社会主義者也といふに躊躇する。若し夫れ仏のサンヂカリズムに至りては苟くも日本国民たる者は余程極端な平等思想を抱く者でも容易に承服することは出来まいと信ずる。故にサンヂカリズムの悪《にく》むべきを説いて社会主義の一の弊と論ずるときは、軽卒に之を聞く者は英国流の社会主義をすらも之を採るに躊躇するに至るであらう。

　ロイド・ジョージの社会主義的政策に付ての先生の説明は丁寧懇切を極め読者は必ずや之によりて大に啓発せらるゝ所ありと信ずる。此傾向を以て予は近代の有力なる政治家の思想が漸時社会主義〔に〕なつたといふ証拠なりと解する。併し若し之を以て労働者が社会主義の要求の声を放てるの結果と見る者あらば夫は誤である。ロイド・ジョージは決して労働者ではない。又今日の自由党政府は昔と同じ様に其勢力の根拠の一般〔半〕は労働組合にあるも最近社会主義的政策を実行するは、其勢力の根拠が漸次労働者間に益々拡まり行きつゝあるが為にはあらず、自由党の勢力の根拠としての労働組合の範囲は昔に比して特に増しては居ない。否労働党の発生以来反つて多少減少してをる。それ故に自由党は今日労働者の要求に押されて社会主義的政策を採ると云ふ訳には行かぬ。然らば自由党政府は今後漸く労働者間に勢力を拡張せんが為に、彼等の要求に迎合して社会主義的政策を行ひ居るかといふに、或意味に於ては之は確かである。併し之を以て社会主義的労働階級の要求に迎合したものといふならば是亦事実を誤つてをる。勿論自由党の政策は社会主義の要求と異りたる方向には向つて居ない。けれども彼等の要求に迎合せるものでは決してない。其の証拠は自由党と社会主義の連中とが決して融和して居ないのでも分る。今日労働党が政府党たるの事実を見て、自由党則ち労働党の要求に大に動かされたりと断ずる者あらば、是れ全く皮相の観察である。労働党中社会主義に属せざる比較的富有なる高等労働者の団体は自由党との提携を欲するけれども、社会主義を奉ずる下級労働者の団体は寧ろ自由党との提携を主義の為には恥辱と考え、事によれば労働党は為に分裂するに非ずやと思はるゝ程である。因みにいふ、「英国に於ける社会主義の蔓延」(一〇四頁)と題する一篇は、頗る簡明に英国に於ける労働党のことを説いてあるが、唯其中「千九百八年一月「ハル」の総会に於て其究竟の目的として社会主義をとることを議決し、又同年を以て万国社会党事務局に加盟したり」と云ふは事実〔に〕相違してゐる。成程同年の総会にては社会主義を労働党の究竟の目的とすべき時期は既に到達せりとの決議をなしたけれども、此意味は党の憲法を修正し其結果社会主義の遵奉を労働党加盟の条件とするの企は大多数を以て否決せられたもの故、今日に於ても労働党は社会党と労働組合との聯合であつて純粋なる社会主義の党派ではない。要するに英国の所謂社会主義化は、先生の所謂「取る所の社会主義」にあらずして「与ふる所の社会主義」である。上流政治家にして進んで社会政策を行ふこと英国の如くならずんば、社会政策は下流労働者の要求する所となりて、他日政界に紛乱を来すことは各国の等しく経験する所である。我々は英国の例によりて健全なる将来の進歩の為に、ロイド・ジヨージの如き、先生の所謂貧者の勢力を後援として富者の産を奪取するに遅疑せざる大政治家の出顕を望まざるを得ない。兎に角英国は社会主義が蔓延して勢力を振ふたといふ例に挙ぐるよりも、寧ろ見識ある政治家が勢に先じて憂ふべき社会主義的紛擾の発現を見事に制したる例として挙ぐべきものである。

次に貴族院の権力の打破に付ても余は先生と見る所を異にする。貴族院の権限を縮少すべきや否やの問題に付いて貴族が失敗せるは(百五十六頁)必ずしも多数の平民が少数の優等階級を暴力を以て抑へ付けた訳ではない。貴族の語義にもよるが、若し此語が現に国王から栄爵を附与せられた者及其の子孫のみを意味するならば、貴族院権限の縮少は即ち貴族の特権の縮少にして、先生の云はるゝ如く貴族の失敗である。併しよく考ふると、貴族は単に貴族也との故を以て何故に斯の如き特権を有して居るのであるか、余は其理由を知るに苦む。貴族が一国の運命に関する政治上の事に付て斯の如き大なる特権を有するは道理に合はぬと思ふ。少くとも英国の貴族院の如き特別の構成を有するものは、衆議院と相対峙して同等の権を行ふことは、歴史上の偶然の発達を度外視しては何等説明すべき理由がない。貴族院権限の縮少は、実は此不合理を取り除いた正当の所置であつたといふも可なる程である。日本の貴族院の如き、事実は然らずとするも、主義の上から云へば、単に形式上の貴族のみならず実際上社会の優等なる分子を網羅するものであるから、衆議院と相対立して同等の権利を行ふに不都合はない。然るに英国では上院は全然形式上法律上の貴族の集合である。事実上社会の優等なる能力は、余の所謂事実上の貴族は、悉く下院に集つて居ると見てゐゝ。故に上下両院の戦は社会的に分れて居る上下の階級の争ではなくして形式的貴族と事実的貴族との争である。貴族の失敗は平民の勝利といふよりも寧ろ形式的貴族に対する事実的貴族の勝利である。英国の下院は常に平民の勢力を後援として立つてはをるけれども、彼等は平民に動かさるゝよりも寧ろ平民を指導する勢力である。常に平民を基礎とし、而かも平民の上に立つて実力ある優等階級が政権の中心となつてをることは英国政治の特徴である。貴族院の権限縮少は決して単純なる平民的勢力の横暴と見るべきものに非ずして、名許《ば》かりの貴族が其地位を実力ある者に譲つたといふ当然の現象を意味するに外ならない。要するに英国最近の政治的現象を、健全なる政治的進歩の一の模型として挙ぐるには異議はないけれども、単に之を社会主義的勢力又は平民主義の勢力の横溢の例として挙ぐるには何となく首肯し兼ぬる気がする。

〔以上『新人』一九一四年七月〕

〔第三回〕

一

本号に於ては第廿六章以下、即先生の積極的意見の本文を読んで得たる感想を述ぶる事に致します。

先生立言の要点は畢竟するに最後の篇、即ち「力の福音」に於て簡明に云ひ表はされてをると思ふ。之を切言すれば次の三点に帰する様である。第一は自力の養成、第二は皇室中心主義の民族的醒覚、第三は国民的理想の涵養である。而して前三十余篇は即ち其註釈と見るべきものである。先生は日本帝国の取るべき方針は第一に実力の養成にありとし、其必要なる所以を国民の心肝に銘するために説述尤も努めて居らるゝ。而して先生は其自力主義を余程意味の強い者に見て居らるゝ。先生自からの命名によれば之を攻勢的自力主義と云つて居らるゝ。而して之と相対して消極的主張をば排斥尤も努めて居らるゝ。吾人と雖も固より国家の方針として絶対の消極論には賛成することは出来ない。国家の運命の他力の擁護に待つべからざるは固より云ふを待たない。仮令《たとえ》自力でも常に攻勢を取る位の勢がなければ、自から守る能はざるは幾多の例が之を証明してをる。若し我が一歩退くならば、為に我々は無限に退かなければならぬ破目に陥らねばならぬ事は、先生の所謂「若し敵の驩心《かんしん》を得んと欲して障隔を撤せんか敵は欣然として無人の地を行くが如く我を犯すべし」(二六二頁)と同感である。故に自から守る必要から云つても、自から張るの必要あるは云ふを俟たない。されば或程度の攻勢を持せなければ、自守すら出来ないと云ふ事も明かである。此点は全然先生と同感であつて、而して我国の政治家が、先生の所謂怖外病(二七五)に罹つて、対外的発展の方針を過る事あるを遺憾とするも又同様である。

乍併茲で一つ問題となるのは攻勢的自力主義と云つても、無限に攻勢的態度を取ると云ふ必要〔の〕ないことである。之れは時と場合とに応じて自から順序と程度がある。此順序と程度と云ふ事を見るのが我々にとり大切な問題であつて、又経世家の最も明瞭に国民に教ゆべき点であると思ふ。先生は此方針の一の適用として、所謂大陸経営を主張して居る。更に具体的の議論に進んで、彼の北守南進論を笑つて(二九三以下)満蒙経営論(三一二以下)を主張して居らるゝ。日本今日の方針として、大体に於て此二方針は極めて適切であると思ふ。此立場からして先生は更に進んで軍備拡張、特に陸軍の拡張を主張せられて居る。先生は固より海陸並行論者で、理想としては何れを主とすると云ふ事はないけれども、しかし当節海主陸従説が時を得顔に跋扈して居るものだからして、先生は其説を目当に陸軍拡張の方に主として力を入れて居らるゝやうに見える。之れも単純な理論としては、同感であるけれども、しかし果して陸軍拡張の必要があるかどうか。又差当りの問題として海軍拡張と陸軍拡張と、何れを最先の急務とするかは、技術上の問題であつて、先生の抽象論丈けでは俄かに賛否を決する事は出来ない。故に先生の説の主旨には賛成すれども、先生が動もすれば自力主義と大陸経営論と陸軍拡張とを混同して、陸主海従説に反するものは、即ち大陸拋棄論者であり(三一三)大陸拋棄論者は即ち自力主義拋棄論者であるかの如くに説かるゝのは承服することが出来ぬ。現に現在の軍備を以て大陸経営に差支へなしと唱ふる有力なる論者もある(七月号太陽、浮田和民氏所論参照)。先生が余りに大陸経営論に熱心で、其ために又陸軍拡張論にも熱心なるものあり、大陸経営の手段たる軍備拡張論を目的其ものであるかの如くに説かるゝからして、軽卒なる読者は先生を目して、軍国主義者なりと云ふであらう。現に私の如きも、此書の半分以上を読むまでは、先生を以て陸軍の提灯持であるかの如くに解してをつた。殊に先生は軍備拡張の利益を無制限に主張してをる。乍併私の考では軍備拡張が国家の安寧幸福の上に及ぼす効用は決して無制限ではないと思ふ。茲にも経済学上の所謂収穫逓減の理法が行はるる者であつて、或一定の程度(時によつて同一ではないが)を超ゆれば、其効用は大に減ずるものである。而して先生は更に軍備と財政との関係に就ては尤も極端なる議論をなして居らるゝ。曰く「強兵は富国の因にして富国は強兵の果也」(三二六)と。先生は国家富饒なるが故に万事意の如くなるべしとは思はず……黄金万能力の信者にあらず(三四一)と云はるゝが、併し先生は少くとも強兵万能力の信者であるやうに思はるる。先生は富は相融通して之を用ゆべきも、士気は俄かに他より借る事が出来ぬ。故に富んで兵弱きよりも貧にして兵強きを取ると云はれるけれど、しかし、貧にして永遠に強兵なるを得るか。先生は貧国強兵の例を挙げて居る。併し例を以て事を証するならば、貧国にして強兵なるよりも寧ろ富国にして強兵なるが多い。且又貧国にして一時強兵なるも、暫にして意気沮喪し、遂に敗残の国となつた例は、富国にして弱兵たりしものが、漸次其勢を盛返して天下に雄飛するに至つた例と其数に於て必ずしも軒輊《けんち》はない。今日貧国強兵なるものが何処にあるか。先生は富国弱兵の例として仏国を挙げて居るけれど、然しこれは恐らく最近の仏国を適当に解してをる見解ではあるまい。勿論此頃の新聞では仏国陸軍の暗黒面が暴露されてをる。乍併之れは決して仏国の陸軍が特に他の国の陸軍よりも腐敗して居る事を証明するものではない。恰も収賄事件が暴露されたりとて、日本の海軍が世界最悪の海軍であると云ふ事が出来ぬのと同様である。

之を要するに先生は軍備と財政との関係に於て、余りに軍備を過重してをる。所謂財政家の利己的御都合説に聴いて、軍備拡張を過度に制限せんとするの風潮に対しては大に警戒せねばならぬけれども、しかし軍備拡張が必要だからと云つて、財政の如何は必ずしも顧慮するの要なしとせらるゝのは決して正当の見解ではない。無論強兵と云ふ条件なくして富国と云ふ事実は成立しない。乍併、強兵であればとて常に必ずしも富国ではない。強兵は富国の必要条件なるも、其根本原因ではない。故に財政は決して軍備を度外視しないけれども、又軍備によつて其運命を蹂躪せらるゝ筈のものではない。却て財政は国家存立の要務の一として、軍備に向つても有力なる要請をなし得るの権利を有するものなるは、賢明なる先生の認めらるゝことゝ思ふ。

二

先生は更に進んで此実力を養成して、国家の富強を計るためには、如何なる具体的の問題を取ればよいかと云ふ事を論じて、一方には君徳の養成を説き他の一方には民意の修養を説き、君民の間を貫くに尚武の精神を基とする秩序的訓練を以てせんことを説かれてをる。此の議論には大体論としては非常に同感なるが、然し細目の点に至ると、先生の着眼は常に国家の対外的発展と云ふ事に重きをおき、国家内部の整理充実と云ふ事には割合に重きを置かれて居ない様である。無論先生は外に対しては帝国主義を取り、内に於ては穏健なる社会主義の実行を説かれてをる(四三二)。故に全然内政の問題を閑却してをるではないが、然し全体の議論の調子はどうも対外的発展と云ふ方面のみを主として見てをる様に思ふ。斯く私の見る訳は先生が憲政擁護運動に就て下されたる判断である(三七五)。先生は、憲政擁護運動などと云ふ内部の小《こ》躍合《ぜりあ》ひに、無用の労力を費すと云ふ事は頗る馬鹿気て居るではないか。今や外に向つて国力を統一して発展すべき場合に際し、内部にて争ふことは甚だ不得策であると云ふ御考へである。斯くて先生は政党政治を呪ひ、政党の弊害を説いて居らるゝ。一体に外交の事を主として見る人は国内の政争や政党政治を嫌ふ傾がある。乍併外交のみが国家政治の全体ではない。而して外交に於ては政見が二様に分るゝと云ふ事は割合に少ないけれども、内政の問題に就ては政見が一に帰すると云ふことは、寧ろ実際にあり得ないことである。故に内政問題に就て国論の帰一を期するのは無理である。先生はローズベリー卿の説を引いて、英国に於ても政党内閣を詛《のろ》ふものあり、却つて日本の現状を羨んでをるものがある(三八七)と〔云ふ〕事を云はるゝけれども、之れは決して英国の輿論ではない。先生は英国の政党政治をば空蟬の殼と云つてをられるけれども、之れは断じて誤りである。又先生は二大政党の対立は勢にあらず、又両立し能はざる問題と云ふものも極めて少い(三八九)と云はる丶けれど、之れも正当の見解ではない。社会には現状に満足してをるのと、満足せざるもの即ち現状打破によつて運命を開かんとするものある以上、二大政党の対立は当然の勢である。故に私は先生の如く政党の分立せざるべからざる理由はないと信ずる事は出来ない。尤も政党の現状に満足してゐないと云ふことは云ふまでもない。乍併理論として政党政治を排斥すべき理由をも知るに苦しむ。先生は政党政治を排斥すると共に又官僚政治をも排斥して居る(四一〇)。政党政治も官僚政治もいかんと云ふならば、果してどう云ふ形式の政治がよいのであらうか。先生は破格人材登用と云ふ事を云はれるけれど、斯る抽象的の名辞丈けでは其意味が分らない。此点に就ては今少し具体的説明が聞きたい。若し夫れ憲政擁護運動に至つては必ずしも之れを喜ぶべき現象とは見ないけれども、然し之を以て全然無意義のものと見ることを欲しない。此点に就ては余は先生と意見を異にするけれども、然し先生が所謂暴民の喧争に対する予防法を講じ(四五六)、其最も有力な一策として撰挙権拡張を説かる丶のは(四五七)私の双手《もろて》をあげて賛成する所である。而して之と相並んで民意の修養を鼓吹せられ(四五九)之を彼の君徳の養成(四四七)と相並んで民族統一の根本的方針となさんとする点は尤も当今の急務を説かれたものと思ふ。特に四百四十七頁以下に於て畏《かしこ》くも聖徳養成の道を説かれる点は、経世の一大文字にして何人も襟を正して之れを必読すべきものであると思ふ。

〔以上『新人』一九一四年八月〕

〔第四回〕

三

予は前項に於て、少しく憲政擁護運動と云ふ問題に触れたのであつた。此運動に対する先生の御意見は三七五頁以下に出でをるが、之に依つて見ると所謂憲政といふ文字に就て、先生の考は多少我等の見る所と違ふて居るやうに思はれる。先生は自から憲政といふ文字に一定の意義を与へ世間普通に云ふ所の憲政と云ふ考は自分の考とは違ふ、従て誤て居ると云ふ風に説いて居らるゝ。先生の意見によると、憲政の文字に対する世間普通の解釈といふものは、君権に抗敵すると云ふ意味に於ての民権の伸長をはかる政治と云ふに外ならない。而して憲政擁護などと云ふ運動は狡児が「尚之れに托して、其野望を逞ふせんとする」所の運動であると云ふ風に見て居らるゝ。而して此点に於て、「我が国民は憲政と云ふ事に就て根本的の誤解あり」と説かれてをる。然し此見解は決して正当ではない。日本国民は一般に憲政と云ふことをさう云ふ極端な意味には解してゐない。彼の憲政擁護運動の唱へられた場合に於ても、無論中には極端なものもあつたらうけれども、大多数は憲政と云ふ文字に、先生が附せられてをる様な解釈を附してはをらなかつたと思ふ。兎に角先生の議論の中には、反対論者の立場を故《ことさ》らに極端に悪く解釈し痛激に之を批駁して喜ぶと云ふ傾きがあるやうに思ふ。夫れは憲政擁護運動の事ばかりではない。軍備縮少論とか、北守南進論とか又所謂消極論者とかの立場を説かるゝ際にも、之等の説をば実際よりも、更に極端なものとして説述されて、夫れに対して盛に攻撃されてをる。予は之を公平な態度とは思はない。先生が自説を国民に適切に教え込むと云ふ目的には非常に適して居ると思ふけれど、公平な議論をすると云ふ立場から見れば、幾多の遺憾がある。然らば翻つて先生自身が憲政を如何に解釈して居るかと云ふと、之れは先生の如き実際的経綸家にも似ず、極端に法律的である。先生は憲政を定義して「憲法に準拠したる政治」(三七五)と云ふてをる。而して更に其の趣旨を布衍して三七九に詳説して居るが、之れはまるで、故穂積博士の憲法論中にでも説いてあるやうな説明で、全然法律論であつて、政治論としては何等の意味がない。例之《たとえば》国務大臣の任免若くは大臣の責任と云ふ事を論じてある所に就て見ると云ふと、「国務大臣任免の権は憲法上君主にあり何人を採用するも君主の大権なり」(三七九)とか「大臣は君主に向つて責に任じ、他の何人にも責に任ぜず」と云ふやうな議論は、之は乾燥なる法律論である。こんな事は君主国体にては大体憲法の有無に拘らず、昔から一貫して居る所である。我等の所謂憲政と云ふのは、国家の根本原則たる憲法の範囲内に於て、近世の立憲諸国に普ねく通用する所の政治上の根本的の慣例を意味するのである。例之大臣の任免は君主の大権だからと云つて、君主はどんな人間を大臣に撰んでも一向さしつかへないかと云ふに、法律上は無論さしつかへない。何となれば憲法に矛盾しないからである。乍併夫れが国家の為め、国民のためと云ふ政治上の立場からとなれば甚だ困る。そこで誰を撰ぶかは法律上は君主の勝手なれど、国家国民のためと云ふ立場からどう云ふ人をどう云ふ風にして大臣に任ずるかと云ふ、大体定つた慣例の生ずるのは当然の勢で且つ又必要である。

そこで憲法と云ふ根本法律の範囲内で、予の所謂憲法的慣例とも云ふべき一の政治上の原則が定まると云ふのである。さう云ふ政治上の原則に従て憲法を運用し、国政を料理する事を我等は憲政と云ふのである。若しも斯う云ふ一定の原則が政治上に於て既に固まつて居るに拘らず、君主は勝手に大臣を任免する事が出来ると云ふ法律論を楯にして、此政治上の原則を蹂躙するものありとする時は、玆に初めて憲政擁護の運動が起るのである。故に憲政擁護の運動は憲法の範囲内に於ける一種の政治的運動にして憲法の法律上の原則を破壊せんとするものではない。憲法の法律上に対する反抗は是れ即ち革命である。革命と憲政擁護運動とは之を混同してはならぬ。

されば先生が、「吾人は天下何人も憲政を破壊せんと試みたるものを見ず、而して突然憲政擁護運動の声を聞きしは何ぞや」(三七五)といぶかりたるは之れ即ち先生が法律的の憲政の解釈を以て、政治的の憲政擁護運動に臨まれたるものであつて、寧ろ先生の誤解である。斯う云ふ風に考へて来るといふと、近年の我国の憲政運動など云ふものは、先生は之を無意義のものと罵倒し、且つ慨歎せられてをるに拘らず、予は之れに大なる意味があり、且つ一部政治家に対する大警告であると信ずるのである。

憲政の法律的並に政治的解釈に就ては尚ほ一言を附け加へたい。憲法と云ふ法律に背いた時には憲法違犯即ち違憲と云ふ問題が起り、憲法上の慣例に悖《もと》つたと認むべき事件が起つた場合には、非立憲といふ問題が起る。言葉の争ひのやうだけれども、違憲と非立憲とは観念の上で明かに区別して置きたい。之を区別することは我国を初め多くの成文憲法を有する国々を論ずる場合に必要である。然るに英国にては成文の系統的憲法々典がない。英国の所謂憲法は大体に於て憲法上の慣例の集積と見てよい。従つて英国にては違憲と非立憲の区別はない。非立憲即ち違憲である。故に「我国にては君主に向つて責に任じ、英国にては下院に向つて責に任ず」(三八二)と、彼と是とを単純に比較することは誤解を招き易い。英国に於て其の政府は、我国の政府が君主に向つて責に任ずると同じ意味で、矢張り君主に向つて責に任ずるのである。而して英国の政府が下院に向つて責に任ずると云ふ、一面の政治的意味に於ては、我国の政府も上下両院に向つて責に任ずるのである。唯だ責任の内容如何の問題に至ては多少細かい議論の必要はあるが、然し政府が政治上議会に責任のあると云ふ事は、憲政の趨勢に於て争ふべからざる点である。

更に進んで然らば政府が如何なる形式にて議会に対する政治上の責任を完ふすることが出来るかと云ふ問題になると、茲に初めて政党内閣の利害得失が論ぜらるゝ事となる。先生は英国流の政党内閣は我国政党者流の理想なるも、然し之れは日本憲政のためによろしくないと云ふ考である(四〇九)。其一の理由として英国の政党政治が、帝国主義を実行する上に、極めて不適当であると云ふことを挙げて居らるゝ(四一二)。此点に就ては予は正反対の考であるが、玆に之を議論する事は余り煩しく、且つ又他の機会で之れまで屢《しばしば》政党内閣論を述べたから略してをく、唯だ一言したいのは英国が其帝国主義を実行するに当つて、政党の対立関係が常に国論の一致を破つたと云ふ様に見るならば之れは大なる誤である。若し彼の南阿戦争の時に所謂小英国論者の政府反対論があつたと云ふ例を引くならば、そんな例は政党内閣に極端に反対なる独逸にも又我国にもある。且つ又多少の反対あることは其反対論の唱へらるゝ形式方法の如何によつては、決して憂ふべきでない。盲従的挙国一致よりも道理ある反対論が堂々と唱へらるゝ事は国家のために喜ぶべき事であると思ふ。英国の実際に就て見ると、国家の対外的大問題に当つては反対論に苦しめられし事よりも、寧ろ却て反対党が国家のために欣然として旧怨を忘れて政府と提携したと云ふ美はしい例に富んで居る。最近の例を引くならば、バルカン半島の紛乱に際して、外相グレー氏に国民的後援を与へて十分に活動せしむるために反対党の領袖ボナーロー氏が屢々起つて、政府の外交方針を賛成し、外相其人の手腕を歎賞するの演説をなしたるが如き、更に著しきは今度の動乱に際して今にも内乱が起るべく見えたアイルランド問題に関係する両党の抗争が、無条件で一時停止すると云ふ事に隔意なく協議が纏まつた如き事がある。之れに比すると九月初めの我軍国議会に於て、政友会領袖の政府攻撃なぞは殆んど唾棄に値する醜体ではないか。勿論斯の如き差の生ずるは、彼我政治家の人格の高低と云ふ事が原因するのだけれど、然し政党政治は常に纏るべき挙国一致をも、纏りにくいものにすると云ふ議論は、少くとも英国を例と〔し〕て論証は出来ぬ。況んや予は政党を排し民間論客の口を緘し、異論の樹立を人為的に制し、而して盲従的挙国一致を見るよりも多少道理ある異論を見る方が健全なる国家としては好ましき事であると思ふ。

四

要するに先生の政治上の根本主義は、貴族主義であると推定せざるを得ない。先生は素より民衆を無視すると云ふのではない。現に先生は一方は帝国主義を以て国勢を外に張り、他方は平民主義を以て国力を内に充実する(四三一)と云つて居る。乍併此方針を行ふに当つては少数の賢明なるものが専ら之に与つて、多数の平民には文句を云はせないがよい。兎角文句を云はすと足並が不揃になつて、特に対外的勢力の発展を妨げるから、平民と相談してやる事はいかんといふ主義である。先生は「天下と与に天下の政をなし、衆庶と与に衆庶の事を行ふ」(四三一)と云つて居らるゝけれど、之れは文章の勢で斯うなつたので断じて先生の真意でないと思ふ。先生が徹頭徹尾、民をしてよらしむべし知らしむべからずと云ふ政治主義を抱いて居らるゝ事は全体を通じて見る時は極めて明白である。従て時務一家言全篇は政道の局に当る少数の賢人に対する教訓であつて、一般民衆を教ゆるの書ではない。否少くとも一般民衆に対して盲動する勿れ、為政の局に当る賢人に従へと教ゆる所の書である。されば政治の公道は一般平民の利益をも十分に図らねばならぬと云ふ事を云て居るけれども、乍併夫れは為政者の心得として教えるので一般民衆の自覚を喚び起さんとせられて居るのではない。従て先生は社会主義の実行と云ふ事を推奨して居るけれど其社会主義と云ふのは先生の所謂「穏健なる社会主義」(四三二)「与ふるの社会主義」(四三四)であつて、即ち独逸を理想とし、人民自らの要求としては飽迄之を抑へて政府の方から進んで社会主義の利益を人民に与ふると云ふのである。無論人民の要求を待たず、政府が進んで種々社会主義的設備をすることは結構な事で、之れは政治上の理想的主義である。然し実際に於て人民の要求を抑へてをる国に於て、真に政府が人民のためになる政治をすると云ふ事は、行はれ得るか何うかと云ふに、之れは断じて行はれない。少くとも現在の社会に於てはどうしても社会に種々な階級が分れて、其階級間の利害は却々《なかなか》一致しない。従て一般平民の階級をして、政治上有効に其主張を述ぶる機会を与へなければ、上の方の階級は常に自分の利益をのみ考へて、下の階級の利益を蹂躪する。金持と云ふものは利己で非国家的の動物であると云ふ事は先生も既に之を認めて居らるゝ(一六五)。故に先生の理想とせらるゝ独逸に於ても所謂「与ふるの社会主義」が他の国に比し非常によく発達せるに拘らず、一般国民は決して政府の施設に満足して居ない。之れ即ち民衆其物に政治上の権力を与へないからである。そこで与ふるの社会主義と云ふ原則に何時迄も服してをる事は出来ない。さう云ふ理想的の現象が実際に現はるゝならば此上はないけれど、夫れは一篇の理想否空想に止まると云ふ以上は、一般平民が起つのは已むを得ない。此場合に一方に於ては平民の政治的要求を抑へ、而して他方に於ては「区々たる階級的軋轢《あつれき》を事とし、却つて対世界の大計大略を閑却する」(四三四)のものとして、之を罵るが如きは、恰も人の頭を擲《なぐ》つてをいて痛いと云ふなと云ふ如きものであると思ふ。

　要するに予は先生を貴族主義をとるものと認め、而して其貴族主義は理想としてはよいけれども、当世に於て支持すべからざる議論であると信ずる。勿論予は貴族主義がいけないからと云つて、直ちに平民全体に実際的権力を与へよと云ふのではない。政治の局に当るものは常に少数の賢人であらんことを切望する。然し其の少数賢人は一般平民を土台として一には民衆を指導教育し、他方には民衆の要求に聴き、其監督を受けて政治をすると云ふのが一番よいと思ふ。此事も今少し細論せねば徹底しないが、余談に渡るから茲では論じない。唯一言附加したい事は、先生の憂へらるゝが如く、平民に相談して政治をする事になれば、先生の所謂「街頭の物論」(四五五)と云ふものがやかましくなつて来る。これは随分うるさい。然し之れがうるさいからと云つて、大勢に逆行する事は出来ないからして、我等は平民政治を主張すると共に、所謂街頭の物論より来る弊害を予防するために、大に平民を教育するの必要と責任とを感ずるものである。此点に於ては先生も同感であらうと信ずる。尚此点に関する愚見は曾つて『中央公論』四月号で発表した「民衆的示威運動を論ず」と題する論文中「民衆運動に対する今後の方針」と題する項に於て、稍《やや》審かに論じてあるから、篤志者は就て参考せられんことを希望する。

更に一言したき事は、先生が民意修養の一手段として軍隊と国民とを接近せしめ、軍隊の力を借りて国民の元気を養はんとする提案である。先生は軍隊をしてまづ経済関係に於て国民に接近せしめ、更に進んで国民教育の仕上げを陸海軍に托せん(三三二)事を説かれてをる。先生は文弱よりも武愚(三六九)を取らんとし、其ためには軍隊と国民とを接近せしめ、所謂「軍隊を以て国民元気の保育場となし、国家元気の貯蓄所とし、文弱、驕奢、遊惰、放逸の諸悪徳を撲滅するの治療所となす。我軍隊は唯だ万一の緩急に備ふるのみに止らずして、国民的生活の中枢たるべく、又たらざるべからずと信ず」(三六七)と云はれてをる。之れも理想としては頗る賛成であるが然し実際論としては幾分の条件を附するにあらざれば、之れに同意する事は出来ない。今日現実の軍隊教育は諸の点に於て国民の精神を統一する上に非常に功労あるも、又他のより多くの諸点に於て、国民思想の健全なる進歩を適当にはかつてゐないと云ふ事も殆んど定論である。従て先生の理想とせる境地に達するには軍人に対しても国民に対しても、大に従来の態度を改めて貰はなければならぬ。此点に就ては先生が、三三五、及三三八頁に説かれて居る処は全然同感なるも、乍併、軍備の理想的目的の一は茲にありとの理由を以て二個師団増設に反対するの議論を呪ひ、之を以て「帝国軍隊の辱を世界の面前にさらし、帝国軍隊の士気を堕落せしめたる者」(三三六)となすのは如何なものであらうか。余りに陸軍の提灯持に陥つた様な気味があると云はれても、仕方がないではなからうか。

五

先生は本論の最後、第五十五篇以下に於て大和民族の理想を説かれて居る。而して先生は「白閥打破」と云ふ四字をモツトーとして掲げてをる。先生は武断的貴族主義者であるだけに、其の用語も亦甚だ挑戦的であるが、併し先生の白閥打破と云ふのは白人に対抗して争ふと云ふ様な意味ではないやうである。つまり我々大和民族は白人の自負心に一撃を加へ、我等も亦彼等と共に世界の経営に与るの権利と能力があると云ふ事を彼等に知らしめ、我が同胞に自覚せしむると云ふにある様である。此点までは私も先生の説に承服する。「白皙人種が世界を我物顔に振舞ふは事実」(四七〇)であつて、我々の常に奮慨にたへずとしてをる所である。然し此一面には実に白人が世界を我物とする雄大なる気魄があるのであると云ふ処を買つてやらねばならぬ。唯不幸にして彼等は白皙人種以外には世界経営の能力あるものがないと云ふ風に己惚《うぬぼ》れてをるから、我々は不平なのである。然し我等大和民族に果して世界を我物にする丈の雄大なる気魄があるか、どうかと云ふに、此の点は甚だ心細い。亜米利加に於ける日本人迫害の如きは、先生の四七一頁に云はるゝ如く、単に人種的差別と云ふ事のみによるものではあるまい。予は我等日本人は個人として又国民としては他の多くの国民に比して著しく劣つて居るとは決して思はないけれども、然も世界の市民として、暫く国家を超越して世界を我物として経営するの事業に興味を持て居るか、どうかと云ふ点になると、遺憾ながら然りと答ふる事は出来ない。斯く考ふる時は我々は白人に対して同等の待遇を求むる前に、先づ我同胞民族に対して、我等自身の長所を自覚するのも必要には相違ないが、又白人の気魄に鑑みて彼等と同等のレベルに立てよと要求したい。尤も先生は白閥打破の要は白人に向て挑戦するにあらずして、先づ自から国民としての人格を彼等に認識せらるべき地歩を占むるにあり(四七二)と云はれてをるけれども、乍併世界に於ける国民として我等に何の誇るべきものありやと云ふのが根本の問題である。玆に於て予は我国民が尚一層正義公道を楯として、神を敬し人を愛する敬虔なる国民とならんことを切望せざるを得ない。先生も之れと同様の見解を持つて居らるゝ(四九五)様であるが然し他方に於て先生は「凡そ白人の及ぶべからざるは彼は衆にして我は寡なるにあり」(四八二)と云ひ、更に進んで「白閥打破の要は唯だ養力の一あるのみ」(四八二)と説いて居る。而して養力とは何かと云へば、全体の議論の上から物質的武力即ち軍備を整ふると云ふ事を意味するは明白であるからして、字句の上の矛盾を取り去つて先生の根本の考へを忖度《そんたく》する時は、我国民は専ら軍備の整頓を以て唯一最高の理想とすべしと云ふことにあるらしい。此点は予は断じて同感が出来ぬ。勿論軍備の整頓も必要である。然し之れと共に我国民をして横井小楠の所謂「富国に止らず、強兵に止らず、大義を四海に布かんのみ」と云ふ気魄を持たしむる事が根本的であると信ずるのである。

更に一歩を進めて、先生は我国の民族的国家なるの点をあげて、之を他国に優る特長であると云はれてをる(四八三)。我日本帝国が尤も鞏固なる民族的結束の上に立てをると云ふことは、万国に冠絶する誇るべき特長である。されば今日帝国が四方に発展して支那、朝鮮等の異民族を内に包容しても帝国の中枢の結束は毫も揺がざるのみならず、其民族に対する同化的勢力は極めて旺盛である。唯玆に一言したいのは、我等大和民族は如斯有利なる境遇に乗じて、朝鮮民族の如き新附の者に対して、如何なる政策をとるべきかと云ふことである。此の点に就ては先生は明かに説いて居らぬが、矢張り同化主義を取つて居ると思はるゝ(四六九)。予は思ふ、出来るならば同化と云ふ事は好ましい事ならんが、実際上に於ては多少進歩したる独立の文明を有する民族に、同化政策を以て望むのは正当ではないと。且つ各国は皆此主義をとる事に於て失敗の経験をして居る事を一言して置きたい。

六

終りに全体読み終つた後の感想を附け加へたい。予は本書を三度に分読して評論を試みた。従て始めに先生の意見が斯うであると見たのが、後に至つてさうでなかつたと見ねばならぬ様な事があつて、私の評論にも多少の撞着があるやうに思ふ。之れは私の読み損ひもあるかも知らんけれど、一には先生の著書が何れかと云へば断定的で、或一定の思想を系統的に書いたものでないからである。特に先生は或る一方の議論を盛に説かれた後に「さればとて」と云ふ冒頭を以て、前に自分の説いた議論と反対なる説に対しても、自分は必ずしも反対ではないと云ふやうな事を三四行書かれる癖がある。例へば先生は一章の大部分を武力の養成と云ふ事を説くに費して、終りの方に「さればとて余は必ずしも正義の力を打算の外に置く者にあらず」と云ふ様な風の数行を加へてをる。斯う云ふ風に書かれてをると云ふと、議論としては実は反対のしやうがない。然し只先生が何れの点に重きををくかと云ふ事になると、初めて先生の立場と、我々の立場の一致し兼ぬるのを発見するのである。即ち先生が「力の福音」を説くに当つても、武力を第一義として経済力は第二位にをき、道義力の如きは殆んど之を眼中に置いてゐないと云ふが如き立場に対しては、私は全然承服する事は出来ないのである。

先生は近頃『時務一家言』の続篇として「日本より見たる世界の政局」と云ふ論文を国民新聞に連載してをる。未だ最初の数篇を読んだばかりだから、結局如何なる議論を述べらる丶かと云ふ事は分らないけれども、今迄表はれた所丈けで判断すると、「夫れ見た事か経済力も道義力も物を云はず、矢張り武力が物を云ふのではないか。今度の戦争で益々「力の福音」と云ふもの丶有難味が分かるじゃないか」と云ふ趣旨を説かる丶だらうと予想さる丶。然し予は玆に予め断言する。今度の戦争を斯く見るのは楯の一面にして、他の一面に於て我々は西洋各国の一部の武断主義者が、滅茶苦茶に軍備を拡張したから、戦争が起つたのであるとも云へたし、又愈《いよい》よ此武力の競争たる戦争に於ても、結局の勝利を決するものは決して武力のみではないとも云へる。最近の電報によると、英国の蔵相ロイド・ジヨージは、「最初の一億は我国も独逸も等しく之を求め得べし、然も独逸の最早求め得ざる最後の一億は終局の勝利を我国に与ふるもの也」と云ふ演説をした。我等は之を以て実のない机上の空論と見做すことが出来やうか。若し夫れ交戦国双方の国民の道義力を比較し、一方は其低きが故に世界の同情を失ひ、他方は高きが故に同情を博すと云ふ点などを省みる時は思ひ半ばに過ぐるものがあらう。之を要するに本書は非常に教訓と暗示に富み国民の惰眠に一大警告を与ふると云ふ意味に於て近来の好著たる事疑ひなけれども、然も立言の大趣旨に至つては、吾人は不幸にして之を中正穏健の議論と認むるに躊躇する。妄評多罪。

〔以上『新人』一九一四年一〇月〕

戦後の婦人問題

人々今回の欧洲戦争の期間を評して、或は半年と云ひ、或は一年と云ひ、或は三年と云ふけれども、とても一年や二年で終る様には考へられない。其よりも長びく様に思ふ。其理由の一つは、是迄の戦争と、其趣を全く異にして居る。即ち(一)飛行機が始めて軍用にされた事、(二)軍略、弾薬の進歩発達の結果は所謂在来の戦争と其趣が異つたのである。故に敵を攻略するも機械的の作用は全く駄目で、兵糧攻めにするより外に仕方がなくなつて来た。扨《さ》て飛行機の作用に二つある。(一)敵勢破壊(二)敵情偵察であるが(一)は余りの効力はない。即ち飛行機上より弾を投下して敵勢を破壊する事で、既に青島《チンタオ》に於ても実験された事であるけれども、僅に十人乃至十数人の人を傷害するのみで大した攻撃も出来ない。とても堅固な要塞の破壊などは思も及ばぬ事である。故に一説として、飛行船或は飛行機上に一パイの爆弾を積載してそれを要塞の上にそれぐち落下する事だけれども、それは日本人ならば出来ない事はないが、欧洲の人道問題上それは許されぬのでそれもする事が出来ない。ベルダン或はメツツの如き堅牢な要塞は之程の方法によらなければ、とても破壊する事は出来ないのである。故に近頃案出された方法は無線電信で飛行機を操縦する事で、これは既に戦争前から考へられておつた事である。然し未だ十二分の結果は得られない。

飛行機の使用並に軍略の進歩の結果此度の戦争に於ては、日露戦争に於て行はれた様な決戦は出来ない。所詮三日間と続く様な大決戦は起る様には思へない。故に個々の場合を除き白兵戦のやうなものは出来ないのである。

これは一つに飛行機偵察強行と二に軍器弾薬の豊富でないと云ふ事から起るものだ。現に各国軍器弾薬に大に欠乏を告げ、現に露西亜の如き、米国よりそれらを購入しつゝあるのである。今日の所、一日の戦争に用ゆる小銃弾は実に六ケ月の作製時日を要すると云ふ事である。独逸の如き工業の盛な国でも尚然りである。斯くの如くであるから、小銃大砲其他火薬の供給は至つて不充分なのである。故に休んでは戦争をし、戦争をしては休むのが現在の状態である。この兵器弾薬の供給が全く不充分であるが故に、自然と戦争が長びくのである。故に戦後戦争が如何なる問題に影響するかゞ却々《なかなか》興味ある問題であるが、殊に婦人問題に又は平和問題に関する所の問題が多いだらうと思ふ。

所謂婦人問題なるものは戦争以前より論ぜられたものであつて、殊に経済学者の中に於て大に論じられたものである。即ち経済上男女とも同等の資力を投入しても尚男は女の得る所より多くを得るといふ事が既に問題となつてあつて、例へば男女均しく師範学校を卒業して小学校教師を勤めるにしても男は百マルクを受くるに反し女は八十マルクしか受けないと云ふ。独逸に於ては此種の問題より婦人問題が起つて来るのであるが、英国に於ては政治上婦人参政権問題が起つてゐる。現内閣の首相アスキス氏はそれに反対であるが、蔵相ロイド・ジヨルジ又外相サー・エドワード・グレー両氏は婦人参政権に賛成である様である。独逸英国の婦人問題は上述の如くであるが、もし日本に於ても、婦人問題があるならば、其は矢島楫子《かじこ》女史の毎年帝国議会に建議さるゝ、刑法上男女を同権にする事である。今日でも社会の習慣上女は男の云ふ通りにすべきものだとなつてゐるし、且つ左様にやつてゐる。昔は婦人は高等の教育を受けなかつた故、其でよかつたけれども、今日の所婦人が男子の様に高等の教育を受けて来る様になつたから、夫唱婦随と云ふ事は出来ない。利巧なものが唱へて利巧でないものが之に従ふと云ふのが今日の有様となつて来た。

文明が進むに従つて今後幾多の社会問題が起るであらうが、皆が皆まで男子丈で解るもの耳《のみ》でない、大に女の力を藉《から》なくてはならない物があるであらう。現に英吉利に於る Poor Law の如き其一つであつて、所謂社会問題として救貧組合の如き、婦人の入会者に依て大に解決された所があつたと云ふ事である。即ち先代の俳優アービング夫人なども此救貧組合員の一人であつて大に力を振つたものである。米国に於ては左程珍らしくもないが英国に於ては模範村の三つの中の一つは婦人村長の管理してゐる村だと云ふ事である。

之を見る時将来婦人の勢力を男にかさなくては十二分に社会問題は解決することが出来ないと思ふ。パンカースト夫人の例の参政権の運動も戦争の為に一時中止されてゐる。全然中止された訳ではないが、世界文明と英国の安危の為めに一時中止の姿である。パンカースト夫人一派の如きは随分猛烈な運動を起して屢《しばしば》獄に投ぜられた様な事がある。或は大臣の官邸を襲ふたり或は午後の四時頃と云ふに至つて人通りの繁しい英蘭《イングランド》銀行の前に爆弾を垂《つ》り下て置いたり、随分危険千万な事をしてゐる。彼等此種の運動に従事してゐる婦人が入獄させられても食事をしない所謂“Hunger Strike”をやるものだから三ケ月の刑期も漸く十日位で釈放となる。然るに彼等は夫を良い事にして、又もや乱暴を働く。婦人の餓死を忍びずして釈放したが出獄後大に飽食して健康態に復し、又運動を怠らないから一昨年法律を改正して入獄後いくら、パンカースト等が絶食をやつても強制的に食事を進める即ち“Forceful feeding”をやつて彼等を許さなくするに至つた。戦争の為に参政権運動を中止した彼等は、或はベルギー避難民に職業を与へたり、或は出征者の家族を慰問したりして大なる働きをなしつゝあるのである。即ち此度の戦争で婦人の力を藉る事は頗る多大なものである。我等日本人には戦争の惨害なるものが解されてゐない。今迄の戦争でも内地でせられたのでない故、目前に其惨害を蒙つてゐないが、今日の欧洲では何れも目前に夫を見て心から痛ましく思つてゐるのであつて、日本とは大分様子が違ふ。それ故に戦後一層烈しき平和運動の起ることは明かである。独逸に於ては四五百万人の軍人が戦場に出てゐると云ふ、そして其後方勤務をする者も亦四五百万人を要すると云ふことである。然るに独逸今日の現状では五十才以下で戦場に出られ得る人間は全人口の五六千万の中其四分の一として千五百万人位だと見ねばならぬ。そして今日では男と云ふ男は悉く戦場に出なければならなく成たのである。故に乗合馬車の御者共は皆女がしてゐると云ふが、然もこれも社会問題として、許すことの出来ないものであると言つて喧《やかま》しく論議せられてゐる。然し社会の交際の生活に婦人が大に必要となつて来たことは確かな事実であつて、今やそれを空論として取扱ふ事が出来なくなつて来た。そして之は婦人の権利に関する問題のみでなく、婦人の勢力が大に増大する事を証拠立る者である。米国に於ては婦人に参政権を許して〔ゐ〕る州もある。又濠洲に於ても聯邦政治及各州の政治及ニユージーランドの政治には現に参政を許してゐる。又露領フインランドの如きは既に婦人の議員があり、又ノールウエーの如きも今日は辞職してゐてないけれども十年前までは婦人の議員が有た位である。而も男子議員は彼等婦人議員の加入を大に歓迎したと伝えられてゐる事実がある。而して英国に於ては既に其機運が熟して来たのである。政治経済上の問題として物価騰貴の問題の如き大に家事内政の事と重要な関係がある。英国に於て物価問題に関する政治演説の聴衆の半分は婦人である事は珍しくない事実である。即ち政治問題を自分の問題として論る様に至つたのである。

今日の状態では日本の男子と雖も尚欧米のそれに及ばぬ事遠いから、況んや婦人に於ては、推して知るべしである。然し日本婦人は将来発展の為に益々勉強しなければならないのである。西洋の婦人は上に上に頭をあげて勉強して行と共に日々の仕事を決して愚《おろそか》にはしてゐない。私がウインナに居る時、下宿の女中は勉強の時を得て毎夜二時間宛、天文学や解剖学を研究して居た。而て智識を練磨するのである。日本の婦人も益々智識を磨いて高尚なる問題に頭を使はねばならないが、それと共に地味な日常の仕事にも勉強せねばならない。将来婦人の先覚者が出来なければ日本の文明は発達しない。地味な堅実な腰を落ちつけた状態にあつて益々頭を練り智識を磨かねばならない。戦争後に於る婦人問題は先づこれより始まるであらう。（三月二十九日神戸女学院卒業式に於ける演説梗概文責在記者）

〔『基督教世界』一九一五年四月〕

婦人の政治運動

一

議員の選挙に婦人の立ち入ると云ふことは、従来もあつたが、今度の総選挙では最も著しく、全国を通じ婦人運動者の総数百名を越へたとの事である。於是《ここにおいて》婦人の政治運動といふことが問題となり、先月初めの新聞雑誌などでは盛に論ぜられた様である。吾人は此問題に対して如何なる態度を執るべきであるか。

二

この問題に対して、吾々は所謂当局者の意見なるものには全然承服することが出来ぬ。四月七日の東京日々新聞であつたと思ふが、安河内警保局長の説に依るものが載つて居る。甚だ徹底せぬ書き振りであるが(多分筆記者の責任であると思ふが)、論旨は大体次の如くであると思ふ。

(一) 婦人は須《すべか》らく家庭的であるを可とすべきである。外部に出で、活働するは其美性を傷くる所以である。

(二) 殊に日本の婦人は、外国の婦人と違つて、何処までも家庭的であるべきである。何となれば所謂良妻賢母主義が女子教育上の大方針であるからである。然るに近来我国の婦人中、無暗《むやみ》と新しがるものを輩出するは甚だ憂ふべき事である。

(三) 婦人の政治運動の如きも、此悪傾向の一つである。戸別訪問の如きを平気でやつて居るやうな事は予は絶対に之を取らぬ。

（四）　本来婦人をして政治の事に関係せしめぬといふが、我国法律の精神である。戸別訪問の如きを直接禁止するの明文が無いけれども、之は早晩何とか取締らねばなるまい。内務大臣もつくづく其必要を認められて居る。

斯くて氏は、「現状の儘に放任するときは、遂に欧米各国の如き女権拡張論者を誘致し、建国三千年来の国体に由々しき大問題を生ずるの虞《おそれ》」ありと嘆じて居らるゝ。

大体に於て此論は愚論である。予は安河内局長が斯かる愚論を吐かれたとは信ぜぬ。筆記の誤りであらうと思ふけれども、併し斯種の愚論は随分と世間に流通して居ると思ふから、簡単に之を駁撃して置かう。

三

第一に、婦人は本来家庭的であるべしとの論には吾人は大体賛成である。一派の新婦人の如く、家庭の桎梏を脱して婦人の新境地を見出さんとの論には一般論としては賛成せぬ。何となれば、婦人の天性はもと男子と共に家庭を作り、男子を輔《たす》け男子に倚《よ》りて其本分を完うするに在つて、外界の社会とは云はゞ男子を通じて間接に交渉するに止るものであるからである。故に政治其他外界に対する活動は、男子に任《まか》せて宜いのである。只茲に注意せねばならぬことは、婦人に家庭的なれと求むることは、決して奴隷的なれと求むることではないと云ふ事である。婦人は外部の事は一切男子の活動に委し、男子の活動に自分の生命を托するのであるけれども、婦人は決して何も彼も男子に奴隷的に従属するの必要はない。婦人も亦一個の人格として対等の承認を男子に要請するは、正当の事である。不幸にして我国在来の思想は、此点を閑却した傾がある。即ち婦人に家庭的なれと求むる迄は可《い》いが、更に一歩進めて奴隷的に男子に屈従せよと求めたのである。思ふに新しい婦人達は、此点に不満なのであらう。只不平不満の念を過度に誇張して、遂に家庭を呪ふもの往々にしてあるが為めに、新しい婦人に対しても非難があるのであらう。予はもと自覚したる婦人の側に多大の同情を有するものであるが、併し議論としては何処までも婦人は須らく家庭的たるべしと主張するものである。

併し婦人の須らく家庭的たるべしと云ふは原則論である。此事は家庭の主婦とならざる婦人には、事実之を求め難い。結婚の機会あるのに故《ことさ》らに之を避けて、家庭に捉へられずなど、得々として居るのは賞めた話ではないと思ふけれども、事実之を欲しても機会の来ぬ者もありて、已むを得ず一本立で世に立たねばならぬ婦人は近頃は段々多くなつて来た。其外色々の事情で、今後は余儀なく独立独行男子に倚らず、其生活を立て、行かねばならぬ婦人は多くなるだらう。斯ふ云ふ人には、事実上家庭的なれと求むる訳には行かぬ。斯かる人でも、婦人丈けに自ら男子に比し引つ込み主義を取るだらうとは思ふが、併し最早男子に倚りて生活するに非ず独立独行生活を立て、行くのだから、自ら社会の出来事に直接の利害を感ぜずには居られない。従つて公共の事務に付いても、思《おもい》を傾くるやうになるのは当然である。斯う考へて来ると、家庭的たるべしとの原則論の適用し難い婦人の、今後益々多く輩出するは、事実之を制し難い。而して之等の婦人にも一概に家庭的たれと要求するのは、不都合ではあるまいか。

四

婦人の家庭的たるべしと云ふ原則論は、日本でも西洋でも同じ事である。只西洋の社会は早く婦人の独立独行するものを輩出せしめたから、夫れ丈け早く家庭的たれとの要求を八釜《やかま》しく云はなくなつたのである。日本では、大体のところ、今日でも婦人の大多数は家庭に入るから、所謂賢母良妻主義で女子を教育しても、大して不都合は無かつたのである。去れば日本と外国と、婦人の教育上の主義を異にしたのは、ツマリ時勢の相違である。時勢が進めば、日本も西洋と同じになるべきものである。マゴ〳〵してゐる中に、日本も此頃段々時勢が進んで来た。既に諸方に、所謂賢母良妻主義は今後の女子教育上の主義としては時宜に適せぬとの非難も、ボツ〳〵見ゆるではないか。然るを一部の論者は、我国の婦人と西洋の婦人とは根本的に異つた運命を有つて居る者の如く考へ、而して我国の婦人は先天的に賢母良妻主義を以て教育すべき筈のものと極《き》めて居る。其思想の浅薄にして取るに足らざること、固より云ふを待たない。

賢母良妻は婦人の理想である。従つて賢母良妻主義は女子教育上の理想であらねばならぬ。理論としては此事は何人も異議はなからうと思ふ。只反対するのは、所謂賢母良妻主義の教育である。賢母良妻の美名の下に独立自主の個人格なき奴隷的婦人の養成を目的とする教育主義に反抗するものである。此点に就ても亦、予は多少の留保をなしつゝ、所謂新しき婦人連の主張に無限の同情を表するものでもある。況んや今後の時勢は所謂良妻賢母主義一点張りで女子を教育するを許さゞるに於てをや。

五

二十世紀の婦人は自覚しつゝある。彼等は先づ総てが家庭の人たるを得ざるの時勢に在るを見、男子と同じく広く外部に活動するの必要を感得しつゝある。次に彼等は家庭の人としても、徒らに男子の意思に隷属すべきものに非ず、之と対等に家庭を経営するの主脳者たるべきを覚りつゝある。従来の婦人は余りに不当の拘束を受けて居た。於是彼等はあらゆる方面に於て解放を要求しつゝある。是れ近世婦人問題の発生する所以である。新運動の起るや、多少の弊害の之に伴ふは已むを得ぬ。併し多少の弊害が伴へばとて、新運動を全然排斥し去るは、角を矯めんとして牛を殺すの類である。吾人は日本将来の文化の発展の為めに、婦人問題の益々盛に論究せられんことを希望して已まないものである。

婦人の自覚に伴ふて、種々の弊害の伴ふは已むを得ぬ。而して多少の弊害の起生するは、婦人の自覚全く起らざる為めに何等の弊害もなしといふ状態よりは、遥に好ましいのである。此点に於て予は、真に婦人の自覚に伴ふ多少の弊害の発生するは、他方に之を予防阻止の手段を講ずるを必要と認むるも、兎も角之を喜ぶべき現象と見做すものである。然らば今次の総選挙に現れたる婦人の戸別訪問の如きは此種の「悪傾向の一種」と見るべきやと云ふに、遺憾ながら予は斯く信ずることは出来ぬ。

先年予が伯林《ベルリン》に留学して居つた頃、国会議員の総選挙があつた。伯林の第一区では、進歩国民党と社会民主党と最も激烈に争つた。後に之は僅六票の差で前者の勝利に帰したのを見ても、如何に競争が烈しかつたかゞ分る。此時此区の人々は、妙齢の婦人を運動者に使つた。之は棄権者が一人でも無い様にするために、即ち自派の選挙人を一人でも多く駆り出す為めに、選挙の当日、中々出て来さうもない市民の宅へ妙齢の美人を差遣し、此婦人をして選挙人の腕を取り、選挙場まで捉へ来らしめたのである。此方法は巧みに功を奏し、棄権と決心したものも、年若い婦人に縋《すが》られて余儀なく選挙場に来たもの少くなかつたとの事である。

併し之は婦人のために名誉な事であらうか。独逸の婦人運動の団体は、果して猛然起つて、婦人を斯かる陋劣なる運動に利用せるは一大侮辱なりとて、大々的抗議を提出したのであつた。是れ固より然あるべきことであらう。最も当時此の目的に雇はれた婦人は、勧工場の売子や、又は少しく地位のいゝ職工等で、良家の子女は一人もなかつた。如何に親戚友人の為めだとて、良家の心ある子女では、斯んな愚劣な仕事には従事するを潔《いさぎよし》としまい。

我国の婦人の戸別訪問はや丶之と類似しては居まいか。主義も理想もない。只訳もなく男子に使はれたのである。其婦人的優美の特徴を利用されたのである。茶屋酒を飲む時の御酌には、荒くれた男よりも小綺麗な若い女の方が気持がい丶と云ふと同じ意味にて、機械としてコキ使はれたのである。之を何で婦人自覚の結果と云ふ事が出来やうか。予は心ある婦人の側から抗議の起らざりしを寧ろ奇怪に思ふ位である。

去れば我国婦人の戸別訪問といふ新現象は、婦人問題としては極めて下らぬ問題である。否、問題とするの価値もない位のものである。真に婦人の自覚の結果として起れるものならば、其事の善いにしろ悪いにしろ、問題として論ずるの価値はある。戸別訪問といふ現象は、之とは何の係はりもない極めて下らぬ現象である。

六

戸別訪問を取締るとか、乃至之を禁止するとかいふ問題は、一般の選挙取締上の問題としては、議論するの余地あれども、特に男子女子に依り区別して論ずべき性質のものでない。男子に之を許して置く以上女子に之を許しても少しも差支がない。若し之を選挙廓清の上から禁止すべきものとせば、男子女子と論なく等しく之を禁止すべきである。何れにしても口角泡を飛ばして論ずる程の大問題ではない。

只婦人をして政治に関与せしむべきや否やの根本論に至れば、自ら問題は大きくなる。現今の日本国法の精神から申せば、矢張り之は禁止すべきものであらう。従来の法律の立て前が、婦人と政治とを離すといふ事になつて居る。併し之は現在の法律を楯としての話である。現在の法律が果して適当の良法なるや否やの批評は、亦国民として吾人の自由になし得る所である。之は中々大問題で、簡単に玆処に説き尽すことが出来ぬ。他日機会を見て改めて説かう。只次の事だけは疑がない。即ち今後の社会には、事実上独立独行する婦人が殖へる、従つて現実に且つ直接に公共の事務に興味を感ずる婦人が殖へる、而して其結果政治の利害得失に傍観的態度をとつて居れぬ婦人が多くなること是である。婦人が家庭的である中は、租税が如何様に使はれ様が、外国との条約が如何様に結ばれ様が、婦人の利害は凡て男子が之れを代表して直接之等の公問題の取扱に与《あずか》つて呉れる。けれども今後は独立自活の婦人が多くなるに連れ、之等の婦人亦直接に以上の問題に密接に利害関係を有する訳になる。然らば婦人の政治に没交渉であり得ざるは事実之を認めざるを得ない。予は婦人の趣味は、本来決して政治などゝ云ふ方面にはないのだらうと信ずる。従つて之を奨励した所が、婦人で政治家にならうと云ふ者は容易にあるまいとは思ふが、併し婦人を強制して全然政治に没交渉たらしめんとするは、甚だ無理な不当な仕打と信ずるものである。

七

婦人の社会的活動が盛になれば、我国家族制度の美風を破壊し、「建国三千年来の国体に由々しき大問題を生ずるの虞《おそれ》」ありと論ずるの甚だしき謬妄なるは、我が読者には余りに明白にして、今更喋々の弁明を必要とせぬであらう。一部の論者は、「現状の儘に放任するときは、遂に欧米各国の如き女権拡張論者を誘致す」るの恐ありと為すも、今日欧米各国には、婦人運動到る処に盛なるも、之が為めに真に弊害を感じて居る国は極めて少い。成る程冷評的に婦人運動を茶かす者はある。併し心から其弊害を嘆じて居る処は英国丈けであらう。而かも英国にて迷惑がられて居るのは、数多き婦人参政権団体中、パンカースト夫人を頭首とする少数の連中に止り、他は何れも社会の尊敬と同情とを博して居る。殊に地方行政に於ける婦人の活動の如き、就中救貧委員としての婦人の干与は、最も良好なる成績を示し、以て英国の輿論をして著しく婦人参政権論に傾かしめた。パンカースト夫人の団体は、其執る所の手段が乱暴極るものたるが為め、識者の顰蹙《ひんしゅく》を招いで居るけれども、而かし彼等は家庭の主婦としては勿論、一個の女性としても概《おおむ》ね穏和にして忠実、些《いささか》の間然する所なきものが多い。夫れ丈け、彼等のとる所の手段の過激なるは、一々主義に忠なるの致す所なりとて、有名なるキヤメル牧師を始め、多くの識者は心私《ひそか》に彼等を尊敬して居る。今度の戦争始るや、彼等は暫く本来の運動を中止し、一転して出征軍人遺族の救護や、白耳義《ベルギー》避難民の世話に骨折つて居る有様は、実に見上げたものである。若し夫れ他の欧米諸国に至つては、其参政権を要求するものと、婦人職業の拡張、社会上経済上の待遇の改善等を要求するものとの論なく、何れも世間より多大の同情と尊敬とを以て迎へられて居らぬものはない。彼等は真に心内の自覚に源を発して、外面の運動を為すに至つたものなるが故に、如何に外界に活動しても、決して之が為めに婦人本来の務を怠らない。婦人運動に浮き身をやつす人の家庭に限り、夫婦仲がわるく、御勝手も汚いなど丶いふ世俗の冷評は、西洋にもあるが、併し之は少数の例外であつて、一般は決して左様ではない。要するに西洋では、大体に於て、婦人の社会的活動の為めに、少しも迷惑を蒙つて居ぬと断言して差支ない。

　若し婦人運動が起る為めに、家庭の和楽を傷け、古来の美風を壊《やぶ》るの弊ありとすれば、それは必ず根底のない、皮相の婦人運動である。予は我国の所謂家族制度の動揺が、果して建国三千年来の国体に関係する程の大問題なりや否やを知らざるが、若し家族制度の動揺を防がんとせば、須らく健全なる婦人運動の勃興を奨励すべきであると思ふ。婦人運動の起るは、ドーセ自然の大勢である。人力を以て之を阻止するは、一木を以て大河の決するを支へんとするよりも困難である。然らば寧ろ婦人運動の健[堅]実なる発達を助長して、皮相的の軽薄な流行を抑止するのは急務ではあるまいか。下らない取締などをすると却て浅薄な運動の生起を促すものである。予は今日の当局者が、細末に拘泥して狼狽することをやめ、寧ろ社会の各方面に至り、大に婦人の為めに門戸を開放して、彼等の為めに真実なる自発的発展躍進の機会を与へんことを希望するものである。

〔『新女界』一九一五年五月〕

大正政界の新傾向

一

大正と改元してから急に政界に新らしい傾向が起つたとも思へないが、併し明治の末から大正にかけて段々新らしい傾向が著しく起り初めたことは疑ひない。而して此新傾向は、最近日支問題の交渉が切迫した当時に最もよく現はれて居る。我国よりの二度目の対支要求が拒絶され、愈々最後通牒を発するといふ間際に、元老の干渉のあつたことは、公知の事実である。聞くところに依れば、五月四日の元老と閣員との会議に於て両者の意見が合はず、中にも加藤外相に対する元老の反感が本となつて、お互に「勝手にしろ」といふ態度で物別れとなつた。斯うなれば元老は元老で、更らに相談を新たにして事の顛末を闕下に伏奏するといふ段取になる。さうすると内閣は顚覆せざるを得ない。そこで政界は俄《にわか》に色めき渡つて、策士並びに策士と称する者が、暗中の大飛躍を試みる。翌日旅行から帰つて来た大浦内相が、事の急なるを憂へて元老と内閣との調停の任に当り、各元老の私邸を回訪したのであるが、此際松方侯のみは不在と称して中々会はなかつた。二度三度訪ねても居ない、行先も分らないといふ事であつたが漸く夜になつて面会する事を得た。而して不在と称した朝から夕方までの間は、実は奥深き密室に於て、山本達雄、床次《とこなみ》竹二郎二氏と卓を囲んで後継内閣の役割を相談して居つたといふ事である。斯く政界の頭領株は元老並びに其周囲の政界の長老の間を活動して頻りに運動する。之と同時に彼等は又政界の陣笠をして、或は歌舞伎座に、或は新富座等に、外交失態の声を大にして内閣を痛烈に弾劾せしめ、以て盛んに民心を煽動せん事を努めた。斯くて内外相呼応して現内閣の顚覆を計つたのであつた。幸か不幸か此運動は其目的を奏せなかつたが、兎に角此事実は、最近政界の新傾向を語る代表的の出来事であると思ふ。

然らば其新傾向とは何ぞやと言ふに、政界の転機を決するとこ〔ろ〕の中心点が今や二つあるといふ事である。一つは元老で、一つは民間の輿論である。一体元老を中心とする勢力は、少数の間に政権を壟断せんとする考を代表する者で、所謂輿論政治とは両極相反するところのものである。性質上相容れざるところの二つの主義を代表する者が、両々相並んで、同一の目的の為めに活動を共にするといふ事は、考へて見れば極めて不可思議な現象であるが、併し之が我国今日の争ふべからざる事実であるから致方がない。而して此二つの中心が、各相当の勢力を以て現今の政界に活動して居るのであるが、単にそれ丈けなら何も之は大した問題にはならない。けれどもこゝに一つ面白いのは、前者が段々凋落し、後者が段々芽を吹き出さんとして居る事である。之を我輩は新しい傾向といふのである。尤も絶対的に両者の現在の勢力を比較すれば、元老の方が強く、輿論の力はまだ頗る弱い。けれども、将来の傾向から言へば、輿論の力には先きの望みがある。而して元老は最早や過去の勢力たるを免れない。而して元老の命運が今や日に〳〵縮らんとして居る際に、兎も角民間の輿論が政界の新勢力たらんとして居るのは、政機進展の大局に着眼する者の看過するを許さゞる所である。

二

元老は今日でもなか〳〵勢力はある。けれども其威望の昔日の如くならざる事は、彼等の羽翼たりし官界の俊《しゆん》髦《ぼう》が、近頃踵を接して政党に加入する事に依つても分る。政党に加入する事は、多くの場合に於て、元老に見切りをつけた事である。尤も中には元老の廻はし者もあらう。けれども政党に入つて相当の地位を得れば、彼は最早や元老の傀儡《かいらい》たる事を甘んじない。さればにや、今日元老の勢力といふものは、段々元老の個人的勢力以外には之を認むべきものがないやうになつて居る。昔元老の勢力の偉大であつたのは、只彼等が個人としてヱライばかりでなく、其周囲に天下の人才を網羅して社会の各方面に其大いなる羽翼を張つて居つたからである。されば当時彼等の意志は一つとして成らざる事はなかつた。政界に於て彼等は唯一の主人公であつた。我国に立憲政治が布かれて帝国議会が一方の勢力となつた後でも、彼等は決して政府を議会にあけ渡さなかつた。当時議会に於て現はるゝ民間の勢力は、積極的に内閣を取つて代る能を有せなかつたのみならず、消極的に只内閣を破壊するといふ能さへ十分でなかつた。けれども、時勢の進歩は争はれないもので、明治三十年頃からは、段々議会の勢力も張つて、所謂政府政党の妥協に依つて、交互に内閣を組織する事になつた。而して最近に至つては、苟《いやしく》も内閣を組織する者は、議会に相当の根拠を有せざるべからずといふ事になつて、政界の主人公たるを得る第一の要件は、議会の後援を有するといふ事になつて来た。元老独自の勢力のみで内閣を組織せんとした最後の試みは、去年三月の清浦内閣成立の運動であらう。之が失敗に終つた直接当面の原因は何にあるとしても、之を憲政発達の大局から見れば、確かに、元老は最早や政府を組織する積極的勢力たるを得ないといふ事を明かにしたものである。之は元老勢力の大なる変動といはねばならぬ。彼等は最早政界に於ける積極的勢力では無い。然らばせめて彼等は仍《な》ほ少くとも政府を破壊する消極的の勢力たりやといふに之も段々怪しくなつて来た。尤も今日でも元老の意志に逆つては到底政府を維持する事は出来ないと考へて居る事大主義者も少くない。さればこそ所謂政界の策士なる者が巧みに元老の間を説き廻つて常に内閣顚覆の陰謀を企てんとして居るのである。乍併《しかしながら》去年の秋以来内閣と元老との意志が常に疏通を欠き、殊に最近に於て元老の方から起つて色々内閣の方に衝き当るに拘らず、尚未だ十分に内閣を窮地に陥れ能はざるのを以て見れば、元老は最早政府を破壊する消極的の能すら段々失ひつゝあるのではあるまいか。

尤も個人的に見れば、元老諸公は、兎角の批難はあつても、兎も角衷心国を憂ふる赤誠に於て、多大の尊敬と心服とを多くの人から得て居る事は疑ひない。従つて彼自身尚政界に於て大いに重きをなして居るのである。のみならず、其乾児《こぶん》ともいふべき者は、枢密院辺に於ては勿論、貴族院にも随分ある。内閣が常に鞠躬如《きつきゆうじよ》として枢密院の意向を迎へて居る事は人の知るところであるが、貴族院に対しても亦案外に気兼をして居るといふ事は、現内閣が今度の参政官任用に就いて低能の聞え高き某を貴族院より任用したといふ事実に依つても明かである。併しいかに元老の一派が枢密院や貴族院で頑張つて居つても、最早や孤城落日の状態にある事は疑ひない。為めに末派のものは非常に藻掻《もが》いて居るやうであり、而して陰険なる内閣顚覆の運動なども主として之等の連中から発源して来るといふ事であるが、末派の身としては之も止むを得ぬ事であらう。然しいかに国を憂ふるの誠心があるとはいへ、末派の奸策に乗つて元老彼自身の政界に乗出して来るのは、余り感心した事ではない。

一体彼等が本当に国の為めに尽す誠心があるなら、自分で政界に活動すればよい。責任なき隠居の地位に退いて居りながら、後輩のする事を一から十まで気にするのは甚だ心得ぬ。我輩は此点に於て我国の元老に奮闘活躍の任期満つるや飄然として田園に帰臥し再び政治を談じなかつたワシントンの高風を学ばん事を勧告したい。若しワシントンたる事を欲せざるならば、蔭の方に隠れないで堂々と表に出て来るべきである。早い話が、山県、大山の諸公にしても、松方、井上の諸侯にしても、彼等は皆貴族院議員である。而して未だ一回も議院に出席して其意見を吐いたといふ事を聞かない。如斯《かくのごとき》は無責任といふよりも寧ろ曠職《こうしよく》の罪甚だしきものと言はねばならない。出て物を言ふべき場所では物を言はず、蔭の方で政界の当路者を衝ツく。之は甚だ其当を得ざるのみならず、尚一方に於ては非常な弊害の源を為すものである。何となれば、元老が如斯態度を取れば、政界の重立つた者は、元老と事を隠密の間に決する事のみに苦心して、民衆と共に公明正大に事を計るといふ風がなくなるからである。之は確かに政界腐敗の源である。而して此等の隠密の運動が、実際に於て勢力を有するといふ事であれば、為めにまた政府の行動を妨ぐる事が少くない。殊に此弊害が外交問題に於て表はれる。例へば今度の対支外交の失態に就いても、聞くところに依れば、元老の此態度が一つの禍をなして居ると思はれる。尤も我輩は、元老が直接に政府を掣肘して要求を緩和せしめたといふ当時の通説を必ずしも其儘賛成するものではない。けれども従来元老が政界の一方の中心であつて、政府に対して有力なる敵国を作つて居つたといふ事が、今度の外交失敗の根本的原因であつたと思はれる節がある。其故は外国では元老の意見といふものを非常に重んずる。殊に年老《としと》つた者の意見を公私共に尊重する支那では、元老の意見は政府の決議よりも重いと考へて居る。支那の清朝時代では、国家の大事は皇帝が必らず之を母后に聞かなければならなかつた。女であらうが何であらうが、年の老つた者に聞いて其賛成を得なければ、国家の大事が極らないといふのが支那の思想である。斯ういふ考の国で、元老の地位を実際以上に重く見たといふ事は怪むに足らぬ。そこで支那に対する談判では此政府の考は元老も同意であるといふ風に持つて行かなければ、重きをなさないのである。従来の政府は、総て皆此方法に依つた。然るに今度の大隈内閣丈けは全然此方法に依らない。聞く所に依れば、去年八月対独宣戦以来、大隈伯の発意であるか、加藤男の発意であるか、今後外交の事は従来の様に一々元老に相談はすまいといふ事を閣議で決定し、之を闕下に伏奏して御嘉納を得たといふ事である。然るに元老は、先に　先帝崩御の砌《みぎり》、国家の大事に際しては汝等の助力を覓《もと》むるといふ　今上陛下の優詔を賜つて居るので、之を楯として、外国と戦争をするといふ様な大事を我々に相談しないのは、陛下の御思召を曲ぐるものであると言つて憤慨し、其結果当時元老会議の様なものを開いた事があつたが、それにも拘らず加藤外相は、依然秘密主義を守り、元老に対しては一通りの報告はしたが何も彼も打明けて相談するといふ態度には出でなかつた。従来の政府は、例へば今度英国から斯ういふ抗議が来たと言うては、直ちに之を謄写版にでも刷つて元老に配附する。アメリカから抗議が来る。直ぐに其写しが元老の手に入つたものだ。すると所謂政界の策士等は、直ぐに元老の手からそれ等の写しなどを見せて貰つて、外交の大勢には皆通じて居つたものだ。然るに今度は如斯事はさつぱりない。戦後の我国の外交は政友会辺の頭株には勿論、元老にもさつぱり分らない。そこで兼々《かねがね》おせつかいな元老は、一つには何をするか分らないといふ心配と、一つには事を秘密にされた恨みと、両々相待つて外相攻撃を以て内閣に反対するといふ事になつた。之が何人かの手を通して支那に伝はつた。袁探の説ありし所以である。愈々最後の間際になつても、支那では日本政府の決心に対しては元老の後援がないといふ情報に接して、頗る強硬の態度を取つた。此等のいきさつに就いては、差当つては政府が元老とよく打合せをしなかつたといふ事に欠点はあると言へるけれども、然し其本をいへば、元老といふ隠れたる中心勢力があるといふ事に禍根がある。之は尤も大きな弊害と思ふが、之れ許りではない。元老が斯ういふ態度を取ると、政治は元老の間に出入して居る少数者の専門になる傾がある。長島隆二君が近頃政界で多少の注目を惹いて居るのは、其人自身にもヱライところはあるだらう。が、一つには井上侯などと接近して居るが為めである。元老と接近して居る者が、皆長島君の如き人才であればよいが、中には下らない者もある。此所謂下らない者までが政界に跋扈して居るやうでは、結局人材を阻む事になる。之を要するに、元老が今のやうな態度であるといふ事は、元老自身は善意であつても、日本政治の健全なる発達の為めにはよくない。而して今日之が尚政界の転機を決定する一つの勢力たる事は、甚だ之を遺憾とするのである。けれども、又一方に於て我輩は其勢力の日に〳〵傾きつゝあるのを見て、些か慰むるのである。而して彼等の余命もはや幾何《いくばく》もない。此等諸公百年の後は、其末派の有象無象《うぞうむぞう》では何人集つてもあれ丈けの勢力を支持する事は出来まいと思ふから、今日元老の勢力は先づ過去の勢力の惰〔性〕勢的連続と見て差支へない。

三

扨て元老の勢力の凋落に代つて段々振興し初めて居るものは輿論の力であるが、併し、此輿論の力が儼然たる勢力として政界を支配し得るに至るまでには前途尚遼遠であると思ふ。輿論の力は今日稍々認められかけて来た。けれども政界の識者は真に果して之を敬重善導するの誠意ありや否やは頗る疑はしい。只疑のない点は今日の政治社会が民衆が一つの勢力であるといふ事を確認した事である。否之れ許りではない。民衆の勢力は世の中の進歩発展に伴つて段々に振興するといふのが自然の勢であるといふ事をも知つた。民衆が一つの勢力であるといふ事を知つたのは、恐らく例の日比谷原頭の騒擾以来の事であらう。近頃政界の策士がやゝもすれば国民大会とか、国民同盟会とか言つて、諸方の劇場や公園等で多数の人を集むるのは、民衆は以て之を利用するに足ると信じた結果であらう。何れにしても、今日の政治家が段々民衆の力といふものを認めた点が余程面白い。兎に角一つの進歩である。固より個々細目の点に就いては遺憾な事はまだ非常に多い。けれども少数政治から多数政治に移る一つの階段として見れば、今日は正に古い着物を脱いで新しい着物に代へんとして居る。其代り目に立つて居るものと見る事が出来る。此点に於て我輩は、我国今日の新傾向を将来の政界の発達の為めに之を歓迎するに躊躇せざるものである。が併し、之と共に我輩はまた他方に於て我が輿論政治の健全なる発達の為めに大に憂ふる点もあるのである。

何が憂ふべき点かと言へば、我国の政治家が、民衆の勢力といふものをやつと認めたのではあるが、併し果して民衆政治といふものは本来よいものであるかどうか、又民衆政治の美果を収むるには何うすればよいかといふ点に就いて、はつきりした考がありや否やといふ点である。今日我国には、民衆政治に対して反対の考を抱いて居る者が案外に多い。一体民衆政治といふ事は、一国の政治は須らく人民の為めに為さるべしといふ主義と、一国の政治は須らく人民に依つて為さるべしといふ主義と、此二つの内容を有して居るものであつて、若し此政治の利害得失の関係に就いて争ひの起る点ありとすれば、人民に依つて為すのがよいか、或は少数者の手に政治の運用を総て托するのがよいかといふ問題に就いて起るのであつて、政治が人民の為めに行はるべきものとするの点は、最早や一点の疑もなかるべき筈であると思ふのに、案外にも我国には此事まで明白に了解しない者がある。封建時代ならば、何事もお家の大事といふ事で押し通して行けたであらう。けれども今日は人民一般の利益幸福が政権運用の最後の目標でなければならぬ。然るに此問題にすら疑がある位だから、況んや政権運用の終局根本の判断を人民に決定せしむるといふ主義に反対するものあるは無理もない。尤も兼々民衆の友を以て立つて居つたものが、此間の総選挙で美事落選したので、民衆談ずるに足らずとして貴族主義に移つたといふ男もあるさうだが、此等は須らく論外として、我国の所謂識者の間にも、民衆政治の真義を了解しないものが相当に多いやうだ。而かも民衆勢力の滔々として伸暢する自然の傾向は、彼等と雖も之を認めざるを得ないので、彼等は滑稽にも密かに国家の前途を憂慮に堪へずなど丶歎息して居る。若しそれ如何にして民衆政治の美果を収むべきや否やの問題に至ては、民衆政治を謳歌するものと雖も、よく之を心得て居ないやうである。之れ甚だ我国政界の前途に取つて憂ふべき事であると思ふ。

四

以上述ぶるところを総括すれば、我国今日の政界の新傾向は、其赴くべき当然の径路を誤らず通つて居るといふ事は明かである。けれども舵手が果してよく政機を適当に進転して目的の彼岸に達せしむるを得るや否やに疑問がある。此点に於て予は世の識者と共に、折角勃興して来た喜ぶべき新傾向を善導し、何とかして憲政の健全なる発達を来したいものであると思ふ。之については幾多の論ずべき問題があるが、差当つて予はこゝに二つの事柄を我国政界の識者に申言したいと思ふ。

一つは民衆なるものゝ政治上の意義並びに価値を適当に了解するといふ事である。民衆が政治の進歩の上に持つて居るところの地位は、そが純粋に消極的受動的であるといふ事である。之を他の半面から申せば、民衆は元来政治上の問題に就いては、何も積極的の意見を有つてゐる者ではないといふ事を意味する。尤も天下万民が悉く理想的の発達の状態に達すれば、民間に積極的の意見といふべきものが生ずるだらうが、如斯は現実の民衆には望まれない。一般の民衆は夫れ程有識な者ではない。従つて之れと定つた意見のないのが当り前である。然るに世間の政治家中には人民は、何も分つて居ないとか、民間の輿論等は当てにならぬとか、人民の智識が低いからまだ民衆政治は早いとか、色々民衆の無智を罵るのである。之が第一の誤りである。かく民衆には何も意見がないと言つて愛想をつかす者があるかと思へば、他方には民間一部の誤つた意見を民衆全体の積極的輿論なりとして之に媚ぶるものもある。其処此処の演説会で場当りを取つて得意になつて居る陣笠政治家等は正に此類である。そこで我々は、民衆とは何も極つた意見はないものだといふ事に腹を極めなければならぬ。それならば何を便《たよ》つて民衆につきあたるかと問ふ人があらう。それは彼等の健全なる常識的判断力である。相当の程度に達した民衆には、自分には積極的の意見はなくとも、人の意見を聞いて其是非曲直を判断する丈の力はある。それ丈けの力もないとならば、其時は無論民衆政治がまだ早いと言はねばならぬ。併しながら、廿世紀の今日、所謂文明国の人民は最早民衆政治を尚早とする程に智見の程度が低いといふ事は許されない。そこで或政治問題が具体的に起つた時に、政界の識者に色々意見を自由に吐かしめて、而して民衆をして其可とするものを択ばしむるといふところに民衆の政治上の意義が存するのである。各種の意見が自由に吐かるれば、大局に於て最も健全なる意見が大多数の採納を得るといふ事は、大体に於て誤りがない。個人〳〵に就いて見れば、其人の性癖、境遇等の影響を受けて其判断を誤る場合が少くないけれども、民衆全体を以て之を見れば、大多数の場合に於て彼等は決して判断を誤るものではない。「民の声は即ち神の声なり」といふ西洋の諺は、此点に於て動かすべからざる真理を含んで居る。只往々民衆の判断が誤るの事実あるのは、脅迫等の積極的手段、買収等の消極的手段に依つて、言論の自由を妨ぐる場合に限るのである。されば最も健全なる思想をして民間の輿論たらしむる為には、言論の自由を尊重するといふ事は根本の第一義である。此言論の自由を尊重するといふ約束の上に、各種の意見を些の拘束なしに発表せしめ、彼等をして民衆の心理上に自由競争せしむるといふところに、民衆の政治上の意味と価値とがある。此点をよく了解するといふ事が、今日我国政界の最大急務であると思ふ。

第二には世の識者が自ら民衆の一人たる事を自覚すると共に、尚民衆の指導者、民衆の代表者たるの心掛けを有する事である。他の言葉を以て言へば、民衆と共に動き、而かも民衆より一歩先に進むといふ事である。今日の議員諸君等の中には、民衆と一所に居る者はある、けれども一歩先に進んで居る者は極めて少ないではないか。又政界の先覚者学者等の間には、一歩先に進んで居る者は多少あるけれども、民衆と手を携へて居る者は極めて少ないやうに思ふ。之は決して健全なる社会状態ではない。天下の事をなさんとするものは、決して民衆の力を無視する事は出来ない。民衆に納得させないで自分一人で事をなさうとするのは、非常な専制主義者でなければ、必ず政界の落伍者である。又天下に事を為さんと欲する者は同時に、民衆を指導する一大精神的威力でなければならぬ。要するに民衆政治の健全に行はるゝが為めには、民衆から言へば、最も健全なる精神に服従しつゝ、其精神を自分の代表者として民衆の事をなさしむるものでなければならぬ。之を民衆を代表して起つた者を主として言へば民衆を指導しつゝ、民衆に推されて動くものでなければならぬ。先覚者と民衆とは、常に相提携し相影響する関係に立つて居なければならない。此関係をよく理解し、此関係をよく運用するところに、健全なる民衆政治の華が咲く。然るに今日我国の識者は、動《やや》もすれば此関係を離して考へる。且つ指導する精神のみに着眼するものは、民衆の力に推されて行く関係を無視して、貴族主義を謳歌する。又民衆の力のみを認める者は、指導する精神の尊さを忘れて、衆愚主義に堕ちんとする。互に罵り合つては結局其の陥るところは自滅の外にない。現代此関係を誤つて政界の困難を来して居るものは露西亜である。之に反して此関係の適当な理解と運用とに依つて美事な成功を収めて居る者は英吉利であらう。政権の運用について、我国は果して露西亜に依らんとするか。将た英吉利に依らんとするか。

〔『中央公論』一九一五年七月〕

両大政党首領の舌戦

段々府県会議員の選挙の近づける為めにや、各政党の領袖は、近頃頻りに南船北馬遊説に力めて居る。之も政戦に言論の重ぜられて来る現象の一つとして誠に喜ぶべき事ではあるが、さて其言論の内容を見るときは、吾人は其の軽薄にして貧弱なるに一驚を喫せざるを得ない。末派の言論は暫く之を度外に措く。今近く行はれたる政友同志両政党総裁の論戦を見んか、吾人は心から彼等に立憲国大政党の主脳者たるの資格ありやを疑はざるを得ない。

加藤高明男の同志会兵庫支部発会式に於ける八月廿八日の演説の大要は、同二十九日の報知新聞に載つて居る。之に対する原敬氏の八月三十日水戸に於ける政友会関東大会の演説は、卅一日の国民新聞に載つて居る。其要領は管々しければ玆に之を述べぬが、我々の之に付いて甚だ遺憾に思ふ所は、第一に両者共に反対党の立場を適当に理解して而して後攻撃を加へて居らぬことである。言葉尻を捉へて揚足を取ることは、陣笠政客に於ても厭ふべきことである。苟も大政党の首領たるものは、敵党の立場を善意に解釈し、其上にて堂々と攻撃を加ふるの態度に出でゝ欲しい。然るを何ぞや、例へば加藤男は原氏の日支外交批難を「私憤より割出したる攻撃」なりと誣《し》ゐ、原氏はまた「一も国政上貢献せる所なきに拘らず、是れが成功を放言をして憚らず、其厚顔無恥驚くに堪へたり」などと罵倒して居るが如き、其措辞の卑陋なる、車夫馬丁と何の択ぶ所が無い。斯の如きは、大政党の首領として行く〳〵は一国宰相の位にも登るべき紳士の言として、其の品格に拘はることなきや否や。併し之れ丈けなら未だい丶。更に遺憾に堪へないのは、第二に彼等の演説の中身が只敵の攻撃のみにして、何等積極的に自家の大経綸を彷彿せしめぬことである。苟くも大政党首領の堂々と論陣を張るに際して、其千万言を費す所、一に敵党の悪罵に止まりて、何等自家の積極的意見を明かにせずとは、何と浅猿《あさま》しき限りではないか。予は右の新聞記事を読み、図らず去年英国に於ける朝野両党領袖の論戦を想起し、彼我政治家の風格斯くも懸絶せるかに驚いたのである。

去年三月下旬、愛蘭《アイルランド》自治問題の事に関して陸相シーリー大佐の辞職するや、一時首相のアスキス其後を兼任し、慣例に従ひ、暫く議員を辞し、選挙区ファイフに帰りて再選を求めたことがある。四月上旬の某日、彼は選挙区に於て選挙演説を為せるが、此日反対党は亦同じ時刻をはかり、倫敦《ロンドン》ハイドパークに於て幾多の演壇を急造し、多数の領袖を集めて大示威的演説会を開いた。首相アスキスは、田舎の一小都会にて為す演説なるも、彼は此機会を利用して自己の政見を天下に発表せんとの意気込を以て、堂々たる大演舌をやるといふことであつた。そこで保守党も之に対抗して大演説会を催したのである。故に倫敦とファイフと山河数百里を隔つるも、同日同刻なれば正に好個の立合演説たるの観があつた。而して後に其演説の筆記を読みたるに、敵の政見を攻撃すること実に痛激を極めては居るけれども、而かも互に礼譲を失はず、且攻撃の中に自ら自家の経綸を頗る明白ならしむるものがあつた。凡そ政談演説は斯の如きものでなければならぬ。

殊に苟くも大政党の首領たるものは、常に如何なる機会にても自家の経綸を発表するを忘れてはならぬ。如何なる場合にても、苟くも機会ありて壇上に立つ以上、自家の経綸を民衆に捺《お》し付けるの熱心が無くてはならぬ。吾人が常に喜んで且力めて政党首領の言論に注意する所以のものは、之に依りて彼等の積極的意見を知ることを得るからである。然るに我国の政党政治家は、徒らに皮肉と漫罵に長じて最も大事な経綸の説得を怠るものである。予は敢て玆に儼然として加藤、原の二君に告ぐ。二君が徒らに低級なる国民の趣味に迎合して軽薄なる小ゼリ合を能事とせば、天下有識の同情は遠からず君等の上を離るゝだらうと。

〔『中央公論』一九一五年一〇月〕

三大党首の会同協定

（一）

原、加藤、犬養の三氏が、前後三回（五月二十四日、五月卅日、六月六日）三浦子爵邸に会合し、協議の結果、政治上重要なる申合せを協定したといふ報道は、著しく世間の耳目を聳動した。

原、犬養の二氏は兎に角、此両氏と加藤氏とは単に政敵であるといふ関係の外、感情上に於ても頗る疎隔して居つたやうに伝へられて居たのに、今度遽《にわ》かに従来の態度を一変して、膝を交へて親しく懇談するに至つたといふ其動機は果して如何。これに関する一通りの事情は、八日午後三浦子爵が自ら都下の新聞記者を自邸に集めてなしたる談話、及び十日午後三党首領が各々其党員を集めて発表せる演説によつて明かとなつた。今此等両様の談論によつて見るに、今度の会同の趣旨は、外交及び国防に関する問題を党争の目的物とするのは時節柄国家の不利とするところなるが故に、今後は挙国一致的態度を以て努めて共同一致することにしやうといふにあるやうだ。果して然らば、一方に欧洲の戦乱を控へ他方に支那の動乱を控へて居る今日、此会同の趣意は時節柄極めて適切なるものといふべきである。

外交及び国防の問題の漫《みだ》りに党争の具に供すべからざるは、謂ふを俟たない。而して従来此等の問題が党争の具に供せられたことは、実際絶無ではなかつた。如何なる問題についても意見の相違は元と〳〵免れない。正々堂々と政論を闘はすことは立憲国通有の現象である。けれども争の為めの争の目的物として政治問題を軽卒に取扱ふことは、如何なる問題についても結構なことではない。而して之より来る所の弊害は、殊に国防及び外交の問題について最も甚だしきを見る。具体的の例証を示さずとも、之が為めに近年我国が如何に苦がい経験を嘗めたかは、世人の既に熟知するところであらう。而して今日の時局は、当《まさ》に我々に向つて斯の従来の不祥なる経験を再びすべからざることを警告するものではないか。かういふ考は恐らく心ある人の最近期せずして抱いて居るところであらう。而して三浦子爵は此等の点を最も痛切に感じた一人で、所謂蹇々《けんけん》の微衷已む能はずして遂に此三党首会同の肝煎をしたものと見える。子爵の言ふところによれば、子は此目的を以て先きに元老総出を画したとのことである。然しながら元老に自から出馬するの勇気がなかつた為めか、或は元老の総出によつて挙国一致の実を挙げ得るといふ時代が已に遠の昔に過ぎ去つた為めにや、兎に角此策は不成功に終つた。苟も政界に確実なる波動を起さんとせば、之を各政党の首領に諮《はか》るの外はないといふ事を発見して、子爵は転じて此等三氏に手を伸ばした。三氏亦子の発意に賛同し、其仲介の労を多とし又之を好機として、茲に会同協議を見るに至つたものであらう。

（二）

以上の趣意であれば、此会同は兎に角至極結構な企《くわだて》と言はなければならない。然るに世間のことは何事についても兎角賛否両様の批評を免れぬものと見え、此事についても亦世上にいろ〳〵難癖をつくる者が少くない。第一には各党派を連ねて外交及び国防の問題について一致協同するといふ事其事が可《い》けないといふ批難がある。外交及び国防の問題は、政治問題の大部分を占めて居るものである。之について協同一致するといふことであれば、其以外に於て政党が各々其意見を闘はすといふ余地は殆んど無くなる。即ち政党の対立といふことは無意義になるといふのである。此批難の取るに足らざるは固より論ずるまでもない。外交国防の問題が政務の大部分を占むるといふ議論の、必ずしも正当にあらざるはいふまでもなく、又努めて一致協同するといふことは、全然議論を闘はさないといふ意味でもない。意見の相違は何処までも之を主張することを妨げない。只十分意見を闘はした上で、十分研究を尽した上で、和衷協同の精神を以て或一致点を見出し、其上で協同之が遂行の途を講ずるといふことは、寧ろ政党政治の妙諦である。第二に今度の会同は、挙国一致の趣意を貫く上から見て多少手続を誤つたといふ批難がある。今度の会同が政党をして国家の重大問題に無用の争をなさしめまいといふ趣意に出づるなら、之に列席する党首は十分に各自の政党を代表するものでなければならぬ。然るに三党首は何れも何等党員に諮るところなくして此会同に出席した。之が即ち手続に於て欠くるところなりといふ所以である。同志会では加藤氏に向つて、「個人の資格を以て出席したのか党首として出席したのか」と質問を発した者があつた。之なども此第二の批難を頭の中に置いて居る質問であらう。加藤氏は個人の資格で出席したと答へたが、然し個人の資格で極めたことだからとて、同志会としては此協定に全然無関係であるといふのでは、此会合は全然無意義に終る。予輩は此会合を斯くの如きものと見たくない。尤も党首といふ資格で此会合に連り而して何等かの協定をしたとなれば、予《あらかじ》め諮ることなくして作り上げた協定を事後に於て党員に強ゆること丶なるから、所謂幹部専制の批難を以て党員の文句をいふのも一応の理由はあると思ふが、然し此種の事柄は、もと予め一般党員に諮ることによつてなし得べきものでもないから、個人の資格で出席したとか、党首の資格で出席したとかいふ野暮な質問は、起すべきでなし又起るべきものでもないと思ふ。第三に会同列席の顔触れについて批難がある。此会同には衆議院に於て一方の勢力を代表する中正会、公友倶楽部及び無所属を度外視して居る。更に政界に於て他の一方の勢力たる貴族院等をも無視してゐる。独り同志会、政友会、国民党の三団体の代表者のみが集つて天下の事を我物視するのは、僭越の沙汰であるといふのである。斯くして中正会なぞは相当に此会同に漫罵を加へて居る。官僚系の一派も亦或は公器を私するものなりとして之を難じ、或はどうせ碌な結果を生じまいと冷評して居る者もある。此批難には一応の理由はあると思ふけれども、然しながら貴族院の一部若くば官僚系の如く、主義として初めより政党を敵視し所謂党人と事を共にするを頭から欲せざる連中を除外したのは、已むを得ないと思ふ。衆議院に於ける他派の代表者を無視したといふ批難は、之を弁解するの十分なる理由はないやうであるが、然し適当なる代表者を見出し得なかつた、又は少くとも代表者として参会を乞ふべき適当の人物が他の党派にはなかつたと言はるれば、之れ亦致し方があるまい。之を無視して可なりといふのではないけれども、原、加藤、犬養と伍すべき人格の他派に見出し難きの事実は、何人も之を承認せざるを得まい。

斯く各種の批難を吟味して見れば、其何れにも深い且つ正当の根拠がないやうである。さすれば三氏会同して国事を協議したといふことは兎も角も今日の我国に在て結構な事であつたと言はざるを得ない。只残るところの問題は、協定事項の内容如何といふこと丈けである。

（二）

協定の結果は次の甲乙両種の覚書として発表された。

（甲号）　外交及国防の方針は勉めて一定し、之が遂行の途に当りては各自党派の消長に関せず誓て一致協同するは勿論にして、外界一切の容喙《ようかい》を許さゞる事、

（乙号）　対支方針は東亜永遠親好の目的を以て相互利益の増進を図る事、国防費は相当の限度を定め其範囲に於て塩梅処理せしむる事、

文字極めて漠然、事柄も甚だ抽象的で、之《こ》れ丈《だ》けでは今後の政界に如何なる実際の影響を来たすのやら解らない。然し三大政治家が三度も会合して、わざ〳〵此覚書を発表した以上は、何等かの実《み》を将来に結ぶものであることは疑はあるまい。然らば如何なる実を将来に結ぶか。其事は此覚書の外に、会合の当時如何なる意見が銘々の間に交換されたか、此等の点を明かにせねば解らぬ。然し此事は今日詳《つまびらか》に発表されては居ない。覚書を外にして我々のよるべき材料は、前記の八日及び十日関係当事者の世間に発表した談話である。之も各人多少其言ふところに異同はあるが、此等を綜合して見れば大体次のやうな事になる。

第一〔に〕乙号覚書については、対支外交の方針並びに国防費について、極めて大ザッパな当り障りのないところを掲げて居る。之では如何なる人も異存を挟むことを得ない。極めて大体の主義を言ひ表はしたに止り、何等新らしい事項を含んで居ない。将来に於て執るべき細目の点は、其うち各党より各二名の委員を出して協定せしむるといふ内相談もあつたといふことであるから、具体的の方針は総て此委員会の協定に委し、三党首の会同に於ては、何等委しい話合はなかつたか、又は少くとも意見の一致を求め得なかつたのであらう。故に乙号の点については、将来如何なる事実上の結果を生むかは、専ら今後作らるべき委員会の行動によつて判断するの外はない。

第二に甲号覚書については、乙号に反し此方は可なり大なる意義を有するものである。此中に含まれて居る内容は少くとも二つある。一つには外交及び国防の方針は勉めて之を一定するといふことである。成るべく一致協同するといふのである。各政党が其野にある場合は勿論、其中の何れかゞ朝に立つた場合でも、努めて意思の疎通を計り、出来る丈け打明けて一致協同するといふのである。次には一旦決定した申合せは厭《あ》くまで之を遂行する方針を執り、之が為めには内外一切の故障を排除するといふのである。此点を加藤男は其党員に対する報告演説の中に、「出来る丈け意思の疎通を計つて、出来る丈け一致を計り、其一致の出来た事柄については、之を遂行するに当つて、内外何人の故障があるに拘らず勇往邁進する。他の故障反対によつて挫折することはせない」と断言して居る。覚書の中にも「各自党派の消長に関せず」とあるから、党内に多少の不平があつても押へつけて行かうといふのであらう。又「外界一切の容喙を許さゞる事」とあるのは、世間の言ふが如く、元老軍閥等の外部の干渉を排斥するといふ意味であらう。三者の結束がどれ丈け堅いかは今俄かに断定し得ざるも、若し此覚書丈けでも忠実に守るといふ事であれば、今後必ずや政界に一新生面を開かずしては止むまい。

（四）

甲号覚書が、右の如く重大なる意義を有する丈け、それ丈け之については厳しき批難の声も聞える。

第一の批難は元老軍閥の排斥に向つて加へらるゝ。尤も此点に対する各種の批難は、必ずしも総て同一の立場に立て居るのではないやうだ。或は自己の利害より打算する批難もある。即ち政党者流が今度の申合せを喜ぶと同じ意味に於て、所謂官僚の人々などは之に対して甚だしき反感を抱くが如き之である。次に又過去の事蹟によつて可否の論を立つるものもある。例へば従来の政争に於ける各政党の不始末を数へ、軽躁なる民間政治家の盲動に対して、元老軍閥の牽制的勢力の存在が必要であると言ふが如き、又は元老軍閥の過去の功労を挙げて其存在の理由を高調するが如き之れである。更に純粋なる法理論より、政党が公器を私して排他的態度に出づるの不当を論ずる考もあるやうである。併し軍閥元老の排斥といふことは、軍閥元老の意見の排斥といふことではない。彼等が其地位を利用して政権に干与するの態度を害ありといふのである。社会に於ける優良なる意見其者は、政党者流の喜んで採用し聴従する所であり、又あらねばならぬ。

以上の枝葉の論を外にして、我邦憲政の発達といふ大局から観るならば、予は軍閥元老の容喙の排除とい〔ふ〕ことは、不幸にして之を是認せざるを得ざる理由があると思ふ。何となれば、よかれあしかれ政党の存在が今日最早や已むを得ざるものとすれば、之が発達を阻害するは即ち政治を腐敗せしめ従つて国民を堕落せしむる所以であるからである。元老軍閥が多年政党を敵視し、其発達を妨げ来つたことは今更ら之を言ふを必要としない。然しながら彼等の努力は、憲政草創の当時政党の勢力尚微弱なりし時代に於てすら、其目的を達し得なかつた。如何に元老軍閥の跋扈を公許しても、到底政党の盛〔勢〕力を消滅し得ず又其発達を阻止し得ざることは、今日までの歴史が之を明白に証明して居る。斯く政党の存在はよかれあしかれ之を否認するを得ずとすれば、我々は之に対して如何なる態度をとるべきか。然るに一旦之が撲滅を企て〻其不可能なるを見た元老軍閥は、転じて出来る丈け其内部の攪乱によつて其勢力を衰へしむる方針をとつた。政党今日の腐敗堕落の原因の大半は、元老軍閥の操縦攪乱の責に帰する。凡そ抑ふべからざるものを抑へんとするの無効有害なるは、例へば頑迷なる父兄が其子弟の青春の自由を抑へんとして抑へ得ず、強いて之を抑へて却つて子弟を堕落せしむるが如きものである。自然の勢は之れを助長すべく阻むべからず。政党の存在が国家の為めに益ありや否やの閑問題を論ずるの時期は已に過ぎ去つた。今日は之を出来る丈け保護し出来る丈け助長し、一日も早く有力なるものに発達せしむることが必要である。然らざれば国家の政治は到底健全なる進歩を遂ぐることは出来ない。今度の欧洲戦争は、将来政党政治を著しく衰へしむる結果を生ずるであらうなど〻いふ議論は、全然とるに足らぬ。斯く観れば元老軍閥の排斥は、少くとも我国に於て、政党発達の前途を平坦にするといふ意味に於て、喜ぶべき理由があると思ふ。只彼等政党者は果してよく元老軍閥の惰性的勢力を排除し得る程に、十分に結束を堅うするに成功するや否や。

第二の批難は、協同一致の実果して如何ほど挙がるかといふ点に向つて加へらる〻。或人は言ふ。折角のお祭り騒ぎも碌な結果は生じまい。従来あんなに反目した連中が一致するなぞといふことは出来ることではない。現に加藤は協同一致といふことも絶対的の意味ではないなど、逃げて、「仮りに此中の一人が当局者になると仮定して論ずる時は、予め事柄を話して意嚮を聴くといふ猶予もないこともあり、事柄については出来ないこともあるから、何でも彼でも相談せねばならぬといふことは到底行はれない。故に私はなるべく相談の出来る限り相談する。努めてといふことはなるべくといふこと、同じ事と私は解釈して居る」と言つて居る。是れ彼に誠意なきの証拠ではないかと。之は一応尤もの批難であるが、然し元老軍閥といふ恐るべき協同の敵の存在を深く自覚して居る筈の彼等としては、折角の約束を反古にして再び官僚と結托し、仲間に裏切るといふこともなるまい。従来一二の政党が動《やや》もすれば官僚と結托し来つたのは、詰り各政党の非政党主義者に対する勢揃が十分に出来て居なかつた結果である。予は三大政党首領の政治的自覚に敬意を表して今度の協定の決して無意義に終るものでなかるべきことを信じたい。只親の心子知らずで、深慮なき党員の軽卒なる言動の結果として、一致協同の実を阻礙するやうな心配は全くないとも言へない様な気がする。そこで又或人は、党員全体が感情的に反目して居つては、仮令《たとえ》一時外交国防の問題で一致しても、外の問題では依然として無用の争を継続するだらうから、其結果結局全体に於て一致協同の実は挙らなくなるだらうといふ。国防外交の問題で一致しても内政の諸問題で感情的反目を恣《ほしいまま》にすれば、つまりは全部駄目になるといふ批難は一応尤もであるが、然し他の一面に於て又、外交国防の問題丈けで先づ一致協同の実が挙れば、自然他の内政上の問題でも無用の感情的の争は止めるやうになるまいかとも考へらるる。畢竟今度の協定の結果無用の党争を止めるやうになるか否かは、主として政治道徳の問題であらう。故に一方から見れば、今度の協定は正に現代党員の政治道徳の試金石であると言つてもよい。政治道徳の程度が今日の如く低級なものでは、此協定の前途も無論大いに心配にならぬではないが、然し之が動機となつて将来政治道徳の進歩を促がす新機運を作ることにならぬとも限らない。少くとも此の意味に於て今度の事は歓迎すべき理由がある。

此協定の果して世人の期待して居るが如き結果を生ずるや否やは、第一着に之を現内閣の外交方針殊に其対支方針に対する彼等の態度によつて略《ほ》ぼ之を明にすることが出来やうかと思ふ。当初此会合は、現内閣の外交方針に三人共反対であるといふ意味に於て企てられたといふ風説もあつたが、そは必ずしもさうではない。現内閣の既定の方針を論議の問題とすることは、少くとも加藤男の立場として之を快しとしないといふ点からして、犬養氏が明白に言つた通り、相談の目的は未来に限り、既往については一切是非を論じないといふことになつた。加藤男も亦「今日の内閣が、外国に対して、殊に支那に対して種々な事をして居ると仮定して、其事について可否の論を戦はすといふことならば、それは私の地位は外二君の地位と違ふから出来ない。其事は論議しないといふことを条件にすると言明しました。それは加藤の地位としては尤もだといふので、会合の趣旨から言つても之を諒とした次第で、話は将来について申合せをすることゝした」と言つて居る。従つて表面上彼等は現内閣の方針には賛否共に其態度を定めないことにしたのであるが、然し現内閣と加藤男との関係を諒とするといふ以上は、現内閣に対する態度につき特別の協定はしなかつたとしても、現内閣の既定の方針には全然干渉しないのみならず、現内閣既定の方針は之を妨げないといふ道徳上の義務があると言つてよい。仮りに現内閣は支那に対して今日種々のことをして居ると仮定して、三党首は果して之を黙認するや否や。此事は何れ早晩何かの機会に於て、事実となつてあらはれざるを得ない場合が来るに違ひない。其の時に彼等は果して如何なる態度をとるであらうか。而して我等は之によつて始めて今度の協定が果して何処迄真面目に受取るべきものかといふことを事実によつて判断することが出来るのである。

之を要するに、今度の協定の政治上の効果を完全に収むると否とは、主としては政治的自覚の深浅、政治道徳の高低如何に係る。従つて其事自身を直に謳歌するのは聊《いささ》か早計に失するの嫌ないでもないが、只少くとも、玆に政治的自覚と政治道徳との進歩発達の前途に横つて居つた一大障礙を除き我国の憲政をして正しき方向に向はしむる衝動を与ふるといふ丈けの効能は確に之を認めてやらねばなるまいと思ふ。予輩は政党首領並びに党員の今後の誠意ある努力を期待しつゝ、一般国民に向つては此等の努力に対して同情と奨励とを寄せられんことを希望するものである。(六月十五日)

〔『中央公論』一九一六年七月〕

元老官僚閥と党人との調和

前項にも説いた通り〔「大隈首相挂冠の説」〕、最近に於ける日本政界の最大の難関は、元老官僚閥と党人との不調和である。此不調和あるが故に、現に大隈内閣を倒してもつと有力なる内閣を作りたいと云ふ一般の希望があつても、それが容易に出来ないのである。大隈内閣を存続せしむべきや否やは、今予の問題とする所ではない。暫く之に代ふるに他のものを以てする必要ありとして、さて其必要に応ずることが出来ないとあつては、何と云つても国家の不幸である。党人は政界に於ける過半の実力を占めて居る。而かも貴族院や枢密院と云ふ辛うじて制度上の保護に活くる惰力的階級をば未だ十分に圧倒し得ない。又貴族院や枢密院に拠る所の所謂元老官僚閥は、言はゞ空名に誇るの徒で固より政界に何等確実なる根拠を有するものではないから、単独の力で天下を取ること は出来ない。一方が他方を圧倒吸収して仕舞はない以上、今日のところ両方を股に懸けて確実鞏固なる内閣を組織するといふ事は何人に取つても困難である。それも両者の結托が出来ればいゝが、今日の所では甚だ覚束ない。況んや政治的智見の進めば進む程、主義に於て根本的に相容れざる両者の結托は益々困難になるべきに於てをや。かくて此結托が出来ないとすれば、内閣の交替即ち政権の変転といふ事は、我国に於て常に政界の一大難問でなければならない。困難であるから、今の所、現に変るべくして変らずに過して居るが、それでも、どうでも斯うでも内閣が変らねばならぬと云ふ破目になつたなら如何するであらうか。仮りに大隈侯の一身に絶対に政務を執る能はざる事故が起つたとして、是非とも何人かを其後任に据ゑねばならぬといふ急迫な問題が起つたならどうするであらうか。急迫の場合だけに漫然として時を空過することを許さない。察する所此場合には後継者を定むる為めに例の如く先づ元老会議の開催を見るであらう。併し乍らかね〴〵不評判の元老会議は、其会を重ぬるに従ひ、段々民間に対する権威を減ずべきは自明の理である。衆議院に於ける大多数の勢力も、何時までも〳〵其決議に盲従することは肯ぜまい。衆議院に於て兎も角も多数の後援を得る見込が立たなければ、仮令元老会議全体の推薦があつたとしても、誰が之に応じて内閣組織の大任を拝受するだらうか。斯うなれば遂には畏れ多いが宮中の御勢力を藉らなければ政局の紛糾を収拾することが出来ぬといふことになるかも知れない。斯くて一時を糊塗し得んも、国家永遠の立場から観て、不祥此上もないことは言ふをまたぬ。

此際に政党嫌ひの人は人材内閣といふことを説く。然し人材内閣と云ふ事は、有力なる政党の存在して居る以上は決してあり得ざる制度である。尤も今度の戦争で、欧羅巴の諸国は普ねく各派第一流の人材を網羅して所謂挙国一致内閣を作つて居る。皮相の観察者中には之を見て今度の戦争は政党政治に終りを告げしめたと説き、政党内閣の如きは戦後には其跡を絶つだらうなどと予言するものがある。然し之は断じて誤りである。元来政争の題目は特に内政上の問題に多いものである。外戦の際には内政上特に争ふべき題目は極めて少い。且戦時非常の時機に際しては人皆固より小異を捨てゝ大同に合するの必要を意識して居るから、挙国一致内閣も特例として発生するを得るのである。只夫れ之は特例である。乱定らば再び常態に復《かえ》りて旧の如く政党対抗の状態に戻るべきこと一点の疑はない。殊に戦後に於ては対内的経営といふ事が政界に於ける主要の問題たるべきが故に、それ丈け政党間の論争討議の題目が多くなる。政党対峙の形勢は益《ますます》盛とならざるを得ない。若し戦争の結果として政党政治の上に何等かの影響を残すものありとせば、そは却て所謂無用の党争を事とするの愚を深く経験せしめ、大問題に就ては正々堂々と争ふといふ真面目なる態度を益々発揚せしむるといふことにあらねばならぬ。故に一般の抽象的原則として人材内閣説を唱ふるは恐らく戦後の事実に吻合しまいと思ふ。尤も政党の発達の後れて居る国に於ては、官僚系に属する人材が内閣を作り、巧に党人を操縦して政界の疏通を見ることはある。けれども如斯は十年前の日本はイザ知らず今後恐らくは再び来ることはあるまい。

一体人材内閣などゝいふ説の起る一つの原因は、政党其の物が未だ十分に信用されて居ないと云ふ点にも存する。我国の諸政党は、概して之を言ふに、如何に贔負眼《ひいきめ》に見ても、十分なる国民の尊敬信頼に値しない。之には固より種々の原因があり、一々之を列挙するの遑《いとま》がない。然し茲に一つ疑のない点は、政党をして斯くの如き状態に陥らしめたについては、元老官僚閥も亦其責の一半を分たねばならぬと云ふことである。政党の醜穢なる腐敗は常に官僚閥の誘致操縦に基くといふことは、各国の歴史に通有なる現象である如く、又我国に於ても当て嵌まる事実である。加之《しかのみならず》仮りに一歩を譲り、此種の操縦誘拐〔致〕といふ事が幸にして我国になかつたとしても、元老官僚閥が従来其制度上の特権を利用し、政党者流に対して陰険にして而かも鋭烈なる反抗を試みた事は、如何に党人の良心を鈍らし、彼等の行動を不公明ならしめたか分らない。最近の一例を以て之を云はんに、選挙法改正の問題に関して多年拡張論を主張し来りし同志会が最近急に豹変して「拡張は我党の宿論に非ず」などゝ、変説したのは即ち之が為めではあるまいか。彼等は選挙権の拡張が到底枢密院貴族院辺の容るゝ所とならざるを知つて居る。彼等は貴族院枢密院の反対の陰密にして而かも極めて痛烈なることを知つてゐる。従つて彼等は之を選挙法改正案中より故《ことさ》らに除外せる内務省の方針を諒としたのである。若し貴枢両院の反対が公然と堂々と唱へらるゝものならば、彼等は何も変節の譏《そしり》を受けてかねての宿論を撤回するの必要はない。自らまた堂々と国民に訴へて勝負の決を貴枢両院に決すればよい。この男らしい態度に出でぬのは、彼等の無気力といふよりも寧ろ貴枢両院の陰険なる反抗を恐れたる結果である。斯う云ふ例は外にも多い。現内閣も頻りに不真面目無責任の咎を以て随分世間の批難を受けて居るが、元を洗へば之れ亦貴族院枢密院辺の陰険なる反対に遠慮して其所信を貫徹し得ざるの結果である。所信に忠実ならずとして政府党人にも責むべきものあるは言ふを待たぬ。然し政府又は政党としては、年来の主張なればとて、更に其実現の見込なきに拘はらず漫りに之を曝け出したがらないのも又一面の理窟はある。

政党政治を憲政に必然伴ふものとする論者に取つては、政党を何処までも改善して十分国民の尊敬信頼に値するものたらしむることは、何より大事な急務である。之が為には固より政党其物の側に反省を求むべき点は少からずある。けれども又元老官僚閥に向つて希望すべき事も極めて多い。此点に関し当今我国の時勢に取つて予輩の最も必要とするもの三つある。

第一は元老官僚のもつと謙遜なる態度を執られたきことである。彼等は一般に時勢の変遷に眼を開いて多数の意見を聴容するといふ謙譲の徳を欠いて居る。彼等はもと皆新日本の建設に尽力したる当年の志士である。彼等が死生の間に奔走するに依て得たる経験は、固より極めて尊いものである。然れども彼等の自ら識らざるべからざるは、即ち時勢に変遷のある事である。今日の世に処するに当つて彼等が仍ほ古き自己の経験に執着し、甚しきは之を以て他人へ強いんとするならば、是れ固陋頑迷の甚しきものである。誰しも自分の通つて成功して来た途が一番いゝと思ふものである。かの有名なるビスマルクですら、余りに自己の経験に執着して新時代の要求を十分に看取することを得なかつた。為めに若きカイゼルより弊履の如く捨てられた事は、今日顧みて我々の彼の為めに大に遺憾とする所である。故に経験練達の士にして尚国家の進運を妨げざらんとせば、ワシントンの如く国事を青年に托して全く隠遁するか、又は多数の意見に耳を傾けて動もすれば頑《かたくな》ならんとする自己の聡明を絶えず怠らずして開拓すべきである。日本の老人は、エライ人程傲慢になり、自分の肝煎つたものは、何時迄も我物顔をして世話を焼きたがる。其熱心は誠に敬服に堪えないけれども、国家は之によつて少からず進歩を妨げられる事がある。元老官僚の輩が自分の見識を以て党人のそれよりも著るしく優等なりとするの態度は我々から観て寧ろ滑稽に思はるゝ。

第二に予輩は元老官僚に社会的奮闘を要求したい。彼等が多数の意見に対して起す所の不満を好んで洩らす場所は、常に必らず貴族院か枢密院かである。茲処《そこ》で孤鼠々々《こそこそ》と文句をいふのみで、決して天下に向つて堂々と口舌文筆の論陣を張つたことはない。従て彼等の言動は一般社会とは殆んど没交渉である。之は社会の為めにもならず、又彼等自身の為めにも取らざる所である。固より彼等は制度の上に於て枢密院若くは貴族院に於て大に多数の意見又は政府の方針に反抗するの権能を与へられて居る。枢密院又は貴族院に於て痛激なる反対を多数の思想に加ふるといふ事は、必ずしも常に悪いとは云はぬが、唯徳義上彼等に反省して貰ひたい事は、法律上彼等に与へられたる地位は、自ら彼等一人の意見に附与するに天下万人の意見を覆し得るの効力を以てすることである。従て彼等は、一人の意見を以て他の一人に対するが如き単純なる考を以て軽々にその法律上の権能を行使すべきではない。反対の意見を述ぶるは毫も差支ないが、唯反対の権利を行使する事は実に非常なる道徳的責任を伴ふものなる事を覚悟して貰ひたいのである。我枢密院の諸卿は果して斯くの如き重大なる責任を感じつゝ其権能を行使して居るだらうか。若し此覚悟を欠いてその権能を漫然として行使するならば、それは少くも道徳上特権の濫用である。故に予輩の考ふる所では、法律上の権能の問題は暫く之を措き、政治道徳の問題としては、反対の権利は容易に之を行使すべきものではない。仮令之を行使しても他の一方に於て必ず其所信を一般国民に訴ふるの何等かの手段をとり、即ち国民の輿論と云ふ舞台に上つて大に反対者と議論を闘はし、国民をして結局の判定をなさしむべきであると思ふ。曾つて特恵関税主義を取つて閣僚多数の同意を得ざりし老チエンバレーンは、断然冠を挂《か》けて全国を行脚して所信を一般人民に訴へんと決心した。去年夏仏国観戦の途上に病没したロバーツ元帥の如きも亦、徴兵制度の論を以て国民の確信を動さんと欲し、南船北馬席の暖まるを知らなかつたといふ。斯くして初めて政界の長老は、社会に対し又其身に受くる所の特権に対し、道徳上完全に其職責を果したものといはるゝ事が出来る。此点に於て我国の元老は余りに君国の恩寵に狎《な》れ、而かも之が為めに如何に政界の円満なる発展を妨げて居るかに気のつかないのは我々の甚だ遺憾とする所である。

第三に予輩は第二の方法を採るを以て迂遠なりとするものに向つて、或は自ら発起して一党を樹て、或は政見の異同に従て既成政党に加入すべき事を勧めたい。国家の元勲の社会に対する勤めは、第一には国民一般の精神的指導者たるにある。此事は必ずしも政治に直接関係しなくとも出来る。然し若し進んで国家の運命を直接に支配するの活動をなさんと欲するならば、彼等は須らく憲政普通の政治系統に入るのが最も可い。之には政党に加はるの外に適当な途はない。元老貴族の一部の人が、自ら皇室の藩屏と称して政党に加入すべからざる特別の義務あるかの如くに考へて居るのは一般人民を以て君主に敵対する勢力なりと見たる昔の謬見に基くものである。

（六月十五日）

〔『中央公論』一九一六年八月〕

寺内内閣の出現に対する儼正批判

一

純粋なる歴史家の立場より達観すれば、寺内超然内閣の今日に出現せるは、宛《あた》かも蕩々たる潮流に対抗して細波《さざなみ》の逆寄せするが如きもので、憲政発展の大勢を念とする者の固より歯牙にかくるに足らざるものである。蓋し我国憲政発展の方向は、大体に於て最早一定して居る。其結局に於て落ち着くべき目標に対しては今尚前途遼遠の感あるも、而かも憲政創設当時の情勢と今日とを比較して冷静に観ずれば、吾々は今更ながら進歩発展の方向の一定不変と其の押し寄する勢力の強大雄偉とに驚かざるを得ない。されば今頃超然内閣を標榜して乗出して来るのは、畢竟一木を以て大河の決するを支へんとするの類に過ぎないものと言はざるを得ない。尤も我国憲政の発展が現時見るが如き方向を取るのが善いか悪いかの論は自ら別問題であるが、兎に角大正の新時代に及んで、寺内伯を戴いて超然内閣の出現したのは、其の健気なる意気に於てや、称すべきものありとするも、畢竟竜〔隆〕車に向ふ蟷螂《とうろう》の如く、結局は大勢に蹂躙《ふみにじ》られて後世の歴史に哀れを止むべき運命を有するものに外ならない。

予輩は之れまで屢々古老先輩に就いて、憲政創始当時の歴史を聞いた。当時民間には西洋の文物に心酔するの余り、其浅薄皮相の解釈に基いて随分軽躁なる政論を為す者が多かつたさうだ。廟堂の臣多く之を以て国家の深憂となし、之を先にしては岩倉公、之を後にしては伊藤公の如き、特に熱心に舶来思想の横行を制するに苦心し、我が憲法の制定の如きも、つまり此精神に基いて出来上つたものだといふことである。或学者の如きは、我国の憲法上英国流の憲政運用法を認めずとするの根本義は、已に明治十四年の政変の際に於て明白に確立したと言ふて居る。亦以て当時廟堂諸公の苦心を想ふべきである。而して之れ皆彼等が国家を思ふの至誠に出づるものなることは、予輩の固より疑はざるところである。それだけ又斯る思想は今日仍ほ一部の社会には、厳然として一個の勢力として存して居るやうである。中にも当時直接に此等の政変裡に馳駆して、尚今日に残存して居る人々に取つては、之等の思想が依然金科玉条として有り難がられて居ることは言ふを俟たない。然るにも拘らず、憲法発布後の政界の大勢は如何に発展したかと言ふに、事実は全然先輩の苦心に反し、彼等の希望に逆ふて走つて居る。見よ議会創立後数年間の経験は、超然内閣を以てしては到底憲政の円満なる運行を見る能はざることを吾々に教へたではないか。さればにや超然内閣主義の第一の主唱者たりし伊藤公は、やがて自ら野に下つて政党を組織するに至つた。其後更に数年間の経験は、吾人に教ふるに政党にも亦政府を組織するの積極的地位を認めざるべからざるを以てし、幾《いくば》くもなくして政党官僚相交代して朝に立つの所謂桂・西園寺の妥協時代を現出したではないか。而して大正改元早々の政変に至つては、清浦内閣の流産によつて政党の実力の侮るべからざるを明示し、将《まさ》に官僚独自の力を以てしては到底政権を掌握し得ざるの形勢を確立せんとした。斯くして我国政界の発展の大勢は、憲政創設者の意志に反して、漸次政党主義に向はんとして居つたのである。若し此際仍ほ政党主義の十分なる実現を妨ぐるものありしとすれば、それは政党夫れ自身の不完全なることに因する。政党其物がモ少しよき発達を示して居つたりしたならば、或は今頃は政党政治主義が我国に於て立派に確立して居つたかも知れない。

然らば問ふ。我国政界の発展の方向が先輩元勲の素思〔志〕と相反するに至りしは、抑々何によるか。是れ必ずしも一般国民が元勲諸公の如く国家を思ふの念が厚くなかつたといふ為めではあるまい。若し予輩をして其観るところを卒直に言はしむれば、之には二つの原因があると思ふ。一つは、先輩の諸公が西洋流の立憲主義の排斥によつて以て君権を擁護し得べしとせるの根本思想に誤謬があることである。彼等は第一に民権を以て直に君権の敵と考へた。成る程西洋の立憲制の起源は君権民権の衝突に在る。又当年の我国の軽躁なる民権論は一見君権に対抗するものなるが如くに見えたといふ事情もあらう。けれども民権を抑圧することが取りも直さず君権を擁護伸張する所以なりとするの思想は、窮極に於て君民相親の美風に薫育せられたる我が国民思想と相容れない。此種の思想は今日にも存在して居ると見へて、山県公が大隈侯の加藤子奏薦に反対した理由を述べたる語なりとして、二三新聞の伝ふる所の中には、「政党の首領たる人を立てる訳には行かぬ云々」の言葉がある。大隈侯自身ですら、加藤子を推薦せるは子が政党の首領たるが為に非ずして、只国務に練達の士なればなりと弁明したと伝へられて居る。政党の首領といふ資格に於ては内閣組織の大任に当るべからずとするのは、民権を以て君権の敵と視るの謬想に非ずして何ぞや。斯の如き思想の今日仍《なお》臆面もなく唱へられて居るとは、予の甚だ怪訝に堪へざる所である。併し幸にして多くの識者の間には、段々此謬想は斥《しりぞ》けられて居る。最近政党主義の盛になりつゝあるも、畢竟君権民権和親の理想が明となつた結果である。民権の敵視するは君権に非ず、君権擁護の名に隠るゝ少数の特権階級〔に〕あるの意義が明となつた結果に外ならぬ。次に彼等は大権擁護の名の下に直接に擁護せらるるものは大権其物たるよりは、寧ろ自家の特別なる地位であつたことに気が附かなかつた。彼等は固より自家の地位を擁護せんが為めに名を大権にかりたのではなかつた。けれども長い中には自ら大権の名の許に自家特権の擁護となるのは、自然の勢として亦已むを得ない。以上の点が年と共に明かになつて来れば、国民が自ら所謂大権擁護論なるものに反感を来たすのは、是亦当然の数である。況んや此美名に立て籠つて政権壟断の閥を造り、其間往々私曲放恣を敢てして恥ぢざるものあるに於てをや。更にもう一つの原因は、一般国民の知見の進歩に伴ふ当然の結果として、政治上自主自由の地位を要求するの風潮が年と共に盛になつて来たことである。政治上の自主自由が、必ずしも尊王の大義に相背かざることは、茲にクド〳〵しく説くまでもない。而して近代の文明が、一面に於て自主自由の国民的自覚を促せることも亦固より言ふを俟たない。而して斯る現象を見るのは、西洋と言はず、東洋と言はず、苟くも近代文明の風気に触れたるもの、免る、を得ざるところにして、此点に於て所謂政治的自主自由は近代人の普遍的要求と言つて差支がない。此意義に於て立憲政治といふものは、其最初の発現は之を西洋に於て見たけれども、其根柢は東西の別なく、所謂近代人一般の普遍的要求に存在するものと謂はざるを得ぬ。我国の先輩は、我国特別の国体を論拠として、必ずしも西洋の立憲政〔治〕の其儘に拠り難きことを唱へたけれども、国体の異同によつて憲政運用の方法に多少の差を来たすのは免れぬとして、憲政の根本義が人類の普遍的要求に基礎を置き、国の東西に依つて其揆を異にするものに非るの理は、何時までも国民の眼頭に蔽ひ去られ了ることが出来ぬ。斯の如くにして我国の憲法政治は、誤つたる先輩諸公の素思に反して、其自然順当の進行を平然として続け来つたのである。即ち政党主義は、憲政運用上の根本主義として、西洋に於けると同じく我国に於ても亦漸を以て其根拠を堅めつ、あつたのである。勿論此主義の完成には、更に長き歳月を要し、其間政党夫自身にも一層の進歩発達あるべきを要求することは言ふを俟たない。従つて又吾人は今日我国の政党の著しく幼稚不完全なることが、大勢の順行を著しく紛更し政党主義の発展を妨げ、却つて各種の反対の主義の跳梁を許して居ることを認むるに躊躇せざるが、然し、大勢の帰趨は既に明白にして之を争ふの余地なく、昨今の変態異象は畢竟洋々として奔流する大河長江上の一時的小波瀾に過ぎざるものと断定せざるを得ないと思ふ。

二

寺内々閣の出現が、大勢論の見地より見て殆んど歯牙にか、るに足らざることは、前述の如くである。然しながら現在の政治の得失を念とする者の立場よりすれば、尚之を細かに観察研究するの必要がある。何となれば如何に小さき波瀾でも、大勢に逆行して出現せしは、必ずや政界に何等かの欠陥あるを語るものであつて、憲政進歩の促進は実に之等の欠陥の本体を明にし、之に向つて革新的突撃を試みるに依りて為さるゝからである。

予輩の観るところによれば、寺内々閣の出現を許せし第一の原因は、疑もなく大隈内閣の失政である。是れ殆んど言ふを俟たない。第二の原因は政党の無気力である。特に政友会の軟弱なる態度である。大隈内閣が其失政の結果退かねばならぬ羽目に陥り(表面は円満辞職と仮託するも)、而かも加藤内閣の其跡を襲《つ》ぐに故障なりとすれば、何故に政友会は自ら政界の表面に乗り出すの決心と努力とを為さなかつたか。同志会に対抗し政界を両断して其一半を占有する大政党として、反対党の失脚に当り、おめ〳〵超然主義者に活躍の機会を譲つたのは、畢竟彼等に非政党主義と戦ふの鞏固なる決心なかりしの結果である。原総裁が其最近になせる演説中に、或は「単に閣員の顔触を見たるのみにて、直ちに反対の声明をなすが如きは、甚だ謂れなき事」たりとか、又は「暫らく其政綱と内外に対する実際の施設とを篤と見届けたる上にて、党の態度を決するも未だ遅からず」など、言ふが如きは、全然政党存立の基礎を自ら否定するの妄論である。此点に於て政友会の斯の態度は、大隈内閣の失政と共に、超然内閣の発生を促せる二大禍根であると言はなければならない。超然内閣発生の第三の原因としては、更に所謂官僚一派の一両年以来の悪戦苦闘を挙げねばならぬ。固より彼等は別に集つて党をなすものではない。従つて又結束して内閣乗取りの陰謀を企てたことはないなど、弁明するかも知れない。併し直接の動因が何であつたにしろ、欧洲戦乱の元兇は独逸であつたといふと同じ意味に於て、大隈内閣の顚覆は主としては彼等の努力の結果に外ならぬ。蓋し彼等は第一に政権に参与すると否との上に、実際上大なる利害関係を有つて居る。而して最近政党主義の益々盛んになり、漸を以て我国憲政上の固定的原則たらんとするの趨勢を見ては、恐らく彼等の胸中に煩悶焦慮措く能はざるものがあつたらう。是れ彼等が大勢の帰趨如何を顧みるに遑あらずして、政権の獲得に狂奔し、遮二無二政党主義の確立を妨害するに全力を傾倒した所以である。無論多数の中には誠心誠意政党主義の盛行を憂ふべしとする、善意ではあるが固陋なる見解に動かされたものも無いでは無からう。兎に角、彼等は、大隈内閣の成立以来政党主義の益々確立せんとするの傾向あるに駭《おどろ》きて、極力此趨勢を翻さんと努めて居つたのである。其第一着の手段として彼等は之まで機会ある毎に、先づ大隈内閣の顚覆を促がさんとして居つたのである。尚此外に官僚の一派をして、最近特に活躍の希望を高めしめたのは、戦後欧洲の形勢に関する彼等の予測である。彼等は戦時に於ける欧洲の一時的変態を見て、軽卒に戦後に於ける各国政治組織の根本的変革を予想し、恰かも第十九世紀初頭の大変乱が一大政治的革命を結果したると同様の効果を、今次の戦乱も亦持ち来たすものと考へて居る。而して此変乱に於て最も大なる打撃を蒙るものは即ち政党政治である、立憲政治であるとなし、かくて今や将に来らんとする大勢の激変を眼前に控へて、彼等は心私かに我党の時代来れりと欣喜の情に動いたのであらう。中には殊更に斯の如き説を流布せしめて思慮浅き青年の心を誘はんと試みた政治家もあると聞いた。現に此種の説明は最近二三の小新聞にもポツ〳〵散見するやうである。併し乍ら第十九世紀初頭の政治的変革は、もと自主自由の自覚といふ思想上の一大革新に伴つて起つたものであつて、此思想そのものが更に大なる変革を受けない以上は、今次の戦乱が如何に社会の各方面に多大の動揺を与へたとても、自主自由の根本的要求の上に立つ政治組織までが更に重大の変革を蒙るべしとは断じて想像されない。従来の政治組織が戦後忽ち復た旧態に還りて、更に新しき経験と新しき覚悟の上に進歩発展を遂ぐべきは極めて明白の道理である。官僚の一派が、当今一時の変態に眩惑して、政治組織の根本的変革を予想するのは、若し本気で之を主張するものなれば、そは寧ろ笑ふべき妄想であると言はざるを得ぬ。が、兎に角、此等の妄想に動されて居る者の彼等の中に多少存在することだけは疑を容れないやうである。次に第四の原因としては、官僚に対する元老の擁護を挙げざるを得ない。元老の擁護なくんば、官僚一派は如何に藻掻いても、到底政権に接近するの見込はない。そもく元老は新日本建設の功により、国民の間に多大の惰性的勢力を有つて居ることは勿論、尚宮中に於ても奪ふべからざるの勢力を振つて居る。何人と雖も、彼等の承認を得ざれば、今日容易に政府を造ることは出来ない。今次の政変に方《あた》り、政友会が大隈内閣の後を継ぐこと能はざりし所以も、畢竟は元老が原総裁を内閣の首班として承認せざるべきことが明白であつたからであらう。大隈侯が先年初めて大命を拝受せし時に山県公の推薦に依れるも、又大隈侯を戴く事によつて初めて同志会等が政府を組織する事を得たりしも、皆元老の思惑如何に関する事である。今次の政変に於て、大隈侯が元老の意志に反し敢然として加藤総裁を奏薦したるに拘らず、元老も亦断乎として寺内伯の推薦を以て之に対抗したるを以て観ても、如何に彼等が官僚を擁護し政党を排斥するに熱心であるかを見ることが出来る。大隈侯も何の見る所あつて斯くまで元老に楯を突いたのか予は之を与り知らない。善意に之を解すれば、或は内閣組織の事に元老の常に干渉し来りし慣例に最後の止めを刺さんと欲したのかも知れない。此点に関する大隈侯の熱心は、政界の風雲急を告ぐると共に三派合同を促して政党を準備せしめた事でも明である。之に先《さきだ》つて侯が寺内伯に加藤子との提携を奨めたのも、一面に於ては官僚との妥協なるが如く観ゆるけれども、他面に於ては或は生後間もなき足弱の与党を斯くして暫く惨風悲雨の災より免れしめんとの老婆心に出でたのかも知れない。而かもすべての策悉く破るゝに至るや、乃ち元老の反対あるべきを覚悟の前で加藤子を奏薦した侯の態度には、善かれ悪しかれ非常の勇気を伴つたことは疑を容れない。何れにしても親しく　天顔に咫尺《しせき》して斯かる争を　聖断に仰ぐといふ事は、我国に於ては極めて異常の現象といはざるを得ない。繰り返していふ、初めより元老の排斥を覚悟して独自の意志を奏問せし大隈侯の決心も、亦常例を破つて首相の奏薦と反対の奉答をなした元老の決心も、事の是否善悪は別として、我国最近の歴史に於ては非常空前の大事件である。而して予輩はそれ丈けまた元老に於ける官僚擁護の意思の強烈を想はざるを得ないのである。斯くして官僚は兎に角遂に政権に有り附く事を得た。然り而して元老のかゝる頑強なる態度は、一に自家の郎党たる官僚の保護に急なるの結果なりと見る者あらば、是れ又恐らくは正当の見解でない。思ふにこれ実は官僚擁護と言ふよりも、寧ろ一大隈に対する強烈なる反感が元老をして斯かる態度に出でしめたものと見るべきではあるまいか。是に於て予は超然内閣出現の最後の理由として対大隈の反感をも数へたい。大隈侯に対する元老の反感も、之を個人的感情のみに帰するのは又大に酷に失する。勿論一つにはそれもあらう。けれども主としては矢張り主義の争に根柢するものと観るべきであらう。予は今次の政変の大体の経過を冷静に観察し、之と明治十四年の政変とを比較して、私かに無限の興味を感ずるものである。十四年に於ける大隈参議の失脚は、一面に於て、云ふ迄もなく其の英国流の政治主義が偏狭なる国体論と戦つて敗北したる結果に外ならぬ。当時岩倉公の如きは、天皇の大権を動揺するの甚しきものとなして、極力大隈参議の排斥を主張したと聞いて居る。固陋なる一部の憲法論者は、今日仍ほ当時の政変を以て我国の政治主義が英国主義を排斥するに確定せるの明証となし、当年の廟堂多数の私見を以て永遠不動の原則なるかの如く見做す者ありと雖も、予輩歴史家の見地より云へば、之れ亦憲政思想発達の一段階に過ぎずして、適々《たまたま》憲政の根本義が其当初に於ては多少誇張したる形に於て唱へられ、為めに固陋なる保守的階級の排斥する所となるといふ各国通有の常例を繰返したものに外ならないと観る。遮莫《さはあれ》当年の廟堂諸公は国家の為めに由々しき大事なりとして決然として大隈排斥に結束したのであつた。而して今次の政変は、仔細に其成行を観察すれば正に之と全然同一轍の経路を取つて居るものではあるまいか。何となれば、大隈内閣の二年有余に亘つて為せる所、大小種々の施設ありと雖も、就中憲政の大局より観て最も重大となす所は、彼が極力政党主義の発達を計つた事にあるからである。而かも侯の之が為めに取つた方法は頗る露骨であつた。従来朝に立つた政党としては外に政友会あるが、政友会内閣はまた固より政党内閣主義の発達を願はざりしに非ざるべきも、概して眼前の地位を擁護するに急にして、旧勢力との妥協疏通を厭はなかつた。然るに今や大隈内閣は百尺竿頭更に一歩を進めて全然元老を無視せんとするの態度に出でた。是に於て元老は、一つには其暴慢忘恩の態度に憤激し、一つには十四年当時と全然同一なる思想に刺戟せられて、こゝに結束して国家の為に大隈内閣執る所の主義を粉韲《ふんせい》せずんば止まずと決心したものではあるまいか。元老の一派が、一両年以来頻りに大隈内閣を呪ひ、其倒るゝに当つてや、恒例を破つて其奏薦する所の後継者までをも排斥するに至つたのは、単純なる対大隈反感のみに帰すべきではないと信ずる。

以上の如く原因を数へ立つれば一にして足らないが、帰する所は、現在政党の無気力と、元老一派の固陋なる思想とが、超然内閣の出現を促した根本の原因であると思ふ。政党の無気力なるは今に初まつた事ではない。けれども、政党の運命に関して非常に重大なる関係ある今次の政変に対して彼等が執る所の不徹底なる態度を見ては、予輩は更に其腑甲斐なきに呆れざるを得ない。或意味に於ては、政党政治の発達を阻礙するものは実に政党夫自身であると云ふも過言ではない。予は政党政治の発達を真に国家の為めに希望する丈け政党に向つてまた大なる反省を求めて熄まないものである。

三

官僚一流の旧思想には今日尚ほ之に賛成するもの少く無い。之に付ては予輩之れまで屢々言説を試みたことあるが、今次の政変に際しても、正面より之を駁撃するの論議割合に少なかつた様だから、予は重複をも顧みず尚ほ簡単に数言を附け加へて置かうと思ふ。

第一に政党内閣主義が憲法上君主の大権を侵すとするの説は、彼等の謬見を作つて居る根本の思想である。憲法の規定に拠れば、内閣大臣の任免は全く君主の大権に属して居る。之れ因より言ふを俟たない。然しながら、君主大臣を任免するといふ法律上の原則は、如何なる内閣にも適用があるので、政党内閣なるが故に此法律上の原則を排斥するのではない。元来世の憲政を論ずるもの、動もすれば法律上の原則と政治上の原則とを混同して平気で居るが、大臣任免の権君主に在りといふは、国法組織の形式上の原則であつて、此原則の実際の運用に就ては、別に自ら政治上それ〴〵の原則の成立すべき余地があるのである。何となれば、君主は事実上全然独自の御判断を以て大臣の選任交迭〔更〕を専行し給はざるを常とするが故である。但だ政界異常の変ある場合には、例外として其固有の法律上の権力に基いて、全然独立の御選任を見ることはあらう。けれども通常の場合に於ては、政治上自ら定まる所の何等かの機関に諮詢して大臣の選定に与からしむるのである。故に所謂法律上の原則なるものは、謂はゞ最終の解決方法に属するものにして、普通の場合には、其範囲内に於て他に便宜の法則の成立することを妨げず、又寧ろ之あるを以て得策とすべきものである。他の例を以て之を譬ふるに、我国の民法に於ては、子に対する扶養の義務を尽さゞる親ある時、之を法廷に出訴して其義務を強制せしむるの権を子に認めて居る。蓋し斯くせざれば国家は第二の国民たるべき子弟の教養を十分徹底的に行はれしめ得ざるが故に、最終の已むを得ざる解決方法として、即ち子に認むるに親を訴ふるの権を以てしたのであらう。然しながら、子として親を法廷に訴ふるは、吾々の道義心の軽々しく之を為すを許さざる所である。故に我々の道徳的常識は、扶養の義務を怠る親に対して事実上如何なる手段を執るべきやに関しては、それ〴〵道徳上の手段を暗示して居る。民法定むる所の法律上の原則は、之を最終の解決方法として、寧ろ普通に之を用ゐざるを可とするのである。之と同じく、君主自ら大臣を任免するといふが如き方法も、亦之を常用せざるを得策とするものにして、結局の任命権は常に之を君主に留保するも、事実上の選任に方りては便宜上自然に定まる所の各般の方法に任かした方がよいのである。現に我国に於ける実際上の取扱を見ても、所謂法律的原則が決して常に必ず厳格に行はれて居るのではない。其の法律的原則に抵触せざる範囲内に於て夙《つと》に各般の政治的原則が事実に於て立てられ来つたではないか。例へば退任首相が後任者を奏薦する例の如き、又は元老会議が推薦の議を上《たてまつ》るの例の如き之れである。然らば更らに第三の方法として、議会が其多数党の首領を推薦するの政治的原則も亦、之を主張するに何等の不都合を見ないのである。憲法上大臣任免の権は君主にありといふを楯として政党内閣主義を排斥せんとするは、恰かも民法の原則を楯として、子に迫つて直に親を出訴するの措置に出でしめ、他に自ら定る所の道徳的手段に先づ依らんとするを以て民法違反なりといふの類である。況んや君主大権の名に隠れて、大臣推薦の権を永く自家の掌中に壟断せんとするが如きあらば、そは余りに放恣僭越である。故に若し元老の一派が強ひて従来の立場を維持せんと欲するならば、須らく大臣選定に関する政治的原則は少数者の推薦を以て正当とするや多数者の推薦を以て正当とするやの利害得失の論断に根拠すべきである。憲法々理の議論を以て高圧的に反対説を屈し去らんとするは、理に於て全然正鵠を失し、略としては余りに狡獪である。

予の信ずる所に依れば、大臣の選叙に関する政治的原則としては、政党内閣主義が理論上正当であり又実際上一番よく自然の進行に順応して居ると思ふ。此事は予の従来種々の機会に屢々述べた所なるが故に茲に再び繰り返さない。只之れに対する二三の批難に対しては、此機会を利用して多少の弁明を試みるの必要を認む。第一に政党内閣主義は議会に於ける「多数」と云ふ形式に囚へられて居ると難ずるものがある。成る程「多数」必ずしも正義に非るは言を俟たない。然しながら今日「多数」を外にして果して正義の所在を確むる何の客観的標準があるか。少数の意見でも正理に合するの極めて明白なる場合は、軈《やが》て多数の賛同を得べく、然らざるも夫自身一種の権威を有すべきは、吾々の日常経験する所である。然し乍ら、何を以て正理とするやの疑ある場合に於て、常に已むなく決を「多数」に取るは社会百般の事に於て悉く皆然りである。「多数」は常に正しくはないとしても、多くの場合を平均して見れば、正義が概して常に「多数」の味方である事は、また我々の経験の疑はざる所である。又次に政党主義は君主の大権を拘束すると言ふ批難もある。併し議会に於ける多数党の領袖を以て政府を組織す可しと言ふ事が君主大権の拘束なりと言はゞ、何故に元老会議の推薦が大権の拘束とならないか。而かも議会に於ける「多数」と言ふものは、之を大観すれば形式的に固定して居るものではない。政界の変動に伴つて屈伸自在なものである。少くとも其理想的の形に於ては、国内に於ける最も健全なる思想を反映すべきものである。若し「多数」の代表する意見が少数識者の所謂「賢明なる意見」と相反することありとせば、そは多く少数者が社会の多数者を指導するの道徳的任務を怠つた時に見る所の現象である。故に若し政党の健全なる発達に依つて次に説くが如き上下相親の社会的理想を実現する事を得るに至れば、「多数」の意見は即ち最も賢明健全なる意見にして、即ち又国家の要求とも合致す可きものである。故に政党主義は、少くとも其理想的形体に於ては、事実上大権の拘束となる可きものではない。況んや君主が最終の場合に於ける決定権を有し給ふの義は如何なる場合に於ても紛更ある可からざるに於ておや。故に国家異常の変に処して、例へば政界紛乱して何れを以て多数とするやの明かならざるが如き場合には、暫く政党の外に超脱して純然たる大権内閣を造るも亦妨げない。是れ大権の大権たる所以である。唯大権の大権たる所以を政治上に於て十分に之を尊重擁護せんとせば、何より先づ之が濫用を慎まねばならない。大権に藉口して政党主義の圧抑排斥を屢々するは、寧ろ大権を群議の衝に曝らすの危険を犯す者ではあるまいか。

第三に政党主義は多数の愚者をして重要なる国務に与らしむるものであると言ふ批難がある。此論拠に立つ批難は又更に二つに分れ、一つは衆愚が実際政権運用の指導者となるから悪いと言ひ、一つは衆愚は結局少数の領袖に支配せられ、所謂多数主義と相容れざる寡頭政治の弊に陥るからいけないと批難する。然し乍ら、此両様の批難ある事が偶々亦政党政治の妙用を語るものである。何故なれば政党は少数の賢者をして多数を指導せしむるの機会を作り、更に指導せられたる多数が少数の賢者を監督しつゝ、其政治的活動を後援するの政治上極めて重要なる機関であるからである。国家の運命を創出するの精神的基礎が常に少数賢者の活潑なる頭脳の働に因る事は、何れの時代に於ても之を疑ふの余地がないが、然し、今日の時勢に於ては、多数者の意志を全然無視しては、如何に卓抜なる思想でも決して実際政治上に重きを為すことは出来ぬ。何となれば多数者は今日最早已に政界に於ける有力なる要素となつて居るからである。而して多数の勢力が今日非常に重きを為す丈け、それ丈け又彼等が少数賢者の精神的指導を受くると言ふ事は、国家の健全なる発達を見る上に於て絶対的に必要である。故に現代の政治は形式に於て必ず多数政治たるべきを要すると共に、実質に於て又必ず少数者の精神的活動が最も重きをなすところの政治でなければならない。而して多数と少数と、換言すれば下層階級と上流階級との相互的交渉を巧みに造るものは、即ち政党である。世人多くは政党政治の衆愚の勢力の下に動くといふ外面的形式のみを着眼して、之あるによつて少数の賢者が初めて現実に多数と接触し、之を指導しつゝあるの内面的作用を看過するのは、甚だ其当を得ないと考へる。要するに政党政治は、一面に於て確かに衆愚の政治である。けれども、少数の賢者が近世政治の舞台に上つて有効に其所思を実行するの途は、また政党政治を外にしては断じてない。故に政党は本当の貴族政治の理想を今日に実行せしむる唯一の近世的設備であるといつてよい。第四に政党の現状に不満なるよりして、政党政治に危惧の念を抱くものがある。然しながら、不満足は何物にもある。政党の現状に満足し難きものがあつたからとて、之が直に超然主義を是認する理由とはならない。よき超然内閣は決してあしき政党内閣よりも大に優つて居るものでないことは尚後に述べやう。而して今日の世の中となつては、最早政党政治家なればとて、官僚政治家に比し常に必ず数等劣つて居るとは限らなくなつた。若し実際政治の当局者として、政党政治家の方が幾分劣つて居るやうに見えるといふならば、そは政権を掌握した経験が短いからであらう。凡そ政党は政権を握るの経験を積むに従つて進歩し且其面目を改むべきものなることは、諸外国の実例に徴しても明白である。且つ又政党は夫自身常に進化するものである。我等は政党の現状を見て之を罵倒するよりも、寧ろ其進歩改善を援くることが大に国家の為になると思ふ。世人動もすれば政党政治の弊害を挙げて頻りに之を罵倒する。けれども他に比較上政党政治に勝る如何なる政治主義が存するか。少数の賢者に政権を托すべしといふが如きは、其言徒らに美にして其実弊害の大なるものなること、諸外国の歴史は具《つぶ》さに之を経験し抜いて居る。又少数賢者の立場から言ふても、彼等にして若し政界に活躍して大に国家の為めに尽くさんとするの念あらば、民間の勢力に超絶して独立に超然内閣を作らうなどゝいふ態度に出でず、須らく身を挺して進んで政党に加入すべきである。蓋し是れ彼等が一般民衆を率ゐて最も有効に其抱負を実行し得る所以である。一体に多数の人と相諮り、之を納得せしめてから遣るといふ方法を非常に面倒がるのは、本邦政治家の常である。立憲政治といふものは、元来が廻り諄《くど》い政治である。併し大臣が議会に諮り、議員が人民に訴へて、十分熟議を凝《こ》らすといふ所に、其妙味も特徴もある。然るに一々衆愚に相談しては埒が明かぬとて少数政治を主張するのは、憲政の根本思想と相容れない。我国に於ける政党罵倒論は、之等の政治家の短慮から来るのである。併し之と同じ欠点は実は政党にもある。政党の腐敗堕落も、実は多く此欠点に基因すると思ふ。何となれば、政党者も亦一々人民の意思に訴ふるを面倒がり、反対党との競争などに迫られて、動もすれば買収請託等の敏捷なる権道に拠らんとするからである。故に予は在朝在野を問はず、我国の政治家が憲政の要は迂曲にあり、理路の徹底に倦まざるに在り、衆と諮りて納得せしめずんば已まざるに在りとの覚悟さへ極めるなら、自ら政党政治も行はるゝに至り、又政党其自身も発達進歩するに至るだらうと思ふ。其れが為めには、是非とも上流者の奮起を望まざるを得ない。上流者の政党に加入して大に活動せんことを望まざるを得ないのである。

若し又彼等にして趣味境遇等の点から政党に入ることを欲せざるならば、彼等は直接に政権争奪の渦中に投ずるを避けて、須らく批評家の地位に立ち国論指導の任に当るを以て甘んずべきである。此点について予輩は我国今日の枢密院貴族院に蟠踞する一部の貴族諸公に慊焉《けんえん》たるものがある。彼等は或は衆議院に対し、或は政府に対し、独立の見解を以て国政を論評するの法律上の権能を与へられて居る。其独立の見解を以て時として衆議院の妄を正し時として政府の曲を抑へるのは、一面に於て彼等の国家に対する公の義務である。然しながら、此法律上の権能を口実として、事毎に衆議院や政府と争端を開いて国務の進行を阻むのは、決して国家の彼等に要求するところの最上の義務ではない。彼等は国家の為めに止むを得ず衆議院乃至政府の非違と争ふと言ふけれども、多くの場合に於て争端の因は畢竟彼我意見の相違に過ぎない。而して単純なる意見の相違に止る以上、一応は十分に所思を披《ひら》いて大に争ふても、結局の場合に於ては衆議院若くは政府に譲歩するのが彼等の執つて然るべき態度であると考へる。否《しか》らずんば国政は常に渋滞するの外はない。抑も彼等は少数の階級を以てして、全国民の代表者に対抗して独立の一勢力たるの貴い地位を与へられて居る。それ丈け彼等の地位は、少くとも道徳上に於て、重大なる責任を負ふて居る。斯くの如き重大なる地位は、軽々しく之を濫用すべきものではない。故に平常の場合に於ては、常に侃々諤々《かんかんがくがく》の正論によつて国民と政府とを警醒しつゝも、結局の場合に於ては一歩を彼等に譲るが、得策なりと思ふ。たゞ稀に起る国家最重の大問題について異見を有する場合には、其時こそ敢然として奮起すべき時である。平素陰〔隠〕忍譲歩して居る彼等がたま〳〵奮然として起てばこそ、国民も反省し又同情もするなれ。最近の我が貴族院や枢密院のやうに、極めて微細なる問題についてまで、衆議院と争つたり、政府と争ふたりするやうでは、成る程法律上よりは何等尤《とが》むべきものはないが、我々の政治的常識は、寧ろ彼等の軽挙妄動に対して転《うた》た顰蹙《ひんしゅく》せざるを得ないのである。之を要するに、我国の貴族は、其政界に活動するに方つて、慥《たしか》にその執るべき方法を謬《あやま》つて居る。而して現在の政党が十分に発達し得ざるのも、一つには貴族の態度の正当ならざる結果であると思ふ。

何れにしても――仮令今日の政党に色々の欠点があるとしても――今日為めに超然内閣主義を是認せざる可からざる理由の存せざることだけは明白である。否却つて超然内閣主義の出現は、政党の順当なる進歩を妨ぐる点に於て、結局国家の為めに不幸である。なんとなれば、超然内閣主義が一時なりとも実現すれば、政界に活動すべき有為の人物をして暫時たりとも政党に遠ざからしめ、斯くて上流下流疏通の道は阻害せられ、上には少数政治の弊を醸し、下一般の政論をしては自ら軽佻浮薄に流れしむるからである。世人今次の政変を見て、大隈内閣よりも寺内々閣が勝るとか、寺内々閣でも善政を布かば可なりとか言ふて、深く超然内閣の出現を憂へざるは、予輩の甚だ怪訝に堪へざるところである。前内閣の失政に比較して多少政界の面目を刷新するの小益ありとするも、根本的に国運の発展を阻害するといふ見えざる大害の潜在は之を看過すべきでない。吾々は前後両内閣の現前の比較論に惑はされて、超然内閣の、主義として絶対に排斥すべきものなることを忘れてはならない。

四

超然内閣が主義に於て憲政の敵なること極めて明白である。善政を布くとか布かぬとかの標準に依つて、超然内閣の弁護を試むるは、恰かも頭の曇りがとれたとか、腰の痛みが癒つたとか言ふて、阿片《アヘン》飲用の効能を述ぶるが如きものである。一時の効能に迷ふて自然と蒙るところの中毒の恐しさを忘れてはならない。此点に於て吾人は、日本憲政の発達上、寺内々閣の出現を非常に悲しむものである。又寺内々閣を出現せしめたる昨今の政界の形勢に対して、非常に遺憾を感ずるものである。

然しながら、又一方から考へれば、超然内閣は憲政の途上に於て時々出現するのは亦絶対に之を免るゝことは出来ない。凡そ政治上の原則は、法律上の原則の如く、客観的の形式的標準があるのではないから、例へば夫の憲法違反即ち違憲と云ふ問題は、憲法の解釈上概して極めて明白であるけれども、立憲政治の常道に悖《もと》るといふ所謂非立憲と言ふ問題に至つては、何を以て政治的原則と為すやの主観的判断の差によつて、人により必ずしも一定しない。固より超然内閣を以て憲政運用上の常道にあらずとするは今日多数の認むる政治的原則なりと雖も、之に対しては仍ほ善意若くは悪意に色々異議を挟むものが少くはない。而して政治的原則の確立はもと繰返し繰返し行はるゝ所の慣行によりて自ら定まるものたるが故に、我国の如き憲政発展の未だ幼稚なる国に於ては、超然内閣の出現は、希望すべき事ではないけれども、事実上全く不可能でもない。

尤も我々歴史家の立場から観れば、前にも述べた如く、寺内々閣の出現の如きは、政党内閣主義が其確立を得んが為めにする奮戦苦闘の途上に於ての一小蹉跌に外ならざるものであつて、固より大勢の上からは深く憂ふるに足らざるものではある。けれども世間には、寺内々閣の出現に対していろ〳〵積極的の意義を附せんとするものがある。中には真面目に之等の説に動されて居る者もあるやうに見ゆるから、玆に其一二につき聊か弁駁を試みやう。

新超然内閣弁護説中一番尤もらしい説は、挙国一致内閣と云ふ事である。国家異常の変に処して挙国一致の強固なる内閣を作ると云ふ事は、今次戦乱に於ける欧羅巴諸国の流行である。予輩一己の考としては、仮令交戦国の一つであるとは云へ、我国は目下挙国一致の名の下に変体的政府を造るの必要には迫られて居ないと思ふものであるが、仮りに一歩を譲りて挙国一致の政府を必要とするとしても、そは必ずや各派和親妥協の基礎の上に築かれねばならぬ。されば若し寺内首相にして真に挙国一致内閣を組織するに意ありしならば、曩《さき》に大隈侯より加藤子との聯立を勧奨せられた時、更に原、犬養の二氏をも之に誘ふべきの反対提議を侯に迫るべきであつた。然るに膠《にべ》なく大隈侯の要求を拒絶して、少くとも先づ加藤子との聯立を斥けた以上、何処に挙国一致内閣の成立を促すべき基礎があるか。寺内伯が後に夫れ〴〵三党首領を歴訪して其援助を求め、後日政界紛乱の際挙国一致を破るの責任を彼等に嫁せんとするの素地を造つたのは、頗る狡猾なる手段であつて、真に挙国一致の成立を破つたのは、豈《あに》図らん哉寺内伯の大隈侯要求の拒絶其ものである。現寺内内閣が若し挙国一致を標榜するならば、是れ羊頭を掲げて狗肉を売る者に外ならぬ。第二に人材内閣を標榜するものがある。政党内閣を排斥して自ら人材内閣を標榜するのは、党界に人材なし、国家有用の材は独り我々のみといふに同じく、少くとも現在の顔触では傍観者たる吾々に寧ろ滑稽の感を抱かしむるのであるが、余人は暫く之を措き、暫く寺内首相について之を言ふに、我々は決して寺内伯を以て政界の異才とは認めぬ。寺内伯の朝鮮に於ける施政に付ては、毀誉各種の判定あらんも、寺内伯の真価は、殖民地政治家としてすら未知数である。況んや立憲政治家としてをや。故に伯を以て政界の偉才となし、伯によつて真乎国民の幸福に資する政治の施行を見得べしと今日に期待するのは、少くとも早計の譏を免れない。孰《いず》れにしても今度の内閣は従前の内閣に比し多くの人材を集めたりといふのは僭越に非ずんば滑稽である。前内閣が余りに失政をやつた御蔭で彼等は僅に国民の冷酷なる批評を免れて居るに過ぎない。第三に政界の混乱を防ぐ為めに寺内内閣の出現が必要であつたといふ説もある。政界混乱の場合に一種の超然内閣の出現を見る事は、西洋にも全く其例が無いではない。尋常の方法にて内閣の組織を見難い場合に、元首が其親近する者を挙げて一時経過的の政府を作り、之〔を〕して暫く政務の施行に当らしむるは間々あることである。而して斯の如き混乱は、多数党内閣が失政によつて其地位の継続が困難となり、而かも之に代るべき新内閣の組織も亦容易に出来難いといふやうな場合に最も多く起る現象である。而して斯の如き事情は大隈内閣に一度ならず起つた。例へば彼の大浦事件の失態の如きは之である。当時の政府が如何に弁明しても、彼の事件の如きは確かに政府の総辞職に値する問題であつた。あの場合若し大隈内閣が責を引いて辞職する者として、扨て政友会に後を引受くるの準備なしとせば、そこに一時経過的の超然内閣の成立する余地はあつた。さればこそ官僚はあの際非常に奮起して大隈内閣の攻撃に余力を残さなかつたのである。然るに大隈侯は何の見る所ありてにや、断じて官僚に引渡さざらんとするの態度を執り、徐《おもむ》ろに政党をして準備せしむる為に、内閣の一部を改造して居据りを決行した。此居据りの魂胆が実に政党をして他日の準備を為さしむる為めであつた丈け、それ丈け官僚は一刻も早く乗つ取つて政党の基礎の固まるを妨げんとして焦つた。是れ彼等があらゆる流言を放つて大隈侯の居据りを悪様に言ひふらした所以であらう。予はもと居据りを以て適当とは思はない。けれども元来が政界混乱して他に之を収拾する適任者なしとして挙げられた大隈侯であり、今俄かに其地位を去れば政界は再び山本内閣倒壊当時の状態に戻るのであるから、政界の混乱を収めるといふ点から言へば、或は居据りも亦已むを得なかつたかとも思ふ。然し何れにしても、改造後の大隈内閣は、其性質を一変し、政界の混沌たる形勢が治まり政党の準備の出来る迄の一時経過的の性質を有する内閣と観るべきものとなつた。然るに此改造後の内閣も亦いろ〳〵失政を重ねて幾くもなくして其職に留り得ざる事になつた。大隈侯は老齢職に堪へずなどと言ふて円満辞職の体裁を装ふて居るけれども、然しながら、事実外交上の失敗が遂に其職にあるを許さざるに至つた事は疑ひなからうと思ふ。そこで官僚は再び猛然として運動を開始した。然るに大隈侯は飽く迄政党政治主義を貫徹せんと欲したものと見えて、之に対して急遽三派合同を決行せしめて、無理押しに政党をして大任引受けの準備に狂奔せしめた。政党側でも亦いよ〳〵決心を堅めたらしい。それ丈け官僚元老の一派も断然最後の決心をなすの必要を見、其対戦の結果として寺内内閣が出現したのである。して見れば寺内内閣の出現は政党撲滅の官僚派の熱望に促されて起れるものにして、別に此内閣が出現せずんば政界の混乱は避け難かつたと言ふ程の重大なる理由はないと信ずる。現に彼等は超然主義を標榜して政党内閣を排斥しながら、他方に於ては密かに手を延ばして政党の操縦を策し、之との提携を計つて居るといふではないか。故に我々歴史家の立場から観れば、寺内内閣の出現は、当然出づべくして出でたものではなくして、政権に渇する一部の官僚が、元老の擁護と、誤つたる固陋の憲法論とに援けられて、大勢に逆行して出現したものに外ならぬと見るのである。元来予は此内閣に多くを期待しない。遠からず馬脚を露はして一敗地に塗《まみ》るゝだらうと想像するが、然らざるも、大勢に順応せざるの点よりして、到底永続すべき性質のものでないことは疑を容れない。其時はまた政界再び大混乱となることだらう。又しても大勢逆行の解決を執らんとせん乎、其時こそは憲政擁護などゝいふ不祥なる運動も起るかも知れない。遮莫《さはあれ》之を達観すれば大勢は既に決して居る。予は世上同感の識者に向つて、切に此一時の変態に惑ふて我憲政発展の大勢を誤解せざらん事を希望する。又政党界の諸君子に向つては、近き将来に於て必ず来るべき光明ある前途を予想して一時の変に失望落胆する所なく、大に自重し堅実に準備する所あらん事を希望する。一時の名利に焦つて兜《かぶと》を敵門に投ずるは、啻《ただ》に我国憲政の進歩を害するものたるのみならず、政党其物の為めにも決して賢明なる方法ではない。更に予輩は一般世人に向つて、挙国一致人材網羅等の美名に眩惑して国運を少数者の手に委する事なく、常に政党に対して正しき理解と深き同情とを傾けられん事を希望する。(十月二十二日)

〔『中央公論』一九一六年一一月〕

蘇峰先生の『大正の青年と帝国の前途』を読む

所謂文壇に復活したる蘇峰先生は『時務一家言』に引続いて『世界の変局』及び『大正政局史論』を出し、更に去年の夏より筆硯を新たにして『大正の青年と帝国の前途』なる一篇を公にした。始め新聞に掲載されて居つた節には、どれ丈け世間の耳目を惹いたか知らないが、十一月の初め一部の纏まつた著書として公にさるゝや、非常の評判を以て全国の読書界に迎へられ、瞬く間に数十万部を売り尽したと『国民新聞』は云つて居る。蘇峰先生の盛名と『国民新聞』の広告とを以て、驚くべき多数の読者を得たといふ事は固より怪しむに足らぬけれども、而かも旬日ならずして売行万を数ふるといふのは、兎にも角にも近来稀なるレコードである。是れ丈け沢山の人に読まれたといふ事、其事自身が既に吾人をして之を問題たらしめる値打がある。況んや蘇峰先生の名は反動思想の些《いささ》か頭を擡《もた》げんとしつゝある今日に於て又少からず社会の注目を惹くべきに於てをや。

斯くの如くして予も亦直ちに一本を求めて、閑を偸《ぬす》んで之を熟読せんとした。恰もよし『中央公論』社に於ても亦本事件を以て最近の思想界に於ける重大問題となし、本書を詳評せんとするの挙あるを聞き、乃ち敢て自ら其任に当るべきを求めたのであつた。然し此約束をした時にはまだ緒言を読んだ位で内容の調査にはかゝつてゐなかつた。而して緒言に於て述ぶる所の堂々たる宣言は、著者自ら本書を以て一生の大傑作否な大正年間に於ける不朽の名著と自認するの抱負ありありと見ゆるが故に、予も亦就いて学ぶべきもの頗る多かるべきを期待してをつた。而していよ〳〵閑を得て内容を読み進むに従つて、予は自ら予期の如き共鳴を感ぜず、予期の如き興味をすら感ぜざるに驚いた。固より必ずしも学ぶ所少しといふのではない。著者一流の名文には何時もながら敬服する許りである。内容にそれ程に興味を感ぜざる我輩をして、兎も角も一気読了、半ばにして巻を措かしめなかつたのは、第一には著者の文章の力である。議論の筋にも大体に於て同感である。殊に其今日の青年の遠大の志望なく、意気の振はざるを慨するの誠意に向つては、全然同感の意を表せざるを得ない。けれども全体を読んでどれ丈けの共鳴を感じたかを省る時に、予は不幸にして『国民新聞』の広告が期待して居るが如き感動を与へられない事を自白せざるを得ない。本書を読んで得たる予の感情を卒直に云ふ事を許すならば、面白いには面白いが、反対する程の事もなし、賛成する程の事もなし、殆んど我々の現在の思想には関係のない、丸で違つた社会の産物に接するが如き感がある。よかれあしかれ、折角批評しようとしても興が湧かないので、自ら読者に背いて当初の約束を撤回するの外はない。

尤も此書を明治の初年より大正の初めに至る青年の思想の変遷史として見れば非常に面白い。第二章以下第八章に至る約四百頁、即ち本書の三分の二は、此史的記述に捧げられたものであつて、中に固より著者の考も多く説かれてあるけれども、大体に於て事実の記述である。第九章の英・独・米・露の説明も亦有益なる記述である。第一章と第十章とは相照応するもので、大正時代の記述であるが、著者の大正の青年に関する観察も大正時代に関する観察も大体に於て我々に教ゆる所少くない。斯う云つて見れば全部悉く我々の読んで益を得るもの多い訳であるが、然し著者の期するが如き、今日の青年を啓導して新日本の真個忠良なる臣民たらしむるの経典たるを得るや否やは大に疑なきを得ない。何故かの説明は予輩にも十分に分らない。唯何となく斯く感ずる。何故かく感ずるかを実はいろいろ自分で考へて見た。十分なる答案はまだ得てゐないが、事によつたら老年の人に多く見る、所謂現代の社会並びに現代の青年に関する適当なる理解の欠如といふ事が其主なる原因をなして居るのではあるまいか。

蘇峰先生に限つた事ではない、明治以前の教育に育つた多くの尊敬すべき我々の先輩は、動《やや》もすれば今日の青年に忠君愛国の念が薄らぎつゝあると云ふ。又国家について遠大なる志望が欠けて居ると云ふ。又は国家の強盛に直接の関係ある問題——例へば軍備問題の如き——に興味を感ずる事極めて薄いと云ふ。之は如何にも其通りで、此等の批難は今日の多数の青年に当嵌る。故に我々は今日の青年に忠君愛国の念を鼓吹し、其志望を遠大ならしむべきを勧め、殊に軍備上の義務の如きは之を光栄ある義務として尊重し、且つ進んで之に当らしめんとする先輩の苦衷を諒とする。此等の点を盛んに鼓吹し主張し論明するのは、今日の青年を啓導する一つの手段には相違ない。然しながら問題は然う云ふ事を説いて果して啓導の目的が達せらるゝか否かといふにある。少くとも弥次馬が運動会でチヤンピオンを後援するが如く、無責任にヤレ〳〵と騒ぐといふ事が適当な方法かどうか。少くとも最良の方法かどうかと云ふ事は問題である。今日の時代は明治初年の時代ではない。況んや明治以前の時代では断じてない。遠大の志望を持ての、国家的理想を体認して志を立てろのと抽象的の議論を吹かけてそれで青年が振ひ起つた時代もあれば、そんな事を聞いて之を鼻であしらう時代もある。斯う云ふ重大な問題を鼻であしらふのが即ち今日の青年の堕落であるといへばそれ迄であるけれども、兎に角時代の相違は之を認めなければならない。此時代の相違を認識することなくして、昔流の嗾《け》しかけ方針では今日の青年は恐らく断じて動くまい。

今日の警察の規則では道路に放尿すべからずと戒めて居る。而して此広い東京の市中に便所らしい辻便所は殆んどないといつてもよい。而かも日進月歩の教育は、吾人に教ゆるに極端に我慢をすると膀胱が破裂する危険があることを以てする。而して先輩は偶々此警察禁令を犯すものあるを見て、今日の青年には忍耐力がない、我々の若い時は三日も四日も小便を堪へたやうな事を云ふ。彼等の青年時代には路傍の放尿は法の禁ずる所ではなかつた。今日衛生上の考から之を以て法禁とする以上、彼等先輩は先づ沢山の辻便所を作る事に骨を折らねばならない。時代の変遷に応ずる各般の施設を怠つて昔通りの激励鞭撻を加ふるのみでは、更に最新の教育によつて自我の意識の段々に発達して居る今日の青年は承知しない。先輩諸君の常に敬服して居る独逸などでは二三丁置きに、中で弁当を開いて喰べてもよい程の立派の辻便所を拵《こしら》へ、而かも尚特に夜間に限り、車道に向つて放尿するものは之を大目に見るといふ習慣がある。之れ丈けの念の入つた手続を尽した上で、初めて放尿の禁を説くべきである。斯くても其禁を犯すものあれば、其自制力の乏しきを罵るべきである。我国に果して之れ丈けの設備があるか。設備なくして法の励行の苛察に亙るの甚だしきは、夜場末の暗がりで止むを得ず放尿しても厳しく法に問はるゝもの少からざるを見ても分る。

遠大の志望を抱けとか、国家的奉公の念を熾《さか》んにせよとかいふ議論の一面は、兎も角も国民に向つて多大の犠牲を要求するの声である。今日の教育は殊に実用的科学を重んじて、先輩初め宗教道徳を蔑視する。今日の教育は、当さに其子弟をして個人的ならしめざるを得ざるが故に、先輩の要求と彼等青年に与ふる教育とは確かに其効果に於て一致しない。教育の結果東の方に奔《はし》らしめて置きながら、西の方に行かないのが悪いと力瘤を入れて説いても、それがどれ丈けの薬になるか、且又社会の制度の立て方によつては、人々をして甘んじて犠牲を払はしめ得る場合と、容易に犠牲を払はしめ得ざる場合とある。此二つの場合の分るゝ最も主要なるものは国民銘々の生活の保障の有無であらう。例へば明治以前の封建時代に於ては、家に定れる封禄あり、自分一身を犠牲に供する事は概して妻子眷族の生活の道を絶つ所以にあらざるのみならず、場合によつては家門の誉、子孫繁栄の基となることもある。固より此考を意識して国家の為めに命を捨てるといふのではない。時代の背景が自ら当時の役者をして、一死を鴻毛の軽きに比せしめ得たのである。斯う云ふ時代には遠大の志望を持ての、国家の為めに奉公しろのと云へば、国民が直ぐ其声に感応して何等之を妨ぐる個人的社会的の煩累を感じない。我国の忠君愛国の念の強かつたのは単に之のみによるのではないけれども、確かに数〔百〕年来封建的太平の時代を経過したといふ事が時勢の一変した今日まで其余徳を流して、我々に犠牲奉公の念を伝へて居るのである。然しながら今日は時代が全く一変して居る。見よ我々に何の生活上の保障があるか。今日の時代は貧富の懸隔を甚しからしめて、中等階級の立脚地を段々に攪乱して居る。大多数の人は一定の家産をすら持つて居ない。妻子眷族の生活は繋つて家長一人の生命にある。それも昔のやうに数十百年来住み馴れた故郷に定住して居るのなら親族故旧の厄介になるといふ見込もあるけれども、北海道のものが九州のものを娶《めと》つて満洲で奉職をして居るといふやうな今日の時代では、親族といふも名ばかりで何等精神的の親みがないから、亭主が死んだからとて、妻君が其子供を引連れて亭主の親族故旧に頼りやうがない。斯う云ふ時代には如何に犠牲奉公の徳を高唱しても、顧みて妻子眷族の窮を思ふ時に、果して其決心が鈍る所なきを得やうか。否な今日の世の中は妻子眷族は扨ておき、自分一人の生活にすら追はれて居るものが多い。斯くて今日の青年が生命も惜しい、金も欲しいと云ふのを、無理と見る事が出来やうか。勿論時勢が時勢だから放任して可いと云ふのではない。一方に於て犠牲奉公の精神の我々の国家的生活の発展に欠くべからざる所以を力説すると共に、他方時代の変に応ずる独特の施設を講ずるの必要があらう。之れ西洋の先進国に社会政策的施設の最も盛んなる所以である。而して我国の先輩は或は国家的設備の形式的整頓完成に誇るものはあらう。然しながら社会政策的施設によつて国民の生活を幸福にならしめた点に誇り得るものは果して幾人あるか。滔々たる政治家皆之れ便所を造らずして西洋の真似をして放尿すべからずと云ふ衛生警察の規則を拵へたもの許りではないか。さればと言つて予輩は憂国の先輩が、今日の青年の志気の頽廃を慨嘆するのを不快に思ふといふのではない。只今日の青年は之れでは動かない。中には或点まで事実の真相を徹底的に見て居る者もあるから、もつと立入つた説明でなければ満足しないものもある。故に従来の先輩の慷慨論は同じ時代の教育を受けた老人達や、又は新らしい教育の風に触るゝことの少き地方農家の若い衆には、多少の同感を得るかも知れないけれども、国家の最も有力なる多少の見識を有する青年には何等の反応を見ないのである。地方の青年でも此頃は段々に開けて居つて、よし彼等に独立の批評眼がないにしても彼等の境遇――時代の圧迫に苦んで居る――は自ら彼等をして物を正視するの傾向を持たしめねば已まない。一応先輩の説に感憤しても後から誰かが行つて事物の真に徹する説明をすれば、彼等の頭は直ぐ変化するに極つて居る。之れ我々が時々地方に遊説して著しく感ずるところの現象である。

先輩の所説が只現代青年の警告鞭韃に止つて居る間はまだいゝ。然しながら彼等は原因を究めずして青年の思想を変転するに焦るの余り、彼等の思想の宣伝に不便なる総てのものを排斥せんとするに至つては、却つて青年の反抗を挑発して意外の結果を生ずるに至るやうである。例へば今日の青年の志気の振はざるは、西洋思想若くは西洋文学の結果なりとして、はては西洋の文物に眼を蔽はんことを要求するが如き態度に出づる。西洋の文学の中には余りに個人的な、余りに非国家的な分子もあらう。然し適当に之れを理解して居るものから見れば、此等は恐らく大して青年を誤る種にはならぬだらう。若し斯くの如き文学の流行するが故に青年の志気頽廃するといふならば、火元の西洋では夙《と》うの昔に亡国となつて居なければならぬ筈だ。青年の志気頽廃の原因は必ずや外にある。其本当の源を正さゞるが故に、此等の文学が特に青年を累するのであらう。若し源をさへ正せば思想の上に多少危険なものでも尚又文学として之を鑑賞するに何んの妨を見ないのである。然るに肝腎の源を抛擲して罪を文学に帰するが故に、文学の士などは却つて余計に反抗して益々非国家的態度に出づるの現象を呈する。又も一つ押し詰めて云へば、今日の青年は成程先輩の眼から見れば犠牲的奉公の念が薄らいで居るかも知れない。

少くとも彼等と同じやうな意味、同じやうな形式に於て忠君愛国を唱へないかも知れない。然しながら真に国家社会の文運の進歩の為めに尽して居る努力其物の総量は、果して先輩諸公の青年たりし時に比して遜色あるか何うか。先輩諸公の青年たりし時が独り志気旺盛にして、今日の青年が全然言ふに足らざる頽廃の淵に沈んで居るものであるなら、日本が今の如き地位を維持して居らるゝ筈がない。我々は固より現状に満足するものではない。西洋諸国の進歩発展の莫大なるに比較し、我国の前途は尚容易に楽観すべからざるものあるを思ふけれども、又明治年間の発達の跡を見て、少くとも抽象的に現代の青年に失望悲観しない。時代の変に応じて各種の改良施設を社会的背景に加へ、其上に現代の青年を活動せしむるならば、必ずや先輩諸公の憂ふるところは大いに減ずるだらうと思ふ。現代の青年を鞭韃警告するは固より必要である。けれどもそれよりも必要なるは現代青年の活動を妨ぐる総ての社会的原因を除くことである。而して之れ実に先輩諸公の責任である。而して先輩は常に青年を責むるに酷にして、自家の保守的思想の満足の為めに社会的改革の断行を欲しない。少くとも之れを第二次に置くが故に、折角の親切な先輩の忠告にも、青年は動もすれば反感を感ずる。例へば学制問題に見よ。猫も杓子も帝国大学の門に集つて高等遊民が出て困ると言ふ。然しながら社会の制度並びに慣行は帝大出身者に多大の特権を与へ、私学を圧迫して殆んど之れに帝大と同等の機会を与へず、帝大出身者にあらざれば青年の志を満足する地位にありつけないやうにして居るではないか。更に之を軍制に見よ。兵隊の義務は国民として苟も光栄ある義務なりと称へながら、上流社会は公然兵役を免れ(上流社会が兵役を免れ得るやうに制度が出来て居る)偶々止むを得ずして兵役につけらるれば為めに著しく学業が妨げられ、甚しければ職ある者も之を失ふといふことになつて居る。此等は先輩が二三決心をすれば一挙にして除去し得る事柄である。之を除去し各般の社会的制度慣行が、青年の活動を少くとも之に伴ふやうにすれば、初めて以て青年に犠牲奉公を説くことが出来るのである。今日の青年は今や正に時代の変と社会の欠陥を意識し、之を先輩に訴へ、或は自ら之が為めに努力し以て青年全体の活動を滑かならしめんと志しつゝある。斯くせざれば国家の前途亦甚だ危いと憂ひて居る。徒らに青年の志気の頽廃を説くの説に対しては、時代を解せざる老翁の繰言の如く、其誠意を諒として密かに其老を笑ふといふやうな風になつて居る。現代の青年は蘇峰先生の警告に接し或は此風の説明に多少の不足を感ずるのではあるまいか。

〔『中央公論』一九一七年一月〕

首相内相の訓示を読む

(一)

先月央《なか》ば開かれたる地方長官会議に於ける首相及び内相の訓示は、其の著しく挑戦的なる事に於て大に世人を驚かした。或者は所思を赤裸々に吐露し、従来の型式を破つたことを褒める。又或者は其極度にあらはれたる反憲政会的気分より推して、来るべき総選挙に猛烈なる干渉を試むるにあらずやと疑ふ。褒むるものにも一理あり、疑ふ者にも亦相応の根拠ないではない。

寺内首相は「本大臣は君国に忠実なる同胞七千万の公衆が、現内閣の赤誠以て国事に尽瘁《じんすい》するの微衷を諒とし、猥《みだ》りに虚構の説に惑はず、讒誣《ざんぶ》の言に動かず、一意国家の為めに適当なる選良を簡出して、以て鴻基を千載に固くし、国光を中外に宣揚せん事」を疑はずと言ひ、又「言論は決して絶対無限に自由たるべきものにあらず、要は法律の範囲内に於てすべく、固より放肆妄慢を許すべきに非ず。苟くも言議にして虚構讒誣に渉り、或は軽佻詭激に流」るゝに於ては、秋毫も仮借する所なしと云ふて居る。全文の調子が専ら憲政会を以て虚構讒誣の言議を弄するものとなすものゝ如きを以て、秋毫仮借する所なきの鉄腕が、自ら主として憲政会の頭上に落下せざるべきやを懸念せしむるものがある。首相は果して「其監督を厳正にして法規を励行し、国民の自由意思を尊重して選良の目的を貫徹せしめ」て以て我々国民を満足せしむるや否や。選挙取締の直接の責任者たる後藤内相は「本大臣はこゝに各位の努力に倚《い》頼《らい》し、今回の選挙取締を以て永く後日の範たらしめん事を期す」と宣明し、又

「固より取締の峻厳なるを期するは尚為し易し。然れども至公至正一点の私曲を挟む事なきを一般に認識せしむる事最も難し。各位は宜しく厳に其部下を戒飭《かいちょく》し、其態度を公明にし、苟も疑惑を挟むの余地なからしめん事を期せられん事を望む」と念を押して居るから、其声言の全体に於て極めて挑戦的なるに似ず其選挙取締の実行に於ては案外公平な所置をなすかも知れぬ。我々は刮目して現内閣の近き将来に於て執る所の措置如何を見よう。

首相内相の訓示が、共に憲政会に対する不満を赤裸々に表白した事は、一部人士の云ふが如く褒むべき事なりや否やは暫く之を措き、政敵に痛激な批難を加へた事夫れ自身は必ずしも尤《とが》むべき事ではなからう。けれども其為めに執つたところの議論の進め方並びに之を用ひた文字の使ひ方に至つては、決して宰相大臣の言論として堂々たる風格を備ふるものではないやうである。地方長官会議の訓示として彼が如き形式に於て彼の如き批難を為すの適当なりや否やについても多少の異見を有するが、少くとも其内容について吾人は次の三つの点に於て大なる不満を感ずるものである。第一は多少事実を曲げて政敵攻撃の具に供した事である。例へば大隈侯が寺内伯を朝鮮より招致せる事件の顚末の如き、三党首と寺内首相との会見に対する加藤子爵の揚言なるもの、次第の如き、又衆議院に於ける秘密会要求の顚末の如き、吾人公平なる第三者の立場より之を見るに、何れも皆多少事実を附会する所なきやの疑がある。意見の相違を以て堂々と争ふは妨げない。事実を曲げて論争に勝たんとするは到底卑劣なる行為たるを免れない。第二は寺内首相後藤内相共に動ともすれば君主の大権を論争の具に供する事である。君主の大権を論ずるは之を憲法の形式論に於てすべく、政治論は専ら国務大臣補弼《ほひつ》の責任の範囲内の問題たるべきである。若し「大権」を振り翳す事によつて敵を傷け得べしとすれば、同じく「大権」によつて現内閣も亦同様の傷を負はねばならぬ事を知らねばならぬ。去年七月大隈前首相が寺内伯を朝鮮より招き、後継内閣の組織を慫慂せる時、寺内伯は「元来国務大臣の任免は一に至尊の大権に属し、叨《みだ》りに私議すべきものにあらざる事を思ひ」、其提議を拒絶したといふけれども、伝ふるところによれば、寺内伯をして後継内閣を組織せしむべきの議は、已に山県公と大隈侯との間に意見の交換を見、寺内伯亦先づ山県公と大体の意見を交換して後転じて大隈侯と折衝せるの事実ありといふ。果して然らば伯亦至尊の大権に属する事を私議せるの責を免れない。固より予輩は之を以て何等大権を干犯する事柄とは認めないけれども、只寺内首相にして余りに大権論を振り廻せば、結局自縄自縛の窮地に陥らねばならぬ事を指摘せなければならぬ。第三は憲政会を難ずるが為めに余りに大人気ない批難を加ふる点である。此事は特に内相の訓示に著しい。例へば「元来憲政会の行動は、議院の内外を問はず、単に多数を恃んで現内閣を排擠《はいせい》せんとするの外、復た一片国家の前途を憂ふるの誠意なきが如し」と言ひ、甚だしきは「憲政会は斯くの如くにして故桂公爵の創設に係れる同志会の宣言綱領を無視するの奇観を呈し、(中略)政友会は今尚故伊藤公爵の創設当初に於ける精神を恪守して、一に節制を重んじ……是を是とし非を非とし、寧ろ着実公平なる態度に出で、以て其主張を一貫す」といふ。言も茲に至つては寧ろ滑稽を極む。「前内閣成立以来、言論機関が其穏健中正を失ふに至れる事甚だしく」、有識の君士中大隈内閣の新聞操縦策を目し、「我国憲政史上に於て拭ふべからざるの汚点を加へしめたると指摘」するもの少からずといふに至つては、最も其大人気なき態度を暴露して居る。「今や内外多事の秋に当り、徒らに党争を事とし、蝸牛角上の闘をなすの非なる事は、一般識者の同じく認むるところ也」といふのは、何人を責むるのか分らなくなる。

議会解散の原因は首相内相共に之を不信任案の提出に帰して居るのに、他面「而かも憲政会を除くの外は概して之(解散)を希望するが如き情勢を示せ」るは、「不自然に成立したる多数党と不自然に減少せる少数党との存在する為め」なりといふに至つては、確かに反対党の陣笠に供するに、揚足を取るの好箇の材料を供給するものである。

然し以上の点は、要するに些末の事項である。深く吾人の論弁に値しない。けれども両訓示の中には、其外に於て尚幾多の重大なる政治上の根本問題に触れて居るものがある。此等の点に就ては、予輩学究の立場としても亦之を軽々に看過する事は出来ない。

（二）

首相内相の訓示の中に含まる丶根本問題の第一は、現内閣に対する不信任案提出の是非に関する問題である。之を非とする議論の中にも、今日内外多事の際、徒らに内国政争に齷齪《あくせく》たるは非なりとするの立場より、極力之を難ぜんとするものがある。が、更に進んで、時期の如何に拘らず、現内閣に対する不信任案の提出は絶対的に其理由なしといふものもある。現内閣の主張は即ち此後者であることは明白である。寺内首相は不信任案提出の理由を解して「国民輿論の府たる帝国議会に基礎を有せざるを理由とし、併せて大政補翼の経綸を有せざるものと臆断し、之を辞柄となしたるにあり」とし、之を理由として内閣に処決を迫るは、即ち、「啻に至尊の大権を干犯するのみならず、併せて両院制度を無視するものといはざるべからず」として居る。然しながら余輩の観る処に拠れば、国民党憲政会の現内閣不信任の理由として掲ぐる所それ自身は、何等大権を干犯するものでもなければ、又必ずしも両院制度を無視するものでもない。此点について首相の弁駁は全然当らないと思ふ。故に問題は憲政会国民党の掲ぐる所の不信任の理由が、果して現内閣に之を適用して誤なきや否やといふ事に帰する。仮りに之を適用するに誤なしとして、之を今日の場合に政界の実際問題とするのが果して適当なりや否やといふことに帰する。

今日の場合内閣の不信任案を提出するは時機其宜しきを得ずとする説には、三種の論拠がある。一つは「緊急重要なる議事を抛擲し驀然《ばくぜん》内閣不信任の決議案を提起」する事が宜しくない。何故なれば「為めに国務の渋滞を来たす」からであると云ふ。二は今日国家多難の際、徒らに内争を激成して国家を煩はすが悪いと云ふ。三は前内閣の庶政壊廃の後を受けて内外の秕政を矯正するが為めには、超然内閣の出現も一時の窮策としては已むを得ぬ。暫く仮すに時日を以てし、其施措する所を観なければならないと云ふのである。何れも夫れ〴〵相応の理窟はあるが、然し実際問題としては、此等の点は、事政界の機微に渉り、予め器械的に一定の原則を立つるを許すべき性質のものではない。予輩が第三者として局外より観察する所に拠れば、大隈内閣秕政の後を受けて超然内閣の出現を余儀なくせし事情には、矢張夫れ相応の理由ありての事なるが故に、暫く之に其存在の継続を許し、徐ろに政界混乱の安定を待つべしとする議論も確かに一説であると思ふが、又他の一方に於て、寺内内閣に一日でも存続を許せば、其丈け我国憲政の根本的進歩が阻止せらるゝ。為めに一日も早く寺内内閣は之を殪《たお》さなければならぬといふ説にも争ふべからざる理由あると思ふものである。何れを可とするやは容易に之を断定する事は出来ないが、国民党や憲政会が現内閣の不信任案を議会開会の劈頭に提出したといふ事は、憲政発展の進歩の上に決して無意義のもので非ること丈けは疑がないと思ふ。何故に斯く断ずるや。曰く寺内内閣は、其根本的政治思想に於て、非政党主義を採つて居ると認めらるゝからである。

寺内首相は自ら議院を重んじ政党を重んずると云ふて居るけれども、従来の経歴に徴して、伯を非政党主義者と認むる事は、国民の間に定論がある。独り伯ばかりではない。現内閣の殆んど全員が皆非政党主義者である事も疑を容れない。寺内首相は自ら「現内閣を以て国民に立脚せずといふものあるを聞く……之れ事実を誣《し》ゆる中傷の言のみ」といひ、「現内閣は夙に政策を円満に遂行するが為めには議院に多数の党員を有する政党の援助に恃む事の甚だ切実なるを知悉《ちしつ》す」といひ、「本大臣は内閣組織の初めに当り、親しく各政党の首領を歴訪して礼譲を厚うし誠悃《せいこん》を効《いた》し……現内閣は其進捗《しんちょく》に伴ひ逐次各党の首領に諮《はか》る事を懈《おこた》らざるの決心を抱けり」といふも、其所謂国民とは何をいふか、又国民に立脚するといふは如何なる方法によるを意味するものか。其辺の事は一向明瞭でない。唯疑のない点は、貴族院に於ける多数の後援があれば、仮令《たとえ》衆議院に於て我を後援するものが少数でも、尚以て国民の輿望を負ふと為すに足ると考へてをる事、並に各党の首領に一片の形式的訪問を遣れば、それで国民に立脚するの意義が立つたと考へて居る事である。然しながら之を以て果して国民を基礎とするの主意が完了せられたりと見るべきや否やは大に疑がある。それ等の点は姑くどうでも可いとして、従来寺内伯の代表する一派の思想が、明白に非政党主義を以て始終一貫して居ること丈けは十分之を明白にして置くの必要がある。最近日本政治史の研究の結果として余輩の堅く信じて疑はざる事は、我国政界の先輩が、常に官僚政治の永続をはかり、何れの政党をしても断じて議会に絶対過半数を占めざらしむるを以て、彼等の間の不文の憲法とせる点である。先輩政治家の此点に於ける苦心の跡は、殊に議会に関する諸種の法制に明白である。更に最近の例を取つて之を云ふならば、政友会の絶対多数を打破せんとして大隈内閣の成立を助けた者は彼等である。而して大隈侯の一味の者が存外に成功して、遂に政友会に代つて議会に於ける絶対的多数を制するを見るに及んで、再び之が切り崩しを計画した者も亦彼等に外ならない。相手方の政友会たると憲政会たるとは問題ではない。唯絶対的過半数を制するの政党を成立せしめざらんとするが、彼等の主たる要求である。蓋し絶対多数の政党の存在はやがて政党内閣の勢を導き、遂に全然官僚政治家の前途を閉塞するに至るからである。斯くて現内閣は始めから盛んに非政党主義を以て起つたものである。而して非政党主義の結果は、言ふまでもなく第一には政党其物にとつての大打撃であるが、其上政界一般の進歩も亦之が為めに永遠に阻止せられ、更に甚しきは政界の腐敗をも誘致するの傾向を有するものである。政界の腐敗は非政党主義の跋扈に伴ふものなることは歴史の証する所である。

只非政党主義の余毒は一時的に明らさまに顕れないので、為めに世人は動もすれば之を看過し、却て政党其物の一時的弊害を挙ぐるに熱心するものもあるが、心ある者は寧ろ非政党主義の見えざる禍毒の恐るべきを知つて居る。国民党憲政会の諸子が、果して此認識に基いて急遽不信任案を提出したりや否やは、固より之を疑ふの余地あるも、我々第三者は、其動機の如何は暫く之を措き、不信任案の提出を以て全然無意義のものとは思はない。

（三）

政党内閣は果して至尊大権の干犯なるか。寺内首相は「純然たる政党内閣は、曾て英国に其実例を観たるが如く、衆議院多数政党の代表者たらざるべからず……然るに単に衆議院に於ける多数党の代表者を以て内閣を組織せざるべからずとなす」は、至尊の大権を干犯するものであるといつて居る。国務大臣の任免の全然大権に依つて定まり、決して外間の容喙干渉を許すべからざるは、憲法の形式論として固より一点の疑を容れない。従つて至尊の御意に反して下院多数党の代表者に内閣組織を任ずるの法条を樹てよと主張するものあらば、之れ明白に大権の干犯である。然しながら憲法に依りて定まれる大権の行動を実地に運用するの問題としては、或は元老が会議を開いて内閣の首班たるべき人を推薦する事日本在来の例の如くするも、或は上下両院議長を会して其協定に待つて之を定むる事仏蘭西の例の如くするも、又は下院多数党の首領を以て内閣組織の任に当らしむる事英国の例の如くするも、何等憲法上の大権と牴触する事なきのみならず、寧ろ之と相待つて憲法の運用を完成するものである。何人《なんぴと》をして内閣を組織せしむべきやは、大権の発動を待つに先つて、事実上何等かの形式に於て先づ定まる所なければならない。一旦定つて大権の発動を見たる以上は、政党内閣も超然内閣も皆大権の任命に基く内閣たるに於て敢て異る所はない。後藤内相が「至尊の御信任を辱《かたじけの》うして組織せられたり」と誇称せる現内閣も、又現内閣があらゆる悪声を放つ所の前内閣も、一旦成立せる以上は等しく皆陛下の簡抜し玉ふたる政府である。其間憲法上何等の区別がない。現内閣は至尊の御信任を辱うして組織せられたるが故に、之に向つて不信任を呼ばはるは放肆濫妄の行動なりとせば、其理論上の当然の結論として、前内閣の失政を指摘するも亦放肆濫妄の行動なりといはざるを得まい。要するに首相内相の訓示は、憲政〔法〕の形式論と運用の実質論とを混同してゐる。法律論と政治論との混同は思想の幼稚《ようち》なる人々の間には免れずとするも、之を宰相大臣の言説に聞くは予輩の意外とする所である。少しく発達せる国に於ては、流石《さすが》に憲法の形式論などは最早全然問題に上らない。独り日本政界の先輩今尚ほ憲法の形式論に拘泥し、而かも法律の形式によつて政治の実際的運用を律せんとするは、其思想の浅薄なる実に驚くの外はない。

日本に政党内閣の行はれ得るか否かは、今日我国の学界に於て最早問題ではない。余輩は曾て政党内閣の純粋理論上の是非並びに実際上の可能不可能、之と帝国憲法との関係、日本の現状に於ける政党内閣実行の利害得失等の問題を詳論した事がある（拙著『現代の政治』一八三―二一六参照）。政党内閣が帝国憲法の規定の何れの部分にも牴触せざる事、並びに政党内閣制が憲政運用上の帰趨たる事は、今日学界の定論である。廃残の頽塁を苦守して今尚一二「少数政治」の僻見を主張するものなきにあらずと雖も、如斯は固より学界の大勢の顧みる所ではない。後藤内相が「如何に煽動を試むるとも、政党内閣にあらざれば非立憲なりと云ふが如き」は「単純にして旧式なる陳套の偏見」なりとなし、「学者其他の識者も亦、其所論を発表するに際して特に此点に留意し、今や健全なる立憲思想の根柢堅実にして軽々しく動揺するが如き事なきに至れり」と云ふが如きは、全然我々学者社会の実情に反対するの説明である。

政党内閣の主張を以て至尊大権の干犯なりとするの説に対しては、江木法学博士も亦痛快の弁駁を試みて居る。

曰く「凡そ内閣組織の権限が天皇の大権に属する事は独り日本ばかりではない。寺内首相が反対の例証の如く援用せる英国に於ても、内閣員は総て国王の任命する所であり、内閣組織は大権の発動であつて、憲法上の形式に於ては我国と一点の相違する所もない……此大権の降下が人民の代表者に下つたからと云つて、何の大権侵害であるか……又かゝる慣例が永続したからとて、之を至尊の大権の干犯なりといふ事が出来るか……彼等の主張する所は、要するに浅薄なる形式論である。かゝる紙上の空論を以て、いかにして天下を治むる事が出来やうか……形式論の一面に眩惑せられて恐るべき誤解をなし、為めに日本の立憲政治を害する事少からざるは、慨嘆の至りである。」（二月十二日東京朝日新聞による）。新聞の筆記なれば、或は博士の言を完全に伝へ得ざりしの憾はあるとしても、略ぼ博士の意のある所は十分之を汲み取ることは出来る。要するに国務大臣の任免が大権の作用なりといふは、憲法上の形式論である。而して其実際の運用として、別に何人をして如何なる条件の下に内閣組織の任に当らしむべきやの政治的原則の成立するは、何等之を妨げざるのみならず、又実際に必要である。而して形式的原則は容易に之を枉《ま》ぐる能はざるものなる丈け、実際政治上の問題としては殆んど之を顧慮するの必要がないが、運用上の政治的原則に至つては、形式的に明白でないのみならず又之に対して幾多異議を挟む余地ある丈け、夫れ丈け実際問題としては重大である。又此方が国家の利害休戚といふ実質的の問題に直接関係する所甚大なるものがある。憲法条章の直接掲ぐる所にあらざるの故を以て、運用上の実際的問題を軽視するのは非常な誤りである。政党内閣が憲法上の大権に抵触するといふ議論の誤りなるは極めて明白であるが、政党内閣制が直接憲法条文の要求する所でないからといつて、必ずしも之に拠らざるも可なりとする態度も亦決して国家に忠なる所以ではない。

大権を楯として政党内閣を批議するならば、元老の推薦によつて内閣の組織を実現せしむるの慣例も、亦之を大権の干犯といはざるを得ない。而かも後者を是とし前者を非とするは、是れ偶々大権に口実を藉りて少数閥族の政論を弁護せんとするものに外ならない。彼等が真に大権の擁護を名として政党内閣に反対せんとするならば、所謂元老推薦の慣例をも絶対に之を否認して、純粋なる絶対的君主親政を主張せねばならない筈である。我国に於ても、論理を徹底せしめて遂に此説を説かざるを得ざるハメに陥れるものなきにあらざるも、然し絶対的君主親政と云ふが如きは過去に於て完全に行はれたるの実蹟に乏しきのみならず、今日に於て亦到底之が実現を見得べきものではない。否独り事実に於て斯くの如き現象のあり得ざるのみならず、又理に於て斯くの如きは決して国家の利益ではない。一私人の生活に於てすら、例へば三井、岩崎と云が如き富豪は夫れ〴〵八釜《やかま》しい家憲を制定して、主人自ら全然其所有に属する財産の自由処分に干渉しないやうに定めて居る。是れ皆主人が直接に其全財産の処分に干与せざるの制度を設くる事が、岩崎家三井家の繁栄の為めに必要欠くべからざる為めではあるまいか。一私人の経済に於て尚且つ然り。況んや複雑なる一国の経営に於てをや。絶対的君主親政の事実上不可能にして、又理に於て得策にあらざるは火を睹るよりも明瞭である。親政の美名に眩惑して此理を看誤ることなきを希望する。故に今日実際の政治社会に於ては、憲法上に在つては大臣任免の権は之を君主に収め、唯如何にして内閣組織の適任者を求むべきかの実際的問題については、其間自ら一定の政治的慣例の発生するに任かして居る。而して元老推薦も政党内閣も、等しく皆この大権運用の方法に関する回答に外ならぬのである。一方が大権と牴触し、他方は毫も牴触しないと云ふのは明白に誤りである。

されば政党内閣論者と之に反対する論者とは、実は大権を干犯すると之を擁護するとの差別にあらずして、結局は少数政治を謳歌すると多数政治を主張するとの差に外ならない。而して昨今多数政治主義たる政党内閣を難ずる論者の中に、更に別個の根拠より出発して、最良の政治は哲人政治なり、多数政治は即ち之に反すと説いて、政党内閣を排斥し得べしと考ふるものがある。若し哲人と云ふ二字を解して、此場合政治上特別の知識と手腕とを有する少数の先覚といふ意味に解するならば、之は何等多数政治乃至政党内閣と相容れざるものではない。何故なれば政党内閣に於ても実際政権運用の衝に当るものは、所謂常に哲人であるからである。哲人といふ句が可笑しいといふならば、少数識者の階級に属する者といつても差支はない。多数政治は常に凡庸なる下級の人民其物が直接に政治の衝に当るものだと思ふならば大なる誤である。多数政治も少数政治も、直接政治の衝に当るものゝ哲人たる事は何等異なる所はないのである。唯此両者の間に重大の差別ありとせば、そは現に政権運用の衝に当る哲人が、此に在つては近代国家に於ける一大勢「力」たる民衆を基礎として立つに反し、彼に在つては全然民衆より孤立して立つ点である。

抑々近代国家の政治に於て、「多数民衆」は確かに一個の奪ふべからざる大勢力である。之れ個人の自覚に基く当然の結果にして、今更ら到底之を古の状態に引戻す事は出来ない。従つて此勢力を無視しては如何なる政治家と雖も其抱負を十分に実行する事が出来ない。而して斯く多数民衆が政界に於て奪ふべからざる大勢力を有するといふ事は、必ずしも国家の為めに憂ふべき事ではない。国民の忠誠なる心情を言ひ表はす言葉としては、成る程天下は一人の天下である。けれども国家の堅実なる発達を図り、此激烈なる競争場裏に於て優に内外に国光を宣揚せんとする所謂国家経営の見地からすれば、天下は即ち天下の天下であると云はなければならない。国家の進歩発達は各員の自覚的協同努力に俟たざるを得ない。此点に於て、各員が国家の運命の開拓に於て自己の使命と責任とを自覚する事は、寧ろ喜ぶべき現象である。而して此自覚が即ち多数民衆の力の根拠である。而して健全なる国家の発達は、多数民衆の勢力の健全なる発達と相伴はねばならぬ。此点に於て少数の哲人が多数民衆を基礎として為すの政治は二重の意味に於て国家の慶福である。一つには哲人が民衆と接触する事によつて其卓越優秀の思想を彼等に伝へ、不知不識の内に其賢明なる思想を以て民衆輿論の内容たらしむる事が出来る。之れ所謂健全なる輿論の発生する殆んど唯一の途である。二つには哲人は民衆と接触する事によつて、其政治的経綸の上に多数の力を利用する事が出来る。如何なる善き思想も力の助を得ずしては到底実現する事が出来ないのである。民衆の力を無視しては、少くとも今日の世の中に於ては、何事も出来ない。近代の所謂多数政治は、斯くの如き両面の特色を有するものである。然るに世人動もすれば、多数政治は即ち多数民衆が直ちに其儘政界の実権を握るものとなし、従つて平凡浅薄なる思想が天下を支配するものと早合点をする。奚《なん》ぞ知らん、他に強ひて其円満なる進行を妨ぐるものなき限り、近代的多数政治は其形式に於て多数民衆の力の支配たるも、其実質に於ては少数賢明なる思想の確実なる支配である。若し此理を誤り、単に哲人政治の空名に眩惑し、多数を基礎とする事なくして、少数者の孤立的政治を認めんか、一見政治的活動の敏活を期するの利益あるが如く見えるも、為めに動もすれば民衆輿論の指導を誤り、甚しきは其不平反撥を招いで、遂に恐るべき結果を誘致せずと限らない。然らざるも為政者は結局に於て政界の一大勢力なる多数の力との折衝に苦しむの結果、所謂政界の腐敗を来たし、以て大に社会風教を紊《みだ》すに至るであらう。歴史上所謂政界の腐敗は常に多数を基礎とせざる少数が、多数を籠絡して政界の窮通を計らんとする事から起つた事は、昭乎として明かである。

立憲政治の要諦は、面倒を厭はず十分自家の所見の徹底的納得を求めるといふ事にある。政府は即ち之を議員に求め、議員は転じて之を選挙民に求むる。淳々として説いて倦まず、其間に決して面倒を厭ふてはならぬ。面倒を厭はざるものが即ち多数民衆を基礎とする政治主義を取るに至り、此面倒を厭ふものが即ち多数を基礎とせざる政治主義になり易い。面倒を厭へば、政府は即ち議員を買収し、議員は即ち選挙民を買収する等、種々の腐敗手段を以て目的の到達に急ぐ事になる。而して政党政治は即ち此面倒を厭はざる政治主義に立脚するものである。なぜなれば、政党は即ち少数の哲人と多数の民衆とを有機的に聯鎖する殆んど唯一の機関であるからである。固より我国現在の政党はかかる実質的使命を十分に全うして居るとは思はない。然し之は、いふまでもなく一つには政党並びに政党員其物の罪であるけれども、更に其根本的の原因を数ふるならば、広き意味に於ける制度の罪であると云はなければならない。なぜなれば、我国の制度は政党の発達を厭くまで阻害するやうに極めて周到に組立てられて居るからである。此等は是非共速かに改善を加へなければならぬ点であると思ふ。而して之が改善を急ぐ為めにも、早く政党をしてモット有力なものとなさしめたい。何れにしても、現在は如何に多くの欠点を有するとはいへ、少数哲人の思想によつて輿論の進歩訓練を計り、而して多数民衆の力をして有効に且つ健全に政界に貢献せしむるの機関としては、理論上今日のところ政党を措いて其外にない。政党の現状に不満足なるの余り、政党其物の本来の効用を無視し、之が進歩発達を計るを怠るは、決して国家の為めに忠なる所以ではない。若し夫れ自家階級の利害の打算の上より——意識的にしも無意識的にしも——濫《みだ》りに政党の発達を阻止せんとするが如きは、言語道断の至りと謂はざるを得ない。

（四）

憲政運用上に於ける貴族院の地位如何。貴衆両院は、衆議院に予算先議権ある事の外、総ての点に於て法律上全く同等である。併しながら、法律上同等であるといふ事は、必ずしも政治上に於ても亦同等ならざるべからずといふ結論を生ずるものではない。総ての臣民は法律の前に平等なりといふの原則があつても、例へば貴賤貧富の別による社会的地位の優劣は固より之を免れる事が出来ないといふのが普通の現象である。寺内首相は曰ふ。「憲政会国民党は「現内閣が国民輿論の府たる帝国議会に基礎を有せざるを理由とし」て、不信任案を提出せるも、「帝国議会は貴衆両院に依て成立し、独り一院のみを認めて直ちに国民輿論の府となすべきものにあらず……衆議院の決議は其一院の意思を表示するに止り、貴族院を包括するの理なきは固より当然の事に属す……我帝国立憲の制度にありては、貴衆両院を以て帝国議会を組織し、其間毫も軽重の差あることなし。然るに単に衆議院に於ける多数党の代表を以て内閣を組織せざるべからずとなすに至つては、啻に至尊の大権を干犯するのみならず、併せて両院制度を無視するものと云はざるべからず」と」。之も亦憲法の形式論として一点批難の打ち処もない。併しながら貴衆両院が法律上其間に何等軽重の別なしと云ふて、互に其対等の地位を主張して譲らざるに於ては、憲政の運用は如何にして円滑に行はれ得るか。一体独り両院関係に止らず、立憲政治に於ては、各機関が文字通りに其法律上の権限を固執するに於ては、全然其運用が出来ないやうになつて居る。例へば諸国の立憲制度に在ては、所謂三権分立といふ原則に依つて各種の機関が法律上全然独立して彼此相牽制して居るが、若し実際の運用に於ても厭くまで相牽制するの態度を続けては、政府の局に当るものは殆んど何の仕事も出来ない。専制の弊に苦しみ抜いた近代の国家は其弊を免れんが為めに、機関の分立並びに其相互の牽制といふ原則を立てゝ一切の制度を改造した。之れ立憲政治の表面上の特色である。然し文字通りに、即ち憲法法条の示す通りに、互に相譲らずしては、立憲政治の運用は忽ちにして其進行を停止せざるを得ない。之れ一部の世人動もすれば立憲的制度を以て国際的競争激甚にして最も政治的活動の敏活を要求する当今の時勢に合せずと為し、甚だしきは少数政治を迎へて立憲政治を呪はんとするに至るものある所以である。然しながら、近代の立憲政治は、制度としては動きの取れぬ、頑《かた》くなる各機関対抗の組織を取つて居るけれども、之れ丈けで終るのではない、更に他の一面に於て、其間に然るべき活路を見出す事を要求して居る方面がある。然らば如何にして此活路を見出さんとするか。

此問題に関して第一に答弁を求めらるゝものは云ふまでもなく政治道徳である。即ち立憲政治は、政治家の徳義に訴へ、争ふべきは大いに之を争ふも、結局に於て互譲交綏《こうすい》の精神に基き、国家の為めに一致協力の道を見出さん事を求むるものである。併しながら此種の問題は、只一片の政治道徳のみに訴へて、常に必ず解決を得るに決まつたものではない。故に更に一歩を進めて、政治上の理義を楯とし、一定の解決案に服従を迫るといふ事にならざるを得ない。只何を以て政治上の理義に適合する解決案とするかについては、時と場合とによつて必ずしも同一でないが、併し此点に関する多数識者の見解が大体に於て同一の方向を取り、従つて類似の場合に類似の解決案が繰返さるゝといふことになれば、こゝに自然政治的慣例が発生する。只之は時と共に自然と固まるものであるが故に、何の時を以て拠るべきの慣例が確定せりと見るべきやは、固より多少曖昧であるけれども、繰り返さるゝ度数の重なるに従ひ、茲に所謂政治的慣例も亦、憲政の進行を滑かにする一要件と見做さるゝに至るものである。而して事実多くの立憲国に於ては、各種機関の法律的権限の独立対峙は、実に之と併存する各種の政治的慣例と相照応して、始めて完全なる憲政の運用を行はしめて居るのである。我々は立憲的諸制度の法律上の権限を過重して、憲政の運用には寧ろ政治的諸慣例の確立が、より以上に重大なる関係ある事を忘れてはならない。然るに政治的慣例も亦憲政の進行の障礙を有効に排除し得る最終の武器ではない。慣例は何処までも慣例で、何も法律上に定められて居る事でないから、極端な場合に之が承認を拒まるゝ事があり得る。例へば英国に於ては、久しく貴族院は結局に於て衆議院の意思に譲るべきの慣例があつたのであるが、此二三十年以来、貴族院議員の六分の五以上が保守党の勢力に帰した結果、自由党が天下を取つた場合に限り、貴族院は従来の慣例を破つて厳しく衆議院に反対するといふ態度を取るに至つた。斯くては尋常の手段で政界の疏通を計る事が出来ない。されぱと云つて之を放任して置く訳にも行かないから、そこで英国では上下両院の関係は政治的慣例の解決にのみ任かして置く訳には行かないと云ふので、遂に法律上に此問題を解決せんとするに至つた。之れ先年英国が幾多の困難を排して、所謂議会法《パーラメント・アクト》を制定した所以である。理由は多少違ふけれども、濠洲聯邦でも此問題を慣例に任せず、明白に法律の上に規定した。之は上下両院の関係についての話であるが、政治的慣例の確立若しくば其作用に不十分の点があれば、遂に法規を以て一本調子の決定を見るのは又止むを得ない。

之を要するに、立憲制度は其の法律的方面に於ては各種の機関が飽くまで独立し、飽くまで彼此牽制するを可とするも、其政治的方面に在つては飽くまで妥協し、飽くまで交綏するものでなければならぬ。而して政治道徳の命ずるまゝに平穏着実の進行を見るは、最も理想的の方法であるけれども、少くとも其間に一定の政治的慣例が発生して、各種の機関が皆此慣例を重んずるやうになるのが望ましい。一歩進めて遂に法律の規定に之が解決を托するのは余り好ましい遣方ではない。

以上の見地よりすれば、寺内首相の言明の如く、貴衆両院の絶対的平等を説くのは、初学の法律学生に憲法論を説くの類にして、実際政治家の口より之を聞くは、我々の甚だ意外とするところである。我々に取つては、最早貴族院と衆議院とは法律上同等の権限を有するといふやうな事は問題ではない。両者両々其所見を固執して争ふ時、如何にして其間に疏通の路を発見すべきかゞ肝要なる問題である。此点に関して我国に於ては未だ明白なる慣例は確立してゐないやうである。尤も多くの識者は、暗黙の間に欧洲諸国の大勢に同じて、下院の優越権を認めんとするもの、如きも、従来上院の方では、何処までも下院と同等の地位を主張して下らなかつた。形式上下院に多数の根拠を有する政府にして上院の手にかゝつて打破られた事もある。併し全体としての趨勢をいへば、我国に於ても矢張り西洋諸国に於けると同じく、段々に下院の優勝的地位を認むる方向に進むに相違ない。之れ一般の世界の進歩に伴ふ当然の結果であらう。而して斯くの如き趨勢を以て進むのは、一面に於てまた理の当然に合するともいへる。なぜなれば、国民中のホンの僅かの一部分を代表するに過ぎざる貴族院が、概して国民全般の代表者と見るべき衆議院の決定に譲るのは、政治道徳の要求にも叶ひ、立憲政治の根本思想にも合して居るからである。尤も貴族院は、総ての場合に於て衆議院に盲従せねばならぬ義務はない。若し総ての場合に於て無条件に盲従せよといふなれば、貴族院は最早全然無用の長物となる。国家は決して斯くの如き屈辱的地位を貴族院に附するものではない。普通の場合に於て下院の決定に従へといふのは、謂はゞ上院に自重を求むるのである。下院議員は、一人を以て幾万を代表するに、上院の議員は概して僅かに数人を代表するに過ぎずして而かも下院議員と同等の権利を賦与せられて居る。故に彼等はそれ丈け国家に対して重き責任を負ふて居るといふ事が出来る。それ丈け又彼等は決して軽々しく動くべきものではない。故に普通の問題に於ては、暫らく下院多数の決定に譲歩して強ひて自説を固執せざるは、彼等の地位に最も相応はしき態度である。只一旦国家重大の問題について下院と意見の扞格を見、而して到底自説を枉ぐべからざるの深き確信を有するあらんか、茲に初めて彼等は猛然として厭くまで下院の決定に反対すべきである。斯くしてこそ彼等は真に其所信を国民に徹底せしめて彼等の反省を有効に促す事が出来る。滅多に固有の権利を主張して下院と争はない者が、偶々大に争ふといふのであれば、一般人民もよく〳〵の事であらうといふので、上院の説に謹んで耳を傾けるであらう。些末な問題についてまで絶えず下院に反抗して独立の権限を振り廻すのでは、国民は初めから上院の意見に特別の重みを置かなくなる。斯くの如きは国家が特に上院を設けたる本旨ではない。此点に於て予輩は、我国の上院が最近余りに軽挙妄動し、為めに国民の上院を見る事甚だ軽きに至れるを遺憾とするものである(同じやうな事は枢密院についても言へる)。

之れを西洋諸国の慣例に見るも、上院は原則として下院に譲るといふ事になつて居るのが普通である。殊に英国・仏蘭西等の国に於ては、下院の民衆的特徴を重視するの点よりして、初めから著しく下院を重しとする傾向がある。されば一般の俗称に於ても、下院を第一院と呼び、上院を第二院と呼ぶ。之に反して独逸の如き国柄に於ては、上院が社会に於ける優等階級を網羅するといふ点に特別の重きを置き、量に於て劣るも質に於て優るといふ理屈からして、兎もすれば下院よりも上院を重んぜんとする傾向がある。従つて英仏とは反対に、上院を第一院と呼び、下院を第二院と呼ぶ。独逸に於ては、政治的制度が政党の発達を阻害するやうになつて居り、従つて政界の高足逸材は多く官僚階級に集り、議会殊に下院には二流三流の人物を多く見るの有様なるを以て、上院が下院に比して特に優等の階級を代表すといふ見方は全然当らないではない。けれども英仏は全く之に反する。質について云ふならば、上下両院議員の間に殆んど何等の差を見ないと言つ〔て〕もよい。仏蘭西に於ては、政界の元老は漸次上院に引込むの傾向あるけれども、現に政界に活動する第一流の名士は決して下院に少なくない。英吉利の如きは寧ろ下院の知識が上院に優つて居るといふても差支ない。故に上院が優等階級の代表者なるが故に、上院が常に優等の意見の行はるゝ処であるとなし、暗に上院の勢力を立てゝ下院を抑へんとするが如き説は少くとも英仏諸国には適用がない。況んや我国の如き貴族階級が決して精神的に優等階級と見做すべからざる国に於てをや。但だ我国衆議院議員の間に軽佻浮薄の言動をなすもの多きは、我々の大に遺憾とするところである。けれども、之を以て直に下院の智識は大に上院のそれに劣れりと断ずるの理由を見ない。故に我国に於ても、政治道徳及理論の要求と先進諸国の慣例とに従つて、貴族院はふだん大に自重するの態度を採り、普通の場合に於ては、概して衆議院の決定に従ふを原則とするのが適当であると思ふ。従つて何が国民の輿論なりやの決定も亦之を下院多数の意見に求むるを合理的解釈となすべきである。貴族院が、此政治的必要の要求する適当の分限を越え、一にも二にも漫然として下院対等の権限を主張するは、決して憲政を進歩せしむる所以ではない。若し夫れ貴族院が、官僚閥族の爪牙《そうが》となり、下院多数党の攻勢に対抗する非政党主義の武器として利用せらるゝが如き事あらば、是れ貴族院の本領を没却し、憲政の発達を阻害するの甚しきものである。予輩は我国の貴族院に断じて此事なきを信ずるものである。

之を要するに、貴族院の政治的地位は、我国政界の実際的慣行の上に猶未だ決まつて居ない。政論の啓発と政治家の努力とは其中之を実際に解決するであらう。而して結局如何なる解決を見るべきやは、大勢の帰趨に稽《かんが》へて略《ほ》ぼ之を察するに難くない。只寺内首相の言明の如く、法律上の権限を根拠として、貴衆両院の政治上に於ける絶対的平等を論結せんとするが如きは、明白なる思想の混乱である。(二月十七日)

本稿を草し了りて後、図らず学友法学博士佐々木惣一君の同じ問題に関する意見の、大阪朝日新聞に載つて居るのを見た。議論精密啓発せらるゝ所少くない。心ある読者は之をも参照せられんことを希望する。憲政会も亦同じく弁駁書を出して居るが、之は弁難些末に亙り而かも根本問題の論究に聊か徹底を欠いて居るものがある。吾人より之を観るに余り大したものではない。

〔『中央公論』一九一七年三月〕

斯くの如き標準によつて選挙せよ

◎予は前回の総選挙の時友人の問に答へて、選挙道徳の三大綱領を説いた事がある。試みに之を挙ぐれば、第一は投票の神聖なる事である。我々の投ずる一票は一見甚だ無力のやうなれども、而かも之は実に国家の運命を動かし、我々六千万同胞の利害禍福を左右する所の深い意味を有するものなれば、我々は此偉大なる力の幾分を分担するものであるといふ高尚なる責任を感じて、極めて謹直敬虔なる態度を以て投票を実行せねばならない。第二は投票は国家の為めにすると云ふ事である。地方的利害など丶いふ事を余り眼中に置いてはならない。地方の利害を計るのなら郡会議員か県会議員で沢山である。国会議員は国全体の利益を計るものであるから、従つて余り地方には通用しなくても、国家全体に通用する優秀なる人物を挙げなければならない。第三は投票は一票にても之を忽諸《こつしよ》に附すべからざる事である。我一票が直ちに選挙の結果に影響しないからとて之を棄権するのは甚だしき誤りである。

◎次に如何なる人物を挙ぐべきかと云ふ標準に関して又三大目標があると云ふ事を説いた。第一は候補者選択の標準としては、其人の人格に重きを置くべしと云ふ事である。人によつては人格よりも政治的経綸並びに其抱負を第一に見よと云ふ人がある。西洋諸国の通例に見るが如く、政治は最も高尚なる仕事なるが故に、最も高尚なる人物が之に当らざるべからずとしてをる国に於ては、下等な人格なものはテンデ候補者として飛び出して来ない。人格の高下は初めから問題とならないのである。けれども我国に於てはさうは行かぬ。従つて政治的経綸の外に其人格を論ずるの必要がある。然らば二者の中何《いず》れを第一に重んずるかと云へば、予は政見よりも人格を見よと云ふ。蓋し政見は時によつて異り得る。全然政見を度外視せよとは云はぬが、併しながら変遷極りなき事のあり得る政見に標準を置くより、其渝《かわ》らざる人格を頼んだ方が間違がない。人格に於て第一着に淘汰した上で、次に来る第二の標準は即ちいふまでもなく其政治的経綸である。同じくは卓抜な政治的経綸を有するもの、若くは自己と政見を等しうするものを挙ぐべきはいふまでもない。第三には以上の二条件に合格したものが二人以上ある場合には、出来る丈け既成大政党に関係ある人を挙げよと云ふ事である。予輩は政党政治を理想とするものであるから、小党の分立は憲政の健全なる発達を阻害するものとして之を避けたいと思ふ。此点よりして同じ事ならば大政党に属する方の人を選挙したいと云ふのである。

◎以上の見解は大体に於て今日と雖も変らない。けれども現下の時局は二年前の時局と大いに其趣を異にする丈け、特に今度の総選挙に対する吾人の選挙意見を求めらるゝと云ふ事であれば、又自ら前記の根本意見に対して多少の条件を附加するの必要を見る。此点に於て予輩が特に今日の選挙民に対して述べたい点は、第一に予輩は現内閣の存続を希望せずといふ根本的立脚地から選挙に対する態度を定めたい。何故なれば現内閣は明白に非政党主義を標榜して起つたものであるからである。従つて予輩は中立を標榜して動もすれば後日御用党となるが如き卑屈なる人物を選挙する事を恥とする。さらでも無色無味の中立議員の多数輩出するは、憲政発達の上に断じて宜しくない。第二に予輩は現内閣の存続を願はないからといふて其当面の敵たる憲政会に無条件に投票せよと云ふのでもない。予は主義として超然内閣の存続に反対なると共に、政党内部の状態にも多大の不満を感ずるものである。政党自身も今や革命を要するの時であらう。而して政党廓清の前提は人物の選択である。斯くして予輩は第二に前に述べたる条件と同じく、再び玆に人格的標準といふ事を説きたい。斯くの如くにして中立の御用候補を廃し人格の下劣なるものを排した上に、扨て第三に何を標準としていよ〳〵清き一票を捧ぐべきかと云ふ時に至つて、予輩は其人の政治的経綸を尋ね、出来る丈け既成大政党に属する人物を挙げたい。

〔『中央公論』一九一七年三月〕

善政主義と政争無用論を駁す

「一」

今度の総選挙で主として争はるゝ問題は、政府構成の形式が如何にせねばならぬかの問題である。即ち政党内閣の主義に依るのが憲政の本義に合するか、或は超然内閣の主義でも差支《さしつかえ》無いかといふのが根本の争点である。而して此の問題に関して、予輩が政党内閣主義を執つて居ることは、是れまで屢々掲げた論文に依つて明白であらう。予輩は所謂平民政治の熱心なる主張者である。而して今日の時勢に於て平民政治でなければ立ち行かぬことは、世界の争ふべからざる勢ひである。仮りに此の制度が完全でないとしても、勢ひ之に依るに非ずんば、現代の憲政の運用は不可能である。且つ又少数専制の政治には、直接にも間接にも、色々の弊害あるのみならず、之からの国家はどうしても各分子をして国家経営の上に直接に積極的責任を負担せしめねばならない。各分子が一人一人国家を背負つて立つ丈けの義務と責任とを感ずるに由つて、始めて国家の富強を期することが出来る。此の点に於てもどうしても平民政治でなければならぬと信ずるのであるが、此の平民政治は実に政党内閣の組織に於て最も能く実現せらるゝものである。是れ予輩の政党内閣を熱心に主張する所以である。

尤も斯く言へばとて、予輩は今日の現在の政党に十分満足を表するものではない。現在の政党が極めて不完全なる状態にあることが、実に我国識者をして往々政党政治主義に顰蹙せしむるの原因を為して居る事実に対しても、予輩は幾分之を諒とするものである。

併しながら他の一面に於て、今日の政党の不完全なるは、政党其のものにも罪があるけれども、其の原因の大半は、従来所謂閥族官僚の徒が平民政治の徹底的施行を妨げて居つたことにあるを知らなければならないと思ふ。故に予輩は、一面に於て政党其のものに向つても反省を求め、又出来るだけ立派な人物を挙げて、政党それ自身に革新の機運を促さんと欲するものであるが、又他の一面に於て、大に政党に声援をして閥族官僚の排斥を図り、以て平民政治の徹底的施行を促し、斯くして我が国憲政の円満なる進歩発達を図らんことを希望して已まざるものである。斯くして予輩は平民政治主義の実現の前途に横はる第一の障碍は、何といつても超然内閣主義の跋扈であると確信するものである。

超然内閣主義が憲政運用の常道に非ざることは、深く之を論ずるの必要はないが、昨今現内閣の超然主義を弁護する人々の議論の中に、如何にも尤もらしく聞へて、綿密に物事を考へない人々を惑はす所の説が二つある。一は善政主義で一は政争無用論である。言ひ換れば、政党内閣とか超然内閣とかの論争は形式の論である。政治の目的は善政を施くといふ実質的問題にある。善政をさへ施いたならば、超然内閣でも差支無いではないか。且つ又今日欧洲大戦といふ大事件を前に控へて居る際に政府構成の形式論などに就いて、国内に於て激しき政争に余力を吝《おし》まぬのは無用であるのみならず、寧ろ有害と認めねばならない。挙国一致で千載一遇の好機会を利用せねばならぬ此の際、政争は畢竟無用である。国民は全力を集中して現内閣の施政を監督し、且つ鞭韃すべきであるといふのである。一見甚だ尤もらしく聞える現内閣弁護論である。併し乍ら此説は全然誤りであるのみならず一見尤もらしく聞えるだけ、それだけ人心を蠱惑《こわく》するの最も甚だしきものである。

「二」の一

善政を施きさへすれば、どんな内閣でも可いといふ説は、一見甚だ尤ものやうに聞えるけれども、併し少しく今日の憲政運用の実際に照して精密に考ふる時は、此の考へに対しては少くとも三つの疑問がある。第一には謂ふ所の善政といふ目的が果して超然内閣主義で達せらるゝや否やといふ問題である。第二には暫く一歩を譲つて善政する目的が達せらるゝとしても、事実上超然主義で天下の民心を率ゐて行くことが出来るか否かの問題である。第三には善政主義一点張りで、平民と没交渉に政治を行ふといふことは、人民を受動的地位に置くものにして、結局国家の根本的富強を図る所以に反くこと無きや否やの問題である。超然的専制政治が結局に於て弊害を伴ふといふことは、前の論文にも屢々之を説いた。局に当る少数の政治家をして、何等の弊害無く国家の為めに十分力を尽さしめんとすれば、どうしても平民の監督が必要であるといふことも、これまで繰返して説明した。此の理論は移して以て超然主義では結局に於て善政を施くといふ目的は達せられぬといふことの論証と為すことが出来る。無論或短期の特定の場合に於て非常の名君賢相が現はれて文字通りに善政を施くといふことはあり得る。予輩は斯かる事実の存在を争はない。けれども是れがどれだけ続くかといふことを考ふる時に、少くとも吾人は超然主義を一個の政治的制度として認むることは、国家の為めに非常に不利益であるといふことを信ぜざるを得ない。即ち超然内閣を以て善政の目的を達するといふことは、理論上特別の例外の場合に於て、或る特定の短き時を限つて纔《わずか》に可能なるを得るものにして、他の一般の場合に於ては必ず深き弊害を伴ふを常とするものである。此事は古来の歴史に於ても其の憑証に乏しくない。故に真に善政を施くの目的を達する為めの制度としては、平民的監督を認むるものでなければならない。況んや平民的監督を認むるといふことは、必ずしも少数の賢者の善政施行を妨ぐるものに非ざるに於てをや。超然主義で善政の目的を達するといふことは、其の人を得る特別の場合に於てのみ纔に可能である。而かも人さへ善ければ、平民的監督ありと雖も、善政の目的を達するに妨げない。況んや平民的監督あれば、制度として多くの場合に於て各種の弊害の発生を予防し得るに於てをや。故に一般的の原則としては、吾人はどうしても所謂善政主義には反対せざるを得ないのである。

〔以上、一九一七年四月一四日〕

「二」の二

仮りに一歩を譲つて、超然内閣を以て善政の目的を達し得られるとしても、所謂善政主義は畢竟するに世話焼きの政治である。国民を自主自由の地位に置かず、政治家が国民の世話を焼き、其の利益幸福を図つてやるといふ政治である。支那の言葉の所謂依らしむべく知らしむべからざるの流儀を以てする政治である。而して今日の自主自由に目醒めたる人類が、政治上果して斯の如き消極的地位に甘んずるであらうか。貧乏して苦学するよりも、節を金持に売つて其の養子となる方が楽だなど〻いふのは、意気地の無い青年の言ふ所である。仮令貧苦に悩んでも、自分の腕で独立独行の生活を営む方が金持の養子となつて其の精神の自由を束縛せらる〻よりも遥に勝れりとするのは、当今の青年の意気である。昔者《むかし》浦島太郎竜宮に客となり、暫く金殿玉楼に坐臥して山海の珍味に一切の浮世の苦痛を忘れしも、久しからずして一竿の風月に浮世を詫しく暮した以前の自由な生活に憧憬して遂に有らゆる物質的快楽を弊履の如くに棄て〻、元の古巣に帰つたのであつた。是れ豈人にはもと自由を尊ぶの精神があるといふことを最も明白に我等に教ゆるものではないか。如何に善政でも、人から世話を焼かれる政治では満足し得ない。西洋の或政治家が自治は善政に勝さると謂たのは、中々味はひのある言葉である。此の点より見ても、予輩は所謂善政主義を以て現代人の心理を無視したる謬説であると断言するを憚らない。

　更に一歩を譲つて、現代の国民が仮りに、真に善政をさへ施いて呉れるならば満足すると云ふたとしても、斯の如き消極的又受動的地位に人民を置くといふことは、国家其のもの、発展充実の為めに宜しくない。今日の国家は、之を組織する所の各分子一個人々々をして、積極的に国家の目的を意識せしめ、其為めに努力せしむることに依つて其の富強を図る所以とする。然るに所謂善政主義は、全然之に反し個人に向つては唯だ服従と盲目的信頼を強ゆるのみなるが故に、結局に於て各個人其のもの、完全なる発達を見ることが出来ない訳になる。此点に於て善政主義は、唯だ其の表面の成績だけを見ると、如何にも立派に国が治まつて居るやうに見えても、此れに因つて知らず〲国民の精神的発達の上に蒙る所の損害に至つては、実に測り知るべからざるものがある。善政主義の論は、一見人を恍惚たらしむる効あるも、知らず〲に人心を荼毒《とどく》するの大なるは丁度之を支那人の一部に行はれる阿片《アヘン》飲用の習慣に比較することが出来る。吾人は其知らず〲の間に民心の上へ及ぼす弊竇《へいとう》の深甚なるに大に警戒せねばならない。

　元来善政主義などゝいふことの、尤もらしく政界の問題になるのが抑も間違つて居る。如何なる主義に立つ政治でも、其の目的は総て皆善政である。善政を主義とするといふことは、超然内閣主義に於ても、政党政治主義に於ても、皆な同一である。善政を目的とするが故に超然内閣を可とするならば、又同じ理由を以て政党内閣をも可とせねばならない。総ての政治主義に共通する所の目的を掲げ、此れに依つて超然内閣を弁護せんとするのは、恰も病を治すのを目的とするが故に漢法〔方〕医が宜からうといふが如き議論である。吾人の知らんとする問題は、彼が果して善政を施くに志ありや否やといふよりも、如何にして善政を施くの目的を達せんとするかにある。病を治すを目的とする点に於ては、漢法医も洋医も同じことであるが、只だ彼等は如何なる科学的方法に依つて治療の目的を達するかゞ問題である。即ち今日の政界に於て問題とすべきは其の共に立つる所の共通の目的如何に非ずして、其の目的を達せんが為めに各々執る所の方法如何といふ点にあらねばならぬ。随つて吾人は、政党政治主義に依ることが善政の目的を達するに適するや、或は超然内閣主義に依ることが此の同一の目的を達するに適するや、何れが適当の方法であるかといふことを深く研究せねばならない。

〔以上、一九一七年四月一五日〕

「三」

次に政争無用論に至つては、是れ亦一見如何にも尤もらしく聞えるけれども、其の根柢に於ては非常の謬見が伏在して居る。何故ならば、政争といふことは、絶対に之を非認すべからざるのみならず、又場合に依つては大いに政争を闘ふことが、憲政の進歩の為めに必要であるからである。

立憲政治の運用に於て、政争は避くべからざるものであり、又事実必要のものでもある。何故ならば、国内に於て同一の問題に対する政治上の意見は、決して一に帰するものではない。大体に於て保守的の議論と進歩的の議論との対立があり、又更に色々複雑なる理由に由つて、種々雑多の意見が同時に存在し得る。此等の意見が互に競争して、其の間に自ら淘汰が行はれる。斯くして最も優良なる最も適切なる政見が国民の輿論として残るのである。尤も場合に依つては、二若くは三の政見が殆ど同等の力を以て相対峙し、何を以て最も多く国民の輿論の後援を受けて居る説と観るべきやを定むるに困難なることもある。而して結局之を定むるが為に多数決といふが如き機械的方法が取られる場合もある。けれども、要するに何れか一つの説を取つて、之を国民の意見とせねばならぬのであるが、其の際に政治当局者が、政争を否とするといふやうな意見からして、国内の反対意見を無視して、自分の意見のみを最良の意見なりと独り極めにすることは、正当の遣り方でもなく、且つ又適当の方法でもない。主義としては何処までも各種の意見を十分に争はしめて、所謂生存競争をやらせて、其の上に自然淘汰の行はるゝを待つべきである。是れが一番適当の方法であるとする以上、我々は政争を以て立憲政治の運用には欠くべからざるものであると認めねばならない。

唯だ我々の注意すべきは、政争の方法の問題である。政争其のものは必要でもあり又事実避くべからざるものであるが、如何なる方法に依つて其政争が行はるゝかといふのが、憲政運用の上に大切である。昔のやうに宮廷内部の陰謀で政権の争奪をやつたり、或は党同伐異《とうどうばつい》甚だしきは各々兵を擁して戦争をするといふやうなことで政権争奪をやるといふのは固より排斥すべきことでもあり、又今日実際に行はれても居ない。今日に於て慎むべきことは、公明を欠く陰険な手段で政争を行ふことである。立憲政治が従来の古い政治のやり方と異なる所は、政権争奪の形式を道徳化した点にある。従来の政権争奪は、腕力の競争に依つて極めたのであつた。今日は国民の良心の上に自家の政見を訴へ、其の判断を求むるといふことに依つて政権の争奪をやるのである。即ち公明正大に自家の見識を広く国民一般に愬《うつた》へて、何れの説に多数の国民が賛成するか、其国民の道徳的判断を求むるが為めに大に努力奮励するといふのが、即ち現代式の政権争奪の方法である。斯かる公明正大なる方法で争ふといふことは、何も妨げないのみならず、却つて此に由つて国民を教育するの効あるが故に、寧ろ之を以て一挙両得の方法といつて差支無いと思ふ。此の点に於て予輩は政争無用論に全然反対する。畢竟政争は如何なる時代に於ても之を避くることが出来ない。然るに若し政争無用論などを唱へて、公然と政治家が政争をやるのを妨ぐれば其の結果として来るものは、必ずや陰密の間に陰険悪辣なる手段で政争をやるといふ事である。故に政争無用論の必然の結果は、政争の形式を昔に戻して、再び之を不道徳化することになる。此の点に於て亦予輩は所謂政争無用論に極力反対するものである。

尤も問題の種類に依り、又時と場合に依り、政争無用論に一面の理由を認むべきこともある。例へば我が国に於て皇室の問題とか、或は又或る特別の外交上の重大なる問題とか殆ど国論の分裂を許さない問題がある。又直接に外国と戦争をして居るといふやうな場合には、暫く争ふべき問題を後日に延ばして、当面の急務の為めに一致協力するを必要とするが如き場合もある。此等に就ては此に深く論ずる必要を認めないが、唯だ此の際一言するを必要とするのは、今日我が国に於て争はれて居る問題は、今述べたやうな何れの場合にも該当しないことである。寧ろ大に論争して我が国憲政の将来の発達の為めに、徹底的解決を与へねばならぬ問題であることである。今日は実に政争無用論を説くべき場合でなくして、政争の徹底的に行はれんことを要求すべき場合であると思ふ。何となれば今日当面の問題が何れに決定せらるゝかといふことは、日本の将来の憲政の為めに、又日本の政治思想の発達其のもの、為めに、非常に重大な関係があると思ふからである。

〔『横浜貿易新報』一九一七年四月一四—一六日〕

総選挙後の寺内内閣の執るべき態度

◎今度の総選挙の結果は新聞などの予《かね》て予想して居つたが如く、政府側の勝利に帰したとする。併し政友会は単独ではまだ遠く過半数の域に達せず、所謂御用中立団と相合して議会に過半数を制し得るとする。明確なる結果は一両日の後を待つを要するが、大体先づ斯く想像して、サテ寺内内閣の今後執らんとする態度を考へて見よう。

◎寺内内閣の腹を打ち割つて見れば、其第一の希望は内閣の存続であらう。其存続の為めには総選挙の結果如何によつて恐らく臨機応変の策に出づるに相違ない。若し政友会が思ひの外優勢であつたならば、其要求を聴いて或は二三の椅子を其党員に与ふるか、或は二三の閣僚を政友会に入党せしむるか、不完全ながら「政党を基礎とする内閣」といふ体面を取り繕ふを辞せぬであらう。併しながら、寺内内閣の本来の希望は恐らくこゝにあるまい。出来る丈けは「政党を基礎とする内閣」といふ看板を掲げずして、政友会を我が思ふまゝに頤使《いし》せんことを欲するのであらう。それには所謂御用中立団を以て政友会を牽制し、政友会を余り優勢なものにしたくないといふことになる。而して総選挙の結果は恐らく寺内内閣の希望するが如き形勢を実現するものであらう。

◎寺内内閣の為めに最も都合よき政界の形勢は小党の分立である。一つ若しくは二つの党派が著しき優勢を示すことは其大禁物である。故に寺内内閣は政友会憲政会国民党の分野の外に多数の御用議員を作り、之を一団として政府の為めに犬馬の労を取らしめんことに努めて居る。斯くせざれば、超然内閣の基礎が危い。故に総選挙後に於て寺内内閣の先づ第一に努むるところは、御用議員の結束擁護であらう。其結果同じく御用党たる政友会との間に多少の暗闘も免れまい。併し其暗闘の結果政府と政友会と相軋《あいきし》るに至るやうな事はあるまい。政友会の策士は悧巧である。

◎各政党間に於ける中立議員の争奪は、何時でも総選挙後に、行はる丶現象である。中立議員の中には純然たる御用議員ばかりではない。何れかの政党と多少の因縁を有する者も少くない。殊に政党の不人望なる我国に於ては、中立を標榜することによつて当選するといふ不思議の現象に富む。けれども、政党の応援なしには当選も一般に困難であり、又議員となつて後も政党の外に居つてはいろ〳〵不便があるので、全然官僚政治の保護により辛うじて当選したるものを除いては、中立議員から進んで所属の政党を定むる必要がある。政党も亦一人でも党員の多からんことを欲して盛んに入党を勧誘する。今度の選挙でも中立を標榜せるもの極めて多いが、其中にやがては公然若くは暗黙の関係を政党に結ぶもの少くなからうと思ふ。

◎併しながら、中立議員が段々政党に関係を結ぶことは、即ち政党の勢力を大ならしむるものであつて、現内閣の為めには忍ぶべからざる苦痛である。従つて寺内内閣は此趨勢に対抗して盛んに中立議員の足停《あしどめ》を講ずるであらう。茲に我々は国民として大いに警戒を要するものあるを思ふのである。何故なれば、中立議員の足停は自然の傾向に反するものである丈け、之を遂行するに無理があり、従つて其間にいろ〳〵の弊害を生ずる虞あるからである。換言すれば、中立議員の足停をなす為めにいろ〳〵不正なる利益の提供といふやうなことがないと限らない。又此等の議員にしても政党の所属なき以上は、寺内内閣あつての議員にして政治家として永き生命を維持し得べき希望あるものではない。従つて堅実なる節操を彼等に求むることは困難である。現内閣の存続其事の是非は暫く別問題とするも、現内閣が其存続を計らんとして執るところの手段に対しては、我々は憲政の健全なる進歩の為めに多少警戒するところなかるべからざるを思ふものである。

◎更に問題を一転して、寺内内閣が今後の政局に当つて如何なる手段に出づべきかについては、格別の意見はない。何故なれば斯くの如き内閣其物の存続を予輩は希望せざる一人であるからである。けれども若し寺内内閣が今の儘で憲政の順当なる進歩に今日の政界を導くの誠意があるならば、吾人は速かに政友会との関係を政治上公明正大なるものにせんことを希望したい。政友会が堂々たる一国の政党として官僚政治の為めに犬馬の労を取るのは、何んと弁護しても醜陋の極である。政府も亦此醜陋を意とせずして政友会と馴れ合ふのは、恰かも密かに隠し妻を蓄ふるの類にして、政治上甚だ公明を欠くものである。寧ろ此関係を一変して公然誰憚らぬ関係に引き直すならば、独り政治道徳上好ましきのみならず、内閣其物の基礎をも一層有力にするものであらう。寺内内閣と政友会との関係を如何に結び附くることが、其関係を公明正大ならしむる所以であるかは、今日茲に説かない。只今日の儘で進むのでは、遠からず内部より破綻を来たすを免れまい。（四月廿一日）

〔『中央公論』一九一七年五月〕

総選挙後の政戦と国民党の責任

(一)

政府構成の形式を超然主義に取るべきか政党主義に取るべきかは、憲政の発達上極めて重大な問題である。之を単に形式の争なりといふ一言の下に軽視するは浅薄の見たるを免れない。仮令戦時であらうが、疾《と》うの昔に決せらるべくして而かも久しく決せられざりし此の重大問題が、茲に或は解決の端緒を見出し得べしとせば、今次の政争は決して無意義なものと見ることは出来ない。只今度の政争の結果、此の多年の宿題が、果して解決の端緒を見出すや否やが問題である。而して思ひ一度此事に及ぶ時、我々は自ら此際に於ける国民党の責任の重大なるを考へざるを得ない。

総選挙の主題たる超然主義・政党主義の争を、政界今日の具体的問題となせるは国民党の功である。無論、国民党のイニシヤチーブを取ることなかりしとするも、憲政会は恐らく同じく不信任案を提出したであらう。けれども国民党の此問題について憲政会と提携することなかりしならば、反政府軍は、遂に議会の解散を導くに至りし程、其勢容を大にすることは出来なかつた。して見れば、国民党は、兎に角、今次政戦の口火を切りしの功を認めらるべきものである。果して然らば、国民党はまた今次の政戦に於ては勿論、総選挙後の政局に立つても、同じく超然主義の潰滅の為めには、飽くまで全力を注がねばならぬ政治上の義務を負ふて居ると言はなければならない。

（二）

総選挙後の政局は如何になるであらうか。本論文は総選挙の前日を以て起草せしものなるが故に、右の点は一に想像によつて推測するの外はないが、殆んど起り得べからざる「場合」は総て之を問題外に置けば、総選挙後の政局は、恐らく政友会と御用中立の一団と合して優に議会に過半数を制するか、或は憲政会と国民党とが之に反政府中立の一団を加へて過半数を制するか、其の何れかであらう。而して政友会は已に政府党を以て人も許し自らも任じて居るが故に、若し之が御用議員と合して議会に過半数を制するを得ば、超然主義は茲に立派に勝を制して、解散を賭して争はれたる問題の解決は、一段落を告げたことになる。無論之は終局に安定したる解決とは思はれない。予輩の如き常に政党主義を信ずる者の眼から見れば、超然主義の勝利は之を以て一時の変態と認むるの外はないからである。けれども、兎も角も次期の総選挙までを寿命として、超然主義の勝利を占めた事だけは認めなければならない。尤も今度の総選挙の結果、政友会のみで優に過半数を制するを得ん乎、問題は或は少しく違つて来る。即ち例へば内閣の改造を迫つて閣員の地位若干を政友会に与へしむるか、或は現在の閣員の若干をして之に入党せしむるか、之等を条件として寺内内閣を援助すること、宛かも彼の山本内閣の如くならしめんと要求するかも知れない。政友会は、過去に於て其絶対過半数を制し得たりし時でも、官僚閥族と妥協して其地位を維持するに慣れて居るから、政党主義を以て徹底的に奮闘せんことを求め難いやうにも思はるゝけれども、然し、官僚閥族を牽制して幾分政党の勢力を張ることは全く期待し得ないこともあるまい。けれども政友会が単独で絶対過半数を制するといふことは、殆んど想像することが出来ないから、若し政府側の勝利といふ時は、之を政友会のみの勝利と見んよりは、寧ろ政友会プラス御用議員団の勝利と見るべき場合であらう。

之に反して若し総選挙の結果が政府反対派の勝利に帰せりとせば如何。此場合にも若し憲政会のみで絶対過半数を制するといふことになれば、問題は頗る簡単である。何となれば、彼が直ちに不信任案を提げて戦を現政府に挑むべきは疑を容れないからである。併しながら、多くの人の予想するが如く、憲政会は国民党と相合するに非んば、過半数を制する反政府団を現出せしむるを得じとすれば、不信任案を提げて挑むところの対政府の戦争は、専ら国民党の嚮背《きょうはい》によつて其勝敗を決するものと言はなければならない。是に於て国民党の態度は総選挙後の政界に於て最も吾人の注目を惹くことになる。而して超然主義・政党主義の争に多大の興味を感ずる我々に取つては、殊に此点が気にかゝるのである。

(三)

国民党は多年平民の友として知られて居る。閥族官僚の最も熱心なる反対者として知られて居る。政党政治は彼の理想、超然内閣は彼の宿敵、此等の点は総ての政党に共通の題目なれども、特に国民党の主張に於て最も鮮明に説かれて居つたのである。現に彼は今次の政戦に於ても寺内内閣を攻撃するには殆んど余力を残さなかつたのである。併しながら国民党はまた憲政会を以て同じく不倶戴天の政敵と見做して居る。前大隈内閣の時には、彼の地盤は甚しく憲政会の為めに蹂躙された為めにや、彼は寧ろ却つて政友会に接近して憲政会に当つたのであつた。然るに今や元の友党たりし政友会は現内閣に接近して来た。是に於て彼は其年来の主張を固執して超然内閣を打ち倒さんとせば、多年の政敵たる憲政会と提携せざるを得ないことになつた。茲に国民党の苦心がある。此苦心に対しては吾人も大に同情を表するに躊躇せぬ。蓋し国民党は、進んで超然内閣と戦はざれば、多年の主義に忠ならざるの譏《そしり》を免れず、さればとて又超然内閣の打破に全力を注げば、少数党の悲しさ、功名と利益と二つながら憲政会に奪ひ去らるゝの恐がある。我々の如き局外の政治研究者をして言はしむれば、第三少数党の運命は畢竟常に如斯きもので、是れ偶々憲政の運用に於て第三党の結局存立し得ざるを証明するものであると思ふけれども、併し已に多年苦闘の歴史を背景として多少の勢力を政界に占め来つた国民党としては、労せざれば世の譏を受け、労するも亦功を他に奪はるゝといふことは、到底其の忍び得ざるところであらう。故に国民党にして若し主義に忠実に且つ自党の立場を十分擁護せんとするならば、一方には飽くまで現内閣反対の旗幟を振り廻はしつゝ、他方に於ては其点に於て利害を同じうする憲政会の勢力にも反抗するの必要に迫らるゝ。之れ現に国民党の取つて居る態度ではないか。国民党が先に不信任案の提出に於て憲政会を誘ひながら、解散と同時に殆んど掌を翻すが如く憲政会に反噬《はんぜい》するに至つたのは、強ち両党の領袖間に多年蟠《わだかま》つて居る感情の阻隔にのみ因るものではあるまい。

以上の如き事情から、国民党は今度の総選挙に於ても憲政会に向つては頗る烈しく悪声を放つて居る。其結果として閥族打破を標榜する勢力が夫れ丈けそがれることは勢ひ免れない。是に於て人或は国民党の態度を疑つて、彼の本来の意志は憲政会の打破にあつて閥族の打破にあらず、現内閣不信任案を提げて起ちしは、偶々之によつて憲政会の多数を破るの機会を促さんとせしにありと言ひ、又或は国民党は已に政友会と通じ、来るべき政局に於て暫く現内閣の存続を許さんとすと誣《し》ふるものあるに至る。併し之れ恐らくは表面皮相の見に非ずんば誣妄《ふぼう》の評であらう。予輩は今仍ほ国民党の反閥主義は終始渝《かわ》らないと信じて居る。偶々憲政会に対する態度に於て世上の疑を蒙つて居るのは、只前述べた如き已むを得ざる事情に出でたものであらうと思ふ。若し否《しか》らずして国民党が果して心から節を変じて閥族乃至政友会と声息相通ずるに至れるものなりとせば、彼は最早精神的に其独立存在を捨てたものと言はなければならないからである。

国民党が少数なる第三党の悲しさ、政界の波瀾に際して常に明確なる態度を取るに多大の苦痛を感ぜしは今に始つた事ではない。今度の政変に際しても固より此感あるが、先年の山本内閣末年の政変の際も亦同様であつた。総ての政党が悉く政府に反対すること例へば最後の桂内閣成立当時の如き場合に於ては、彼は最もよく其能力を発揮する。併し常に多数の横暴に反抗するを以て生命となし来りし彼は、今度の様な、両大政党の相争ふ場合に於ては自ら其去就に迷はざるを得ないのである。現に今度の政争に於ても、犬養氏の言論に既に徹底的の意見を認め難きのみならず、二三領袖の言説には争ふ可らざる明白な矛盾がある。即ち甲某は来るべき新議会に於て亦必ず率先して不信任案を提出すべきを説くに拘らず、乙某は政府にして政友会と提携し、所謂超然主義を形式上撤退する以上は、強ひて反対するの理由はないと説いて居る。斯く領袖間の意見が既に矛盾して居る以上、世上一般が国民党の態度に多少の疑惑を抱くのは、亦無理からぬ次第と言はざるを得ない。

(四)

国民党の立場として、紛糾せる政局に際して明確なる態度を取るに苦むものあることは予輩之を諒とする。併しながら我々の切に国民党に望むところは、常に其根本の大義を離れざらんことに在る。党の利害も大事でないとは謂はない。

労して功を他に奪はるゝも心外であらう。況んや功を奪ふところの他党は、多くの点に於て彼と相容れざるものなるに於てをや。併しながら、余りに此等の点を顧慮することによつて、最も大事な対閥運動の鋒先を鈍らすが如きは、吾人の断じて国民党に望むところではない。況んや対閥運動の勝敗は、実に国民党の嚮背其物によつて決せらるゝの運命にあるに於てをや。而して超然主義・政党主義の争が、我国憲政の発達の上に極めて重要の意義を有するものなる以上、国民党は須らく此大義の為めに総ての感情と行掛りを放擲して、其全力を傾倒するところなければならぬと思ふ。

予輩は国民党の誠意を信ずる。彼は官僚閥族の打破の為めに、一度忍ぶべからざるを忍んで憲政会と提携した。是れ国民党に取つては実に大なる譲歩であつたらう。対閥運動に提携したからと言ふて、他の総ての点に於ても憲政会との提携を強ふるのは余りに虫が善過ぎる註文である。故に解散以後、国民党が直に憲政会に対して全く従前の反抗的態度に復し、総選挙に於ては大に責むべきを責めて毫も仮借するところなかりしは、之れ必ずしも咎むべき事ではない。尤も閥族打破といふ大事の為めに、恨を呑んで彼此相援けん事は、予輩の私《ひそか》に希望せしところではあつたけれども、選挙提携などゝいふ事は、今日の大選挙区単記の制度の許に於ては到底出来るものではない。現に味方同志ですら、互に暗闘を恣《ほしいま》まにして居るではないか。故に選挙で互に悪声を放つて居るのは、感情問題といふよりは或は制度の罪に帰すべき問題であるかも知れない。故に予輩は今度総選挙に於て、国民党の憲政会に対して執りし態度をば必ずしも責むるものではない。けれども閥族打破は天下の大事である。故に総選挙後の来るべき政局に於ては、他の一般の問題については兎に角少くとも閥族打破の運動に於ては、国民党は再び憲政会と提携して其年来の宿志の到達に努むべきである。斯くせざれば国民党の国民党たる面目も立たない。理屈は如何様にもつくものであるが、政府は既に政友会を友党としたるが故に不信任の口実消滅せりなどゝ言ふのは、以ての外の変節である。予は国民党の面目の為めに討閥の旗を蔵《おさ》めざらんことを切望する。而して国民党が斯の如き態度に出づることは、独り国民党多年の苦節を全うする所以たるのみならず、又実に我国憲政の発達の為めに大に貢献する所以でもある。

〔『中央公論』一九一七年五月〕

徴兵制度に就き軍事当局者に望む

（一）

一両月前から例年の通り徴兵検査が初まつて、予輩の知つて居る諸学校の学生卒業生中之を受けた者〔が〕沢山ある。而して之れまた今年に初まつた現象では無いが、是等の者の多くは――少くとも予輩の知れる限りに於ては――頗る健全なる体格を有し、格別の欠点有るべしとも思はれぬのに、不思議にも不合格の判定を受けて、就役を免除せられて居る。之をば彼等自身が非常な満足と為して居るは勿論、周囲の者も亦一様にこよなき幸福として之を祝つて居る。且つ免役せられた者が其免役を以て検査官の一種の恩恵的行為と視て居る事は言ふを俟たない。斯の現象に就て予輩は少しく当局者の注意を喚起したいと思ふ。

最近軍事当局者が一方に徴兵忌避問題を矢釜《やかまし》敷く言ひ立てゝ居る事は公知の事実である。彼等当局者は、一部の道学先生と共に、近来青年の間に兵役義務を軽視するの風を生じ、甚しきは之を忌避せんとするが如き言語道断の弊風あるを概歎し、之を取締るためには徴兵猶予の制度に改正を加ふるとか、其他種々の規則に厳重なる改革を加ふるとか、随分頭を悩まして居る。のみならず徴兵検査の遣り方に就ても、局外から見ては余りに苛酷に過ぎると思はれる程に厳重にして居る。去年何某といふ大学の優等卒業生が徴兵忌避の嫌疑を受けて一時世間を騒がしたのも、一面に於ては青年風紀の頽廃を語る現象ではあるが、他の一面に於ては又当局者が如何に苛察なる検査方法を採つて居るかを明かに語るものである。斯く一方には厳重に過ぐる程に忌避を取締つて居るのに、他方にはどん〳〵高等の教育を受けた者を兵役義務から免除してやると疑はるゝのは、寔《まこと》に不思議なる現象と言ふべきでは無いか。

以上の事実から推して考ふると、徴兵問題に就て我々は少くとも次の四点を断言することが出来る。(一)当局者は徴兵忌避の弊風を憎み、之が絶滅を図る為めに非常に苦心して居る事。(二)之れにも拘はらず一般青年の間には、就中高等の教育を受けた者の間には、心中之れを忌避するもの頗る多い事(忌避の目的を達する為め、不法なる手段を弄すると否とは姑く之れを問はない)。(三)幸にして兵役を免かるゝを得ば、本人は勿論世間一般概して非常に之れを喜び、甚だしきは之を祝する者すら有る事。(四)而かも検査官中には無意識的に忌避の動機に同情し、陰に忌避の目的を達せしむるもの少からざる事。以上の四点は、当局者が何と之を弁解しても、実際上の事実たることは明白にして一点の疑を容れない。此眼前の事実に対して予輩は実に当局者の注意を喚起せんと欲するのである。

但だ予輩は、当局者が予輩の斯く警告を敢てする趣旨を誤解して、単に当局者の職務上の失態を非難するに止まる者とせられざらん事を希望せざるを得ない。検査官中には忌避の動機に同情するが如き不届の者は無いなどゝ言ふ眼前の事実に目を被ふた白々しい弁解は、予輩の始めから聞くを欲せざる所である。予輩はまた当局者が、今後検査官を督励し、以て大に内部の取締りを厳重にせんことを要求する意味でもない。然らば何が故に斯くの如き不祥なる現象を態々明るみへ出すのかと云ふに、畢竟此明白なる眼前の事実を事実として許したる上、更に深く其の因て来る所の真原因を探究し、以て根本的に国家の為めにこの憂ふべき弊竇《へいとう》を絶たんことを欲するからである。

（二）

或人は徴兵を忌避するの弊風が、殊に昨今教育ある青年の間に著しく増長したと言ふが、果して増加したりと見るべきや否やは多少の疑がある。此説は、高等教育を受けつゝある壮丁の体格が近年段々悪くなるといふ説と共に、事情を精密に研究して見たならば案外に其論拠の薄弱なるものであるかも知れぬ。前にも述べた如く、高等教育を受けた青年が体格に何等欠点無くして、恩恵的に不合格と取扱はれる事実ありとすれば、漫然壮丁の合格不合格の割合を基として近年青年の体格は一般に悪くなつたなど〻論断するのは正当でない。之と同じく、以前は高等教育を受けた者が大抵免除せられて居つたのに、此頃は段々検査方法が――少くとも一部分の方面には――頗る厳重になつた結果、為めに偶々忌避の疑を蒙る者もボツ〳〵見ゆるやうになつたのである。若し従前も検査が今日の様に凡て厳格であつたなら、今日と同様忌避の嫌疑を受けた場合が相当に多かつたらうと思ふ。故に「兵役」と言ふ国家に対して最も尊重すべき義務に関する観念が、近年特に青年の間に薄くなつたと一概に断定し去るは少しく誇張に失するの言であると思ふ。けれども兎に角今日の青年の大多数の者の間には、国家に対する此の大切なる義務を重んずるといふ念慮よりも、兵役に就く事に由つて直接に蒙る所の多大の犠牲を苦慮する方の考が先になつて、敢て不法の小策を弄して強て之を免かれんとたくまざるまでも、出来るならば之を免かる〻の僥倖に与りたいと希望して居る者の多いこと丈けは、疑を容れない事実である。斯く高等の教育を受け将来社会の中堅となる可き少壮有為の青年の間に、大切なる公共的義務を避けんとするの風あるは、当局者の憤慨憂慮を聞くまでもなく、実に国家に取つて由々敷き大問題である。

然らば斯くの如き弊風の生ずる源は何に帰すべきかといふ問題が起る。一部の人は之を単純に青年間に於ける君国奉公の精神の欠如に帰し、全然之を道徳問題としてのみ取扱はんとして居る。無論之は一面に於て慥かに一個の道徳問題たるに相違ない。従つて一般国民殊に青年者流の道徳心を鼓舞作興する事に由つて、此難問の解決は大に容易《たやす》くなる。然し予輩の見る所では、之れ丈けでは到底問題の全体を解決することは出来ぬと思ふ。此点に於て予輩は特に軍事当局者の深き注意を喚起せんと欲するものである。何故なれば予輩は、青年をして徴兵を忌避するに至らしめたに就いては、一般道徳の頽廃といふことも左る事ながら、又軍隊それ自身の方面にも大なる責任ありと信ずるからである。換言すれば、軍隊そのものが兵役を頗る厭ふべきものたらしめて居る事実が無いではないと信ずるからである。

（二）

何を以て軍隊そのものが兵役を厭ふべきものたらしめたと言ふか。此事は少くとも二つの方面から之を論ずる事が出来ると思ふ。

第一は軍隊の非常識と云ふ事である。軍隊の非常識といふ意味は、苟くも兵役に服する者の直接に接する所の上官が概して皆非常識なる事をいふのである。軍隊といふ所は全く常識を許さゞる所であると思はしむる程に、彼等は没常識であり、又一般の風気が、没常識を流行せしめて居る。従て多少教育を受けて常識の発達した者に取つては、軍隊は肉体的に苦痛の場所たるのみならず、精神的にも亦非常に苦痛なる場所とならざるを得ない。是れ一つには将校養成の教育が極めて狭隘に失するの結果、彼等は概して自分達の世界以外他に自由闊達なる世界の存することを知らざるの結果であらうけれども、又一つには軍隊精神若しくは軍紀なるもの、意義を誤解して居ることにも由ると思ふ。抑も軍隊に最も尊ぶものは命令服従の整然たる規律たることは固より言ふを俟たない。常識を楯として上官の命令を批判するが如きは、決して下級者に之を許す可きではない。けれども、真の服従は合理的の命令に対してのみ能く行はれ得るものたることを忘れてはならない。軍隊に尊ぶ所は命令服従の真の――実質上の――秩序である。本当の軍隊的精神は、表面上の形式的の命令服従関係に基かずして、実質上の即ち心からの命令服従関係に基くものでなければならぬ。それには服従を要求する所の命令そのものが、本来合理的なものでなければならない。少くとも常識に逸れたものであつては不可《いけな》い。不合理な非常識な命令を発して、それでも上官の命令だから之を奉ぜよと迫り、由つて以て軍隊精神を養ひ得たりと言ふならば大なる誤りである。此点に於て我国の軍隊の内部には慥《たしか》に根本的の謬見が横行して居ると思ふ。是れ形式的の命令服従関係が能く行はれて居つて、而かも内心軍隊の非常識を呪ふもの多き所以ではないか。近頃一部軍人の間には、高等教育を受けた壮丁を呪つて、却て無教育なる者よりも成績が悪いと言ふ。焉んぞ知らん、是れ偶々軍隊の遣り方が、如何に教育ある青年の思想感情と一致せざるかを証明するものなることを。教育ある青年をも十分に心服せしめ得る様にならなければ、我が軍隊は未だ以て真の成功を誇ることは出来ない。軍事当局者が壮丁訓育の上に高等なる教育の素養を呪ふが如きは、寧ろ軍隊そのものゝ恥辱をさらけ出すものである。当局者自ら此点に覚醒するに非ずんば、到底我国の青年をして喜んで兵役に就く事西洋諸国の青年の如くならしむることは出来ないと思ふ。

　将校の中に非常識なる者の少らざる事は、既に徴兵検査の際にも現はれて居る。予輩の知人で、徴兵官から第何師団は何処に在るかとか、第何師団長は誰であるかといふが如き愚問を発せられ、偶々之に答へ得ざりしとて満座の中で非常な侮辱を与へられた者がある。教育勅語、戊申詔書、軍人に賜りたる御詔勅等を字句を謬《あやま》らず暗誦し得ざりしとて、以ての外の不心得漢と口汚く叱責さるゝといふが如きも、決して稀有の例では無いさうだ。然しそれ位ならば未だ可い。甚だしきは性質《たち》の悪い病気に罹つて居つたからとて、公衆の面前で非常な叱責と侮辱とを与へたり、又は忌避の疑ありとて打擲《ちようちやく》を恣にするが如き者すらあるといふ事である。是等は皆検査の時から既に人民に促して軍隊に対する嫌厭の念を起さしむるものである。将校が兵卒に対して厳格なる態度を執るのは、軍隊内に在つて固より妨ぐる所無しと雖も、然し検査官としては、彼等は単に一個の官吏に過ぎず、従つて彼等の壮丁に対するは、普通官庁の役人が人民に対すると何の異なる所無かるべきである。官民其地位を異にするの外、彼等は全然対等の地位に立つものである。些細の事で大声を上げて怒鳴つたり、甚だしきは打擲を加ふるが如き権限は、決して彼等に許されて居ない。彼等が動《やや》もすれば、検査場に眼鏡を掛けて居つては不可いの、欠伸《あくび》をしては不可いのと、勝手な拘束を加へるのも亦甚だ間違つて居る。検査官が、検査に際して普通の場合に見るを得ざる、窮屈極まる特別の拘束を壮丁に加ふるは、以て如何に彼等の非常識なるかを最も雄弁に語るものではあるまいか。若し我当局者にして、兵役の義務をして最も愉快なる義務たらしめ、軍隊をして最も有効なる国民精神の訓練場たらしめんと欲せば、先づ第一に検査官の非常識を改め、次いで根本から軍隊内部の非常識を一掃しなければならない。

第二に軍隊が壮丁の境遇を顧みないといふ事も亦有力なる原因である。軍隊が殊に高等の教育を受けたる者若しくは受けつゝある壮丁に対して兵役の義務を命ずるに方り、殆んど全く彼等の特別なる境遇といふものを顧みてやらない。尤も高等の教育を受くる者に対しては一年志願の制度がある。併しながら、此一年志願の制度に就いても細かに調査して見ると、第一に此制度は高等教育を受けつゝある者の特種なる境遇に適合するやうに定められて居ない。のみならず是等壮丁が一年志願の服役を為す事より直接に蒙る所の凡ゆる不便に対して、何等の親切なる手段を講じても居ない。今一二の例を以て之を説明せんに、高等の諸学校の学年は九月に始まつて七月に終る。然るに軍隊の役務は十二月に始まるが故に、仮令一年の服役でも、学年の中途に始まつて中途に終るが故に、結局二年を棒に振ることになる。且つ服役終了後時々召集せられる場合にも、例へば夏期休暇中に召集するといふが如き壮丁本位の便法を欠くが故に、之れが為めにまた一年を損すること丶なる。して見れば一年志願の制度は高等教育を受くる者に取り、有難いには有難いが、制度の立て方が宜しきを得ないが為に、一年で済む所を二年も三年も懸ることになる。之れが一つ。次には斯くの如き不便あることの結果として、学生は大に学業の進歩に遅れ、又卒業生などは其職業を得るに非常な障礙に遭ふ。職業を得て居る者も、為めに之を失ふことが決して少く無い。其処で政府としては、兵役といふ重大な国家的義務を尽くす事によつて職業を失ふが如き不幸を見ないやうに、懇《ねんご》ろに方法を講じてやる可きである。然るに我国に於ては此点に於て何等の途が講ぜられて居ない。政府部中に職を奉ずる者ですら、現に兵役の為めに其職を失はしめられた者が沢山ある。之が為めに進級の遅れた者に至つては固よりいふ迄もない。政府自らが兵役義務の完了者を特に薄遇するとは、余りに甚だしき矛盾では無いか。政府既に然り。民間の諸会社の如きは更に一層甚しい。斯くては徴兵を忌避する者の発生するも亦已むを得ないでは無いか。其処で予輩は軍事当局者に望むのである。速に政府を動して、徴兵に応ずる為めに官吏が失職するが如き事の断じて無いやうに新に規則を設けて貰ひたい。否、兵役に就く者は之を現職の儘とするは勿論、其服役年限は其儘之を勤続年限に加算し、更に一歩を進め、特に優待して同階級者中の最上位に置くと言ふが如き方法をも講じて貰ひ度いと思ふ。尚又望蜀の希望ではあるが、之も極めて必要なりと思ふのは、私立の会社の被傭人の如きに就いても、兵役に就ける者をば特に優待するやう、出来るならば法律を以て、之が出来ねば便宜会社自身を動して、夫れ〴〵適当なる方法を講じ、若くは講ぜしめて貰ひ度い事である。斯くまで親切なる途を講じなければ、徴兵忌避の弊風を一掃することは到底出来ないと信ずる。人によつては、職業を失つては自分も困り、又自分を便りにする家族も困ると言ふやうな境遇に居る者もある。斯ういふ者に取つては、現在の如き制度の下に在つては徴兵を忌避せざらんとするも事実至難なるものと云はざるを得ない。兵役に就く方が却て利益であるといふ程までに優待しなくとも、兵役に就くが為めに特に損害を受くるが如き事のないといふやうにするは、絶対緊急の必要であると思ふ。

猶一言すべきは、予輩の要求するが如き事は、何も日本に独り特例を開くといふには非ずして、実は独逸などでは夙に実行して居る所である。独逸の軍国主義があれ丈けに成功して居る所以の根底は一面実に茲処に在ると思ふ。軍隊に於ける非常識の跋扈といふが如き事実の極めて少ない事も一つの原因であるが、軍隊が進んで国民一般の社会的生活と調和を取る事に努め、殊に高等教育を受くる者に対しては、其特種なる境遇を顧慮して種々の便益を与へて居るといふ点が、彼の国の壮丁をして喜んで兵役に赴かしむる所以であると思ふ。仮令何等の便益無くとも、よしんば多少の不便は有つても、苟くも徴兵の義務を忌避するとは怪しからんなど、憤慨するのみでは、今の時勢には何の役にも立たぬ。所謂実利的便益を掲げて奉公心を釣るといふことは、固より忌む可きであるけれども、併し旺《さかん》なるべき奉公心を故らに旺んならしめざるの障害は、速に之を取除かなければならぬではないか。道徳論としては、「如何なる障害有りとも之を切り拓いて奉公心を旺んにせよ」と言ふに何の妨もない。けれども政治家の経綸としては、奉公心の旺盛に煥発する前途を出来る丈け平坦にして、些の障害でも除き得るものは悉く之れを除いて置くのが当然の話である。前途の平坦といふ根柢が無ければ、奉公心の煥発を一般民衆に望むのは頗る困難である。此点に於て予輩は切に軍事当局者の反省を促し、其遠大なる経綸に訴へ度いと思ふのである。当局者が此点に覚醒し、此点に根本的改革を為さゞる以上は、如何に兵役義務の貴重なるを説いても、如何に青年風紀の頽廃を罵つて国家当面の危機を絶叫しても、恐らく大した効能は有るまい。道徳的に青年風紀の頽廃を責むるは自ら其人がある。軍事当局者が予輩の所謂其当然為す可きの途をば棚に上げて顧みず、唯他人の領分を冒して青年を責むるに専らならんか、其結果は却て反感を挑発するに止まるであらう。

(四)

之を要するに、徴兵並に軍隊に関する今日の制度は決して完全ではない。今の儘のやうでは、仮令進んでこの大切なる義務を尽くさんと欲する者でも、動もすれば之を避けやうとする不心得を起すのは、甚だ慨《なげか》はしいことではあるが又已むを得ない。是れ世間が不知不識《しらずしらず》忌避の動機に同情する所以であり、又検査官までが同じく無意識的に之に同情するに至る所以である。一方には忌避を矢釜敷く取締る陸軍当局あり、他方には其の下に使はるゝ官吏が知らずして忌避を庇護するの結果を生ずるに至るといふのは、豈皮肉なる矛盾では無いか。而して此現象は云ふ迄もなく実に国家の為め由々敷き大事である。

世間一般が忌避の動機に同情する許りではなく、更に予輩が一歩を進めて軍事当局者の切実なる注意を喚起したいのは、国家の公共の機関までが事実上忌避を助くるに等しき行動を敢てして憚らない事である。官公立の学校が、特典を有する多くの私立学校と共に、徴兵猶予の特権を濫用するといふ公知の事実は其最も著るしき例である。曾て某省の官吏が、現に東京に居りながら、表面上外国駐在の命令を受けて如何にも海外に在るかの如くに取繕ひ、以てうま〳〵と徴兵を免かれたといふ事実を予輩は知つて居る。当該官省が全然此事実を与り知らずといふ事は出来ないから、言はゞ此事実は、官憲自ら其部下の官吏をして徴兵を忌避せしめたものと言はなければならない。是等の事実は必ずしも今日の軍隊の制度が悪いから起るとのみ言ふことは出来ぬだらう。けれども、少くとも制度がもつと良かつたならば、こんな不都合な事実はさう沢山は起らずに済んだらうと想像せらるゝのである。

更に一歩を進めて多少極端に論ずるを許すならば、国家が自ら一部階級の徴兵忌避を黙過して居るといふことも出来る。何故なれば今日我国の法律は、満三十二歳まで外国に滞在する者に、服役義務を免除して居るからである。尤も此制度は他に相当の理由があつて設けられたものに相違ない。けれども今日此制度を最も多く利用して居るものは、必要無きに其子弟を海外に送り、以て徴兵忌避の目的を達せしめて居る我国の富有なる上流社会でないか。見よ、現に富豪の子弟にして貴重なる兵役の義務を尽せるもの何人あるかを。貴族の間には進んで軍人になるものも固より少からずあるが、其以外の者は、病弱初めより問題に入らぬ者は姑く措き、他は大抵外国の放浪によつて服役の義務を免かれた連中のみである。して見れば、此制度は其本来の目的如何に拘はらず、今日は兎に角徴兵忌避の目的の為めに盛に利用されて居ることは疑ない。故に若し政府が徴兵忌避を熱心に取締らんとならば、先づ以て此制度に大斧鉞《ふえつ》を加へねばならぬ。而かも国家は此方面は全然顧みずして平然として貴族富豪の濫用に委してある。然らば国家は自ら一部階級の徴兵忌避を黙認して居ると責められても、恐らく一言弁解の辞は無からうではないか。而して斯れを此儘に放任して置くのは、実に一般の風教に害あるのみならず、又一面に於て甚だ不公平である。のみならず貴族富豪の階級に兵役を免れしむる結果として、一方には彼等に、此貴重なる義務の遂行に由つて得らるべき奉公心涵養の好機会を失はしめ、又他方には下層階級の者を促して、国家は我々の階級にのみ此血役を課して居るとの不平の念慮を養はしむるの大弊害がある。其他下層階級のみより専ら兵卒を徴募するの結果は、兵の素質を悪くするといふ事もある。兵そのもの、素質が悪るければ、従て下士も将校も心から兵を愛撫するといふ精神を薄くするに至り、さらでも非常識になり易き軍隊を、益々非常識の跋扈に委する事を避け難い。

以上論ずる所に拠つて、予輩が軍事当局者に希望せんとする趣旨は大体明瞭になつたと思ふ。けれども解り易くする為めに、更に之を約言するならば、予輩の希望は主として次の四点である。

(一) 軍隊内部の生活並に訓錬方法を根本的に改良し、凡て常識の上に健全にして厳格なる規律を立つる事。

(二) 軍隊と壮丁との関係を密接にし、殊に高等なる教育を受くる壮丁の各自の境遇は特に之を尊重し、積極的に又消極的に力めて其便宜を図る事。

(三) 上流階級は国民一般の儀表なるが故に、制度上は勿論、事実上に於ても、彼等の兵役免除は出来る丈け之を制限する事。就中貴族の階級には原則として絶対に兵役を免除せざる方針を採る事。

(四) 以上の諸点を十分改善したる上、徴兵検査官を戒飭《かいちょく》して最も厳正公平なる裁定を為さしむる事。就中教育の有無によつて採否の決定に偏頗《へんぱ》あらしむ可からざる事。

〔『中央公論』一九一七年六月〕

所謂排法科万能主義によつて暗示せられたる三大時弊

（一）

『帝国文学』十月号にあらはれた芳賀文科大学教授の「法科万能主義を排す」といふ論文は著しく世間の注目を惹いた事は十一月の諸雑誌に之に対する多くの評論があらはれた事によつても分る。同教授の論文の中には已に二三評論家の指摘せるが如く多少の誤解と偏見とが交つて居り、且つ法科出身者の跋扈に不平を言ふに急にして、此論文の暗示する根本の大問題を如何に処理すべきやの積極的方面は欠けて居るに拘らず、斯くまで世間の耳目を聳動せるは、畢竟該論文が偶々世人の多年抱懐して居つた教育上の大問題に触れて居るが為めであらう。而して世上の評論家多くは芳賀教授の論文の末節に拘泥して教授の暗示する根本の問題について懇切に考ふるもの少かつたのは予輩の密かに遺憾とするところである。

予の見るところによれば芳賀教授の該論文は我々平素痛切に感じて居る三大問題——三大時弊に触れて居ると云ふ点に於て最も我々の興味を惹くものである。同論文が世上の注目を惹いたのも畢竟之が為めであると信ずる。

（二）

教授は第一に今日社会の各方面に於て法科出身者が独り法科出身者たるの故を以て最高の地位に置かれて居るといふ事実を指摘して居る。教授曰く「現代の状態は法科の卒業生を殊に偏重する傾向」あり「上は補弼の大臣から下は刀筆の吏に至まで一切の国務政務の施行者商事会社の事務担当者までも法科出身者ならでは其地位を与へられぬといふ有様、専門の技術を要する官衙でも会社でも之を経営し之を指揮し之を監督する役目は法科出身者に委ねて居る」が之は正当の状態でもなければ、又「国家の発達進歩の為めに最善の組織でもない」と。斯くて教授は平安朝の時代が法科万能主義でなかつた事や、又徳川時代の各藩の政治は多く儒学者の手によつて行はれ而して其政治的手腕は実に立派なものであつた事を挙げて居る。此観察に対しては言ふ迄もなく世上いろ〳〵の批評があつた。教授の言ふが如く法科の卒業生を特に偏重するといふ傾向は事実の上に隠す事が出来ない。然し所謂国務政務の施行者、商事会社の担当者等に適する人才が他科出身者よりも法科出身者に多い、従つて其中から多く此等の任に当る者が採用せらるゝといふ事も止むを得ない現象である。只此等の任に当る者が須らく法科出身者に限るべしとするの不当なるは、教授と共に感を同じうするところである。而して現在の官吏登用の方法は特に法科出身者に便利なるやうに作られて居る事は、教授と共に確かに一つの時弊として指摘するの値打はある。教授の説かるゝが如く今日までの官吏任用令は維新後急に西洋の制度を模倣し、此等制度に関する智識を有する法科出身者を続々あげて官吏とするを必要とする時代に作らしめたものである丈け、それ丈け法科出身者に都合のよいやうに出来て居るが、然し何時までも斯くの如き制度を保存する事は必要でもなければ又得策でもない。任用令に除外範囲を拡張して広く人才を求むるの余地を開き、又試験制度にも改正を加へて、殊に試験課目にも根本的の改正を加へて、文科に属する課目の中例へば哲学、史学の如きも必須科目とするが如きは必要であらう。文官試験が実質上法科大学の試験と相去る遠からざるが如き事実にも多少着眼するを要するかも知れぬ。紙の上では兎も角、事実上法科出身者のみが官吏登用の途に於て特に便宜を受くるが如き地位に置くのは公平でもなければ又真に人才を得る所以でもない。此点に於て教授の論は今日の一時弊に適中して居ると思ふのである。

併し以上の如き瑣末の点よりも尚一層教授の暗に指摘せんとするところの一大時弊は、今日の社会は実質的運営の方面を軽視し、独り専ら形式的整頓の必要を過重するといふ根本的謬想に触れて居るといふ点であるまいか。凡そ国家公共の事務乃至会社諸団体の煩雑なる仕事は一定の形式に組織統一されて運用せられて居る。又斯くせざれば実効を挙ぐる事が出来ないといふのが今日の実情である。故に此等の事務に従ふものは現に其執るところの仕事の組織を知り、又一般近代社会の同種類の事業に共通なる所謂一般組織を知り而して此智識に基いて現在の智識を整頓し完備する為めの能力を養ふ事を必要とする。此等の形式的組織に関する智識は乃ち法制の学問の与ふるものであつて、今日社会の実務に当る人に取つては最も大切なものである。併しながら今日社会の実務に当るには単に之れ丈けでは足りない。形式に合するといふ事のみで事効の挙るものではない。更に内容が要る。如何なる理想、如何なる目標に進むか。又此目標に進む途を如何に充実するかの実質的方面を全うしなければならない。形式は目的其物ではなくして、目的を達する為めの最良の手段方法に過ぎない。而して此等の実質的能力は法制の学問のよく供給し得るところにあらずして、之は寧ろ哲学とか、史学とか芳賀教授の所謂文科に属する学問の供給するところである。之を要するに社会の実務に当るもの殊に国家の政務に当るものに取つては、形式実質二面の智能を必要とすると言はなければならない。形式的智識を欠く政治家に国政を托するの危険なるが如く、実質的能力を欠く政治家に国政を托するも亦甚だ危険である。芳賀教授が法科出身者が単に法科出身者たるの故を以て国政枢要の地位に居るを憂ふるの真意は恐らく玆にあらう。

然るに我国先輩は人を取るに其形式的智識を重んじ、其局に当る者は実際運用の精神を重んじない。否な、万般の施設をなすに方つても寧ろ運用の任に当る人を見るよりは運用の方法形式の整備を苦慮する。斯く〳〵の目的を達するには斯く〳〵の制度を作ればよいとか、これ〳〵の目的を達するにはこれ〳〵の法律を作ればよいといふ方面に専ら着眼するけれども、何人が如何なる精神を以て之を運用するかといふ方面を比較的閑却する。例へば今度船舶管理令、物価調節令を発布した。かう云ふ規則を作れば理論上かく〳〵の弊害が取り除かれ、国民はこれ〳〵の幸福を受くる、而して此所期の目的を達する為めには之が実行に当る人が大事だと云ふ方面は閑却する。之れ法制徒に燦然として事効更に挙らざる所以である。全体の考が斯の如くであるから、其の局に当る刀筆の吏も亦其重んずる所は、自分の為す所が所定の形式に合するや否やの点にある。之れ繁文縟礼を来たすの一つの原因であらう。地方の視学官に少壮の法学士を挙げた方が却て老練な教育家を挙げたよりも成績が好いといふ議論の如きも畢竟教育法令に合するや否やを明かにする事が、地方教育事務の大部分であるとする見地に立つものである。形式に合するや否やは属官の為すべき事である。当局の首脳者は根本的に教育其物の進行を計らねばならぬといふ考に立つものなら、文部省の一属吏たりし福原氏の如きを大学総長の任に置くといふが如き奇怪な現象も我国に起らなかつたであらう。要するに我国では政務運用の任に当る其人を重んずるといふ事をせずして形式的組織其物を重んずる。組織を重んずるの弊は強制主義を重んずる事である。何故なれば人を一箇の器械として之れに定まつた仕事を強制する事が、其目的を達する捷径であるからである。斯くして政治組織は軍隊式になり、其局に当るものは政治の理想に全然盲目ならんとするの傾向を呈する。今日我国の政界に行はるゝ思想は、百般制度を精細に整へ、最も有効に此組織を活用するといふ事の外に何の高遠なる理想があるか。而して組織尊重の傾向が今度の戦争で尚一層強くなつたやうだ。之れ政界の先輩が独乙《ドイツ》の強きは軍国的組織の鞏固なりしにあり、英仏の捗々《はかばか》しく独乙を屈し得ざりしは平素組織の整頓を怠りしにありと見たからである。併し深く考ふれば独乙の強きは単に組織のみでない。英仏は亦個々の人其物を尊重して居つたが故に、組織の整はざるによつて来る弱点を大いに補ふ事が出来た。故に我々は形式的組織の方面の必要を高調する〔と〕共に、之のみにては駄教授の憂る所は我々大いに之に傾聴するの必要があると思ふ。法科出身者が跋扈するといふのは、偶々我国の政界に組織過重の弊あるを適切に示すものであつて、此点に於て芳賀教授の所謂国家を指導するに足る高尚なる理想を欠く、又其教養の浅薄なることを警戒しなければならない。目だといふ事を深く考へねばならず、且つ又組織を過重するの弊は遂に国家を専制的無理想に導く事の虞あるこ

(二)

第二に教授はすべての方面に於て其首脳者たるものは常に法科出身者に限るの謂れなきを指摘し、特種の部門に於ては其路の専門家を長官とするの正当なるを説いて居る。教授曰く「苟くも常識ある限りそれ〴〵の専門家は単純に技師たるのみならず、其専門の学術技芸に関する経営に当る方が国家としての利益ではあるまいか。其方が事業の進捗の上に効果が多いのではあるまいか……専門家をして最初から其局に当らしめて、扨それに必要な法制的智識を後から学ばせてもよいのではなからうか。」と。之れにも大きな問題が横はつて居る。予輩も専門家は其専門の部内に於て其長となり、一切の計画の指導者となるといふ事は適当の事であるのみならず、又必要の事であると思ふ。然るに我国では常に此地位に行政官を据える例になつて居る。大学総長の地位に一国の文化学術の進捗に何等の交渉なき行政官を置くの例は已に之を述べた。地方の視学官は言ふを俟たず、美術学校長、音楽学校長の如きまで行政官たりしものを挙げて居る。甚だしきに至つては美術の鑑賞に就いて何等の智識も興味も無き一属僚が文展の審査委員長となつて居る滑稽事すらある。斯くの如くにして一国文運の進行を計り得ると思ふならば大いなる誤りである。尤も一局部の長となれば、其人の仕事の中には専門の法制的智識を必要とするものも少くない。而して芳賀教授の言ふが如く特殊の専門家に後から法制的智識を学ばしむるといふ事も実は

困難である。又法制的智識の修得に余力を注がしむる事は得策でもない。此方面の事務は例へば書記官若くは事務官といふ地位に専門家を据ゑることによつて補はしむる事が出来る。故に理想的制度としては専門家を長とし、其下に法制的智識を配して之れを助けしむべきである。法制的智識を長として其下に専門の士を率ゐしむるは、冠履転倒の甚しきものである。尤も各部門の長となるのには其専門的智識と共に夫れ〴〵の理想と見識とが無ければならぬ。学校の校長ならば教育的見識とか経験とかなければならぬ。唯其道の専門家であるといふ丈けでは十分で無い。然しながら此等の理想見識は必ずしも法制的智識を前提するものではない。法制的智識なしと雖も其人の教養次第で之れ丈けの資格は備へ得る。芳賀教授が「苟くも常識のある限り」と言はれたのは、恐らく此点を意味するものであらう。唯事実上日本今日の教育の有様では深遠なる教養に基き、高き見識の専門家を見るといふ事は頗る困難であらう。唯所謂常識ある人物即ち見識ある人物は本来高等普通教育で養はねばならぬのであつて、此方面の必要が何も他の各専門家に限つた事ではない。法科方面にも此必要は無論大いに感ぜられて居る。専門家に見識ある人物が無いからといつて、一局部の長官たる地位を法科出身者に持つて行く理由とはならない。況んや法科出身者と雖も教養ある人士の乏しきは同様なるに於ておや。此点に於て予輩は我国の高等教育の組織の中に人物を作るといふ方面に尚一層努力を加へねばならぬといふ必要を感ずるものである。

(四)

第三に教授は今日文科方面の著しく衰退して居る事を嘆ぜられて居る。曰く「国家の思想界を指導すべき文科は今日全く度外視せられて居る……今日の状態で行くと全国の秀才は文科には最も縁が遠い……今日の有様で行つて将来第二流第三流の人のみが文科に入る事が国家教育の方針に協《かな》つてゐるのであるか」と。一国文化の進歩は、一つには文科に属する学問を研究せる人々に俟たなければならない。而して此方面に天下の秀才は多く足を向けないといふ事は、国家の将来の為めに真に憂ふべき現象である。予輩は今日の天下の秀才が多く法科とか医科とかに集まり、文科理科の如き最も根本的な基礎学の方面に身を投じないといふ最近の著しき現象を耳にし、教授と共に其憂を同じうするものであるが、唯其原因の何れにあるかといふ事に就ては、教授の説の如く単純に説き得る問題ではないと考へて居る。文科出身者をもつと枢要なる地位に挙げたり、官吏登用の途に於て尚一層文科出身者の便宜を講じたり、一言にしていへば文科出身者に今よりも尚多くの形式的栄達の途を講じても、這般の憂は取除かるゝや否やは大いに疑とせねばならぬ。予輩は今日の天下の秀才が喜んで多く法制〔科〕や医科に身を投ずるの現象を以て、もつと深い所に根柢する現代日本の一大病弊となし、識者によつてもつと痛切なる解釈と対応策との講ぜられん事を希望するものである。

〔『中央公論』一九一七年一二月〕

原内閣に対する要望

発表されたる顔触を見ると、純然たる政友会内閣である。枢密院に当りのよい所、貴族院の操縦に便宜な所二三枚を加ふべしと云ふやうな俗論を空吹く風と聞き流して居るやうな趣がある。斯くては表向きどんな事を云ふにしろ、枢・貴両院より常に同情ある援助を期する事は出来まい。窃《ひそ》かに相談を受けるだらうと予期して居つたもの丶当て外れの不平は姑《しばら》く措くも、之で政党内閣の組織が段々堅まつては大変だといふ官僚系の内面的一大煩悶は、必ずや事毎に勃発すべきを疑ふことは出来ない。只之に対して原内閣は如何なる応酬を試るだらうか。巧みに敵の鋒鋩を避くるに苦心するは妨げなきも、之に阿附謏合して一時の苟安を貪るは純政党内閣の為めに取らざる所である。過渡期の事であるから幾多の困難はあらう。が、新傾向に乗じ、又新傾向に迎へられて起つた新内閣としては、何処までも新勢力に根拠を据ゆることの外に取るべき途が無いではないか。今は昔、第三共和国設立の始め、多数にして且つ因循なる王党と戦ふ為めに、生気に充ちた少数の共和党がどれ丈けの苦心とどれ丈けの発憤を示したかは原内閣の当さに学ぶべき所である。彼にあつては共和政体の確立、我にありては立憲帝政の確立、各々目標をこそ異にすれ、前途に横はる障礙の種類は略ぼ同様である。新内閣の閣僚諸公は、遠大なる理想と雄渾なる手腕に於て、大正のチエーたり、大正のガンベツタたるを得るや否や。

新らしき勢力に根拠を据ゆるとなれば、どうしても文字通りの意味に於ての善政主義で行くより外はない。寺内内閣のやうな旧勢力によつて立つもの、善政主義を振り廻すは初めより無意義である。善政主義は政界の進行が正しき軌道に復《かえ》つて後にいふべき問題である。今や原内閣は已に旧き勢力に拠らず、又旧き勢力に遠慮するの必要なしとすれば、彼等には何等かの口実を以て善政の看板を糊塗するの情実がない。斯くして一方に於ては真正なる善政主義を以て国民の良心に訴へ、他方は誠実なる政策を以て一部の官僚閥族の公平なる批判に訴へなければならない。寺内内閣に対して政友会の取つた所謂是々非々主義は、官僚対政党の根本関係から観て決して純正なる態度ではなかつたけれども、原内閣に対する枢密院貴族院等の態度としては是非共是々非々主義に依らしめなければならない。と云ふ意味は、是々非々主義を表面の口実として官僚一派が漫然原内閣を苦しめるやうな態度を許すといふ意味ではない。枢・貴両院の如きは、もと政党の争に対して一方に偏するの態度を取るべきではない。すべての政党に超然とし、是を是とし非を非とするの良心の判断の鋭敏なるべき所に彼等本来の使命がある。従来の官僚は此点に関して余りに不謹慎であつた。政党の名を避けて而も政党以上に政争に没頭して居つた嫌ひがないでもない。原内閣が真に民政の利害に立脚した善政を布き、官僚をして反対したくとも反対することが出来ないやうにするのが、一面に於て又我国政界の風潮を一新する所以にもなる。独り現内閣諸公の利害の為めばかりではない。

以上の見地からして新内閣に向つて予等は次の三点に特別の用意あらんことを繰り返して希望して置く。

第一に大いに自重せられんことである。今や世間一般が原内閣の成立を何となく歓迎して居る事は疑ひない。併しながら此歓迎は、原総裁其人や政友会其物に対する依頼の直接の反映と自惚《うぬぼ》れるならば大いなる誤である。之は政界の新展開を希望して居つた一般の民心が、計らず展開し来つた政局運行の新傾向を悦ぶの結果である。

国民は従来已に久しく官僚軍閥の跋扈を厭つて居つた。寺内内閣がいよ〳〵失脚せねばならぬ破目に陥つた際、政界の枢機を握るものが尚元老の一派なることを見て居つた国民が、後継内閣に挙国一致主義の実現を要求したのも畢竟、此美名を仮りて新らしき内閣をもつと広き国民的基礎に作らしめんとする自然の魂胆に出づるものと見なければならない。然らざればあれ程熱心に挙国一致を要求した民心が、純然たる政党内閣の出現に対して、又同じ程度の熱心と感興とを以て之に対する意味が分らないからである。然らば国民の真に希望せるものは挙国一致にあらずして国民的基礎に立つ内閣であつた。此要望が即ち原内閣を出現せしめたものである。然らば原内閣は此勢を透観し、而して此期待に辜負《こふ》せざるの誠実なる覚悟がなければならない。従つて目前の小利害に齷齪することと無く、殊に官僚軍閥の勢力に対し、又憲政会其他の敵党に対しては小策を謹み、大局に立つて大政党に相応はしき行動に出でなければならない。

第二に右と関聯して予等は特に今日の政界に尚強大なる情勢的威力を有する官僚軍閥に過当の顧慮を与ふるなからんことである。無論徒らに之を敵とするの必要はない。けれども常に之を味方たらしめんとする事は決して正当なる心掛けではない。之を味方とするの必要があるならば政策を以て行くべく、断じて其他の方法を取るべきではない。若しそれ官僚軍閥が、是を是とし非を非としてあらゆる政争の上に超越して公平なる監督を為すの地位を自ら棄て、我から進んで政争一方の対手たり得べき独立の勢力たらん事を企つるが如きあらば、之れ老耄《おいぼ》れが向ふ鉢巻をして児童の喧嘩に飛び出すやうなもので、見つともない事甚だしきのみならず、又争を公平に収め且つ導く所以ではない。従来の政党は余りに官僚軍閥の勢力が強かつた為でもあらう、此点に関しては却つて弊害を助長した譏を免れない。此点に関する新内閣の施設は我々の最も注目すべき所である。若し夫れ一方に出兵反対論者として、露国の過激派に相当の理解ある人として知れた内田外相と、積極的膨脹主義の吹聴者であり、出兵論の張本人として知られた田中陸相とを同一内閣に列ねて、当面の東亜外交を如何に指導するかに至つては、無爵宰相の手腕の試金石として特に注目せんとする所である。

第三に、繰り返して云ふがどこまでも民衆の勢力に根拠を置けといふ事である。政界の大事を一から十まで民衆に計れとは云はない。多少の秘密はどんなデモクラシーの国にも免れない。只広く計るの態度を根本に於て失はざらんことは吾人の断じて新内閣に要望する所である。大事ある毎に一々元老に意見を求めるのは元勲尊重の意味に於て何等妨げなき所なりと雖も余りに之に掣肘されて時代の要求に遠ざかるは謹むべきことである。就中元老官僚等の目前の圧迫に余りに重きを置くが如きは国民の決して喜ぶ所ではない。又公平に考へても民衆の勢力などゝいふものは普段には更に現はれない。殊に日本の民衆は平素は極めて温順である。けれども一旦不満に燃え不平に勃発すれば、柔順なる小羊も狼の激しさに転じ、意外の局面を呈するの例は已に近く我々の経験した所ではないか。普段は柔順《おとな》しい。小面倒な圧迫は元老や官僚や軍閥やから来るからとて、之と結んで不知不識《しらずしらず》の間に民衆の不満を醞醸するのは策の得たるものでない。而已《のみ》ならず政友会が実の所今日まで広く天下の同情を繫いで居なかつたのは専ら之が為めではないか。然るにも拘らず国民は寛大にも過去を許して、政友会に先の罪を償ふの好機会を与へた。此好機をムザ〳〵利用しないのは迂愚不明の甚しきものたるのみならず、又大政党として国家に報ずるの所以でもない。民衆を友として民衆の幸福を計れ。斯くするは又同時に民衆を教養し、民衆を訓練し、上下心を一にして社稷の富強を計る所以でもある。

以上根本的要望の外に於て当面の具体的問題に関し更に希望する所数項を掲げて此論を結ぶ。

第一は対露対支問題の根本的解決である。時の政府が何と説明しても、従来此方面に一貫の国策の無かつた事は争ひ難い。殊に最近に於ては支那並びに西伯利《シベリア》方面に於ける帝国官民の行動は支離滅裂を極むるものであつた。而して之が根本的解決は、只だ之れを一外交問題としてよく解決の出来る性質のものではない。更に溯つて考へれば、之れ実に一個の思想の問題である。目下内外両面の政界に滔々として流れて居る世界的思想を的確に諒解し、尚且つ之れに忠実に順応するの態度を欠いては、如何にして対支対露の外交問題を解決することが出来るか。之れが根本的解決を新政府に求めて果して満足を得るや否やは別問題として、兎も角我々国民は如何なる新政府に向つても常に之れを繰り返して止まざるものである。

第二に又之れと同じ根本思想から内政上の各方面の改革をも希望して置きたい。寺内内閣は時勢の進運に応じて種々の改革事業の調査に骨折ると共に、他方に於ては神祇局の設置に数万の国帑を投ぜんとして居つた。之れによつて敬神の風を養ひ得べしとするのは已に時代錯誤である。言論自由の尊重は勿論、社会の各方面に洽ねく生気を発動せしめ、潑溂たる新精神を以て一貫するやう各種の改革を希望するものである。殊に教育の刷新に就ては特殊の努力を希望するものである。一々個々の項目は挙げない。

第三に吾人の予ての主張たる選挙権拡張に就ては、又新内閣に対する要望の重大なる一項として之を掲げざるを得ない。政友会は先に一度普通選挙主義を衆議院に於て是認した。只之に党略以外幾何の誠意ありしやは大に疑なきを得ざるも、兎に角時勢の進運今日の如きものあるに際しては、少くとも之れに対して広汎なる且つ真率なる調査考究を為すの必要はあらう。小選挙区の問題以外、選挙法の根本義に重大なる変革を加ふるは政友会の希望せざる所と聞いて居るけれども、若し果して之れが為めに選挙権拡張問題の考究を等閑に附するが如きことあらば、之れ党略の為めに国務を疎かにするの譏は免れまい。

第四に経済政策の確定を要求したい。就中最も肝要なるは食料品問題、税制の整理並びに労働問題の解決であらう。目前の対策としては正貨収縮の問題もあるけれども、斯くの如きは少数富豪の反対を意とせざるの覚悟があらば訳も無く解決の出来る小問題である。更に大いなる決心を要するものは前掲の三点であらう。之れによつて国民の生活問題を根本的に解決するのでなければ、新内閣は充分に民衆の好意に酬い、国家の恩顧に報ずるものと云ふ事は出来ない。若し夫れ国家の経済政策の他の一面の重要問題として、対外貿易殊に原料品の輸入、加工品の輸出の問題に就いては、単に之れを経済問題として而已ならず、対外的交際と深き交渉を有する問題として考究するの必要がある。早い話が、対支対露の外交問題の処理が差し向き非常に重大な関係を我経済的発展の上に有つて居るではないか。こゝになると経済問題も亦一面に於て又思想問題を伴はざるを得ない。否、国民の品格によつて解決すべき問題となる。新内閣に果してかゝる解決に就き適当に国民を指導するの教養ありや否や。

更に全体に通じて最後に一言して置きたいのは、如何なる方面の施設についても目前の事功を挙げることに余りに腐心せざらんことである。派手な一時的の空疎な題目には、已に前内閣時代に於て国民は食傷して居る。目前の事功を挙ぐるに急ぐの結果、国内に於ては多大の国帑を徒費し、国外にあつては小智小策を弄するものに任かせ過ぎて、どれ丈け帝国の信用を害して居るか分らない。此点を緊縮監督するは又新内閣の重要なる任務でなければならない。

〔『中央公論』一九一八年一〇月〕

陸軍拡張に反対す

昨今新聞の伝ふる所に拠れば、寺内内閣は辞職と共に陸軍拡張計画、即ち廿五年間の継続事業として、費額二十億円に達する軍団編成案を原内閣に引継いだといふ事である。又一説に拠れば、来年度から直ちに新規計画に基く拡張は差控へる事に折合が着いたとも云ふ。何れにしても陸軍方面には近き将来を期して大々的拡張の計画ある事は疑ない。其名義が拡張であるか、充実であるか、又は編制替であるかは問ふ所でない。又今年提出するか来年提出するかも我々に取つては同じ事だ。唯拡張其事については断じて反対の意見を有するものであつて、而して今より之を国民に警告して置くの必要を認むるものである。

反対の理由は之に伴ふ必然の結果たる増税を非とするが為めではない。勿論無用不急の事業の為めに増税をする事には断じて反対せねばならない。併し陸軍拡張が実際緊急必要な事業であるならば、増税も亦已む可からざるのみならず、今日の国民は之れ以上の増税に堪へぬ程の窮境に陥つて居るとも思はれない。一部の政客は動もすれば民力休養の名の下に廃滅税を唱ふるけれども、併し彼等の所謂廃滅税の結果は少数の納税者の利益を計る事に止り、決して多数国民の負担を軽くするものではない。若し真に多数の国民に一層の休養を与へんとならば、第一に為す可き事は税制の整理であらう。従つて現在の如く租税の負担が下に重く上に軽く、而かも新たに起す租税は常に比較的下に重き方面に漁《あ》さらるゝと云ふ従来の慣例から推せば、此上増税する事は如何にも多数民衆を圧迫する事になる。それでも予輩は未だ我々国民には、真に必要とあらば少し位の増税に堪へぬ事は無からうと思ふ。況んや税制の整理をなした上ならば、公平なる基礎の上に銘々相当なる租税の増課に必ずしも反対するものではない。故に増税を非なりとする単純な論拠から、陸軍拡張に反対する議論には与《くみ》しない。故に問題は陸軍の拡張其事が緊急必要の仕事か否かに帰する。之が緊急必要の仕事なら、今の儘で多少の増税をするも又止むを得ない。此上増税しては民百姓が困ると云ふなら、先づ断乎として税制の整理をするがい丶。

予輩の反対する所以は、直截に陸軍拡張其事を、不急無用の仕事と信ずるからである。新内閣は国防の充実を以て、産業交通の改善発達、教育の刷新と共に、其全力を傾倒すべき三大政綱として居るが、国防の充実を緊急の時務とする点に於ては全然同感である。此点から観て海軍の充実乃至拡張は目前に迫つた緊急の問題である。今日の我国の海軍は世界に於ける海軍の近時の長足の進歩を暫く度外としても、海国たる日本の立場から観て余りに貧弱である。然し海軍拡張の必要を説くは今予輩の直接問題とする所ではない。転じて陸軍は如何。欧洲戦争の経験に鑑み、或は編制替をするとか、或は特科隊の整頓をするとか、或は飛行機隊なり装甲自働車隊なり、其他各種の新設備をする事も必要であらう。之が為めにする若干費額の要求に対しては国民は喜んで之を応諾するであらう。唯然しながら内容の整頓充実以外に如何なる名義を以てするにしろ、此上に規模を拡大するの案に対しては絶対に反対の意を表せざるを得ない。

独り日本ばかりではない。西洋諸国に於ても従来の歴史上、陸軍の拡張には兎角反対が多い。夫れにも拘らず、政府が紛々たる群議を押し切つて無理な拡張を断行する。其中に外交上の紛議が起り、之が遂に戦争となつて、無理に作つた軍隊が大いに用をなす。「それ見た事か」と云うて先きの反対論者を屏息せしめ、軍閥をして独り先見の明を誇らしめた例に乏しくない。普露西《プロシア》の国会議員が対列国関係の平安状態を夢想して盛に反対の声を挙げたに拘らず、所謂鉄血演説を以て議会多数の言論を圧迫し、斯くして作つたる軍隊が直ちに普墺戦争の用をなした。日本でも日清戦争なり、又日露戦争なりに於ては常に之に類した経験を積んで居るので、陸軍拡張論者は動もすれば、他日臍を噛むの悔を貽《のこ》すべきを以て傲然として反対論者に莅《のぞ》まんとする。併しながら歴史は常に繰り返すが如くにして又必ずしも繰り返さない。繰り返すと繰り返さゞるとは一に繋つて時勢の変に在る。時勢の変を知らずして何時でも歴史は繰り返すものと観るのは迂愚之れより甚しきはない。然らば何を以て時勢の変なりと云ふか。一に曰く、来らんとする戦後に於ける国際主義の隆盛、二に曰く、我国の周囲に於ける軍国の絶滅即ち之れである。但し一に就いては人に依つて其見解を異にする者はあらう。故に暫く之を争はない。が大いに譲つて戦後は依然戦前と同様に軍国主義の旺盛を極むるものと仮定しよう。斯くても事実として争ふべからざる第二の事実は断じて我々に陸軍拡張の口実を提供するものではない。

戦後に於て軍国主義旺盛を極むべしとすれば、之に応じて我も亦軍国的経営に力を注ぐの必要あるは云ふを俟たない。併しながら我国にして戦前に於ける独逸の如く、手当り次第に侵略的経営を逞うせんとせざる以上、自ら退き守るに充分なる力を養へばいゝ。従つて国防整頓の範囲目標は、我と接触すべき敵の勢力の打算である。而して海上は彼我の接触を甚しく困難ならしめざるも、陸上は領土相近接する特殊の国を除いては、彼と我と相接触すると云ふ事は先づ絶対にない。之れ海軍に於ては或は英米を顧慮し、或は独仏を顧慮して我拡張計画を立てざるべからざるも、陸上に於ては専ら我と相接触する邦国のみを眼中に置いて可なる所以である。然らば支那が依然として呉下の阿蒙たり、露西亜が軍国として全然崩壊し、仮令他日復興し来る事ありとするも、危険なる軍国としての復活に非らざるの極めて明白となれる今日、我国の陸軍が何を目標として拡張計画を立つべきやは、明々白々一点の疑を容れない所ではないか。

斯く言へば、拡張論者は、或は露西亜の崩壊に伴ふ独逸勢力の東漸を説くかも知れない。又参戦の結果として戦後に残るべき米国の大陸軍を説き来るかも知れない。併しながら米国は如何に大陸軍を擁するとも、之を以て我に圧倒し来る事は事実の上に於て之を許さない。且つ又米国の如き財政の饒《ゆた》かな国でも、今度の戦争に支給して居るやうな給料を払つては、到底平時何百万と云ふ大兵を養ふには堪へまい。給料が安くては生活程度の高い、且つ又労銀の高い米国では兵を得る事は困難である。故に米国が戦後大陸軍国となるべしと観るのは、全然謬妄の見たるのみならず、仮令なつたとしても、彼の畏るべきは陸軍に非らずして、寧ろ其海軍にある。若し夫れ独力東漸の説に至つては独軍勢力の不振を極むる今日に於ては、最早一片の杞憂と認むべきではないか。独逸が勝つものならばまだしも、あゝ負け込んで降を敵の軍門に乞ふに至つた以上、少くとも列国は将来決して露西亜を彼の跋扈に委するものではない。仮令列国の圧迫が十分功を奏せずとするも、露国民の超国家的思想と趣味とは、決して独逸軍閥の跋扈を許すものではない。露西亜が国家的に崩れたから、独逸の思ふ通りになると観るのは余りに露西亜人を知らざるの言である。露西亜が独逸の軍国主義に圧倒さるゝの危険と、独逸の軍国的民衆が露西亜の超国家的趣味に捲き込まるゝの危険と何れが多いか、蓋し智者を俟たずして明かである。独力東漸を以て我が陸軍拡張の口実となすが如きは、来年の雨に、晴天の今朝雨傘を持つて出るよりも尚遠い用意である。要するに今度の戦争は、東洋に於ける我国の国防的地位を、少くとも陸軍の方面に於ては全然一変した。縮少の理由はあるけれども断じて拡張の理由はない。従来軍閥並びに軍閥に左右せられたる歴代政府の統治方針の誤りが、植民地に於ける排日思想を興奮せしめた結果、之が警備の為めに今俄かに軍備を縮少する事は出来ないかも知れぬ。彼等の過去の罪は偶々彼等に縮少反対の口実を与へて居るのであるが、彼等が欧洲戦争と云ふ異常の事変に依る国民の眩惑に乗じて、急遽拡張の計画を遂行せんとするならば、我々は断じて之に反対の声を挙げなければならない。

勿論特科隊の整頓とか、新規計画の増設とか云ふ個々の部分的拡張には必ずしも反対する者ではない。此等は拡張と云はんよりは、寧ろ充実と云ふべき性質のものであらう。何れにしても彼等が隠す所なき説明を与へて我々に要求する以上、我々は真率に其是非得失を研究して賛成すべきものには快く賛成するを厭はない。唯一般の主義として何等の名目を以てするに拘らず此上規模を拡張すると云ふ事には原則的に絶対の反対を叫ぶ者である。故に之が為めにする増税を否認するは勿論、所謂「現在の歳入の範囲内に於て」する拡張にも反対である。(新内閣は此意味にて軍閥の要求を容るべしとの説がある。国民の監視を要する所である。)又何時ぞやの政府でやつたやうな、陸軍部内に於ける他の方面の節約に依つて得たるものを財源として拡張すると云ふやうな、一見尤もらしくて極めて不合理な案にも断じて賛成は出来ない。斯くして無理に節約し得べくんば、寧ろ之を取上げて他の急を要する事業に差し向くべきである。

〔『中央公論』一九一八年一一月〕

言論自由の社会的圧迫を排す

言論の自由を尊重すべき事、之を妨ぐるものを断じて排除すべき事は国家の文化政策の上から観て極めて必要なる事は云ふを俟たない。而して言論の自由を圧迫するものに国家的なるものと、社会的なるものとの二種類ある。而して世人多くは政府を通して来る前種の圧迫のみを観て、動もすれば民間の頑迷なる階級より来る後種のものを看過するのは予輩の常に遺憾とする所であつた。尤も言論圧迫の事実の最も普通に表はるゝのは其政府より来る場合である。殊に寺内内閣は此点に於て最も辛辣を極めて居つたから、予輩も屢々之と抗争したのであるが、然るに近時我国言論界の暗礁とも目すべき国体擁護の旗印の下に、第二種の言論圧迫が初まりつゝあるのを観て、先に寺内内閣の圧迫政策に反対の声を挙げたと同じ意味に於て、再び又此処に反対を絶叫せざるを得ざるを遺憾とするものである。

事は大阪朝日新聞に関係する。同新聞の最近の論調が国体を冒瀆し、朝憲を紊乱するものとなし、浪人会と称する一団が起つて盛んに攻撃の矢を放つて居る。朝日新聞の論調の何たるかは今暫く之を問題としない。日本国民の識者階級中、心から国体冒瀆、朝憲紊乱を念とする者あるべからざるの疑なき以上、区々文字の末に拘泥して、之を論難攻撃するは別に其途がある。仮令《よし》んば真に彼の態度を以て憎むべしとするも、之を攻撃すべくんば甚だ大人気ないとは思ふが、彼の『新時代』の如く毎号青筋を立てゝ怒号するもよからう。或は現に問題となつて居るが如く法廷に之を訴ふるもよからう。併しながら一村山翁を途上に要して暴力を加ふるが如きは以ての外の曲事である。各新聞では余りの馬鹿気た事として黙殺して居るのではあるまいかと思ふが、此頃東京市中に於ても所謂浪人会の朝日新聞攻撃の演説会が開かれて居る。試に之を傍聴するに、言辞甚だ不穏を極め、極端なる暴力的制裁の続行を暗示するにあらずやと思はるゝ節もあつた。傍聴者中此等攻撃の動機に就き忌はしき風聞を耳語する者あつたけれども、予輩は弁士中教養ある知名の紳士が之に加つて居る事から推して之を信じない。けれども斯くの如き形で言論に一種の圧迫を試みるのは決して喜ぶべき現象ではない。尤も当の朝日新聞の態度に関する評価如何に依つては、之に対して極端な手段を講ずるも或は恕《ゆる》すべき点ないでもなからう。故に絶対に之を非とすべからざる点もないではなからうが、唯教養ある紳士が斯の如き極端なる形で、自由なる言論の発表を圧迫するのは、兎に角大正の今日の一大不祥事である。而して予輩は序《ついで》に、何事にも神経過敏なる我警察官憲が、斯の如き不穏の言動の取締につき、余りに寛大なるを遺憾とする旨を一言して置く。

〔『中央公論』一九一八年一一月〕

国民思想統一論者に与ふ

国民思想の統一と云ふ事は此頃著しく世上の問題に上つて居る。臨時教育会議に於ても業々しく問題にせられて居るが、独り宗教界教育界等ばかりでなく各方面に於て此の言葉を耳にするのである。若し之が今日の場合国民の思想を一層国家的に緊張せしむる事が必要だと云ふ意味から来るものであるならば洵《まこと》に当然の事ではあるが、又一方に於ては今頃俄《にわか》に事新らしく説かるべき問題でも無いやうに考へらるる。此頃急に此問題が喧《やかま》しく説かるゝに至つた所以のものは、茲に何等か之を促した特別の理由ありと見なければならない。然らば何が国民思想の統一を叫ばしむるに至つた理由かといふに、予輩の観る所に依れば少くとも二つあると思ふ。一つは聯合与国の勝利に伴ふ民本主義的思想の急激なる躍進であり、他の一つは之に共鳴する事の結果として我国青年の思想の急激なる進歩である。之を一部の人は西欧危険思想の襲来となし、青年思想の動揺となし斯くして日本国体の精華が傷けらるゝの虞《おそ》れありとする。而して所謂日本古来の美風を力説して此の憂ふべき風潮に当らんとするのが即ち思想統一問題の起つた所以ではあるまいか。

思想統一問題の起因果して右の如しとせば、予輩は先づ次の二点に識者の反省を求めて置きたい。

第一は目下西洋に急激なる飛躍を試みて居る所謂民本主義的思想は其本質に於て必ずしも総て日本の国体と相容れざるものではない事である。無論露西亜のやうな極端に過激なものもある。然し如斯は欧羅巴《ヨーロッパ》に於ても排斥せられ居る事は云ふ迄もない。故に今現に西欧に活躍して居る思想と云へば独逸を共和国ならしめた思想であると云はなければならない。併し之は共和主義を其本質とするものであらうか。若し然りとすれば、此の思想が更に初めから共和国たる瑞西《スイス》に波及する意味が分らない。現に和蘭《オランダ》、丁抹《デンマーク》に於ては未だ君主制を覆して居ないではないか。若し夫れ英、白、伊に於ては、君主制は毫も動揺を見て居ないではないか。故に予輩の見解では、現時西欧に横溢して居る所の思想は、純然たる民本主義を本旨とするものである。独逸の君主制は偶々民本主義の徹底を妨げたるが故に覆へされた。民本主義其物は必ずしも直ちに君主制に反対するものではない。

第二は西欧思想の影響を受けて我国青年の思想が大いに動揺して居ると云ふけれども、識者は果して今日の思慮ある青年が何を要求して居るかと云ふ事に関して十分なる観察と考慮とを遂げた事があるか。又彼等が彼等の所謂青年思想の動揺に対抗して防衛せんとするもの、果して何たるやを反省した事があるかを尋ねたい。彼等の防衛せんとするものは金甌無《きんおうむ》欠《けつ》の我国体であると云ふならば、今日の青年は之に何の異存も有たない。けれども世間には新時代の理想と要求とに合せざる幾多の古習旧慣に依つて組みなされたる「現状」其物を維持する事を以て、国体を擁護する所以なりなどと誤想するものがある。之に向つて進歩思想を有する青年の極力反対するは決して不当の事ではない。故に予輩は国民思想統一の必要を絶叫する人々に向つて、斯くして彼等の防衛せんとするもの、本体如何に反省を求め、続いて今日の青年の真の要求如何を冷静に攻究せられんことを望まざるを得ない。国を謬《あやま》るものは新しき要求を掲ぐるものよりも、寧ろ古き思想に執着する頑迷者流に在つた事は、昔から今日まで歴史の上に最も明瞭なる事実である。

国民思想を統一せんとする其志は甚だいい。然し乍ら此目的を達するの一方法として強いて日本固有の風俗習慣に執着せしめ、以て欧米思想の流入を阻止せんとするのは重大なる誤謬である。西洋料理でも我々日本人の身体は立派に養はれる。活世界に活動するには、和服よりも洋服が可いと云ふ時代に於て、独り精神界に於て鎖国主義をとる事は飛んでもない間違であるのみならず、又事実行はれ得べき事でもない。

加之欧米の思想を一向《ひたす》ら危険と見るのも亦大いなる誤りである。欧米の民本主義は必ずしも君主主義と相容れざるものでない事は先きにも述べた通りであるが、欧米の学説の中には、日本の如き君主国体を讃美するものが決して尠《すくな》くはない。一体国家の理論に於て其の纏りのいゝ点から云へば、君主国の方が遥かに民主国に勝ることは学界の定論と云つていい。只君主国の成立するには永く国民全体の絶対的崇拝の対象たりし君家がなければならない。不幸にして西洋には斯くの如き君家がない。有つてもそは皆歴史が新しく、随つて国民は只何となく有り難さに涙がこぼるゝと云ふやうな一種の霊感を之に対して有つことは出来ない。故に彼等は君主国は造るべきものではないと云つて居る。随つて本当の君主国と云ふものは容易にあり得べからざるものとして諦めて居つた。然るに独り之れあるは我日本のみで、之が即ち我々の万国に誇る所であるが、西洋の学者も日本を知つて初めて本当の君主国の存在し得べき一実例を発見した訳である。日本の事情が段々西洋に分るに従つて彼国学者の中には此点に於ける日本国民の幸福を羨み、之と共にあれ程結構な国体を有つて居りながら、先輩政治家の頑迷にして民本主義的政治の徹底的遂行に迷つて居るのを腑甲斐なく感じて居るものは少くない。

併し大体に於て西洋は民主的の国である。日本のやうな君主国体は彼等の知らざる所である。それ丈け彼等の政治論には余程民主的の色彩に富むけれども、それでも西洋の民本主義は十九世紀の初め以来今日に至るまで三大変遷を経、今日は余程純化し、国体論とは何等相互らざるものとなつた。第一期の民本主義は天賦人権論に根拠して居つたから、君主国体と相容れざるは已むを得ない。第二期の民本主義は国民の多数を占むる第三階級の権利の伸張を根拠として立つて居つたから、之れ亦不祥なる階級闘争を導き、従つて国家の統一を破るの譏《そしり》を免れなかつた。而して今日の民本主義は、国家を組織する各分子は各々国家の経営に関して尽すべき積極的の分担を有するといふ事に根拠して居るから、君主主義とも国家主義とも矛盾せざるのみならず、却て益す之を援け之を堅うするものである。ウイルソンが屢々唱ふるデモクラシーは畢竟此意味の者に外ならない。

果して然らば西欧最近の思想が我国に之を迎へて何の妨げ無きは明白ではないか。況んや中には日本国体の讃美論者すらあるに於ておや。故に心を落着けて能く之を読んで見れば、却て我々は西洋の思想によつて所謂忠君愛国の念を養はるゝ事がある。陳腐な日本料理には時として腹を毀はす事がある。時々西洋の料理も喰つた方が身体の為めにいゝ。国民思想の動揺を一概に欧米思想の流入に帰するは頑迷固陋も亦甚だしい。

以上の見地から予輩は大いに欧米思想の流入を歓迎し、又其盛なる研究を奨励したい。併しながら之と共に予輩は世の多くの人と共に今日の青年は欧米の思想を我々が解する如く解さない、動もすれば其真髄に触れずして妙に曲解するやうな事実を認めるものである。此点に於て欧米の思想其物に罪あるにあらざるも、之が流入の結果青年の間に一種の危険思想を醸成するの事実を看遁《みのが》すものではない。そこで一派の人は之を以て欧米思想の流入に反対するの理由となすのであるけれども、予輩は断じて此考に賛成する事は出来ない。何故《なぜ》なれば之は流入の阻止によつて目的を達せられないからである。而してかゝる状態の生ずる真因は、予輩の観る所に拠れば、決して外にあるにあらず内にありと言はなければならない。

今日の青年が欧米の健全な思想に触れて、動もすれば之を曲解する所以のものは、彼等に社会の現状に対する鬱勃たる不満があるからである。彼等は此鬱勃たる不満を合理的に説明すべき学説を求めて已まない。偶々欧米の思想に触れて得たり賢しと其一端を取つて以て自分の議論の武器にするのである。故に予輩は青年の思想を適当に導かうと言ふならば、先づ其根源たる社会の現状に対する不満なからしめん事に骨折らなければならないと思ふ。

然らばどういふ点に於て彼等は不満を感じて居るか、之は一々挙げていふの必要は無からう。一言にして之を総括すれば彼等は未だ国家の有難いといふ事を沁々《しみじみ》感ずるの機会を与へられて居ない。封建時代の武士ならば家に封禄あり、国恩の厚きは日夕之を思はざるを得ない。今日と雖も国家あつて我々の生命の安固あり、国恩の優《ゆう》渥《あく》なる、理に於て之を知らざるにあらざるも、生活の圧迫兵役徴税の不公平、其他公平均等を欠く種々の施設よりして国民は有難さを感ずるよりも、より多く苦痛を感ずるやうになつて居る。固より此点は各国共通の現象であるが、各国は各々精細周到なる社会政策を以て出来る丈け此欠陥を補はん事を苦心して居る。而して此点の最も等閑に附せられて居るのは我日本ではないか。故に予輩は此点に着目して直ちに快刀を其禍根に加ふる事が何よりの急務であると思ふ。主観的の立場より国民の個人道徳を説くのなら、身を殺しても仁を為せといふに妨げなきも、客観的に国家経営の大本を定むるの立場からするならば、国民思想の統一を迫る前に、先づ社会の現状に対する不満の起因を一掃しなければならない。

予輩の観る所に拠れば国民思想の統一といふ事は事実不可能である。否、単に民心を国家的に緊張せしむるといふ以外に意味を成さないものと思ふ。国家の為めに働けといふならば、国民として何人も異存あるまい。唯斯く〳〵の方法によつて国家に尽せと其内容を示して来る事になると、人各々観る所を異にすべく、又観る所を異にする点に妙味がある。国民思想の統一も古来の美風たる家族制度を尊重せよとか、敬神の念を鼓吹すべしとかいふが如き内容を指定するに至らば、之れ実に思想の統一を図つて而かも思想の混乱を誘致するものと言はなければならない。思想統一の事業は教育を刷新し、優良なる教育者に一任して、国民の理性と品格とを高むるに尽力せしむれば足りる。政治家なぞは寧ろ健全なる思想の発生に適する社会の物質的基礎を改善する事のみに全力を振へばいゝ。

〔『中央公論』一九一八年一二月〕

政治学の立場より男女の同権を述ぶ

私は或意味に於ては男女同権論者である。どういふ根拠でかゝる立場を取つて居るかと言はるゝと、格別之ぞといふ確信を持つて居るわけではないが、たゞ私の平素専門に研究してゐる政治の学問の考の方からだん〳〵押しつめて、男女同権といふ様なことを考ふる様になつたのである。

政治には多数決といふ制度がある。否之は政治のみに限つたことではない。今日多数の人から組織してゐる団体に於て、何か事件を決めやうといふ時にはどこでも大抵多数決といふ制度をとつてゐる。又多数決の制度を外にして物事の決めやうは外にはないのである。而して多数決といふ制度の根拠には少くとも次の二つの事柄がある。一つは、其の決議に与る総ての人に附するに全く同一の価値を以てすることである。他の一つは、たつた一票でも多い方の意見が勝を制する。即ち百人中五十一人の意見が四十九人の意見を圧するといふことである。此の二つの事実を許した上でなければ多数決といふ制度は行はれない。

けれども考へて見ると之は如何にも不都合の様に思はれる。人には賢愚の別がある。其の他能力も違へば境遇も同一でない。即ち社会の一員としての実質的価値は決して同一ではない。それを強ひて同一と見るのは不都合ではないか、而のみならず四十九票と五十一票と言へばたつた二票の差である。たつた二票の差で四十九人の意見は全然没却せられ、五十一人の意志が堂々と闊歩するといふことは、我々の常識がどうしても之を是認することが出来ない。かういふ処から多数決といふ制度はまた盛に非難されて居る。さればと云つてまた全然此の制度をやめるわけにも行かない。そこで幾分之に附随する欠点を補ふ方法として、或は人々の政治上に於ける価値に甲乙をつけたり（金持又は高等教育を受けたものにヨリ多くの権力を与へんとする如き）又は少数者にも其の実際の勢力に比例する丈の発言権乃至代表権を認めやうとする説の如き即ち之である。後者は即ち少数代表とか或は比例代表とか言ふ思想の出づる根拠であるが、前者は即ち人類の差別的待遇論の出づる根拠である。

少数代表のことは姑く措き、人類の差別的待遇を是認すべきものとすれば、之と同じ形式の議論から婦人と男子とを別様に取り扱ふといふ議論にも亦相当の理由がある様にも思ふ。

凡そ人類には賢愚の別あり、従つて其の実質的価値が同一でないといふことは疑ひもない事実である。然しながら此の疑ひもない事実に基づいて各々に与ふる権利に差等を附すべしとするも、さて何を標準として此の区別をつけるかは容易に決め難い。人に賢愚の別ありといふことは抽象的議論としては正しいけれども誰が賢者であり誰が愚者であるか、之を区別することは実際甚だ困難である。よしんば出来たにしても其標準は必ずしも絶対的なものではない。故に之を実際の制度にあらはさうとすると、いろ〳〵困難もあればまたウツカリやつた為に却つていろ〳〵の弊害を醸さないとも限らない。であるから事実の問題として人の価値に差等をつけ、其の取扱を別様にするといふことは容易に行ひ得べき事柄ではない。

更に政治の本質から考へるに、今日の団体生活に於ては全体の意志がどこにあるかを求めねばならないのであるが、然し我々は之を求むるに当り、賢者は賢者、愚者は愚者と、雑然交錯してゐる間に探し求めるのではない。賢者愚者、相寄り相引きて一種の有機的団体に立つてゐる間に探し求めるのである。そこで社会を有機的に見るといふことになると、賢者の意見と愚者の意見と全く無交渉に対立してゐるものではない。必ずや優つた一方は然らざる他方を精神的に優圧してゐるものと見なければならない。他の言葉を以て言へば、団体全体の意見に対する団体各員といふものを見ると、全体の意見を実質的に創造する方面の役目を務めるものと、之を同化しまた之を包擁〔容〕して形式的に全体の意見を完成する役目を務めるものとある。前者は賢者と言ふべくんば後者は即ち愚者である。けれども愚者の意志は団体全体の意志構成の過程に於ていつまでも愚者として与るのではない。賢者の意志に同化され、之を包擁することによつて結局賢者と同じ地平線に達する。又は達せんとしつゝ之に干与するのである。従つて全体の意志の決定といふ事業に於ては、賢愚と機械的に区別をたつべきものではない。少くとも理想的の状態に於ては賢者も愚者も同等の立場にあるものと見なければならない。従つて政治の目的から言へば賢者も愚者も此点に於ては、其の本質に於て同一の価値を有するものと見るを妨げない。

かう考へて見ると政治上に於ける人類平等論は決して抽象的な空論ではない。

又之を実際的方面から観察すると、第一に若し賢愚の別によつて不同の価値をつけるといふことになると、多く価値をつけられたもの丈で大勢を動かすことが出来る。ベルギーでは普通選挙の制度をとつてゐるけれども、教育あるもの財産あるもの等に、二票三票の投票権を与へて居るので、政治は常に少数の階級によつて壟断せられて居るといふ実例を示して居る。で多く価値をつけられた少数者が大勢を支配する場合に於ては、少く価値をつけられた多数者の利害も無視されるし、又其の開発も等閑に附せられる。無視しても差支がない所から之に対して能力発揮の機会を与へない。第二に其の反対の場合を考へて見て、不同の価値をつけないとすればどうなるか、さうすると人類はすべて同じ価値である。貴族も労働者も一票の価値となれば即ち貴族と同じ様にまた労働者をも重んずる。総て之を重んずるから総ての利害が尊重され、総ての人に能力開発の充分なる機会が提供される。即ち賢愚両者の有機的精神関係が成り立つ。政治的平等論の実際上の利害も亦此点から充分に明にすることが出来る。

多数決の理論も亦之から出て来る。四十九票が五十一票に圧倒されるといふことは如何にも不当な様だけれども、然し他の半面から考へて五十一票をとつても四十九票に勝てないとすれば、誰か一生懸命努力するものがあらうか。一票でも二票でも多ければ勝つといふ制度であつてこそ初めて努力奮闘の仕甲斐がある。若し努力奮闘が盛に行はるゝといふことならば、局部的には間違つた思想が一時大勢を左右することがあつたとしても結局長い間を取つて考へれば正しい思想が天下を支配するに相違ない。故に多数決の制度は一方に於ては正義を擁護する制度であり他方に於ては結局に於て正義を勝利者たらしむる制度である。

要するに多数決の制度も或は政治的平等論の主義も、結局国内に於て最も優等なる意見が天下を支配する様になる制度に外ならぬ。専政主義は自ら国内の優等なる意見と称するものが、機械的に横行跋扈する制度である。而もそれが本当に優良なる意見かどうかは解らない。多数決の制度は何が国内最優良の意見であるかを、団体組織の有機的関係に於て自然に明ならしめ、而して之が確実に大勢を支配するに至らしむるの制度である。

さうして見ると人類平等論には非常に深い意味がある。かういふ根拠からして私は男女の間にも或意味の同権が行はれねばならないことを確信する。婦人の知能の開発と其の使命の完全な達成は、彼女を男子と同等なものと見做すことによつて初めて成し遂げられることが出来る。我は男なり、彼は女なりとの区別感を不当に拡げることは決して社会の健全なる発達を望む所以ではない。殊に知識なり道徳なりの方面の能力を開発すべき方面の仕事に、男女の性を分つが如きは、古い思想に囚はれた一つの弊風と言はなければならない。

かういふ大きな問題からずつと引きさがつて、新女界の廃刊を説くのは、あまりに飛び離れた話の様であるけれども、我々は修養談に於て男女の別を設くるの不当なるを想ひ、遂に廃刊の決意をなした様な次第である。廃刊に際して私の専門の立場から見た覚束ない男女同権論を持ち出して識者の自省を待つ矣。

〔『新女界』一九一九年二月〕

我憲政の回顧と前望

憲法の発布されてより今日に至るまで、約三十年に亘る我国憲政運用の跡を、国民の一人として回顧してみると、種々不平不満の点が尠《すくな》くない。此等の点については、予輩の今日現に多くの同志と共に、天下に呼号して止まぬ所であるが、今姑く自己を第三者の客観的地位におき、世界の憲政発達史上に於ける一現象として之を観察すれば、果して如何なる結論に到達するであらうか。

この立場よりすれば、過去三十年間における我国憲政の発達は、満足に値するといふは固より過褒たるを免れざるも、併しまた決して悲観、絶望すべきほどのものではなからうと思はれる。現に何よりも確かな生きた証拠として、憲政運用の根本たる一般国民の政治的自覚は、兎も角も日に月に顕著となりつゝあるではないか。社会上、政治上における実際的勢力としての輿論の権威も、今日之を三十年前のそれに比すれば、固より同日の談ではない。我が選挙界は、益々腐敗堕落に向ひつゝある。他の一面に於て、飽くまでその弊竇を一掃せんとする真面目な反対精神の、勃興しつゝある事実を看過することは出来ない。政府に対する議会の威力も、議員其人の品質より見て、格別向上せりとも思はれざるに関はらず、兎も角も漸次増大しつゝあることは事実である。責任内閣の主義は、今日の所未だ充分に確立せざるも、之れが確立の近き将来における実現を、誰か確信を以て疑ひ得るものがあらう。其他一々枚挙すれば際限もないが、兎も角我国憲政の運用は、仮令吾々の希望通り捗々《はかばか》しき進歩を示してをらぬとはいへ、大体その辿《たど》るべき正当なる方向を誤つてゐないといふことだけは確かである。

斯く言へば我国憲政の現在及将来に対し、予輩は余りに楽観に過ぎるもの丶様である。随つて論者或は予輩に詰問するに、今日我政界に存在せる幾多の流弊悪風に対し、殊更に耳目を蔽へることを以てするかも知れない。が予輩は無論之れに答へていふ。決して此等の悪弊に耳目を蔽ふてゐる者でなければこそ、吾々は従来幾多の苦言を朝野の識者並に政治家に呈し来つたのである。而して今後と雖も吾々は、我国の憲政をして真にその有終の美を済《な》さしめんが為め、一層熱心に斯種の努力を継続する決心である。この国民の一人としての主観的立場には、昔も今も大して変りはないのであるが、唯予輩は一個の歴史家たる客観的立場より見て、我国憲政の前途を余り甚だしく悲観するものではないといふまでのことである。蓋し今日我国の政界に見るが如き幾多の悪弊は、憲政史上我国と同じ道程を辿れる他の先進諸国に於ても、みな等しく経験した所である。随つて歴史的観察をなすの便宜としては、我国三十年の憲政史を、我国と同様の道を辿れる他国のそれと比較することが最も必要である。

*

さて比較の問題になると、何れの国をその対象に撰ぶが最も適当であるか。先づこれより決めてか丶らなければならない。第一に憲政の祖国たる英国は殆ど問題にならない。蓋し英国の憲政は、千有余年の長き経験の結果である。大憲章《マグナカルタ》の発布せられし千二百十五年、所謂模範国会《モデルパーラメント》の召集を見たる千二百九十五年より数ふるも、なほ六七百年の星霜を閲してをる。随つて僅々三十年の歴史を有するに過ぎぬ我国の憲政と、それとを比較対照することは、如何にも乱暴であり且つ不合理である。

然らば次に米国は如何といふに、是れ亦英国の場合と殆ど同様である。米国の独立、随つてその憲政の創設は未だ僅かに百四五十年の歴史を有するに止るも、而かも彼等はその背後に母国たる英国の千年に余る長き憲政の歴史を有してをる。かるが故に比較的新しき憲政史を有するものを求むれば、自然大陸諸国殊に独仏二国を撰ばねばならぬ訳であるが、その中独逸はまた我国のそれと比較するに決して適当な対象ではない。

世間では独逸と我国との国情の相似たる点を挙げ、且つ諸般の制度文物に於て我国は尠からず独逸を模倣してゐる事実を指摘し、かくして憲政の運用につきても、動もすれば独逸の後塵を拝せんとするものも尠くないやうである。併しこれ畢竟独逸の国情に通ぜざるもの丶なす所である。此事は種々の方面より之を確説し得るのであるが、今例を議会対政府の関係にとつて見るに、独逸は人の知る如く国内に幾多の異分子を抱擁〔包容〕してをる。就中ポーランド人、デンマーク人、乃至フランス人の如き、徹頭徹尾独逸の国家其物の進歩発展を悦ばない。其他天主教徒の如き、社会主義者の如き、その主義信念を以て国家よりも重しとせるものも亦尠くはない。故に独逸を国家的に統一せんとする主義政策は、帝国議会に於て単に意見の相異といふ点より批難せらるるのみならず、その主義政策の根柢が、多数議員の同意を得がたき場合も尠くないのである。其故若し政府が、一々議会の大勢に従つて行動せねばならぬといふ事になると、如何なる結果を持来すかわからない。そこで独逸の国家主義より言へば誠に困つた話であるが、止むを得ず議会の掣肘から超脱した所謂超然主義を以て政府を樹立して行かねばならぬ。然らざれば帝国其物が瓦解するの虞《おそ》れがあつたのである。かくして独逸に於ては、所謂責任内閣制の政治的慣例としての確立を、極力拒否せんとした。而かも之れは責任内閣制其物に対する否認ではなくして、寧ろ独逸の特殊的国情に伴ふ止むを得ざる結論なりしことは、識者の等しく認むる所である。之れは僅に一例に過ぎないのであるが、斯くの如き特殊的国情よりして、独逸に於ては憲政の順当な発達を見ることが出来なかつたのである。随つて戦前に於ける独逸の憲政は、言はゞ一種の畸形的憲政であつて、我国の一部の人士が称ふるが如く之を以て我憲政の準縄となすべからざるは勿論、憲政の発達を比較する上に於ても、彼と我と同一に取扱ふべきではない。

＊

斯く観察し来る時、残る所は結局仏蘭西である。仏国における憲政の創設は、その革命時代より初まる訳であるが、その最初の憲法の現はれた千七百九十一年より、ナポレオンの歿落に至る約四半世紀間は、所謂混沌時代であつてこれは我国の憲政と比較すべき性質のものでないこと言ふまでもない。即ち仏国に於て憲政の端緒の漸く開かれ初めたのは、千八百十四年ルイ十八世の即位後と見なければならぬ。爾後千八百四十八年の二月革命に至るまでの約三十年に亘る立憲王制時代が、恰も我国の憲政史と比較するに最も適当なものと思はれるのである。

＊

右に述べた三十余年間の立憲王制時代は、仏国の憲政が愈よ《いよい》確実に前途の光明を認むるに至るまでの悪戦苦闘の時代であるが、此の時代の出来事を具《つぶさ》に観察すれば、実によく過去三十年の我憲政史に似通つてをる。而して従来我政界に行はれたるが如き幾多の弊風は、尚ほ一層露骨に一層大規模に仏国に於ても行はれたのである。即ちかれが如き過程《プロセス》を経ながら、尚ほ且つ仏国が終局に於て憲政の常道に復帰し得たとすれば、吾々も亦今日より更に将来に努力を続けて、我憲政有終の美をなすの希望を達成し得る事と信ずる。尚ほこゝに誤解なきやう一言附加しおくべきは、仏国が三十余年間の悪戦苦闘の結果、終にその憲政の前途に大なる光明を認むるに至つたといふ事は、固より国体が立憲王制より共和制に移動したことを意味するのではない。仏国に於ては不幸、憲政発達の道程に於て国体変革の不祥事を見たのであるが、憲政の発達と国体の変更とは必ずしも常に相伴ふものでないことを注意せねばならぬ。三十年の悪戦苦闘によりて達成せんとせし目的は、彼と我とに於て著しく異るものではない。唯彼にありてはこれが為めに国体の変更を伴ひ、我にありては此目的を達することによりて益々国体の精華を発揚し得る。即ちこゝに彼我両国の国本の差が横つてゐるのであらう。

千八百十四年ルイ十八世の即位より、次王チャールス十世の歿落に至るまでの約十五年間は、政府者の頑迷なる保守主義と民間における自由の要求との間に、かなり猛烈な争闘がつゞけられた。当時所謂民権自由の名に於て政界に馳駆奔走せし人達は、その実民衆全体の代表者にあらざりしとはいへ、時世が時世なりしだけに、自由主義の発達と民衆の自覚とが日を追ふて著しきものがあつた。而して政府者は固よりこの大勢に極力反抗し、議会の言論等には殆んど耳を傾けまいとしたのである。之れに類似の例を最近の歴史に求むるならば、ストリピン時代のロシアが恰度それであるが之れと同様の現象は、憲政創設当初における我国に於てもまた繰返されたことを記憶せねばならぬ。当時或る大臣の如き「明治維新の大業は薩長の力による。国家に過去の寸功なくして吾々の治〔政〕世を誹議するとは何事ぞ」とまで傲語した。又議員の喧々囂々《けんけんごうごう》の間に立て一大臣が「者共黙れ」の暴言を放ち為めに大なる物議を醸せるも此頃であつた。或はまた選挙干渉に腕力を用ゐたのも此時代であつた。議会の如きを物の数とも思はず極力之を抑圧せんとした態度、随つてまた之れより幾多の悪弊を醸成したことは彼と我と正に同工異曲である。唯幸ひにして我には間もなく日清戦争起り、こゝに挙国一致の実経験を味ふべき機会が与へられ、為めに不幸なる政治上の争闘を緩和することが出来たのである。当時若し日清戦役の如き対外問題の勃発なかりせば、政府対議会の争闘が果してどこまで進み、又如何なる結果に立到つたかは容易に想像がつかぬ。現に我国と事情を異にせる仏国に於ては、この争ひが嵩じて遂に千八百三十年七月革命の爆発となつたことは既に人の知る所である。

七月革命以後の仏国政界に於ては、議会の政府に対する威力大いに増加せるも、未だ充分に政府の対議会責任の意味が確立するに至らなかつた。政府当路者は、議会の威力に圧迫せらるればせらるゝだけ、之れに対して完全なる責任を負ふといふ政治的慣例の発生するを極力避けんとした。そこで先年かの寺内首相が、地方長官会議乃至は議会に於て強調せしが如き所謂大権内閣論が、臆面もなく当時の政治家によつて称へられたのである。多数の政治家は勿論、内閣は議会に多数の根拠を有する者によりて組織されざるべからずと主張したのであるが、国王の左右にある人達は、内閣大臣任免の大権に干犯するを許さずとして、極力これに反抗した。そのやゝ温和なるものは、何人を大臣に任ずるかは固より国王の自由なるも、唯議会多数の意見を参酌するの必要ありといふが如き一種の微温説を立てゝゐたのである。之れ亦我国最近の政界と相似た所がある。

如何に議論で争ふも、政府者は結局険要の地位を占めてゐる故、容易に之を屈服せしむる事が出来ない。而して之を屈服せしむるの道は、畢竟選挙権の拡張にあるといふ所より即ちかの普通選挙論が起つたのであるが、之れ亦我国今日の政情と相通ずるものがある。一方政府当路者は極力それに反抗せし事言を俟たない。加之、政府者は漸次威力を増大し来る議会を全然無視することも出来ないため、種々思案の結果考へついたのが即ちかの買収である。議会の威力の逓増するは、到底抗すべからざる大勢である。而かもこの大勢に順応しつゝ他方に於て責任内閣主義に屈服せざらんとする以上、政府は人為的に議会に多数の味方を急造しなければならない。而してこの目的を達するが為めの最も有効直截な方法は、言ふまでもなく議員の買収と選挙の干渉とである。選挙干渉には国権濫用の積極的手段以外更に陋劣なる腐敗手段を以て人民を籠絡する消極的方法のあること言ふを俟たない。かくして政府者は、彼等自身の地位を擁護せんが為め、意識的に或は無意識的に、尠からず国家に害毒を流した。しかも之れ亦吾々が、今日我国に於て、親しく目撃する憂ふべき現象ではないか。斯く考へ来ると我国が今日まで辿つて来た道を、仏国はすでに七十年前に通過したのである。又一面より言へば、斯の如く障碍多き道程を通過せざるべからざるは、保守的特権階級の存在する国に於ては、所詮止むを得ざることである。この意味よりして、現在の我国に七十年前仏国の嘗めし苦き経験の存せることは、国民として誠に憂慮に堪へぬ所であり又一日も早くその撲滅を期すべきであるが、一歩退いて第三者たる客観的立場より之を見れば、未だ全然諦めのつきかねるほどの問題でもない。

*

仏国憲政三十余年間の悪戦苦闘の結末は、千八百四十八年の二月革命でついた。我国に於ては固より斯の如き不祥事の起るべき道理もなく、尚又時に多少の騒擾を導き来ることありとするも、それほど激烈なる動揺を見るに至らざらんこと、予輩の固く信ずる所である。予輩のかく観察する最も大なる一つの理由は、我国の保守的政治家は、従来余りに腰が弱過ぎたからである。

元老といひ或は官僚軍閥の先輩といひ、かなり頑迷にその旧思想を固執し又之を以て吾々に迫り来るのであるが、併しイザといふ最後の一段になると、彼等は案外容易《たやす》く大勢に盲従すること従来の例である。彼等は平常かなり不合理な我儘を言ひ又之を立通さうとするのであるが、結局に於て意地と張りとが足りない。其故国民は時として余り馬鹿々々しき彼等の頑迷さに憤然蹶起する事あるも、最後の一段に至り突然先方より我を折つて来るので、呆然として暖簾《のれん》に腕押しの感を催すことも屢々ある。

斯の如きは畢竟、彼等の眼光僅かに日本の国家といふ一小局部に偏し、世界の大勢に対しては全然受動的地位に立てるが為めであらう。それに反し西洋諸国の政治家には、仮令その思想は頑迷固陋なりとは言へ、之を以て自国を支配し同時に世界の大勢をも指導せんとするの大なる気魄がある。故に彼等は如何なる障碍に遭遇するも、決して之に屈従しない。これ彼の諸国に於ては、常に革命の如き最後の爆発を見る所以である。然るに我国の政治家にはそれがない。彼等は兎も角も政治家だけに、結局世界の大勢に抗すべからざるを知つて居る。しかも彼等の無知なる、大勢は大勢として之を放置し、僅かに自国の為めといふが如き偏狭なる排他的見地より、不知不識国家をして国際的孤立の地位に立たしむるが故に、仮令彼等に国を思ふの誠意あり余れりとするも、所詮彼等には大局を達観するの明なく、随つて吾々は彼等に国家指導の大任を託するの、真に危険なるを感ずる者である。斯くして我国先輩政治家の無知無識は、或る意味に於て我憲政の発達を円滑ならしめしと同時に、他方その裏面に於て種々の陰険なる小策を弄することにより、我国の政治道徳が著しく溷濁《こんだく》せられたる事実、又せられつゝある事実を衷心遺憾とせざるを得ない。

*

我国の先輩政治家の無智無識が、間接に憲政の進歩を円滑ならしめてゐること前述の如くであり、又それは或意味に於て悦ぶべき現象であるが、他の一面に於て我国の民衆が甚だしく自治生活に慣れてゐないことは、憲政の健全な而して充実せる進歩といふ点より見て、誠に遺憾に堪へない次第である。世間にはよく、我国今日の民智の程度では、未だ民本政治が充分成功し得ないなどゝいふ者がある。併し予輩の観る所では、若し我国民に民本政治の成功に不適当なる点ありとせば、そは彼等の智徳の低きが為めにあらずして、寧ろ自治生活の訓練の不足せる所に在ると考へる。少くも智徳の程度に於て、我国の民衆は欧米先進諸国に比し、決して大なる遜色あるものではない。故に此点に於てならば、我国憲政の前途は左程悲観するに及ぶまいと思ふ。要は唯自治生活の訓練如何にある。

西洋諸国が今日の如き憲政の美果を収め得たるについては、其の原因固より一二にして止らざるも、就中其最も根本的なものは彼諸国の民衆が、一個独立の公民として世に立つ前、既に充分なる自治生活の経験を積んでゐるといふ事である。今その手近な例を挙ぐれば、彼等は小学校においてすでに尠からず斯種の生活に訓練されてをる。例へば米国の小学校に於ては、大統領の選挙といふが如きに際しては、教師自ら率先して子供にも真面目にその選挙をやらせる。又英国の小学校では、上級生が下級生若干を銘々己れの配下として之を率ゐると同時に、上長者に仕ふる訓練を施す。

即ち之れによつて一旦自己の代表者として挙げた者に対し、或は又自己をその代表者として推戴せし者に対し、如何なる態度をとるべきかといふが如き点を充分に訓練せられるのである。斯くして得たる経験は、即ち他日社会に出で公民生活に入るに及んで直ちに役立つて来る。惟《おも》ふに斯の如き隠れたる事実を背景として考ふるにあらずんば、到底彼の諸国に於ける立憲政治成功の真因を把握し諒解することが出来ない。

翻つて我国の実状は果して如何。我国に於ては従来の国民教育中、殆ど全く市民或は公民としての訓練なるものがない。又国民教育の任に当る者に対しても、苟も一般人民の師表として立つに足るだけの精神的並に物質的待遇を与へてゐない。

併しそれのみに止るならば未しもであるが、我国の先輩政治家達は更に一歩を進めて、余りに教育と政治とを分離し隔離せしめんとしてをる。国民教育の任に当る者が、政治に干与するの弊は固より充分に之を警戒しなければならぬ。併し乍ら我国におけるが如く、政治に関与することを以て、何か不徳義なことにでも関係するが如き考を教育者に懐かしむることは、延《ひ》いて新日本の将来を双肩に担つて立つべき我が小国民をして、自国の政治に対し悲しむべき冷澹と更に大なる反感とを有せしむる虞れがある。少くも彼等は自国の政治に対し何等の理解も興味も有せずして社会に出ることとなるのである。即ち斯の如き子弟が、直ちに実社会の人となり或は中央地方の実際政治に参与し、又は選挙権を行使するのであるから、悪辣なる世人の陋策奸言に惑はされて、遂に正当の道を踏み誤まるに至ること寧ろ当然ともいふべきである。之れ亦畢竟我が先輩政治家の責に帰すべきこと、思はれるが何れにするも此点は我国憲政の将来にとりて一つの最も大なる障碍といはなければならない。余りに平凡な且つ迂遠の説のやうではあるが、此等の点に対する根本的救治策として、予輩は国民教育当事者の精神的並に物質的待遇の必要を叫び度い。勿論之れのみで所期の目的が達せられ得るといふのでは決してないが、予輩は国民に自治的訓練を有効に与へ得べきあらゆる方策の基礎は、帰する所国民教育其物の実質的振興の外に出でずと確信するが故である。

〔『我等』一九一九年二月〕

選挙権の理論的根拠

一、**選挙権の理論に関する各種の説明**　選挙権の問題を論ずるに当つて先づ第一着に決めねばならぬのは、何の為めに選挙権と云ふものが存在するかと云ふことである。此問題が決まらなくては、選挙権に関する他の一切の問題の埒が明かない。

扨て、選挙権の理論的根拠に就ては、実は古来いろいろの説明が与へられて居る。而して今日に於ても吾々は屢《しばしば》古い説明が仍《な》ほ尤もらしい形に於て唱へられて居るのを見る。そこで真の理論上の根拠の何れに在るやを明白に認識する為めには古来唱へられ来つた色々な説明を列挙して、之を比較対照する事が一番便利であると思ふ。

前述の如く、選挙権の根拠を説明せんとする学説は、昔からいろ〱のものがあるが、之を大別すると先づ次の二種類になる。第一は選挙権を国民の固有の権利と観るもので、第二は国民に固有なるものではない、国家の方から或目的の為めに特に国民に賦与した権利だと観るものである。

甲　選挙権は国民の固有の権利に非ずとするの説

二、**特別報償説附兵役と選挙権との関係**　先づ選挙権を国民の固有なる権利にあらずと観る方の学説を吟味するに、之に属する主なるものにまた二つある。第一は選挙権を以て国民の国家に捧ぐる或る特殊の労務乃至提供に対し国家が報償的に与ふるものと為すの説である。今日でも我国の一部の政客が説くが如き、「兵役義務を完了せる者に選挙権を与ふ可し」との説は、解きやうによつては此種類に属すると云へる。英米に於ても、婦人に参政権を認むべしとの論拠を、戦時に於ける婦人の功績の著大なるに置くものあるが、是亦前記の思想に多少かぶれて居ることを蔽ふことが出来ない。併し選挙権に関する今日の学理上の通説としては、最早此種の説明は認められない。蓋し今日の理論から云へば、若し国家に労務乃至提供を捧げた者に此種の報償を与ふ可しとせば、独り兵役の義務に服する者に之を限るの道理が無い。一体兵役の如き国民一般の共同に負担すべき義務に対しては、何も特殊の報償を与ふるの必要はない筈である。のみならず、之を事実上特殊の役務なりと見ねばならぬとしても、之に対しては他に自ら報償の途あるべく、選挙権を以て之に報ゆるのは決して適当と云ふことは出来ない。猶ほ之は兵役に限つた事ではない、総じて国民の特別なる役務に対する報償として選挙権を論ずるのは、今日は最早陳腐の説となつて居る。

尤も議会制度発達の沿革の上から云へば、此説には多少歴史的の意義がある。今日の議会制度は英国に濫觴《らんしよう》して居るが、その英国に於て昔之が何のために起つたかといへば、租税負担の承諾を求むる為めに、民間の代表者を中央に召集したといふ事に在る。之は英国に限つた事ではないが、昔時一切の国務は原則として国王の私産の収入に依つて賄《まかな》はれて居つた。併し世の進むに連れ、国用多端となり、到底王室の収入のみではやり切れない。そこで新しい負担を大名小名から段々地方の豪族にまで命ずることになる。之が一度や二度ならいゝが、段々度重なると、貴族豪族は却々《なかなか》おいそれと之に応じなくなる。斯くて時には上下の間に不幸な衝突を見る事もある。斯ういふ経験を重ねて往く中に、茲に漸く、穏便に民間の貢納を承諾せしむる為めに、彼等の代表者を会して、一体何の為めに之れだけの金が要るかを明白に説き聞かすといふ慣例が開かれた。斯くして特別の貢納金を負担すべき豪族は、謂はゞ政府の財政問題に容喙する権利を得、此権利の実行のために自分の代表者を中央に送るといふ事に進んで来る。之が即ち民選議員の発生を見た因縁である。して見ると、少くとも其起源に於て、代議士は租税の負担に承諾を与ふる為めのもので、選挙権は則ち租税納付に対する報償に外ならなかつたのである。従つて租税を払はない人は選挙権を有すべき謂れはない。租税を払ふが故に選挙権があつたのである。今日我国にも行はるゝ「選挙権の資格を一定の税額に置く」の制度は、実に此沿革に基くものである。併し乍ら今日では、少くとも理論上租税は特定の国民の特別なる負担と観るべき性質のものでない。国民一般の負担たること兵役と同一である。従つて租税と選挙権との間に今尚一定の関係を法制上に認めて居るのは、実は何の根拠もなくなつたのである。

今日に於て若し選挙権に特別の制限を認むべき根拠ありとすれば、夫は租税納付の有無若くは其多少にあらずして、国政に参与する能力の有無乃至高低にあらねばならぬ。故に納税額の多寡に制限の標準を置くは、財産の多少が実に能力の高低を判ずべき唯一若くは最主要の標準たる場合に限りて認めらるべきものである。而して今日では財産の多寡は事実上必しも能力の高低を意味するものではない。是れ今日の財産的制限の制度が著しく非難せらるゝ所以である。而してかゝる非難の起る所以のものは、畢竟選挙権の根拠を租税負担の報償と観た時代の遺制を、其儘今日に於ても維持して居るが為めである。

選挙権の根拠を特殊の義務に対する報償と観るの説は前述の如く全然謬《あやま》りであるが、併し特殊義務に対する国民の感情を誘致し、国民をして喜んで此義務を竭《つく》さしむる為めの一方法として、義務の分担と公権の賦与とを相交換せしむる事は政策として一顧の価値がないではない。仏蘭西が兵役義務の完了を以て被選挙資格の一要件として居るが如きは即ち此例である。但し選挙権に就ては、今日の欧羅巴各国は選挙権をば、兵役義務の一般的なるが如く同じく一般的として居るから、二者を相交換せしむる実際上の必要はない。這般の問題は選挙権を特に狭く限つて居る国に於て始めて論ぜらるゝのである。現に最近我国に於ても、熱心に此点を主張する者を見受くるが、唯呉れぐ〵も注意せねばならぬのは、此両者の関係を決して報償的に観る可からざる事である。且又予輩の考では、兵役義務に関する国民の感情を誘導するといふ点から観ても、此方策は必しも得策でないのみならず、選挙権の拡張に伴つて当然無意義に帰す可きものであるから、余り力瘤を入れて説く可き問題でもないと思ふ。是よりも一定の程度の教育を受けた者に選挙権を与ふ可しとする説の方が余程実益も理窟もある。

三、**適任者選抜方法説**　選挙権を国民の固有の権利に非ずとする種類に属する第二の説は、議会を以て一定の権限を有する元首の諮詢機関と看做し、而して之れを構成するに方り、最も適任なる者を挙用するの方法として人民一部の公選といふ制度を認めたと為し、所謂選挙権は議会といふ諮詢機関の構成に関し国法によつて一部の人民に認められたものに外ならぬとする説である。此説の特色は、議会に認むるに立法権と予算議定権との一定の狭い権限を以てし、其限られたる範囲内に於て主権者の諮詢に応ふる丈けの機関と看做す点と、又人民の有する所謂選挙権は国家の命令権発動の反射として存在するに止まるとする点とにある。憲法条文の形式的解釈論としては、或は之に一応の理窟を認め得ないでもなからうが、然し今日の議会の権限は、事実に於て立法権と予算議定権とに限られて居ないのみならず、単純なる諮詢機関と観るのでは、之と枢密院などとの実質上の差別を明にする事が出来ない。而して選挙権についても、之を適任者選抜の方法に過ぎずと為すだけでは、何故にあんな不便な遣り方に依らねばならぬかの理由が判らず、又国法の反射として存するに止まると観ては、今日事実上強く叫ばるる選挙権拡張の要求の意味が解らない。要するに此説明は、今日の憲政運用上の実情とは余りに矛盾して居る。従つて一部の保守的専制政治家輩が、僅に此理論に合ふやうに憲法の解釈と憲政の運用とを窮窟に押し付けやうとする者あるの外、政界の大勢は、こんな説に見向きもせず、遠慮なくどん〳〵其趁《はし》る可き途を走つてやまない。尤も此第二の説は、其が政界の実情に合はないからとて、直に理論上も駄目なものと速断する訳には行かない。理論上の謬妄は別の着眼点から之を指摘するを要するが、然し予輩は係《か》かる下らぬ閑問題に此上時と精力とを費すの遑《いとま》を有たない。

乙　選挙権を国民の固有の権利と観るの説

以上論ずる所に依つて見ると、今日の議会乃至選挙の制度を論ずるに方《あたり》ては、形式的法律論は姑く別問題として、少くとも政治の実質的研究に於ては、吾人は選挙権——即ち人民の参政権——を本来人民に固有なる権利と観るの立場から出発しなければならない。茲に固有といふ意味は、法律に根拠なくして先天的に有するとの謂ではない。法律に拠つて有するには相違ないが、法律に依つて作られた全然新しい権利でなくて、法律が之を認めて権利とするに相当の理由があり、其実質に於て法律以前に既に何等かの存在を有して居つたといふ意味である。此意味に於て選挙権の本質が人民の固有の権利たるに在ること一点の疑を容れないが、只問題となるのは、人民は何ういふ理由で国政に参与するの地位を其固有の権利として要請する事が出来るかの一点である。之が中々の大問題である。而して此に関する最近思想の沿革を歴史的に観ると、第十九世紀の初め以来今日まで三大変遷を経て居る。従つて今日迄選挙権の根拠として挙げられた説明には大体三つあると言ふ事が出来る。

四、人民主権論　第一に来るものは人民主権論である。茲に人民主権論と言ふのは、第十八世紀の末主として仏国に盛に起つた各個人の絶対的自由、各個人の無上の権利を主張する所の各種の説を総称するのである。是等の思想の起り並に其文化史上の意味に就ては、茲に詳論するの限りでないが、兎に角、各個人は生れながらにして絶対独立の主格である、何者も彼の独立自由を侵すことが出来ないと言ふのが其の根本主張である。併し乍ら人類は如何なる時代に於ても国家といふ団体を作つて其生活を完うして居る。人類が其国家生活に於て著しく自由独立の拘束を受けて居るといふ已むを得ざる事実は、当時の人と雖も之を認めざるを得なかつた。然らばこの已むを得ざる事実と天賦人権の思想とは如何にして之を調和する事が出来るか。此点を説明する為めに彼等の当時唱道したものは即ち社会契約説に外ならない。彼等以為《おもえ》らく、自由なる人格者が他に対して義務を負ふ場合は、其の自由意志に出づる契約に依つてのみである。私生活に於ける此の古来の原則は、移して以て公生活にも応用すべく、即ち公けの義務拘束も亦契約に依るものと考へて始めて理解する事が出来るとした。之から段々押し詰めて、結局、各個人を拘束する所謂国家命令の権威の基く所は、社会契約に基ゐて可能なる個人の自由意志の統一的綜合にある。従つて各個人は凡て皆国家意思の決定に参与す可き固有の積極的権利を有すと言ふ事になる。之を通俗に言ふならば、各個人は少くとも全体を造る有機的一部分としては、夫れ〲皆主権者であると言ふべきである。此理から押せば、凡ての国民は洩れ無く皆国政に参与する所なければならぬことになる。之れやがて普通選挙論の主張せらるる論拠になる。普通選挙論が、制度の上に初めて徹底的に顕はれたのは、一七九三年の仏国憲法に於てであるが、此時の論拠は実に右述ぶるが如き理論であつたのである。

此の人民主権論は、当時啻《ただ》に選挙権の論拠として唱へられしのみならず、一般民主政治の理論上の根拠でもあつた。従つて独り人民参政権論者ばかりでなく、所謂デモクラシーの主張者も、亦等しく其議論の根拠を玆処に求めたのであつた。是れ当時の政論を読む者の注意を要する所である。而して其後政治学理は大に変遷したに拘らず、今日尚平然としてこの旧《ふ》るい理論に執着して居る者の鮮《すくな》く無いことも、亦特に注意する必要がある。

人民参政権が其最初の論拠とした人民主権論が、大に選挙権拡張の気勢を旺《さかん》にした事は疑を容れない。併し乍らこの論は果して選挙権拡張の真実唯一の根拠であらうか。先づ第一に考へねばならぬことは、人民主権論を執れば、自ら民主共和を以て唯一の合理的国体と做し、君主主義を絶対に否認するの結論に陥らざるを得ない点である。第二に考へねばならぬことは、天賦人権といふ思想は、人文発達史上の特殊の意味は姑く措き、今日の学問からいへば、夫れ自身文字通りに受入れられぬことである。蓋し我々は決して生れながらにして独立自由ではない。独立自由は将来に於て達成す可き吾人人類の理想的目標ではある。少くとも、我々は修養努力に由り独立自由の人格者たるの可能性を有すと考ふる事は出来る。けれども、生れながらにして然りといふ事を出発点として議論を進むる事は出来ない。之等の理由よりして、選挙権論は今や天賦人権論に拠つては、其基礎を説明する事が出来なくなつたのである。

さて選挙権が、若し元来天賦人権論を唯一の根拠とするものであつたならば、其基礎の崩壊と共に之も亦否認されねばならぬ筈である。然るに事実人民参政といふ事は天賦人権論の崩壊後に於ても、依然其主張を弛《ゆる》めざるのみならず、益々盛に主張さるゝを見るのである。然らば之は本来天賦人権論に拠らずして説明され得べきもの、否な別の根拠に基いて彼れとは全く独立に存在し得べきものと観なければならぬ。只其創唱の当初は、偶々時の流行説たる天賦人権論を藉りて其根拠を説明せんとしたのであつたが、今や天賦人権論は間違といふことは明になつたから、今後は之を捨てて他に別の合理的根拠を探し求めなければならない事になつた。何れにしても人民参政従つて又選挙権といふ事柄それ自身は、天賦人権論と其運命を共にせずして、益々盛に発達の歩を進めて居るのである。

五、プロレタリア権利伸張論　第二に選挙権の根拠として採用せられたものはプロレタリアの説である。即ち国民の大部分を占むるプロレタリア階級の利益を図り其権利を伸張するの手段として選挙権は普く与へらるべきものといふ考である。

人民主権論の根拠に立つ選挙権論がプロレタリア説を論拠とするに変つて往く道筋は、歴史的に見ると極めて明白である。而して此変遷を促すに最も与つて力あつたものは、第一には最大多数の最大幸福説であり、第二には社会主義の政党組織であると言はなければならぬ。人民主権論に基く国家観が、個人に対する国家の権力行動を出来る丈け狭きに限らんとした事、而して其国権の個人に対する命令関係を是認すべき範囲は、其が最大多数の最大幸福を図る場合に限るとせし事は今詳しく説くの必要はあるまい。兎に角斯くして国権発動の主たる標目の一として、最大多数の最大幸福を着眼す可しとするの見解が段々起つて来たことを念頭に置けば可い。唯問題は何が国内の最大多数者なりやといふに在るが、此点は社会主義の段々発達するに従つて所謂プロレタリア階級が夫れであるといふ思想が起つて来る。「最大多数の最大幸福」説の本家と観る可き英吉利に於ては、斯ういふ考まで進まなかつたのに、大陸に於ける社会主義の運動が労働者の権利伸張を説くに及び、此と彼と結び付いて、国家の目的はプロレタリア階級の保護伸張にありといふ考が強く主張さるゝ様になつたのである。

然らばプロレタリア階級とは何ぞや。一体仏蘭西革命以来、第十九世紀の初頭、大陸の諸所方々に起つた政治的革命運動は、成程一般民衆の名に於て為され、又実際一般民衆の力が大に与つて其成功を助けたのではあるが、改革の結果に由つて新に権力の地位に登つた者は主として所謂中産階級以上の者であつた。そこで取り残された所謂労働者階級は、一般文運の進歩に伴ふ下層階級の自覚といふ現象に伴つて段々不当に圧倒せられたる自家権利の伸張を叫ぶに至る。斯くして結束したる彼等は自らプロレタリアを以て称し、而して此階級が実に国民の大部分を占むる者なるの故を理由として、其利益幸福を図る事が即ち国家の主要なる目的たらざる可からずとするに至つたのである。

プロレタリアの利益幸福の増進が国家の主要なる目的の一なりとする思想から、更に一転して選挙権の国民的普及を説くに至らしめたものは、独逸社会主義者の功である。主としてはフエルヂナンド・ラツサールの功であると謂はなければならない。ラツサール以外にも、又彼れ以前にも、之と同じやうな説を唱へた者が無いではない。けれども此点に於てはラツサールの功績が一番著しくもあり、又此方面の説明が大に天下に普及したのも彼に依てゞある。然らば彼が如何なる意味に於て此方面の功労者と言はるゝのか。

茲に予輩は独逸社会主義の主張を詳しく述ぶるの遑を有たない。唯其創始者と言はうか大成者と言はうか兎に角独逸の社会主義はカール・マルクスに始まる事、而してフエルヂナンド・ラツサールの説は決して多くマルクスを出づるものに非る事を一言するに止める。唯一つ茲に看遁す事の出来ないのは、マルクスとラツサールとは、根本の思想に相類する者あるも、其理想実現の方法に関する考は全然相違せる事である。マルクスは此点に於ては所謂国際社会主義の主唱者である。彼は所謂国境を重んじない。世界中の労働者はみな結束して資本家と闘ふ可き事を唱へた。彼の見解に拠れば、国家と国家との戦争の如きは、専ら資本家の慾の為めのものに過ぎない。故に労働者に取つては全然無意義である。労働者に取つてもし有意義の戦争ありとせば、それは資本家撲滅といふ所謂階級戦争あるのみである。而して今日資本家は凡ゆる便宜を利用して労働者を不当に圧迫して居るのであるから、吾々は之に対抗するが為めにまた飽くまで腕力に訴へて、最も有効なる正当防衛の手段を講ずべきであるといふのである。人若し之を難じて国家の法的秩序を紊乱すと言ふ者あらん乎、彼は答へて云ふだらう。国家の法律といふものが、既に資本家に取つて、労働者圧迫の為めの一好武器に外ならないではないかと。之がまた今日露西亜のレーニン、トロツキー等の取つて居る主張なる事は附け加ふるまでもない。然るにラツサールは之に反して「国家」を重んずる。国法の許す範囲内に於て主義の実現を図るの可能にして又得策なることを認める。而して彼が現在の国法的秩序の下に於て社会主義の理想の実現を可能なりと信じた根拠は二つある。第一は社会主義が専ら眼中に置く所の労働者なるものは国民の大部分を占むるといふ事実である。第二は一八四九年仏蘭西が始めて之を採用して以来、普通選挙要求の声が独逸にも高く、従つて此制の確立は必ずしも近く望みなきに非ずと認めた事である。若し普通選挙の制度が施かれ、而して労働者が真面目に自分の代表者に其与へられたる一票を投ずるならば、議員の大半を社会主義者で占むる事が難くない。然らば憲法上与られたる議院当然の権能に基きて、合法的に社会主義の理想を実現する事が出来るではないか。斯くして彼は一八六〇年前後、挺身大に天下に呼号して、労働者の須らく結束して普通選挙を要求し、又同時に政党を組織す可きの急務を説き廻つた。独逸に一八六三年初めて社会主義の政党組織を見たのも、専ら彼の尽力に由る。之れより普通選挙は、プロレタリアの権利利益を主張し、由つて以つて国家をして其最も主要なる任務を尽さしむる所以の最も肝要なる方法であるといふ思想が生れたのである。今日でも斯ういふ考に基ゐて選挙権の普及を主張する者が世上に尠《すくな》くない。

併し乍ら此説は、第一に選挙権を以て或る他の目的を達する為めの手段と観る点に於て、又第二にはプロレタリアの権利利益の伸張を図る所から、階級的差別を激成し、以て国家の統一観に悖《もと》るといふ点に於て、大なる理論上の弱点がある。最大多数の最大幸福説が、最近の新しい国家観と相容れざる限り、此説の第一の根拠は崩れたものと言はねばならず、然らざるもプロレタリアは国内の量的優勢を代表するに止り、必しも質的優勢を代表するものでないと言ふ点に於て、今日は大に排斥さるゝ事になつた。此説が少数特権階級の権利壟断の蒙を啓き、参政権を弘く天下に普及せしむるに多大の功績を示した事だけは、之を認めなければなら〔な〕いが、只選挙権の根拠を説明するの理論としては、今日は最早昔しながらの権威を要求する事は出来なくなつた。

六、**社会協働論**　其処で昨今に至り新に第三の論拠が説かるゝことになつた。夫れは何かと言へば社会協働論である。此方面を最も能く明にしたものは、独逸に起つた共同団体の説、つゞいて仏蘭西に起つた夫のソリダリテ・ソシアールの学説等であらう。尤も今日選挙権の論拠として取る所は必ずしも所謂共同団体説、所謂ソリダリテ・ソシアールの説に其儘囚へらるゝ必要はない。彼等に依りて著しく啓発された最近の国家理論を主として着眼すれば宜い。其考の大要は斯うである。吾々人類は今日国家といふ団体生活に於て其生存の目的を果して居る。この団体生活を離れて吾々の生活は考へられない。従つて吾々が、吾々の生活を充実するといふことは、其前提として又は同時に、団体其物を充実することでなければならない。こゝに国家と個人との微妙なる有機的関係が成立する。此の有機的関係を根基として個人は十分に国家の充実に努力せなければならず、国家はまた十分に個人の発達を助長せなければならぬ。斯くして一方には、吾々国民は各々其積極的の責任として進んで国家を経営すべき直接の分担を有すとの見解も起り、また吾々はこの国家経営の積極的持ち分を十分果たし得る様な地位を与へられんことを要求すべしとの見解も生ずるのである。この事は君主国に於けると民主国に於けるとに由つて異る所はない。少くとも近代国家に在つては総てに共通する理論と言つていい。果して然らば吾々は一方に於ては国家の経営に関する積極的責任を完うする為めの物質上精神上の保障を要求するの権利あると共に、又国家が自ら其運命を決せんとするに方り、其意志決定に参加するの固有の権利を主張する事が出来ねばならぬ。又国家の方から言つても、国家を組織する各員を物質的に且つ精神的に充実せしむるのみならず、更に彼等をして国家の為めに意識的に行動せしむる様にする事が得策であり又必要である。此点が実に民本主義の政治の拠つて以て立つ所でもあり、又同時に選挙権の拠つて以て生ずる所の淵源である。*

* 以上選挙権の理論に関する論究は、余りに粗雑にして我ながら不満足の点が多い。たゞ一般通俗の読みものとしては之れ以上立ち入るは、却つて読者を煩はすに止るべきを恐れて此儘にした。他日もつと詳細なる攻究を遂げて、本書附録の一部として追加するか、又は別の形に於て発表せんことを期する。

以上述ぶるが如く、選挙権の理論的根拠に関する説明は、三大変遷を遂げた。其第一期に於ては共和主義に伴ひ、第二期に於ては社会主義に伴つた。其の結果として少くとも其変遷の歴史的過程に於ては、選挙権論が或は共和主義或は社会主義と密接の関係を有つて居つたことは疑ない。然し今日一般に承認せらるゝ理論から云へば、選挙権は国家の本質に基く当然の帰結にして、如何なる国家も必ず之を認めねばならぬものとなつて居る。殊に選挙権の国民的普及即ち普通選挙の論になると、世上往々之を以て共和国にのみ行はるゝものと誤る者もあるが、之は嗤《わら》ふ可き謬見である。唯従来共和主義者や社会主義者が最も多く之を唱へ、且今日でも此種の傾向を帯びた者が著るしく此論を高調するので、為めに稳健なる政治家の顰蹙に値する様な過激の議論も時々交へらるゝことがないではない。従つて世人が普通選挙説に対して動もすれば誤解を懐くといふにも無理はないと思ふけれども、然し坊主が憎いからとて袈裟まで呪ふのは、余りに理に外れた見解である。而して普通選挙に関する誤解からして、引いて選挙権そのもの、論拠まで累を蒙るが如きあらば、吾人は只之を一遺憾事として放任して置くことは出来ないのである。

〔『中央公論』一九一九年二月、初出の表題「選挙権拡張問題」〕

改造同盟の成立を祝す

今や我国にはあらゆる方面に於て改造の必要が認められて居るに際し、主として政治経済の方面に亙り、徹底的の社会改造を旗幟として平素尊敬する知友の間より改造同盟の生れた事は我々の双手《もろて》を挙げて歓迎する所である。十九日の新聞にあらはれた宣言によれば、本同盟の目的とする所は即ち我々の多年唱道し来つた所と其根本に於て異らない。只此種の運動に最も尊ぶ所は主義主張の共同といふ事よりも人生観の一致、もつと平たくいへば気分の合致と云ふ事である。此点に於て本同盟の発起者が同志の糾合に誤る所なくんば幸である。

〔『中央公論』一九一九年九月「小題小言」のうち〕

政党の地盤政策を難ず

九月下旬行はれた府県会議員の選挙は、政友、憲政、国民の三党各々其政党の名に於て鎬《しのぎ》を削り、各政党の幹部までが態々田舎を狂奔した事は人の知る所である。此事は今日我国の政党が如何に地方の問題に興味を有つて居るかを語るものであると共に、国会議員選挙の場合に於ける地盤の擁護乃至開拓と云ふ考がまた彼等をして大いに地方問題に浮身を窶《やつ》さしめて居ると云ふ事も掩ふ事は出来ない。国家の経綸——従つて中央政界の問題に専ら没頭すべき筈の政党が地方の自治制に干与するの不可なるは云ふ迄もないが、殊に彼等が党勢拡張乃至地盤の擁護開拓の目的の為めに地方政治を紛乱して顧ざるに至つては、之れ立憲政治の本義に悖る一大罪悪と云はなければならない。

立憲治下に於て守られねばならぬ数ある原則の中、其最も重要なるもの丶一つは、各国民の人格的独立の尊重である。之が為めにはすべての国民をして其政治上に於ける意思の決定を最も自由ならしめなければならない。而して所謂憲政創始の運動は其形式的自由を確立し、又は少くとも確立するの端緒を開いたのであるが、其実質的自由は今日尚未だ十分に確立されてゐない所がある。我国の如く未だ普通選挙の行はれてゐない所では、国民の自由が形式的にも完成してゐないが、せめて其与へられたる範囲内に於てでも其自由が本当の意味の自由であれかしとは我々の切に願ふ所である。即ち我々が現行選挙法の下に於て尚選挙権の行使につき、いろ〳〵の註文をするのは、現在の選挙権者が単に法律上の文面のみでなく、事実真から良心の命ずるが儘に自由の行動を執り得るやうにしたいと希ふからである。斯くの如きは啻に立憲政治の本義に協《かな》ふばかりでは無い。更に斯くして国家の文化を高め、国運の進歩を促すと云ふ道徳的効果もあるからである。蓋し選挙人が選挙権を行使するに方つて買収せらるるでなし、其他いろ〳〵の利害によつて動かさるると云ふ事がなくなり、単純に自分のよしと信ずる所によつてのみ行動するといふ事になれば、政党の競争に於て勝敗の決定をなす者は即ち国民の偏する所なき良心の判断であるから、昔の政争のやうに殺伐陰険なる手段を運《めぐ》らすの余地はない。従つて政争を倫理化し、其結果また各政党をして互に切瑳琢磨し、競うて良能を発揮せしめることが出来る。啻に之のみではない、各政党が各々其最もよきものを発揮して競争に勝たんと努むるの結果、国民其物も亦之によつて大いに発達を促さる丶。即ち斯くして政党は他の政党と各々其能を競ひ、国民はまた政党と交互に其最もよきものを発揮せざるを得ざらしめる。之れみな国民の意思の自由を尊重することより生ずる賜物に外ならぬ。

然るに不幸にして我国現今の政界に於ては、所謂国民の自由は其実質に於て大いに蹂躪されて居る。而して其中官憲の干渉とか候補者の買収請托とかは、人多く之を脱却し得ずして而かも之を非とするに誤らざるも、此外尚大いに国民の良心の自由を蹂躪する怖るべき弊根あるを気附かざるものが多い。そは何かと云へば、即ち政党の所謂地盤政策なるものである。

天下の政党が地盤の開拓と称して或は府県、甚しきは郡市町村の政治にまで干与し又は種々の因縁を附して一地方の公民を党籍に列せしむると云ふ事は、西洋諸国に於て殆んど其例を見ざる所である。蓋し政党は天下国家の問題を以て争ふべきもの、地方政治の問題は原則として地方公民の自治に委し、直接政党の干与すべき者ではない。若し夫れ地方の公民に至つては自ら中央政界の舞台に乗り出さん〔と〕するものにあらざる限り、各政党の理義の争に対し公平なる批判者たるべくして、争の当事者たるべきものではない。即ち彼等は今日の場合甲党を是と思はば甲に賛し、乙党を是と思はば乙に賛し、賛否の票決に於て毎に全然自由の立場に立つて居なければならない。斯くしてこそ初めて政治に公正あり、国家にも進歩あれ。然るに我国の如く政党が山間僻邑まで其毒手を伸ばし、よくもわるくも誰某は甲党に又は乙党に投票するものと予めきめて置くのでは、党争はつまり自分達の立場は国民多数良心の認受する所となれる結果として勝つのではなくして、つまり腐れ縁につながる家の子郎党の高〔多寡〕によつて極まる訳になる。其結果どうなるかと云へば、各政党は平素色々の利益を提供して地方民を繋ぐのみならず、いざ選挙と云ふ場合には更に種々の不義の利益の提供によつて去就の曖昧なるものを籠絡する。斯くしていゝ事をしやうが、わるい事をしようが、何うでも自分達は勝てると云ふ意味で堅い地盤を築かんことに腐心する。之れ党あつて国なき連中にとつては極めて安全な方法であらう。けれども之によつて国民の道心を傷け、一国文化の進歩を妨ぐることの如何に大なるやは測り知るべからざるものがある。頑迷者流動もすれば政党の弊害を説くが、政党其物に斯くの如き本質的欠点ありと云ふ議論には固より賛成は出来ないが、少くとも我国今日の政党は此種の詰問に対して一言弁解の辞なかるべきは疑ない。

以上述べたる意味に於て予輩は今日の政党の所謂地盤政策に多大の反感を感ずる。殊に此点に於て今日までの政友会の遣り方に最も遺憾とすべきものが多い。主義として政党内閣論者たる予輩にとつて、我国政党の今日の暴状は最も悲痛なる憂悶の種でなければならない。而して今日の政党は或は教〔救〕べからざるも、地方多数の公民中には尚其良心の聡明をたゝくことによつて我々の立場の諒解を求るの望有ることを疑はない。是に於て我々は敢て地方の公民諸君に告ぐる。諸君は専門の職業的政治家で無い限り、籍を政党に列してはいけない。此点に於て断じて政党者流の甘言に耳傾けてはいけない。諸君は何処までも不偏不党の態度をもつて、其真価値に於て各政党の立場を比較し、最も公平に其角逐の勝敗を決すべき任務を忘れてはならない。国家の諸君に期待する所は忠実なる行司の役目である。政治家たる角力は行司までを東西に分つて先天的味方たらしめんと努むる。此誘惑の怖るべきに警戒して、何処までも良心の判断を自由に且つ鋭敏ならしめんことは、我国憲政の進歩の為めに予輩の切に冀《ねが》ふ所である。

〔『中央公論』一九一九年一一月〕

社会改造の第一楷段としての普通選挙

今度の議会で論ぜらるべき重要問題の一つは普通選挙案に相違ない。去年は不幸にして実際問題とならなかつた。而かも時勢は急転直下して今日は最早や該案の議題に上るは既定の事実たるのみならず、人多くは其通過すら疑はない。予も亦七分の望みを之に繫《か》けて切に其成立を祈るものである。

唯、いよ〳〵普通選挙となつた場合の利害得失如何の問題になると、世間に尚一種の悲観論者がある。尤も大多数の人には余りに其利を見て殆んど其弊に眼を掩はんとする傾あり、之も全然正しい見解ではないが、然し普通選挙になつても政治上碌な進歩はない、多大の望を之に繫けるのは誤りであると云ふ風な見方にも我々に多少の異議がないではない。而して此種の悲観論が往々社会的制度の外的改造を先決の急務とする立場を取る人々より発せらるるのは我々の些か奇とする所である。

どう考へても普通選挙になれば今日よりも遥かによりよき社会を持ち来たすべきは疑を容れない。今日の不徹底な且つ弊害の多い立憲政治でも更に参政権の認められなかつた昔に比べて遥かに勝つたものであることは云ふを俟たない。之と同じ意味に於て選挙権の拡張は兎にも角にも一つの大いなる進歩であるといへる。が又普通選挙になつたからとてそれで我々の自由なり幸福なりが完全に保護され又伸張さるる〔と〕も限らない事は事実の上に明白である。已に普通選挙を採用して長い経験を積んで居る西洋の例が明白に此事を語つて居る。そこで西洋でも之丈けでは足りないと云ふので、或はもつと普通選挙の趣意を徹底することによつて、或は普通選挙と相並んで他にいろ〳〵な方法を案出することによつて従来の普通選挙主義の与へ得なかつたものを与へんとしていろ〳〵工夫して居る。普通選挙の趣意を徹底する為めと称していろ〳〵な工夫が案出されて居ると云ふ事は曾て一通り本誌二月号の論文にも述べた事がある〔「選挙権拡張問題」『中央公論』〕。其外之と相並んで施行すべきものとしては彼のレフエレンダムとかイニシアチーブとかの方法もある。併しながら最近此等の方法にも満足が出来ず更に普通選挙制が何故に十分人類の自由と幸福とを保護伸張するに足らざるやの根本原因を研究して、之によつて一挙に適当なる解決案を見出さんとするものを生ずるに至つた。此風潮は最近労働問題の勃興につれて益々甚だしくならんとしつゝある。

或人は云ふ、普通選挙が如何に徹底しても、それが結局に於て夫自身完全なものでない事は、そが僅かに政治上に於ける形式的自由を眼中に置くのみであるからである。人類が実質的に完全なる自由を得るまでは決して問題は根本的に解決しないと。斯くして人間の自由を実質的に確立せんとするものは遂に普通選挙に諦めをつけて他の方面に活動の舞台を転じた。斯くして生れたのが社会問題乃至労働問題である。して見れば労働問題や社会問題は畢竟普通選挙問題の解決し得ざるものを解決せんとして起つたものに他ならない。而して此両者は本来相容れざるものではないのに一方は他方の為すなきを罵倒して自家の運動に勿体をつけ、為めに久しく反目の関係に立つたのは甚だ遺憾な事であつた。政治家は云ふ、労働問題の期する目的も実は我々の力で出来ると。労働者は云ふ、普通選挙などゝ云ふ政治問題に拘つて居つては何時迄経つても彼岸に達せられないと。斯くして労働運動家殊に社会主義者の一派などは政治運動を否認することによつて自家の目的を達し得べしとさへ考ふるに至つた。けれども此二者の論争は風邪を引いて居つたまゝで冷水浴をやつても軀はよくならない、先づ軀の目前の欠陥たる風邪を直すことが必要だからと云つて冷水浴の無用を説くが如きものである。普通選挙の如きは実に労働問題の解決を俟つて大いに其効用を発揮すべきものなのである。

労働問題解決の急務を叫ぶもの、中、其過激なるは政治否認の革命主義者となるが、それ程一本調子でないものは政治運動にも亦相当の価値を認める所からして此と彼との対立協力を説く折衷論者となつた。其最も著しきものは之までの国会の外に之と対立する生産組合会議《ギルドコングレス》を以てし、而して此双方より若干委員を出して作る所の聯合理事会に最高の権力を与へやうとする彼のギルド社会主義の一派の説である。之は畢竟政治と経済の関係に関するイリユージヨンより生れたものに他ならないが、又一面に於て其両者の歩調の現代の社会に於て尚未だ適確に吻合せざるの事実を語るものである。

此等の事に関する更に詳細なる論評は之を他日に譲るとして兎に角我々の茲に見逃してならない事は現代の社会批評家の着眼は普通選挙の実行と云ふ段楷を通り越して更に遥かに其先きの社会改造を目標として居ることである。他の言葉を以ていへば我々は普通選挙を実行した所が、其先きにまだ〳〵問題があると云ふ事である。其先きの問題を眼中に置く所から普通選挙を実行したとて大した利益も無いと云ふやうな考も起るのであるが、併し普通選挙にならなければ結局の目的の達成は亦甚だ困難である。何れにしてもさう云ふ先きの問題を考へて見ると我国が今度やつと普通選挙の実行に入らうか入るまいかと争ふのは余りに時勢に後れたるの感なきを得ない。普通選挙を実行して茲に久しきを経た西洋ですら議会の議論と民間の要求とは頗る懸け離れて居る。国民の極めて少なる一部の利害を代表するに過ぎざる我国の議会が我々国民の眼より観て丸で別世界の感あるは怪むに足りないが、せめて折角問題となつた普通選挙案丈けは是非共無事に通して貰ひたい。さうでも無ければ一般民衆は遂に議会を目して我々と何等の関係なき無用の長物とするの感を深うして改めないであらう。

〔『中央公論』一九一九年一二月〕

言論の自由と国家の干渉

一　はしがき

森戸帝大助教授の筆禍事件に関聯して、昨今言論自由と国家干渉権との関係といふ事が問題となつてをる。或人は言論の自由乃至学問の独立を理由として、同氏に対する休職の処分は勿論の事、朝権〔憲〕紊乱の名の下にこれを起訴した事さへ不都合であるといふ。ところが又他の一方には、言論の自由は絶対無制限のものではない、学問よりも国家の方が重い、国家あつての学問の独立だといふやうな人もある。成程言論の自由は文化の発展上大いに之を尊重すべきものであるに相違ないが、さりとて人を殺してもい丶、人の物を盗んでも勝手だといふやうな、共同生活の基礎的条件を破るやうな思想を横行せしむるわけには行くまい。そこで所謂言論の自由に対しては、或場合に於て国家が之に干渉するといふ、相当の理由があると思ふ。けれども、さうかと言つて、一から十まで国家の煩はしい干渉乃至取締を受くるのでは、所謂文化の進歩は停滞せざるを得ない。すべて文化の進歩発達は自由なる精神活動のみより生ずるものであるから、度を超えた干渉拘束はいかなる場合に於ても進歩発展の敵でなければならない。於是《ここにおいて》問題となるのは、国家がいかなる場合に於て正当に言論自由に干渉し得るか、言論の自由はいかなる範囲に於て国家の干渉に甘んぜねばならぬか、といふ点である。換言すれば、言論の自由と国家の干渉との間に、いかにして合理的の境界線を設くべきか、といふ事である。

この事を説く前に、国家といふ観念及び自由といふ観念について、世間通有の誤解を正しておく必要がある。

なぜなれば、これらの理由なき誤解から、不当に国家の干渉権を主張するやうな謬論もちよいちよい見えるから。

二　国家と社会とを混同するの非

我々人類は共同生活に於て初めて夫々の生活を可能ならしめてをる事は、今更言ふを俟たない。共同生活は我々個人々々の生活にとつても大事なものであるが、共同生活それ自身に絶対の価値を主張するとしても相当の理由はある。従つて共同生活の基礎条件を破るやうな説を立つる者があれば、それは明白に危険な説に相違ない。この点に於てかの全然破壊を事とする虚無主義の如きは一種の危険物と見做して、之を取り締るに相当の理由がある。しかし乍ら学問上に於て無政府主義なる所謂国家否認の学説は、直ちに之を共同生活その物の否認と混同してはいけない。共同生活その物の否認を危険なりとする理由を打ち棄て、直ちに国家否認の説を危険視するのは、国家と共同生活即ち社会との概念上の区別を無視するの議論である。

尤も吾々の普通の用語に於ては、国家といふ文字と社会といふ文字とをあまり厳格に区別しない。例へば大和民族の共同生活に伴つて発達した固有な又は歴史的の特殊文化といふ意味で、日本国家の文化の発揚などゝいふ事がある。これなどは実は大和民族の組織してをる社会の文化といふが正しいので、国家といふのは普通社会と区別なしに使ふところの俗用によつたものに外ならない。されば通俗の言葉としては、国家といふも社会といふも畢竟同一であるから、国家を否認するは即ち社会その物を否認する事になるといふ理屈で、これを咎めても一向差支へない。

けれども学問上の用例としては、民族が歴史的に作るところの共同生活体は、之を社会といふべく直ちに国家と呼んではいけない。然らば国家とは何であるか、即ち学問上社会と区別せらるゝ国家とは何かといふに、吾々の共同生活が国権と称する力の組織即ち強制組織によつて統括せられてゐる方面を言ふにすぎない。謂はゞ国家は吾々の共同生活の一方面を指して言ふにすぎないのである。故に若し国家を否認するの説ありとすれば、そは力の組織即ち強制組織を吾々の団体生活の唯一の統括原理として尊重し過ぎる事に反対するのであつて、社会生活その物を無視するのではない。人往々国家の否認の説は吾々の共同生活の秩序破壊を目的とするものなるかの如くに考へるけれども、かの破壊的虚無主義に非る限り、彼等の期する所は寧ろ社会生活の秩序をより確実な根柢に置かんとする動機に出る事が多い、実際所期の目的を達し得るか否かは別問題として。

要するに学問上に於て、吾々は、国家といふ文字を特別の狭き意義に限定して之を使つてをる。従つて吾々政治や社会の問題を論ずる時の国家といふ文字は、皆この特別な意義に解せられなければならない。本論文の中の標題にある国家も亦この意味である事は言ふまでもない。此狭き意味に限定した国家を否認するのがいゝか悪いかは、又自ら別問題であるけれども、国家といふ文字に通俗の意味を附してその解釈の下に吾々の国家に関する言説を論じやうとするのは大いなる誤りである。故に例へば帝国大学令に、国家に枢要なる学術を研究し云々とあるのを引つ張つて、森戸君が国家否認の学説を立てたのは大学の目的に背反するものである、といふやうな事を言つたのは笑ふべき謬見と言はざるを得ない。

三　強制組織を過重するの蒙

国家を社会といふ意味に解して、吾々学術研究上の国家否認説を非議するの誤りなるは前段述ぶる通りであるが、さて国家を狭い意味に解した上で、これを否認するのが正しいかどうかは前にも述べた通り別の問題である。これについては国家と社会との関係に関する見解の如何によつて、二つの異つた考へ方が成り立ち得ると思ふ。

前にも述べた通り、吾々の個人的生活は共同生活に於て始めて可能であり、従つて共同生活と個人的生活とはぴつたり融合してをるのであるが、さてその個人が共同団体の中にあつて安らかにその生活を全うし得る所以のものは、その間に何等かの秩序が立つてをるからである。然らばその秩序は一体何者によりて与へられてをるか、何によつて共同生活は秩序づけられてをるか、他の言葉を以て言へば、吾々の共同生活を統括しその秩序を維持する所以の原理は何であるか、といふ問題が起る。この問題については、所謂統括原理は唯一つしかないといふ一元説と、否一つばかりではない、沢山あるといふ多元説とある。

一元説を採る者の殆んど例外なく一致する点は、強制組織を以て唯一の統括原理とする点である。吾々の共同生活の秩序は、力によつて初めて、否力のみによつて統括される。従つて社会は常に当然国家とならなければならない。国家といふ考へを離れて社会といふ物を概念的に想像するのは銘々の勝手だけれども、事実上国家の外に社会は実際に存在し得ない。故に社会といふも国家といふも畢竟は同じ事になる。かういふ考へが正しいとすれば、国家否認は即ち共同生活その物の否認に非ずといふのは言葉の上だけの事で、実は国家を否認する事によつて社会の秩序を紊乱する結果とならざるを得ない。お前の首は取るがお前の命を取る積りはない、と言ふと同じく、国家は否認するけれども社会はこれをどこまでも立てゝ行きたい、と言ふのは事実上成り立ち得ざる議論である。故にかういふ立場から言へば、縦《たと》ひ国家と社会とを概念的に区別しても、換言すれば国家をいかに限定せられたる意味に解釈しても、国家否認の説は直ちに之を危険なる説として排斥せざるを得ないわけになる。けれどもかくの如き国家観乃至社会観が今日社会学者の多数の容るゝ所に非るは明白一点の疑ひを入れない。只一部の頑冥なる政法学者の一角に、今日なほかかる妄信を抱く者あるは怪訝に堪へざる次第である。

共同生活の秩序を維持する統括原理に関しての今日の通説は多元説である。即ち独り権力の組織のみならず、習慣、道徳その他色々の物を数へ立てる。而かも命令、服従といふやうな形式上の権力関係はそれ程高い値打を占むべきものでないとさへ言うてをる。尤も何れの原理が重きをなすやは、時代によつて異ると言はなければならない。昔は権力が最も重きをなしたのであらうが、少くとも今日に於ては権力よりも習慣、道徳の方がより強いより確固たる統括原理とせらるゝやうになつた。他の言葉を以て言へば、人格的な道徳的な方面に統括原理を認め、権力、服従の関係は止むを得ずしてこれを適用するもの、できるなら各個人の自発的創意に任して、健全なる理想的社会を築き上げて行きたい。かういふ立場から言へば、国家の特徴たる強制組織の如きは固よりこれを否認はしない。否却つてその或る場合に於ける必要を説くけれども、之を以て第一義的のものとは思はないから、之に固執する偏見者流の蒙を啓くために、強制組織のみを唯一の統括原理と認むる考へに反対するといふ意味で、国家否認の説を立つる者もあり得る。文字が適当か否か姑らく別問題として、かういふ思想はそれ自身決して危険な物でなく、寧ろ最近の社会学研究の結果と適合するものと言はなければならない。

この事は又他の見方からも言へる。即ち前の間違つた国家観を採れば、共同生活の基礎は権力を強くしさへすれば固い。権力を無限に張り、強制組織を出来るだけ強くせばそれだけ吾々の共同生活は安全に発達するといふ事になる。即ち富国強兵といふやうな物質的方面に於て国家を強くする事が即ち政治の理想といふ事になる。従つて学問の独立だの、言論の自由などいふ事は第二義的の問題であつて、富国強兵の目的の前には多大の犠牲を需められても致し方がない。強制組織を少しでも弱くするといふ事が第一の罪過であるから、これを動揺せしむる恐れある言論の自由の如きは、例外として差支へない限り認めるべきもので、干渉と取締とが原則と見なければならない事になる。けれども共同生活の統括原理は権力ばかりではない。命令、服従といふやうな低級の、水臭い関係を飛び越えて、今日はもつと自由な道徳的な且つ人格的な所に基礎を置きつつあり又置かねばならぬといふ事になつてをる以上、強制組織を強むるといふ事は必要ではあるが、第二義的な所に落ち来らざるを得ない。第一に必要なのは即ち各個人の自由を尊重するといふ事である。各個人の自発的創意に基いて、社会的秩序を道徳的に組み立てしむるといふのが原則であるべく、国家の干渉はこの原則の徹底を期する範囲に於て初めて許さるべきものである。然るに世間には強制組織の効用を過度に考へて、強制のために強制するといふやうなのが多い。之に反対して強制を唯一の原理と認むべからずといふ説には相当の真理がある。この意味に於て国家の特徴を否認し、従つて国家を無視するの議論をするのは、その実共同生活をなほ一層安全な、なほ一層強きものにせんとする動機に出づるもので決して危険なものではない。政治、法律の学問をする者には、社会学上極めて明白なこれだけの理屈を、往々にして誤る者が多い。

四　自由とは何ぞや

強制組織を強くする事のみを図る結果は、却つて共同生活その物を結局に於て弱むるばかりでなく、更に文化の開発を妨ぐると同じく、強制組織の強固といふ事のみに執着せざる考へは却つて共同生活その物を強くする外、なほ大いに文化の開展を助くるの結果を生ずる事になる。自由といふ事それ自身は或ひは人生の究竟目的でないかも知れない。けれども文化開展の発動を促す必須条件として、大いに意義あるものたるは言ふまでもない。これ文化は精神的活動の自由より生ると称せらるゝ所以である。政治が人生の目的の達成に助力する使命を有つてをる以上、所謂自由を以てあらゆる政治的活動の中心的目標とすべきは言ふを竢《ま》たない。

さう言ふと反対論者は次の如く詰問して来る。人間にさう自由を許すと何をするか分らない。自由は一面に於て放縦である。放縦から値打ある文化の開発すべき道理はない。寧ろこれを抑へる事が人類の進歩を促す所以ではないかと。成程之も一理ある。人間の本性がこれを拘束せざれば勝手放題な我儘なるものとなつてをれば、政治の理想は専制的統括でなければならない。人の本性は相競ひ相屠る殺伐なものと見る人生観から生るゝものは、常に必ず専制主義である。十九世紀の後年、一時世界を風靡した自然科学的人生観は、全部がさうではないが、大部分は人間の動物的方面を本質とする見解を採つたから、従つて専制的統括を政治の理想と見るやうに傾いてをつた。がしかし、今日吾々はああいつた人生観を捨てた以上、政治の理想も亦自ら変らざるを得ない。

そこで吾々は少くとも概念上、自由を放縦から区別する。吾々の自由といふのは、人間の人間としての自由、謂はゞ人間らしい自由であつて、物慾の促すまゝに勝手に振舞ふ方面は、これを自由とは見ないで、寧ろ精神的奴隷状態に在るものと見る。放縦は即ち物慾の奴隷である。人間も一個の動物であるから、動物としての衝動に司配さるゝ事は無論多い。昔は之に従ふを自由と見た。今は放縦として之を斥ける。然らば自由とは、人間の一人格者としての精神的活動の拘束せられざる状態を言ふに外ならぬ。放縦を抑へてこの本当の自由即ち人格的自由を活躍せしむる事が政治の理想でなければならないといふのである。人間に物慾が無ければ政府の必要は無い。クロポトキンの無政府主義はここから生れる。けれども人間も亦物慾に司配さるゝ以上、これを抑へて本当の自由を伸びしめるために色々の制度が必要となる。殊に強制組織即ち国家が必要になるのである。そこで国家の干渉は文化開発の上に有力なる働きをなすものであるけれども、その結局の目的は常に人格的自由の確保に在らねばならぬ。而して国家は放縦を抑へるといふ任務を与へられ、而かも往々図に乗つて放縦と共に本当の自由までをも抑へんとするが故に、兎角面倒な問題を惹き起す。この間に明白な区別を立てるのが近代開明政治の一つの重要な仕事である。

放縦は抑へなければならぬ。自由は大いに之を伸べしめよといふのは、理論としては間違ひないが、さて実際に何が放縦であり、何が自由であるかを決める事は極めて困難である。その判定を或る特殊の階級に托すれば、放縦なるが故に之を抑へよといふ論理は一転して、形式上放縦の名の下に同曲の刑に触るゝものは悉く抑へらるゝといふ現象を呈せざるを得ない。偶々賢明なる者がその局に当つて、正しい判断を下す事はあつても、いつでも正しい判断が与へらるゝと限らない。専制主義が政治的自由を永久に確保する所以に非ると同じく、思想的専制主義も亦制度としては弊害が多い。故にこれら思想上の問題についても、結局正しい者を勝たしむるためには、デモクラチックになつてゐなければならない。と言つて吾々は思想界の貴族を無視しやうとするのではない。思想界も亦政治界に於けると同じく、少数の賢明者が先達とならなければならないのであるが、只或る一つの意見を整別して、他を悉く排するといふはそれ自身に於て既に自由の破壊である。さうすると、残る所は所謂言論の自由あるのみである。各種の意見を思ふ儘に吐かしめ、その間自然優良の思想を勝たしむるといふ事が、放縦と自由とを識別する唯一の方法である。故に言ふ、何が自由であり何が放縦であるかは、国家が濫りに干渉すべき問題でない。之は言論の自由を許す事によつて、社会をして自ら決定する所あらしむべきである。従つて、放縦は国家之を抑へるといふ理屈は立つが、国家が或る者を放縦なりと決めて直ちに之を抑圧するといふのは間違ひである。

之と同じ理屈で、国家が一定の型に嵌まつた思想を国民に強制するといふ事は、偶々それ自身に間違ひがなかつたにしても、精神的自由に干渉したといふ事に於て、人格的自由の尊厳を少くとも内面的に傷けたものである。若し夫れ国家が文学、芸術の奨励を名として、一定の型に嵌まつたものを保護するが如きは、寧ろ文学、芸術の奨励に非ずして、偽善と迎合とを生むに過ぎない。国家は直接に文化を作り得るものでないから、思想統一などいふ事は以ての外の企てであつて、文展や帝展なども、あゝいふ形では一日も存在を許すべきものではないと思ふ。

要之、吾々の尊重せんとする自由は人格的自由で放縦は之を物慾の奴隷として斥ける。ただ何が放縦であり、何が自由であるかの判定も亦自由人格の自由競争の上に定めしめたいと思ふ。而してかく考へる所以の根拠は、人格としての人間の発達を信ずるといふ、楽天的人生観に在るは言ふを俟たない。吾々は人類の進歩と発達とを信ずるが故に、彼等に自由を与へても何の不安を感じないのである。

五　国家の為すべき事

右の如く論ずれば、言論自由の問題に対して国家の進んで為すべき事は殆んど無くなる。然らば国家は袖手傍観してゐるのかと言ふにさうではない。国家は自ら文化を創造せんとしたり、或ひは一定の型を強ひんとしたりする積極的活動は固より慎まねばならぬが、消極的に、精神生活の自由を妨ぐるやうな者あらば厳重に之を取り締らなければならない。かくして国家のこの方面に関して為すべき所は、その好まざる思想言論の自由なる発展を妨ぐる有形無形一切の障碍を取り除く事である。暴行、強迫の形を採るのは勿論、悪意の煽動、誘惑に至るまで、他の精神的自由を不当に曲げんとする者あらば、国家は之に厳重なる制裁を加へねばならない。かく自由の前に荊棘を切り開く事の外に、国家は何等のすべき積極的活動を有つべきものでない。他の言葉を以て言へば、思想言論の戦ひが、言葉の完全なる意味に於て、自由に行はるゝやうに保証すればいい。それ以上立ち入る事は無用である、否罪悪である。

さうすると人或ひは言ふであらう。言論の自由を絶対に許せば、随分間違つた又危険な思想も行はるゝだらうと。かくて危険思想に対する国家の取締といふ事が問題になるが、思想は単純な思想としては絶対に危険なものではない。実行の手段として思想を利用する者あらば、それは既に思想の域を脱した者である。之を行政上の理由から取り締るのは至当の事であらうが、純粋なる思想は思想を以てのみ、即ち内面的にのみ匡《ただ》し得るものであつて、外部の脅威によつて或る種の思想の撲滅を期し得べしと思ふのは大いなる誤りである。悪思想の真の撲滅は、思想言論の自由を許す事によつてのみ達せられるのであつて、行政権、司法権のこの間に介入するは偽善と迎合と阿附とをかち得るの外、果して何の役に立つだらうか。

然るに実際政治の局にあたる者に、往々にしてこの点を誤まる者あるは、吾々の常に遺憾とする所である。外部的強制の値打を過重するは一般政治家の通弊であるが、更にも一つ彼等を誤まるものは、現存するものを余りに神聖視するといふ事である。少くとも思想問題については、外面的強制は全然無力である。無謀なる破壊は固より慎むべしとするも、人生の進歩は現存するものに対する深刻なる批評から来ることを知らなければならない。かういふ立場から余輩は、言論の自由に対しては、そが単純な思想の発表である限り、国家は全然干渉すべきものではないと思ふ。純粋の思想の発表と見るべからざるものに対しては、又自ら別個の見解あるべきは言ふを俟たない。

六　言論の自由と学問の独立

思想の発表としての言論の自由は、絶対的であるべしと考ふるものであるけれども、所謂言論といふ文字の中には色々複雑な内容を含めるところから、実際問題としては一概に国家の干渉を斥けるといふわけには行かない。現にわが国の法律は、この点に関して色々煩瑣な規定を設けてをる。これらの規定のいいか悪いかについては又大いに議論の余地があるが、今は先づこれを脱るゝ事のできない法規として、これと学問の独立との関係を一言しておきたい。

現今の法律は、殊に出版法、新聞紙法等は、所謂不穏なる言論に対して、相当の制裁を加へてをる。かかる立法が正しいか正しくないかは別問題として兎に角かういふ法律がある以上、その法条に触るゝものが規定の制裁を蒙る事は致し方がない。只この場合に、云々の問題を明るみに出して責め立てるのが、政策上いいか悪いか、又これに一定の制裁を附するについて、法規の運用が誤り無きを得るかどうかが問題となるにすぎない。

けれども、学問を職分とする者が、同じ理由で法規に触れた場合は如何。普通行政官庁の慣例によると、官吏は刑事上の被告人となつた場合には、起訴と同時に又は少くとも判決の確定と同時に、その職を退かねばならぬ事になつてをる。かういふ例を、学問の研究を本職とする教授にも応用ができるかどうか、といふのが我輩の疑問である。学校の教師はすべて研究と教授とをその職務とするものであるが、就中高等の諸学校の教授は、職務の内容について全然監督官庁の指揮、命令を仰がない。何を教へ、何を研究するかについては絶対の自由を有つてをる。かくてこそ初めて本当の学問の進歩が期し得らるべく、かういふ地位にあるものが偶々行政官若くは司法官の職権によつて罪せられた時、やはり一般官吏の例に習つてその職を退かねばならぬだらうか。

教授も官吏の一人として、国家に忠誠なるの義務はある。この義務に反く事はできないが、しかしながら学問の研究に於ては全然真理に忠なるべくして、その研究の結論が社会に誤り伝へられてどういふ影響を生ずるかを顧慮するの必要はない。自分の発明した薬が、恐るべき殺人剤として用ゐらるゝかも知れない、といふ懸念から、折角の発明を中止せねばならぬとすれば、どこに学問の進歩を見る事ができるか。思想研究に於ても亦同様である。本当に学術の進歩を図らうといふなら、どんな結果を来さうが顧慮する所なく、安心して真理の闡明に一身を捧げ得るやうな地位を保証しなければならない。若し新思想の発見が、時として社会に実害を及ぼすといふならば、学者は即ち謂はゞ火薬製造人のやうな危険物取扱を職務とする人間である。それが偶々外部に運ばれて、好ましからぬ結果を生じたからとて、その地位を動かさるゝやうでは、いかにして彼等はこの職に安んずる事ができるか。その斥けらるゝを苦として研究に精を欠かば、即ち学問の発達はない。学問は独立すべきである。行政司法権に対して学問の独立を維持する事が、文化の発達のために緊急欠くべからずとすれば、少くとも高等なる諸学校の教授については、出版法や新聞紙法の違反の廉を以て起訴されたぐらゐは無論の事、その結果よしんば監獄に這入らうとも罰金を取られやうとも、原則としてその職を去らしめない、といふ新例を開く事が必要であらう。ただ夫れこれは原則である。その情状によつて多少の参酌あるは固より必要であらう。ただ一も二もなくこの場合、教授を普通官吏と同等に取扱ふのは学問独立の実を全うする所以ではない。九―二―五

〔『我等』一九二〇年三月〕

加藤総裁の演説を読む

四月廿日大阪に開かれた憲政会近畿大会に於ける加藤総裁の演説は、現下内外の研究問題に対する最大野党の態度を明白に宣明したものであることは云ふ迄もない。憲政会が野党として政府の政策を自由に批判攻撃し得る立場と、加藤総裁其人が原首相と異り、本来相当に理屈つぽい人であることゝは、一個の議論として観て総裁の演説をして敵党宰相のそれに比し著しく勝れたものたらしめて居ることも云ふを俟たない。予輩は第三者として厭くまで公平の見を持せんとするも、些か彼に酷にして此に寛なるの観あるは之が為めである。けれども総裁の議論に対しても予輩には又服し能はざる点も尠くない。何れにしても憲政会全体の態度を明にする為めに順序を追うて総裁の演説に短評を加へて見よう。

加藤総裁は「議会の不当なる解散」「普通選挙に対する政府の固陋なる見解」「西伯利《シベリア》政策の行詰り」「経済政策の失敗」の四点に全力を集中して政府の失政を攻撃して居る。其中の議会の解散については明白に「普通選挙問題に藉口」して内閣寿命の延長策を計つたものに外ならない。即ち「内治外交の失敗の為め貴衆両院の痛撃を受け、進退其拠を失ひたる窮余の策に出で」たものと断定して居る。如何にも大胆な断定ではあるけれども、之れ正《まさ》しく一般国民の実際的確信を飾る所なく表明したものと云つていゝ。不幸にして今日まで原首相を初め其政友の幾多の弁明も、又政府当局として為す所の実際に観ても、何等此確信を動かすに足る有力な反証を挙げてゐないのは我々の寧ろ政府並びに政友会の為めに惜む所である。

第二の普通選挙論については之に関する政府の陋見を痛撃し、更に進んで即時施行の急務を説いて居る。之によつて政友会と憲政会との本問題に関する対照は甚だ鮮明となつた。只加藤総裁が憲政会を代表して説く所の普通選挙論の根拠に至つては遺憾ながら其浅薄低劣なるを惜まざるを得ない。総裁は云ふ、「成るべく多数の国民をして国家に対する義務を負はしむると同時に、国政に対する権利を与へ権利と義務と相俟つて初めて多数の国民をして渾然たる政治上の人格を有」せしめたいと云ふ迄は先づ〳〵無難としても、「今や国民は広く兵役の義務を有し、又納税の義務を有し、義務心の訓練已に年を経たり、然らば何ぞ之に向つて長く選挙権を拒否するの理由あらんや」と云ふに至つては予輩些か総裁の頭脳の健全を疑はざるを得ない。斯くの如き権利と義務との対立から何処を叩いても普通選挙を主張すべき理論は出て来ない。

加藤総裁は更に進んで普通選挙を今日に実行するのは啻に適当なるのみならず又必要に迫られて居る、而かも之を実行して何等の弊害を見ないと説いて居る。何が故に適当と云ふかは聞かなくとも分つて居るが、之を今日に行つて弊害なしと観る所以については、世間は恐らく相当の説明なしには受取るまい。我輩は多年弊害なしと云ふ説を主張して居るから本誌の読者は或は之を怪まずに納得せらるゝかも知れないが、選挙権が拡張さるればさるゝ程弊害も亦正比例的に増加すると云ふのが今尚世間多数の迷信ではないか。此迷信を破ることが普通選挙論の本質を明かにし、併せて国民の政治的見解並びに道徳を開発する上に極めて必要であると思ふのに、此点を無雑作に取扱はれたのは我々の甚だ物足らず感ずる所である。単純な研究的興味から云つても加藤総裁が何の根拠に立つて無弊害を主張するかは我々の大いに与り聴かんと欲する所である。只普通選挙の施行を今日急迫の必要事なりとする所以に至つては、総裁は稍〻詳細の説明を与へて居るが之とても一般国民は全体としてまだ十分に発達はしてゐないが一部少数のもの、間に突飛に発達したものがあり、之が選挙権を熱求するから、自暴自棄の結果他を煽動して不穏の行動に出でぬやう早きに及んで広く之を与へた方がいゝと云ふやうな消極的な予防的な見地が唯一の理由だと云ふなら之れ亦余りに浅薄な考と云はざるを得ない。普通選挙の即時施行は右述べた事の外に更に積極的な道徳的な乃至文化的な効果はないものだらうか。此点についても総裁の立場は極めて薄弱なものと云はざるを得ない。

要するに普選論者の一人として予輩は加藤総裁及び其党派が同じく普通選挙の実現の為めに努力せらるゝ事を大いに多とはする。けれども一度其立つ所の根拠を理論的に検覈《けんかく》するに及んで予輩は其余りに心細い味方たるに失望せんとする。憲政会の普通選挙案が重要なる資格の一として「独立の生計を営むもの」の一項を挙げ、而かも此愚劣極まる条項を頑強に固執して三派提携の実を挙げ得なかつたのも畢竟之が為めであつたらう。下らない味方は時として敵よりも厄介な事がある。

第三の西伯利問題に関する政府糺弾の論法は流石に剴切《がいせつ》を極めて居る。此点は全然同感を表するに躊躇しない。総裁は第一に聯合国が昨秋兵力を以てする直接援助を罷《や》め、兵器軍需及び軍費の供給を以て間接に反過激派政府を助くることに改めたのに、独り我国が秩序維持の名の下に三万に近き兵員を駐《とど》めたばかりか、時々自ら進んで積極的に過激派討伐の無謀なる方針を継続せることを責めて居る。更に進んで無謀なる空想の夢は破れて、多大の希望を繋けたオムスク政府が殪《たお》れた。之を期として米国が撤兵したのに、独り我国は米国の諒解を得たりと称して更に約半個師団を増兵し、何等明確なる理由あるにあらずして我忠良なる兵卒を西伯利の氷雪に曝らし、徒らに列国の疑惑と露国民の反感を招くに止るの愚挙を攻撃して居る。而して結論として総裁は軍隊の即時撤兵を主張し、居留民についても一時権宜の策として財産を纏め我勢力圏内に引揚げ、以て他日の好機会を俟つべきを勧めて居る。何れにしても西伯利問題は現在の国民にとつて一個の難関であり、又将来の国家にとつて一個の禍根である。世人多くは之を軍閥の専擅に帰して其横暴を抑ふるの急を認むるやうであるけれども、政府が自ら之を抑へ得ざるは事情諒とすべきものありとはいへ、又其責任を分たざるを得ない。加藤総裁が独り政府を窮追するに余力を残さゞるは的を違へて力瘤を入れ過ぎたの感なきにあらざるも、所論の筋其物に至つては国民の等しく同感を表する所である。

第四に経済政策の失敗として物価問題、通貨問題より最近の財界の不安に言及し、盛んに政府を攻撃して居るが、此点については専門外の自分としては何等的確の批評を為し得ないけれども、只自分の感じを一言述ぶることを許すならば一部は当つて居り、一部は当つてゐないと云はざるを得ない。西伯利問題について加藤総裁の見解に我々が全然安心し得る程度に、経済問題に関する氏の政策に全然安心し得るや否やは多少の疑がある。尚之と関聯して思想問題に言及して居るが、然し我々の立場としては思想問題は尚之とは独立の問題として取扱つて貰ひたかつた。思想問題に対する政府昨今の方針を如何に観るかは我々の最も総裁に聴かんと欲する所である。其他支那問題、朝鮮問題、対米問題より日英同盟継続の問題等に亘つて我々の与り聞かんと欲する点がまだ頗る多いのに、此等が総て省略に附せられたのは些か物足りない。総裁は只上掲四つの問題を挙げて政府更迭要求の理由として居るが、国民の関心する現下の重要問題は、只此四つに限らないことを一言して置きたい。

〔『中央公論』一九二〇年五月〕

小選挙区制の利害

今度の選挙に関聯して小選挙区制の非を説くものがある。在野党殊に憲政会などには、それ見た事かと本制の弊害が已に早や証拠立てられて居るやうに云ふものもある。結論に到達するにはまだ早いが言論戦の萎靡振はない事、所謂人才の勝利の見込が遥かに少くなつた事、買収請托が前よりも一層濃厚になつた事などの事実は疑ないやうだ。併し之は一つには選挙権が今尚著しく制限されて居るが為め、又一つには現行法の選挙区の分け方が政友会の都合のいゝやうに変なものになつて居る結果であつて、小選挙区制其物に固有する弊害ではないと思ふ。一体選挙の本来の精神から云へば選挙民と候補者との人格的信頼の関係が極めて親密なる事が望ましい。此点に於て輸入候補の如きは特別な例外を除いては決て好ましいものではない。選挙民が此人をこそ是非共出したいと熱望し、其熱望が選挙の結果に具体的にあらはれてこそ選挙の趣意が通る。此点から云つて一区一人の所謂小選挙区制が最も理想的なものである。大選挙区でなければ大人物が出て来ないなど、云ふのは飛んでもない愚論で、選挙民と代議士との関係を真実の人格的のものたらしむるには小選挙区に限るのである。外国では他に特殊の理由があつて比例代表主義を採らねばならぬ所から大選挙区制を採つて居る所もあるけれども、同じ特殊の必要を有つてゐない我国では、必ずしも西洋昨今の例に拠るの必要はない。比例代表主義が選挙法上の一般的新傾向であると盲信して居るものもあるが、之は断じて誤りである。要するに今度の選挙戦に於て多少思はしくない現象を見るからと云つて、直ちに小選挙区制の弊害を断定してはいけない。寧ろ之によつて益々普通選挙実行の急務を悟るべきである。予輩の狭い経験によつても某区に若い者が寄り合つて今度は何某を挙げようと相当の人に白羽の箭《や》を立てた。彼等は人物本位で誠実な人選をしたのに、後で聴いて見ると目星を附けられた本人は全然何等の具体的の交渉を受けなかつたと云ふ。之れ何人を挙ぐべきかの具体的の決定は区会議員とか町村会議員とか云つたやうな所謂中流階級の有志者の掌裡に在り、而して此等の連中は従来の関係から、夫れ〴〵の党派と深い因縁を有つて居るし、彼等自身亦此等の党派と従来遣り来りの条件で、従来遣り来りの運動をすることによつてのみ目的を達し得るものと考へて居る。故に人物本位などゝ云ふ事は全然念頭に無い。だから表面に立てらるゝ候補者は何時も同じ顔の政治屋の外に出でない。此等の連中の掌裡より候補者選定の実権を奪ふでなければ我等の理想するやうな政戦は容易に見られない。而して此事をあらしむる為めには普通選挙の実行によつて、今まで政治屋から汚されなかつた純良無垢の人に発言権を有せしむるの外にないではないか。

〔『中央公論』一九二〇年五月「小題小言」のうち〕

国民は果して政治に冷淡か

今度の政戦に於て国民が何時になく冷淡だと云ふが、此事実は予輩も認める。が之を証拠として国民の政治的智識が相当に進んだと思つたのが誤りであつたと断ずるものならば予輩は之に服し得ない。予輩は寧ろ今日の国民は公けの問題に対して非常な興味を有つて居る。政治上の一波一動が自分達の生活と非常に深い関係のあることを熟知して来た。彼等は如何に此等公けの問題について其真相を知り、又公平なる批判を聴きたがつて居るかは演説会の繁昌、政論雑誌の売行等に観ても明かだ。政治問題に対する正確なる智識の獲得は今や日に〳〵増進しつゝある国民の熱求と云つていゝ。然るに現今の政界は言論に於ても又実際の施設に於ても之に満足を与へてゐない。今日の政治家の為す所云ふ所は、殆ど国民の生活と関係なき閑問題に齷齪して居るの観がある。それもその筈だ。前項一高官の云ふが如く彼等の所謂政治は我々の云ふ政治と丸で方角が違つて居るから、どうすれば官僚が収まるか、どうすれば軍閥が収まるかと云ふやうな事が政治家にとつての大問題だとすれば、此等の問題を中心とする政戦に国民の興味を感ぜざるは云ふを俟たない(「普選問題に関する或高官の話」)。政治家の主として関心する所は、如何にして自家の勢力を維持せんかである。国民の専ら関心する所はいはゞ一般の国利民福である。彼等は此等の現実の問題に多大の興味を有して居るから、それ丈け空な政戦に巻き込まれる程軽佻浮薄ではない。政治に興味なきが如く見ゆるのは所謂政治家の言説に何等聴くべきものがないと見極めをつけたからである。政友会領袖某憲政会幹部某の説なんど云ふものは近頃の有力な政論雑誌から跡を絶つた。演説会をやつても此種の顔触れでは聴衆が無い。之を以て国民の冷淡を断ずるのは井蛙《せいあ》の見に過ぎない。国民は今や非常な興味を公事に感じて居る。而して政治家の所謂政治は彼等の関心する公事と何等の交渉が無いと云ふ風に考へしむるのは果して幸福かどうか。所謂政治にして恃むべからずんば、人は遂に公事の解決を直接行動に訴へんとするに至るだらう。果して然らば危険思想の醸成は此等蒙昧の政治家の罪と云はなければならない。

〔『中央公論』一九二〇年五月「小題小言」のうち〕

総選挙の結果に就いて

総選挙の結果に就いては、新聞紙上などに於て相当に論評し尽くされて居ると思ふから、茲には唯一般政治的進歩と交渉ある二三の点を観察して置くに止める。

第一、総選挙の結果が政友会の誇称するが如く国民の判断其物の枉《ま》げられざる表示でないことは云ふまでもない。今次の有権者は国民の一小部分に過ぎないといふ非難は、必ずしも当らない。何故なれば有権者は制度の精神上一般国民を代表する意味のものであるから。然し事実の問題として今度の争点となつた普通選挙問題に就いては、無権者の殆ど全部が投票の結果に不満である事は明白であるのみならず、有権者と雖も、少くとも政治の事を積極的に心配して居る程のものは、概して普選論に賛成であつた事も略ぼ疑いない。此点に於ても選挙の結果は国民の本当の判断と違ふと云ひ得るが、併し此点は明白に証拠を上げ得ないのだから姑く別問題として置かう。吾々の何うしても見遁す事の出来ない点は、由来我国の選挙は何時でも政府の勝利に帰するやうになつて居り、国民の自由なる判断の結果が政府を左右すると云ふ事が絶対に行はれて居ない点である。選挙は国民の自由なる判断の表示である。之れ有ればこそ選挙は国民の意見を問ふといふ意味もあれ。然るに我国に於ては此大事な自由が事実国民に与へられて居ない。何故なれば国民は消極的には此意味に訓練されて居ない。のみならず、更に積極的にいろ〳〵巧妙なる方法を以て、知らず識らずの間に自由意思の活躍を遮げられて居る。即ち我国の選挙は国民の判断を求むる為に行はるゝのではなくして、政府が自分により好き境遇を作る為めになす所のものである。鹿爪らしく国民の判断を問ふなどと云ふのが寧ろ滑稽である。況んや勝つたとて国民の信頼我に厚しなど、誇称するに於ておや。

第二に総選挙の結果は国民の本当の判断とは何の関係も無いが、然し国民の判断を問ふと称して解散し、又其勝利を国民的信頼の表示と吹聴するものに対しては、何処までも其論理を一貫せしめなければならぬ。都合の好い時には国民の判断を云々し、都合の悪い時には之を捨て、顧みざるが如き行動を許すのは、啻に之を敢てするものを憎むべしとするのみならず、政治道徳の維持の上に遮げがある。茲に於て吾々は絶対多数を下院に占めた政友会の今後の行動を監視することが必要である。道塗伝ふる所に拠れば、政友会は全盛の絶頂に登り詰めたを期として内閣を官僚に明渡すだらうと。此方法は次の機会に楽に再び政権を掌握するに好都合ではあらうが、併し斯ういふ事は吾々の政治道徳の観念からは許し得ない。国民の判断乃至其信任が大事だと云つて議会を解散までした政府が、更に一層大なる信任を得た形になつて居るのに、何ぞ内閣を退く理由があるか。国民の信任を楯として尚ほ一層政権に噛り付くのは可い、抛《な》げ出す道理は更に無い。吾々は単に之を議論上から迫る許りではない。政友会が行く所まで行く事が、一つには官僚との狎合《なれあ》ひを排斥する事であり、又一つには政友会に対する国民の批判を明確ならしむる所以であると信ずる。

第三に政府側の干渉は相当に猛烈であつたやうに見える。無論小選挙区になつたので取締りは楽になつた、従つて違反は少い。警察官憲は此事を指摘して、今度の選挙程公明正大に行はれたものは無いと云つて居るけれども、吾々の観る所に拠れば干渉は余程巧妙に行はれて居る。其事実は蔽ふ事は出来ない。殊に之は田舎に多い。巧妙とは干渉らしくない形を取つた事を意味する。同じく人の首を絞めるでも、荒縄で締める法もあれば、真綿で締める法もある。同じく人を殺すでも、刃を以て切る法もあれば、遂に自殺せねばならぬ境遇に陥れるといふ法もある。前者の場合は殺人の罪に問はるるけれども、後者の場合は我関り知らずと済まして居られる。反対党の有力な運動者を縛り上げるといふは稍《やや》露骨な方法だけれども、何といふ理由なしに警察へ毎日のやうに喚び出して下らない事を訊くなどは、形は用が有つたから喚んだと云ふに過ぎないけれども、実際の効果に至つては立派な干渉である。僕は或田舎の町へ選挙最中学術講演に行つた。警察官憲は講演の結果が選挙に影響あるべきを思つてにや、陰に陽に干渉の手を加へた。其内少しでも政談に亘つたなら中止を命ずる意嚮があつたので、僕は講演の初め日本の法律が特別に取締る所の政談とは単に政治に関する談といふ意味ではない、何を政談と云ふかは警察官よりも僕の方が熟《よ》く知つて居るから安心せられたいと云つたので幸に事無きを得た。が、後、他の地方に於て僕の能く知つて居る警察関係の役人に、普通の政談と日本の法律が取締る政談との区別を御存知かと聞いたら、知らないと答へた。そんなら何うして取締るのかと反問すると、まあ政府に都合の悪い講演の時之を政談として取締つてさへ居ればいゝのだといふ答だつた。此一例を以て他を推す訳には行かないが、干渉といふ証拠を捉へられないやうな形に於ける干渉は相当に激しかつたと思ふ。

第四に注意すべきは、以上の如く直接間接の干渉が激しかつたに拘らず、予想外れの非常に多かつた事である。政界の古剛者《ふるつわもの》として、又運動上手として何の点からも当選確実を予期せられた人で落選した人が可也ある。政府の保護の下に莫大の金力を擁して、所謂鬼に金棒の観ある御用候補者の落選したものも亦た甚だ多い。而して是等の人々の落選によつて出て来たものは、多く所謂年の若い新人物である。此現象は何事を語るかと云ふに、選挙民が政党の仕事師の計劃通りに動かないといふ事と、従来の経歴や金や権力《ちから》よりも青年の元気を歓迎するといふ事を示すものである。此新しい機運に促されて出て来た人物は、最新の文明の空気を呼吸して居るといふ事の外、余り取る所の無い人かも知れない。落選した先輩に比して甚だ遜色あるとしても、然し斯ういふ人々が出られるやうになつたといふ事は、確かに一の進歩であると思ふ。世間では目前の結果のみに就いて兎や角云ふを常とするも、兎に角選挙民の自由意思が段々政党の計劃に反抗するやうになつたといふ事は、何うしても之を慶ぶべき現象と認めざるを得ない。やつと自由になつた許りの選挙民の考が当初多少判断を誤る位の事は怪しむに足らない。彼等はやがて選挙の経験を度び重ぬるに従ひ、だん〳〵聡明を開発して、立派な人物を生ずるやうになるだらう。

之と関聯しても一つ注意すべきは、今度の選挙戦で自由意思を最も活躍せしめたものは三円階級、詳しく云へば新選挙法の納税資格低減に由つて新たに有権者となつた階級であるといふ事である。之も数学的に証明は出来ないかも知れぬが、大体の観察として謬りない。又吾々の予《か》ねての確信から云つても、選挙の腐敗といふものは選挙民が進んで之を敢て為るものでなくて、所謂政治家から誘惑されて初めて之を為すものだから、従来の選挙権者が寧ろ多く此弊習に泥《なず》み、新たに権利者となつたものは比較的潔白な筈のものである。而して此事が今度の選挙戦で幾分証明されたとすれば、そは結局普通選挙の立場を支持する材料になる。

尤も右述べたやうな予想外れの現象は都会の一部に限り、全体としては予想が当つたのが多い。だから政友会は予定通りの絶対多数を占めたではないかと云ふものがあらう。成程それに相違ない。故に物事を分量的にのみ観る人は、今尚ほ選挙界の蒙昧を断定するに相違ない。然し数の多い少い丈けを以て物事を判断しては不可《いけな》い。一葉落ちて天下の秋を知るといふ事があるが、たつた一枚の葉でも春落ちたのでは偶然の出来事に過ぎないけれども、秋落ちれば爾後の風物の前兆として大いなる意味を有つ。今日都会の一部の青年階級が大いに政治的に開発したといふ事は、之れ正に天下の秋を表徴する前兆ではないか。若しも此事に気附かずして政党者流が尚ほ依然として旧式の懸引きに甘んずるならば、此の次ぎの選挙では必ずや意外の失敗を招ぐだらう。

終りに今度の選挙戦で最も刮目すべき現象は青年の活躍であつた。中には軽佻浮薄な動機に出でたものもあらうが、大体に於て吾々は之を旧式政治家の伝習的慣行に対する、純真無垢の青年意気の反抗と認めざるを得ない。而して彼等は起つて先輩排斥に突進した。凡ての古き物を打破せんとして菽麦《しゅくばく》を弁ぜざるの嫌はあつたらうけれども、之に依つて政界の惰眠を驚かした功は蔽ふ事が出来ない。若し都会の一部に於て予想外れの現象を見たとすれば、そは多く是等の青年の運動の結果である。尤も選挙界に於ける情弊の久しき、一朝一夕に之を抜き難い。彼等の非常な努力に拘らず、其実効が意外に少かつたのは吾々の遺憾とする所であるけれども、然し吾々は彼等の努力の効果はこの次ぎの選挙に著しく顕はれるだらう事を予期して、内心私かに満足するものである。

〔『中央公論』一九二〇年六月〕

国策といふ言葉の濫用を戒む

近来国策と云ふ言葉が頻りに使はるゝやうであるが、若し之が国家の政策の中、最も根本的なものを意味するに過ぎざるものならいゝ。即ち一般法律の中に特に重大な憲法ありと云ふと同じ意味に於て、一般政策の中特に重要なるものを国策と云ふに我々は少しの異議もない。けれども此国策と云ふ言葉は初め何人が何の意味で使つたかを考ふる時に我々はこゝに大いに此文字の使用に警戒するの必要を認むるものである。予の記憶する所によれば、此文字の最初の使用者は軍閥及び其系統の学者である。彼等惟へらく軍事に関する国家の施設経営はもと天皇の大権に専属し、普通行政事務を取扱ふ政府の管理の外にあるべきものである。而して普通政策と云ふ言葉は内閣の管掌に属する事務の方策を意味するから、軍事に関する方策は全然之を其外に置き、而して内閣に属するもの及び内閣に属せざる所謂軍事に渉るもの之を総括して国策といはうと。之によつて見れば国策は即ち政策の重要なるものと云ふのではなくして、国策を分つて政策と軍事方策との二種とすると云ふ考である。政策は内閣之を管掌し、軍事方策は全然之を内閣の管掌以外に置き、而して天皇の大権が此両者を統ぶると云ふのが彼等の法理的説明である。斯う云ふ思想が純然たる理論的研究の結果としてあらはれたと云ふよりも、寧ろ最近に於ける内閣の民衆化的傾向に対する軍閥の嫉妬偏見に出づるものなりと説くものあるが、何れにしても、此理論の遂行が帝国をして二重政府の厄に陥らしむることは疑を容れない。予輩は陸海軍の要路に居る幾多の友人より此種の説に対する批評を求められ、大いに其妄を弁じたることあるが、兎に角、かゝる妄説の軍閥者流の間に意外に根柢の深い事を認めざるを得なかつた。而して此文字が最近段々操觚界にも流行し出したのを見て、其由来を知つて之を使用するや否やは姑く措き、兎に角其流行に対しては大いに警戒の眼を睇〔瞠カ〕るの必要を感ずる。然らざれば我憲政の進歩をして著しく邪道に踏み迷はしむるの虞れあるからである。

〔『中央公論』一九二〇年七月「小題小言」のうち〕

官製婦人会よりも女子教育

先月初めの新聞に、内務省では先々月末約一週間各府県の理事会、郡市町村其の他の為めに自治及民力涵養の普及及徹底を期すべく、協議会及講演会を開いたが、此協議会に於て内務省の肝入れで「国家的及社会的活動と覚醒とを促す為め婦人会を設立」し、之を全国的に統一しようといふ考で役人連中が具体案を相談中だといふやうな記事が載つて居た。併し官製の会合の為す無きは已に青年会に於ても明かである。真に婦人の活動と覚醒とを促さんとするなら、もつと婦人の教育の振興を図つたがいゝ。殊にあらゆる法律上の拘束から婦人活動の自由を解放したがいゝ。婦人をして殊更に公事に興味を有せしめず、且つ教育の機会を大いに制限して居つては、婦人会も何もあつたものではない。

〔『中央公論』一九二〇年一一月「小題小言」のうち〕

現内閣の運命を決すべき転機

原内閣は倒れさうにして倒れない。失政百出にして而かも議会に党員の著るしく増加して居るのは、丁度町の爪弾《つまはじ》きを受けて居る高利貸が益々其富を増すやうなものである。それでも段々影が薄くなつた。国民の信望を失つたからである。而してそは必ずしも比較的長い寿命を有する内閣の末路に常に見る如く、国民から飽きられたといふばかりではない。内閣自身に許すべからざる失態のある事が段々吾々の前に暴露されて居るからである。最もどんな政府でも所謂失政呼はりから免かるる事は出来ない。所謂失政の内には本当に失政と目すべきものか否か分らないが、只反対党から斯く呼ばるゝに過ぎないものもある。然らざるも国の為めに図らんとして偶々予期せざる結果を齎《もた》らしたといふやうな純然たる過失はどんな聡明な政治家にも免かれない。それでも其重大なものは負責引退の理由とならぬではないが、政界の常として此種のものは深く咎むべきではない。が、今日の政友会内閣はそれ以上許すべからざる道徳的失態を演じて居るのではないかとの嫌疑が国民の間に著るしい。如何なる事実を取つて之を云ふかは昨今毎日の新聞がまざ〳〵と吾々に示して居るから、茲に改めて云ふの必要はあるまい。且つ吾々は政界の現状並に政友会の従来の態度から右の如き道徳的失態の説の必ずしも誣言に非ざるべきを想ふものである。手短かに云へば、今日政友会は何の功績を以つて斯くも永く天下を掌握して居るのであるか。何に由つて議会に多数を制する事を得たか。国民の良心からの信任に由つてか、断じてさうではない。一言にして云へば制度の釁隙《きんげき》に乗じて不正の手段を以て国民の良心を瞞着して機械的に作つた多数なのである。茲に彼は知つてか識らずしてか、道徳上許すべからざる一大罪悪を犯して居る。不正の手段を以て人を誘へるものは、又他の不正の手段を弄する者を責むる事が出来ない。国会議員を初め県会議員市会議員などが奸商と結托して不正の利を貪る者ある所以である。反対党の云ふ所に拠れば、政府自ら有力なる党員に供するに暴利獲得の機会を以てしたとの噂さへある。真偽は予輩の断定し得ざる所であるけれども、斯くの如き不正手段を以つて党勢拡張の最善の手段として居る事は天下公知の事実であるから、昨今頻出する各種の醜事件に対し、今日の政友会内閣は少くとも道徳上責任を負はねばならぬと考へる。無論彼自身は飽くまで潔白を云ひ張るだらう。然し我々は断じて之を許さない。其証拠に今や天下の心ある者の鋒先は政友会の上に鋭く集まらうとして居るではないか。之れだけでも現内閣は精神的に瀕死の境に在るものと云はなければならない。

斯くして国民は少数の政友会幹部と並に之に毒せられて居る一部の地方民とを除き、悉く信を現内閣に置かない。天下を彼等に托して安心だと考ふる者は殆ど一人も無からう。更に加ふるに現内閣は昨今殊に勃興しつゝある民主的精神に面を背けるといふ点に於て多数民衆からも見離されて居る。同時に他の一面に於て彼が又時々民衆の意に迎合せんとして断片的に時々民衆的政策――例へば陪審制度の如き――を行はんとするのが気に入らぬとて、元老官僚の一派からも危ながられんとして居る。当今の政界の中心勢力は何と云つても元老官僚と民衆との間にさ迷うて居る。此両者から共に疎んぜられては、無理に作つた議会の多数を擁しただけでは立つ瀬が無い。之れ世人が一般内閣の寿命も旦夕に迫つて居るといふ風に感じて居る所以であらう。

それでも現内閣が不思議に泰然――少くとも外観上――として立つて居る。倒れさうにして倒れない。之れは何ういふ訳かと云ふに、他に之に代るべき適当なものが無いからであると思ふ。拠つて以つて立つ処の積極的の根拠が無くとも、自分の地位を取つて代る者が無いといふ消極的理由だけでも、我国今日の政界では可なり押強く幅を利かし得るものと見える。

今日我国の政界に於ては政友会の外可なり多くの政治団体がある。憲政会国民党などの政党は申すに及ばず、所謂官僚系に属するものでもいろ〳〵のかたまりがあるやうだ。政友会がいけなければ他の団体で内閣が造れないではない。人或は他の政党では議会に多数の根拠を占め得ざるべしと云ふ者あらんも、然し議会の多数なるものは自然に出来た多数でなくて人為的に作つた多数であるから、兎に角政府さへ取れば誰でも政友会の多数を覆して自派の優勢を作り得ない事は無い。大隈内閣は曾て之をやつたではないか。だから政友会内閣がいよ〳〵いけないと極まれば、他から幾許《いくばく》も之に代るべき政治団体があるやうだが、偖《さ》て実際問題になると差当り政友会を措いて他に代つて内閣を組織すべきものが無いといふ所に日本政界の特色が在る。即ち今日我国の政界に於て普通の団体では政権に有り付けないのである。詳しく云へば純官僚畠の者でもいけなければ、純政党者流でもいけない。要するに旗幟鮮明なる者は、今日の政界に於て天下は取り難いのである。

何故に斯くの如き特色を今日の政界は有するか。之に就てはいろ〳〵の理由を挙ぐる事が出来やうが、其内最も主要なるものは、中心勢力が動揺して未だ帰する所がないといふ点に在らう。是等の点に就ても細かに歴史を語る事は略する。唯大体の筋道を申さば、憲政創設以来十有余年の間は、何と云つても、政界の中心勢力は元老を中心とする官僚に在つた。従つて内閣は所謂超然内閣又は大権内閣であつて、政党者流の覬覦《きゆ》を許さなかつた。彼等の対政府反対の態度は、寧ろ御上に対する不当の暴慢のやうにさへ取扱はれて居つた。斯ういふ時代には官僚間に於ける政権の受授は極めて簡単に行はれた。伊藤がいけなければ山県が出る。山県が行き詰まれば松方も井上もあるといふ有様であつた。が、然し明治三十年代の中頃から段々政党の権力が伸びた。前の時代のやうに全然之を無視する事は出来ないやうになつた。斯くして政党も亦政界の中心勢力の一部を成すやうな形勢が段々と発達した。其結果内閣を組織する者は、唯純官僚といふだけでは足りない。官僚に可く、而も亦政党にも可きものでなければならない。詰り官僚と政党と両胯を懸け得るものでなければ内閣を組織する事が出来ないやうになつた。それでも初めは官僚出身にして而かも政党の操縦に巧みなものが重宝がられ、政党出身にして官僚との疎通に長ずるものが後廻しにされた。之れ斯かる過渡期に於て桂公が最も重んぜられた所以である。桂公一度び出でて、復た其衣鉢を紹《つ》ぐ者は無い。昨今後藤内閣といふ説の流布されるのも、同男ならば多少政党の操縦が出来ると予期さるるからでもあらう。併し乍ら時代は有繋《さすが》に進歩して、官僚よりも政党を取るといふ事になつた。けれども官僚の勢力も亦尚ほ牢として抜くべからざるものあるが故に、今の所政党者流にして而かも官僚との脈絡を心得て居る者でなければ、鳥渡《ちよつと》政府には立て得ない。此点に於て政友会総裁原敬氏は一個の天才と云つていゝ。之れ政友会の独り今日に処して長く天下を保ち得る所以である。

仮りに原内閣が倒れたとしても官僚内閣主義が再び盛り返すといふ事は困難だらう。全く無いとは限らない。有つた所が直ぐ押倒されるに極つて居るから、大勢の上から云へば官僚内閣は寺内内閣を以つて終りを告げたと云つていゝ。従つて官僚系の人でも濫《みだ》りに政権に渇する者に非ざる限り、少し悧巧な者は後継内閣組織の大任を引受くるに躊躇するだらう。之れ全然民衆の基礎に立たざる官僚主義の最早日本に許されざるを語るものである。されぱと云つて純政党で行けるかと云へば、之れ亦駄目だ。政党政治を極端に嫌ふ元老の勢力は、まだ惰性的に相当に強いからである。そこで前にも述べたやうに、民衆と元老と両胯を掛け得る者が丁度現在の政界に立ち得る、また客観的に観れば、今日のやうな過渡時代の我政界には、さういふ両胯主義の政治家の存在を必要とするものである。此点に於て政友会内閣は一種の存在の理由を有する。国民は又原氏に感謝すべき理窟もある。然し要するに誰も差当りの始末をする者が無いから、差当り間に合ふ者に留守番を頼むといつた形なので、国民の誰もが今日の儘で政界が固定してい丶とは考へて居ない。

原内閣にした所が飽くまで旗幟不鮮明の特色によつて政界に巧みに余命を繫ぐものの、代りが無いからとて何時までも立つて行けるものかどうか。吾々の観る所では、今日彼の跨いで居る民衆と元老との二大基礎は、日に日に其距りを広げつ丶ある。此頃の思想界の有様、殊に思想問題に関する先輩と青年との考の進み方を観る時に、益々吾々は此感を深うせざるを得ない。斯くして原内閣は両者の距離の益々広がるのを巧く堪え得るであらうか。跨ぎ切れない時は即ち自滅の時であるが、昨今彼が一面老人の意見に聴いて取締の手を厳しくすると民間からは極度の反感を受けるといふので、随分苦しい板挟みの境遇にあるやうだ。有繫の天才も此形勢に対して何時までも巧妙なる游泳を仕終せる者ではない。今の儘で行けば何れ自滅の期も遠くはあるまいと思ふ。

若し此際原内閣が此苦しい境遇を一転して新生面を開かんとせば必ずや乾坤一擲の大英断に出でなければならぬ。即ち両方に跨ぎ切れないなら、右足を抜くか左足を抜くか、今まで愚図々々して居つたので大分信用を損つては居るやうだが、然し今にして改むるも未だ左程遅くはない。浅薄な悧巧を売物にして在来の方策を押通さうといふのは、余命を繫ぐ所以では無くして、寧ろ自ら其墓を掘りつ丶あるやうなものである。孰れの態度に出づるかは断定は出来ないが、兎に角年を改めて現内閣の前に置かれた根本的大問題は此点の解釈に在ると思ふ。

〔『中央公論』一九二一年一月〕

二重政府より二重日本へ

所謂軍閥外交に対する非難は今度の議会に於ても上下両院を通じ、開会の初めからいろいろの人によつて発せられた。軍事当局が多年其活動の範囲を不当に拡張して外交の圏内に干入し、而かも外務当局は之を奈何《いかん》ともする能はざる状態に在ることは今や公知の事実である。政府当局の月並の答弁としては、そんな事はありませんと例によつて一言の下に否認し去るけれども、事実は之を争ふべくもなく、遠く亜米利加の方まで知れ渡つたと見えて、日本に於ける二重政府《ダブル・ガヴアーメント》の説は、去年以来頻りに彼地の新聞に喧伝されて居る。ヴアンダーリツプを初め、親日派を以て任ずる来朝の諸名士中にも我々に質すに此事を以てするもの頗る多い。不幸にして政府は、極東に於ける我が軍事的並に外交的行動に関し、赤裸々な詳報を許さない所から多数民衆の眼は、比較的事実の前に掩はれて居る。二重外交の事実についても我々国民が却つて案外に知る所が薄い感がある。それでも昨今之を難ずるの声が内外相応じて漸く高からんとするのは、一面に於て遺憾に堪へないが又一面に於て悦ぶべき現象と認むる。

つひ此間まで我が日本は諸外国から、徹頭徹尾侵略的軍国主義の国と観られて居つた。政府の名に於て海外に活動するものは素より、商人、労働者、果ては女、小児に至るまで、侵略的精神に浸み切つて居るものと観られて居つた。今でも支那の多数民衆は斯く観て居り、又稍《やや》特別の事情あるが、朝鮮人などは深く信じて之を疑はない。成程朝鮮満洲乃至西伯利《シベリア》などに於ける一部軍隊の行動には斯く観られても仕方がないものがあつた。而して日本内地に殆んど之を責むるの声を聴かざるのみならず、偶々外国より之を批判するものがあると、事実の有無は棚に上げて一向《ひたす》ら難者に逆襲すると云ふやうな態度を観ては、国民の全体が実に侵略的行動を後援して居るものと考ふるに至るのも無理はない。併しながら日本内地に此等の誤つたる行動を非難するの声を聴かざるは、之れ日本人の良心の鈍きに由るにあらず、不当なる言論自由の抑圧に依つて、全然事実の報道を与へられて居ないからである。此等の点は今更ら改めて論ずるまでもなからう。兎に角我々は永く事実を知らされてゐなかつたが、併し世界は案外に狭い。何時までも人の耳目を掩ふことの出来るものではない。軈《やが》て我々はいろ〳〵の方面から断片的に実際の出来事を伝聞した。初めは事の意外なるに其誤伝なるかを疑つたが、伝ふる所必ずしも虚構の誇張にあらざるを知つて大いに驚いた。此驚きは一転して悔恨羞辱の情となり、又憤激の情ともなつた。斯くして此一両年以来、国家の名を僭称する此等一部の野蛮的行動を国民の目前に曝け出し、一つには国民の反省を求め、又一つには国内の軍閥に対する新十字軍の道徳的戦争を起さんとするものが出て来た。之れ正に今日の情勢であるから、此上呶々《くどくど》しく之を説くの必要はなからう。而して斯くの如き新形勢は幸にして漸く米国などにも知らるるやうになつたものと見え、先年まで日本を徹頭徹尾軍国主義なりと非難し来たのであつたが、此頃は必ずしもさうでない。日本が如何にも侵略的に見えるのは、一部の軍閥が外交に干渉するが為めである。国民的監督を受くる所謂政府の意の如くならざる所に外交権活用の一中心があるが為めである、と云ふ風に観て、所謂二重政府は、日本をして世界に誤り観られしむる原因を造つたのだと云ふやうに観るに至つた。外人の日本観が茲まで変つたのも大勢の上から観れば一つの進歩と見てい丶。

二重政府の事実は我々も之を認むる。而して之が我国の外交をして最も混乱せしめて居る主要原因であることは疑ひない。よしんば実際の弊害がなかつたとしても、通説の容れざる憲法の解釈に基き、閣議決定の政務範囲外に置いた統率権の範囲を不当に拡張して、之も大権の作用だ、あれも大権の作用だと、内閣の毫末も与り知らざる行動を海外に縦《ほしいまま》にすると云ふ制度は、どう考へても許すべからざる且つ怖るべき悪制であると思ふ。而かも此等の行動によつて、国家は常に重大の責任を負担せねばならぬ。責任負担の問題になると、始末は常に内閣にさせられる。今日我国の内閣は自分の与り知らざる出来事についてどれ丈け面倒な責任を背負つて居るか分らない。殊に此点に於て我々は痛切に外務大臣の職責に同情を寄せるものである。要するに最近我国の慣行では、閣議の決定を経べき一般政務の外に、軍事統率権の作用として閣議を経ざる、否之を経べからずとせられたる特別の政務があつた。一部の人は之を特に防務と称へ、政務と相対する観念と観て居る。政務と防務と相併せて国権の行動は尽くる。国策といふ文字は、此両方を統轄する意義を表はす為めに作られた。国策の遂行は陛下之を統べ給ひ、而して其中政務は之を内閣に諮詢して行ひ、防務は之を大権独立の行動として親裁し給ふといふと、如何にも尤もらしい憲法論になるやうだけれども、よく考へて見ると、国権発動の実際の中心点を政府の外に、例へば防務会議と云つたやうで純粋な軍人のみの諮問機関と、此二つに置く〔な〕ものであつて、国家の統一を破る之より甚しきはない。此辺の事情について従来国民が余り之を意に留めなかつた。一つには又此問題の性質極めて微妙にして軽々手を下し難いといふ点もあつたらう。二月十八日貴族院に於て江木翼《たすく》氏が、大正七年十月より十二月にかけての一部撤兵は政府の政策として極めたのか、軍事統率の必要に基いてやつたのかを内田外相に問ひ、外相が閣議決定の結果なりと答ふに及び、其事の善悪は別として、斯くては従来の例を破り、政府が統率権の発動に干渉したものと認むと念を押したのは、此重要問題に触れた極めて興味ある質問応答であつたが、いゝ加減の所で有耶無耶《うやむや》に終つたのは甚だ遺憾の次第である。

何れにしても日本に於ける国権発動の中心点は今の所二つある。而して其中の軍閥系統のものは、容易に文官系統の政府の力を以て動かすことは出来ない。此処に帝国外交混乱の一つの理由が伏在する。更にも少し考へて観ると、政府は理論上少くとも議会の監督の下にある。議会も亦理論上民間輿論の掣肘を受くるから、政府を通してする国権の発動は少くとも理論上は民間の輿論と調和することが出来る。故に現在の政府が偶々軍閥と狃《な》れ合つたとしても、政府が国権発動の唯一の中心なら制度としては先づ安心が出来る。然るに日本には全然民間輿論の手の及ばない第二の中心点がある。之が多くの禍の基だ。東洋に於ける外交は概して多く此処から指揮されて居る。けれども多数の国民夫自身は必しも之を後援するものでもなければ裏書きするものでもない。斯う云ふ所から二重政府の説は日本に対する無条件非難の勢を多少緩和して、幾分日本に同情ある議論を起らしむるやうにもなつたと思ふ。

然るに外人の日本観は昨今に至つて又変つた。彼等は云ふ、成程日本の政府は軍閥外交の露骨なる侵略的態度に苦しめられて居る。けれども、政府夫自身が夫れ程平和的、協同的かと云ふに必しもさうでない。詮じ詰めると、彼等も矢張り侵略的思想に汚染《にじ》み切つて居る。只些か軍閥者流より眼界が広い丈け露骨無遠慮な態度に出でないまでゝある。畢竟日本の所謂二重政府は、共に侵略的軍国主義の思想をも主流とするものであつて、只其間に軽重の別はあるが、畢竟するに五十歩百歩の差に過ぎない。故に我々は軍閥外交を他日抑ふるの日がありとしても、まだ日本の政府を信頼することが出来ない。只今日我々の最も欣幸に勝《た》えざるは民間青年の間に本当の平和思想なり国際的精神なりが燃え上つて居ることである。青年の勢力は現実の政界に於ては固より計算の数に入るものではない。が、近き将来に於て発現すべき潜勢力に至つては実に偉大なるものがある。茲に我々は光明ある希望を日本の前途に繋《か》け得ると思ふと。斯くて彼等は今や日本は旧い日本と新らしい日本と、換言すれば老人の日本と青年の日本と二つに分けて考ふるの必要ありとする。是に於て彼等は最早や二重政府の言葉は余り使はない。転じて頻りに二重日本《ダブル・ジャパン》の文字を用ふるやうになつた。

此事は支那の青年の間にも段々分つて来たやうだ。けれども支那でも最も早く此点に着眼し初めたものは外人、殊に英米人であるやうだ。其為めであらう、昨今英米の本国からは固より支那在留の英米人にして這般の観察を目的として来朝するもの甚だ多いやうだ。従来日本を非難したものも、日本が徹頭徹尾侵略的であると云ふ事は彼等の最も苦とせる所であらう。図らず二重日本の説を聴いて彼等は来つて其調査研究に従事し、若し噂の如くんば日本に於て真に語るに足るの友を見出さんとするのである。斯う云ふ意味の来朝者の最近頗る多い事は読者の中にも已に気附かれて居る方があるだらうと思ふ。

只此際返す〳〵も遺憾に堪へないのは、政府当局の神経過敏な無用の取締である。彼等が所謂国情偵察の為めに来たのを誤解して、軍事探偵に対すると同様の掣肘を加へたり、彼等が其抱く特殊の目的の点から、知名の政治家や実業家の月並な訪問を避け、政府当局の観て以て危険人物や注意人物となすものを頻繁に而も平然として往訪するのを見て、露西亜過激派の所謂世界宣伝の手先でないかと云やうな誤解から、往々不当の拘束を加へたり又種々不愉快な不便を与へたりするのは予輩の甚だ遺憾とする所である。此等の人は初めから政府や政商を談ずるに足らずとして居る。又此等の人との対談は従来の来朝者に尽きて居る。彼等は今や別個の新らしいプランに基いて大いなる同情を以て日本の真相を研究せんとするのだから、斯う云ふ人々にこそ調査研究の自由と便宜とを与ふべきではないか。日本が世界に誤解されて居るから其真相を紹介する為に、大いに対外的プロパガンダを遣らうなど丶云つて居る際に、態々日本を見に来、又之を世界に紹介せんが為めに来たものに、故《ことさ》らに不便と不自由とを与ふるとは何事ぞ。只幸にして彼等は初めから政府を当てにして居ない。政府側から不当の拘束を受ける丈け却つて日本に於ける新旧両思想の対立が鮮かに読まれて面白いと云つて居る。斯くして之から我日本は二重政府としてよりも二重日本として世界に紹介せらるゝことであらう。

徹頭徹尾軍国主義の国と云ふ評判から二重政府の尊称を受け、更に二重日本の美名を受くるに至つたことを考へて見ると、一つには斯う云ふ観方の変遷に応ずる丈けの発展を我々国民がなしつゝあるを悦ぶと共に、又一つには段々日本の真相が世界に有りの儘に知れて来るのを満足するものである。必ずしも世界の評判に拘泥するのではないが、兎に角斯く観らるゝの当然である以上、我々は更に之から努力して二重日本を単純な平和的協同的日本に築き直さなければならない。旧い日本の迫害が益々猛烈になるのは残念ながら覚悟せねばならぬが、我が日本を世界の舞台の上に、平和的な永遠の繁栄を得せしむる為めには、我々青年は万難を排して驀進するの決心を要する。

〔『中央公論』一九二一年三月〕

言論の圧迫と暴力の使用を難ず

昨今の政界に於て、言論の圧迫と腕力の使用とが政治の目的を達する為めに行はれるやうになつたと云ふので、『中央公論』は頗る之を憂ひ、之が憲政の発達に及ぼす禍について、諸家の意見を徴する事となり、予も亦其一人に数へられた。格別纏つた意見は無いが、平素考へて居る一二の点を簡略に述べる。

言論の圧迫は官辺の方から来る事もあれば、又民間の方から来る事もある。或る一の意見に対して、之と反対の意見が如何に猛烈に説かれても、そは互に言論を戦はすのだから問題にはならないが、一度び一方が不法の暴力を以て相手方を脅かすといふやうになれば、玆に所謂言論の社会的圧迫といふ現象が現はれる。之は言論の国家的圧迫と共に、人文の進歩を遮ぐる事大なるものであるが故に、本来国家は此の如き不法の圧迫をば十分に取締らなければならないのである。之れ即ち近代国家が履《ふ》む一つの重要なる任務として言論自由の保障を十分ならしめざるべからずとせられて居る所以である。従つて言論の社会的圧迫の、若し少しでも行はるゝ事ありとすれば、そは取りも直さず国家が言論自由の保障といふ重大なる任務を怠るものと云はなければならない。此点に於て我々は今日の政府に多少の不満はあるけれども、併し此方面ではまだそれほど大きな失態を暴露して居ない。

けれども更に進んで政府それ自身の積極的言論圧迫の問題になると、数ふべき失態が頗る多い。政府が自己の計劃を批評さるゝ事を厭ひ、又は自家の計劃と反対の意見の発表を煩はしとするの傾向あるは、現在の政府に限らず、歴代の政府に通有の現象と思ふ。批評を面倒がるが故に何か新提案をしようと云ふと、いよ〳〵発表するといふ間際まで秘密にする。又例へば八八艦隊の完成に政府が苦心して居る最中だと、之と反対な意見でも述ぶる者があると、無理に之を押し潰さうとする。殊に政府部内にさうい〔ふ〕態度の人でもあると、直ぐに之を処分する。水野大佐の如きは恐らくかういふ考の犠牲となつたものではあるまいか。政府部内に統一はつくけれども、如何にすれば真に国家の為になるかの深い研究は斯くして全然阻止される。反対だらうが何だらうが、無遠慮な意見がどん〳〵発表さるゝやうにならなければ、国の進歩が出来ない。何時でも人真似をする事になる。世間で余り気が附かないが、斯う云ふ種類の言論圧迫の弊害は、従来頗る著しかつたと思ふ。

右は歴代の政府に通有の現象であるが、特に現政府に対して予輩の甚だ遺憾とするのは、政友会の立場に反対なる意見に対していろ〳〵の圧迫が加へられて居るといふ事である。之は何も政府の方針に出づる者でないかも知れない。出先の役人が政府に忠勤を抜んでんとして私意を以てやつた事かも知れない。が、何れにしても政友会の見て以て不利益とするやうな人々の言論の発表に対しては、間接に一種の力強い圧迫があるといふ事は、予自身多少経験した事もあるし、又友人からも屢々聴いた事もある。併し之も露骨にやるのではないから、大目に見て置いていゝ。只此処に何うしても大目に見て置くわけに行かないのは思想問題に関する政府最近の言論圧迫である。殊に社会国家に対する評論に至ると、政府の取締りの手は頗る辛辣を極めて居る。之が我国人文の進歩の上に何れ丈け遮げをなして居るか分らない。

此問題に関する政府筋の表面の立場は極めて明白だ。即ち彼等は最近の思想界の新傾向を以て国家社会の為め極めて危険なりとする深い確信を以て行動して居るからである。確信があるから露骨に圧迫するのであらう。又利害によるにあらず確信に基くのだから、それ丈け同じ圧迫でも誠意の存する処を諒とする丈けの値打はある。

併しながら一度び裏面に入つて実際の情況を察すると、我々は言論の取締りに任ずる役人に決してそれ程の誠意を許す事は出来ない。何故か。

取締りの任に当る役人の内には、自分に確信があるのではない、命令の儘にやつて居るのもあるが、少くとも斯くする事が上官の意思だらうと忖度《そんたく》して決行するものもある。中には貴族院とか枢密院とか、あの辺から問題の起るを予想して、之を防がんが為めにわざ〳〵取締るといふものもある。自分自身に真に取締を必要とするや否やの何等の信念が無くしてやつて居る者の多い事は、予輩の深く信じて疑はざる所である。其証拠に貴族院辺で何か問題が起ると、何時でも政府当局は御説御尤と裏書して、何れ調査の上で処分しますなど、云つて居るではないか。曾て問題の事柄が処分に値するものなるや否やの点を実質的に研究して、応答した事がない。実際の事情が何うだらうが、兎に角問題になると直ぐに皺《くびき》るといふやうな事は稀れでない。多くの場合はそれでその儘泣寝入になるけれども、時として其処分が余りに軽卒だと云ふので却つて面倒な問題を惹き起す事もある。水戸の菊池校長の事件などは即ち之れだ。責任ある政府の高官が已に此態度である。属僚が一々上官の鼻息を覗つて取締をやるといふのも略ぼ想像される。

先頃電車の中で一二年前に大学の法科を出た一青年に会つた。随分成績が劣等なので卒業後いろ〳〵就職口を捜してやつたけれども無い。さぞ困る事だらうと大いに同情して居つたが電車の中で久闊振りで会つたので、昨今何を為て居るかと聞いたら、某役所に勤める事になつたと云ふ。何の方面を担任して居るかと聞いたら、思想問題の取締りをやつて居ますと云ふ。失礼だが昨今の思想界の事が分るかと聞いたら、実はさつぱり分りませんと云ふのが彼の偽はらざる答であつた。此役所の取締方針は右の青年によつて決せられるのではないのだけれども、お役所の思想取締りの大任を扱つて居る者の中には、斯う云ふ人もあると云ふ事を予輩は責任を以て断言して置く。

然し是等の前後左右の鼻息を覗つて事を為るやうな者は、姑く問題以外に置いて可い。是等を外にして最も真面目なる連中を取つて見ると、即ち其大多数は心から誠実に思想界最近の傾向を国家社会の為めに危険なりとする人々である。そしてその憂国の至情から厳重な取締りをやるのだから、其誠意は寔《まこと》に之を諒とするけれども、予輩が此等の人々に一言したいのは、願はくば自分の意見丈けが唯一の真理だとする信念を去られん事である。或有名な西洋の学者は、若し此の世の中に間違のない事がありとすれば、そは自分の考へが唯一の真理なりと信ずる事が大間違だと云ふ事であると云つた。自分は斯う考へるが、併し事によつたら間違ひではないかと謙遜な態度を執る処に、自己を向上発展せしむる機会がある。今日の政治家が自己の化石した考を唯一の真理と確信し、且つ之を社会に強制せんとするの態度は、啻に自分自身の考を自ら阻止するのみならず、又或一種の偏見を特に社会に横行せしめると云ふ事から、世の中の全体の進歩をも大いに遮げるものである。斯ういふ点に於て予輩は切に検察官並に警察当局の反省を促したい。

政治家が其目的を達する為めに腕力を用ひると云ふ事は、いろ〳〵の形であらはれる。在野党が国民大会など、称して殺気立つた会合を催すのも其一の例であるが、殊に最近著しく我々の耳に触れるのは、国粋会とか民労会とか云ふ政府の隠然たる庇護の下に成立つた団体が、反対党の言論を圧迫する為めに跋扈すると云ふ説である。国粋会、民労会が果して此非難のやうな行動をして居るか何うかは知らない。けれども縦令《たとえ》事実に反するにしろ、右のやうな風評が行はれると云ふ事が已に甚だ憂ふべき現象であると考へる。何故ならば之れが為めに民間には政府が已に斯くして我々を圧迫するなら、我々も亦反対の結束を作つて、自らを防衛しようと云ふ事になり、結局血で血を洗ふといふ恐るべき事に至らないとは限らない。政治家乃至民衆が興奮の余り其目的を達せんが為めに、時に常軌を逸した集団的行動に出づるといふ事は、固より嘉《よみ》すべき事ではないが、勢ひ之を堰《せ》き難い場合がある。けれども斯くの如きは政府の力で十分に取締りが出来る。只政府の取締りについては、往々不法、過度の干渉なりといふ非難を伴ひ勝ちなので、臆病な政府は思ふ存分の態度に出で得ない事もある。併し乍ら若し政府が反対党から加へらるゝ非難を避けんとして、表面からの取締の手を弛め、而して裏面から特殊の集団を造つて反対党の圧迫に当らしむるやうな事があるなら、それこそ大変だ。諸国の革命史などを見ると、何処でも斯う云ふ事が天下擾乱の基となつて居る。即ち政府が何々会といふものを作つて、例へば社会主義者の圧迫に当らしめたとする。さうすると社会主義者も亦大いに奮激して之に対抗する方策を講ずる。斯くして殺伐なる争闘が始まる。一度気が立つて来ると後から制《おさ》めようたつて制まらない。結局天下大いに擾《みだ》れて、政府はもはや如何ともする事は出来ない。斯う考へて来ると、昨今の風説が若し果して真実だとすると、実に恐るべき出来事と云はなければならない。よしんば幸にしてさういふ恐ろしい結果にならないまでも、斯くして物事を合法的に取扱つて行かうといふ考の段々薄らいで来る事丈けは疑を容れない。さらでだに昨今我国民衆の間には直接行動論は可なり勢力を得つゝある。此の秋に方つて政府筋が若し噂のやうな計劃に少しでも力を入れて居るとせば、其志は多少諒とする事が出来ても、実際の結果は薪に油を注ぐものに外ならない。

以上与へられたる二つの問題について平素考へて居る事を述べたが、更に之を憲政の運用といふ事に引宛てゝ考へると、言論の圧迫は、即ち憲政運用の根本たる民衆知徳の発展を阻《さまた》げるものであり、暴力の使用は今日の代議制度を根柢から破壊し去るものである。今日の憲政は政府を議会が監督し、更に其議会を人民が監督するといふ仕組みであり、更に其監督の功を完うせしむる為めにそれ〴〵定められたる法律上の約束がある。此約束の基礎の上に社会の進歩を円満確実に遂げしめんとして居るのに、暴力の使用は即ち此法律上の約束を全然無視せんとするのだから堪らない。我々は余程用心して恐るべき風潮の流行を喰ひ止めねばならないと思ふ。

偖て之が喰ひ止め得たとして、次に問題になるのは、最後の監督者たる人民がぼんやりして居ては何にもならない。凡て政治には監督が要る。公の制度の公の監督《パブリック・コントロール・オブ・パブリック・インスティチューション》は憲政運用に於ける第一の標語である。併し単にこれ丈けでは政権の運用に於ける弊害を喰ひ止め得るといふ消極的効果を奏する丈けに過ぎない。更に人民が最後の監督者であるといふ事が国家の利益になるのだといふ積極的効果を挙げしむる為めには、人民の開発といふ事がなければならない。而して現代憲政の理想とする所は、憲政組織の運用の結果、又当然に人民の開発を期待する事が出来るのである。何故なれば憲政の運用は政治家を人民が監督するといふ点に重きを置くの結果として、一面に於て又此両者の精神的連絡を密接ならしむるからである。而して両者の精神的連絡を理想通り密接ならしむる為めには言論の自由が無ければならない。言論の自由あつて人民は初めて各種の意見を聴き、其間大いに開発せらるゝ事になる。いろ〳〵の意見を聞けば却つて頭が混乱して分らなくなるなどと云ふのは、目前一時の現象に拘泥しての観察に過ぎない。

以上の意味に於て昨今行はれて居る二大禍悪は憲政を遮ぐる事甚だ大なるものあるが、其他憲政の進歩の為めに改革せねばならぬ点は尚ほ多々ある。之は尚ほ他の機会に於て述ぶる事にしよう。唯一つ昨今行はるゝ弊害の中で案外人の気付かない事で尚ほ且つ最も大いなるものは各政党の地盤政策である。此事は曾つて本誌時評欄に於いて述べたこともあるから、茲には繰返さない。唯当今の時勢に於いて非常に重大な事と信ずるから、此処に之を一言付け加へて置くのである。

〔『中央公論』一九二一年四月〕

実業家の打算的軍備制限運動

武藤山治氏を委員長とする大日本実業聯合会委員会が、大阪に於て軍備制限運動を開始したことは、或意味に於て我国将来の国防史の上に重要なる意味を有するものとなるかも知れない。

彼等の直接に目的とする所は、貴族院を動かして今次議会に提出せられた予算案を修正し、軍事費に大削減を加へんとするにある。而して其理由とする所は、一つには予算面に於ける歳入見積りの過大なることであり、又一つには軍事費支出の尨大に過ぐることである。軍備偏重の斯くの如き予算を此儘に認めては之を負担する国民が堪らない。国力の疲弊衰退を救はんが為めには是非とも所謂軍備制限を叫ばなければならないと云ふのである。

以上の理由の正否が何れにあれ、又其方法につき適否の論ありとするも、兎に角実業界に於て有力な地位を占むる此等の人々が、率先して軍備制限の声を挙ぐるに至つたのは大いに注目すべき現象である。殊に従来我国の実業家が動もすれば官憲の庇保により、其結果軍備拡張論の後援者であつたと云ふ従来の情勢と比較すると、玆に我々は何か知ら実業家連の間に思想なり打算なりの変化が暗々の間に起つて居るのではないかを思ひ運らさゞるを得ない。

武藤氏一派が掲ぐる所の理由は、至つて簡単だ。併しながら我々は之によつて彼等が単に此理由のみによつて初めて此運動を起したと考へてはいけない。凡そ人は或る内部の要求に動かされていろ〳〵の運動を起すが、併し多くの場合に於て、其動因の何たるかを明白に意識しない。仮令《たとえ》意識しても其全部を数へ挙げない事があり、又其最も主要なるものを不思議に逸し去ることも少くない。甚しきに至つては知つて居つても故らに為めにする所あつて他の理由を挙ぐることすらある。何れにしても本人が斯く〳〵の理由によつてと言つたからとて、其人が真に其れ丈けの理由で動いたものと観るのは歴史家乃至社会評論家の最も戒むべき所である。斯う云ふ立場から予輩は武藤氏の挙ぐる所一々尤もとは思ふけれども、彼等をして彼が如き運動を開始せざるを得ざらしめた所以については、彼等の自ら云ふ所の外に、もつと深い何物かが存するのではないかと考へる。

翻つて思ふに、従来我国の実業家は、何れかと云へば、戦争を謳歌した。少くとも戦争を熱心に後援した事は争ひ難い。之れ一つには彼等が専ら官憲の保護によつて居つた為めでもあらうが、又一つには戦争の結果が常に彼等の事業の発展と利益の膨脹を来たして居つたからであらう。戦争の起らんとするや政治家は軍費の調達を彼等に謀る。彼等は為めに経済界の蒙る至大の圧迫を挙げて誠に困ると愬《うった》へる。けれども結局彼等は軍事行動を援けた。戦捷と共に彼等は洩れなく巨大な利益を得た。斯くして彼等の間には戦争と云ふものはわるい商売ではないと云ふ信念が深く植ゑ附けられた。

けれども戦争は無条件に何時でも実業家に利益を齎《もた》らすものと限らない。否、事の性質から云へば戦争と経済とは寧ろ利害相容れざる筈のものである。されば西洋でも、経済を主たる着眼点とする人は多くの場合に於て非戦論に傾く傾向があるとさへいはれて居る。然るに独り日本に於て戦争の経済家を悦ばしめた所以は何か。之れ日本の従来の戦争は相手が支那であり或は露西亜であり、従つて戦捷は直ちに独占的勢力範囲の設定に便利〔で〕あつたからであらう。即ち斯う云ふ特別の事情が日本在来の戦争をして経済的利益の拡張を伴はしめた所以である。斯う云ふ特別の事情がなければ経済家の戦争観が、従来のやうなものであり得ない事は云ふまでもない。

然るに戦争と云ふ事を念頭に置いて我国将来の国際的関係を考へるならどうなるか。従来の対手は支那であつた。又は露西亜であつた。而して此両者は今日の所最早や我国にとつて何等怖るべきものではない。若し今後我々が戦陣の間に見えねばならぬものがありとすれば、そは或は亜米利加であり、或は英吉利でなければならない。我々は固より近き将来に於ける対英米の戦争を予想するものではないけれども、強いて考れば此両国を仮想敵とでもする外に考へ様はないではないが。さて若し仮りに英米が対手であるとすると、我国の経済はどうなるか。戦争に勝てねば其結果の怖るべきは素より云ふを俟たないが、負けないとした所我国今日の経済界は英米との開戦にさへ堪え得るかどうか。経済的に徹頭徹尾英米に隷属してゐる我国の立場としては戦争と云ふ事を考ふるさへ戦慄に値する重大事である。元気のいゝ壮士的空論としては斯んな事に屈してはいけないなどゝ云つても見るが、実業家などの立場としては、此点について最も鋭敏に或は起り得べき結果を思ひ運らさずには居れぬだらう。利害の打算に鋭敏な丈け斯う云ふ点について最も早く彼等が眼を開くと云ふ事は怪むに足らない。

斯くして従来動もすれば戦争を喜んだ我国の実業家は、之からの新たなる時勢を前にして一転して非常に戦争を呪ふ態度を執るやうになつた。利害の打算と云へば品が悪く聞えるけれども、要するに今后我々は戦争と云ふものに対して如何なる態度を執るべきかは、いろ〳〵の方面から論ぜられねばならないので、実業家がまた其専門の打算的立場から、我々と同じ結論を取るに到ると云ふ事は決して尤《とが》むべきことではない。

実業家は今日の所恐らく未だ此辺の事情を十分に理解し意識してゐないかも知れない。従つて軍備制限論を唱ふるについても、彼れか此れかと考へてゐい加減な理屈を数へ立てるかも知れない。けれども彼等は今日兎に角動かす可からざる力に支配されて軍備拡張論者と反対の方向に趨《はし》らざるを得ざるやうになつて居る。彼等は今や軍閥者流と従来の永い提携を絶つて新たなる境涯に入らんとしつゝある。一葉落ちて天下の秋を知るべくんば我々は此一事に於て時勢の変を十二分に看取することが出来ると思ふ。

〔『中央公論』一九二一年四月〕

原首相の兇変に就て当局の一官人に与ふるの書

原首相の意外の兇変につき、直接取締の局にある君は嘸《さ》ぞ心労を極めて居ることであらう。原首相の政見に対しては兎角の批評もあつて、僕自身も服し得ざる多くの点を有つて居る。が稀に見る偉才として不時の兇変を愛惜するの情に於ては、僕と雖も人後に落ちるものではない。併しこんな事は今更云つても返らない。只斯の如き不祥事は今後絶対に繰り返させたくないものだ。人心の険峭に趨《おもむ》きつゝある今日に於て特に此感を深うする。此点に於て僕は特に君の手腕に期待する所甚だ多からざるを得ない。

先達《せんだつて》は安田翁が殺された。今度復た首相の兇変があると、世間は何となく同じやうな事がまた繰り返さるゝことがなからうかと心配する。取締の局に当るものが、更に一層の熱心を以て将来を警戒すると云ふ態度に出づるのは怪むに足らない。当の犯人を捉まへて之を厳重に取調べるに手落ちがないばかりでなく、更に其周囲の八方に手を入れて少しでも怪しいものならば之を見逃すまいとして居るのも将来を警戒すると云ふ懸念から見れば首肯《うなず》かれる。僕等から考へても近頃の人気は可なり荒いやうだ。人心変を思ふと云つては大袈裟だが、今度の兇変を見ても之を単純な突発孤立の事件と見る訳に行かないやうな気もする。従つて僕等も亦君等と同じやうに之について相当の対症法を講ずる必要を認めて居るのだが、之については正確なる診断が先決問題だ。而して君達は昨今の社会の症状をどんな風に診断して居られるのだらうか。

詳しい事は分らない。が新聞の報ずる所によつて、君達や君達の仲間の遣られて居る所を見ると、正確なる診断をするのに必要な条件を万遍なく突き止めて居るかどうかが疑はれぬでもない。病菌の伏在すと認めた所に大清潔法を完全に遣らうとする誠意と熱心とは認める。併し、伝染病の蔓延を防がうとして、脚気で死んだものまで始末する必要はあるまいし、又同じく伝染病で死んだものでも、此等予防の方式を以てしては天然痘は防げない。世の中が進むと病気にもいろ〳〵のものが出て来る。此頃のやうな変転期に於ては格別慎重な研究を積まないと往々にして誤ることがある。聡明な君には疾くにこんな事は分つて居る筈だ。

之は直接君達の遣つて居る仕事を批評するのではないが、新聞などでは今度の兇変を大久保利通、森有礼や近くは星亨の暗殺と比較する議論がある。大久保、森の暗殺は一面誤解と狂噪との結果ではあるが、主としては政治上の理由に基く。星の暗殺に至つては彼の政治的行動に対する不満が殆んど唯一の原因で、純政治的暗殺たること一点の疑を容れない。要するに政治家の暗殺は其原因専ら政治的であつた所から、今度のも亦政治的性質を帯ぶるものであらうと頭から極めてかゝる議論が多いやうだ。だから一方には原氏の政策を極力非難した反対党の議論が、自ら無垢の少年を煽動したと云ふ風に観るものもあるし、他方には原内閣の誤つた政策其物が畢竟自ら禍を招いた事になると説くものもある。密かに聴く所によれば、君達の仲間では、此際原氏の人物及び政見を主題とする非難攻撃は新聞雑誌に書かすまいと云ふ評議があつたとやら。其真偽は分らないが孰れにしても兇変の動機を専ら政治的方面に求めんとする点は同一だ。併し我輩の観る所によれば、之が果して唯一の、又は少くとも主要なる理由であらうか、甚だ疑ひなきを得ない。

尤も右のやうな政治的理由も眼中に措かないでいゝとは云はない。疫病で悩んで居つた時に、不幸にも亦風邪を引いて死期を早めたと云つたやうな助成因にはなるかも知れない。或は風邪を引かなかつたなら死なずに済んだと云つたやうに重い働きを此場合為したとも見られやう。けれども根本の病源は政治的方面に求むべきものでないやうな気がするので、そこで僕は態々此手紙を君に書く気になつたのだ。僕も亦昨今の社会状態に対しては深き憂を抱いて居るのだから。

尚僕の密かに考ふる所によると、今度の兇変の原因が、主として政治的であり、又此方面の外に憂ふべき何物もないとするなら、原首相の兇変其事は夫自身極めて重大の問題であるけれども、之を一つの伝播性を有するものとして怖るべき理由はないと思ふ。癌は恐るべき病気だけれども伝染性はない。伊庭想太郎や西野文太郎やはさう沢山あるものではない。絶対にないとは云はないがコレラやペストを恐るゝやうな態度で臨む必要はなかりさうに思ふ。

考へても見るがいゝ。大久保の殺されたのは幕末の余勢尚去り遣《や》らず、打《ぶ》つたり切つたりを何とも思はなかつた時代の事だ。些かの政見の相違があゝした結果を産むと云ふ事はあの当時には怪しむに足らない。況んや大久保の傲岸は当時最も強く反対党の悪感を唆つたに於ておや。今日は時勢が違ふ。どんな傲岸な政治家でも、朝鮮にでも行つたら格別、内地に居つて大久保と同じ制裁を受くる気遣はあるまい。森有礼や星亨の暗殺は仮令其間に幾多の誤解があつたにせよ、相当の人が相当に考へた結果の行動で、中にも後者の場合に至つては深思熟慮の後の断行であつた。斯う云ふ事は決して沢山あるものではない。社会全体が指弾《つまはじ》きをするやうなものでも、社会の為に進んで之を抑へつけると云ふやうな所謂義人は滅多にあるものではない。我々は寧ろ其乏しきを嘆ずるもので、社会の道徳的制裁力の弱いのも、畢竟勧善懲悪の熱が足りない所にあると考へる。従つて社会の為めに害悪を除かうとて進んで自ら殺人的行為に出づると云ふやうな事は容易にあるものではない。少くとも斯う云ふ風は段々少くなりつゝあることは疑を容れぬ。尤も人によつては名の為めに斯んな事を遣るものもあらうなどゝ云ふ人もある。殊に今度のやうな兇変があると、彼は名の為めに遣つたなどゝ説くものもあるが、如何に名の為めとは云ひながら、自分の生命をまで捨てゝかゝる程の無謀の者はさう多くある筈はない。仮令偶々あつたとしても之が伝染性を有すると観るのは断じて誤りである。今日の人間は仮令年少気鋭の士と雖も、生命に対する執着は寧ろ強過ぎる位だ。故に今度の兇変の如きも若し之が大久保や星の暗殺と同じやうな種類のものであるとするなら、之を病気に譬へば癌のやうなもので、ペストやコレラと同一視すべきものではないと思ふ。

之も新聞の報ずる所によつての話であるが、今度の兇変が起ると直ぐに、所謂社会主義者の方面に探偵の眼を放つたと云ふ事である。当局としては当然の所置でもあらうが、之も少し見当は違ひはしないか。所謂社会主義者の仲間の中には平素可なり粗暴過激な言論を縦まにするものはある。併《しかし》ながら社会主義は決して大臣の暗殺などを鼓吹するものではない。西洋では斯う云ふ仲間から虚無党のやうなものが事実起つて居るから、主義の理論的詮索を離れてテロリストの発生を警戒すべく、此等の仲間を監視するの必要はあらうが、日本に此等のものが起つて居るか、或は起らんとしつゝあるかは尚一層慎重なる講究を要すると思ふ。此点については尚折を見て親しく会つて君と話さう。君達の仲間は余りに最近の社会主義者の動静に通じて居ないやうだ。彼等の間は昨今中々複雑で、局外の者にはなか〳〵分らない。下級の刑事なぞの報告のみにたよつては大変な間違だと云ふ事を意に留めて呉れ給へ。勿論放任していゝとは云はない。けれども又取締りが肯綮《こうけい》に中らないと却つて穏健なものまでも駆つて過激なものたらしむる惧れがある。此点が実に此種取締方策の最も慎重な態度を必要とする特色だ。欺偽〔詐欺〕や泥棒の不逞の徒を取締ると同じ心持でやつては飛んでもない結果になる。昨今の形勢を真に憂ふるなら、どうか僕の此忠言をよくよく嚙み分けて貰ひたい。

どうも僕の考へでは、今度の兇変は専ら政治的動機から来るものではないやうだ。無政府主義的冥想から来るとも見難い。只何んとなく社会の何処かに暗雲が棚曳き、それが年と共に濃厚な低気圧を作りつゝあるやうに思はれてならない。果してさうだとすると、其低気圧が何時勃発して雨となるか風となるか分らない。茲に君達が今回の兇変を伝染性を有するかの如く見て大いに心を悩まして居る所以があるのだ。若し之が無政府主義的の考に動かされて遣るのなら、やりさうな連中は大抵分つて居る。誰が遣るか分らないと云ふ所に深く考ふべき点があるのではなからうか。彼れほど警戒を厳にして居りながら、あゝした結果を見たとて警視庁辺では恐懼措く所を知らずと云ふ有様なさうだが、併し僕から観れば、そこに何等の不思議はない。予め警戒すると云へば、社会主義者のどの仲間とか、政府反対のどの仲間とか、大抵眼の着け所は定まつて居る。其以外に眼の着けやうがない。而して此等の連中は口では随分乱暴な事を云はうが、滅多に之を実行するものではない。豈に図らん哉実行は意外の所から来た。之ではどんなに警視庁が要心しても気の附けやうがないではないか。空気伝染の疫病に対して現代の医学が、殆んど為すなきと同様の感がある。そこで僕はこう云ふ不安の状態を来たしたその源が何処にあるかを、も少し立ち入つて君方に考へて貰ひたいと思ふのだ。今度の兇変は取調べの結果或は意外にも僕の心配するやうなものでなかつたかも知れない。それならそれでいゝが、併しそれと別にして僕の次に述ぶる点は、枢要の地位にある君達に是非共慎重に考へて貰ひたいのである。それは何かと云ふに、現代社会に対する労働階級の心理と云ふ事である。

労働者の心理などと云へば君達は、何の事だ、そんな事なら改めて聴くまでもない、と云ふだらう。そこだ。問題は君達が労働者の問題に一通り通じて居る積りで居る所にある。労働問題の事は僕も専門でないからよくは知らないが、之まで多少注意はして来た、少くとも君達の程度には通じて居つた積りだ。所が此頃になつて僕達の知識は意外に浅薄なものであつた事を発見して居る。否、我々は労働者の心理が今日此処まで深刻になつて居る事を見て驚いたのである。君達には分るまい、と云つては失礼のやうだが、僕達すらが分らなかつ〔た〕のだから、君達に分らないのが当然だ、言葉の不遜を尤《とが》めずして先づ事実を正当に見て呉れ給へ。

労働争議などの起る度毎に、君達はよく労働者は二三矯激の思想家に煽動されたと云ふ。労働争議の中には煽動の結果として起るものも無論少くはないだらう。併し君達は今尚此等の煽動がなければ労働争議は起らないと考へて居るか。最近ふとした事から少し突き込んで此等の事情を研究して見て僕の驚いたのは、労働者が問題を自分の問題として生命《いのち》懸《が》けでやつて居る其真剣味の濃厚な事である。君達は思想家が労働者を煽動して居ると見るが、煽動どころか、労働者の真剣の運動に引張られて思想家の方が手も足も出ない状況にあることを念頭に置いて貰ひたい。熱のない労働者を結束する為めに困つたと云ふのは二三年も前の話だ。今日僕達の友人の労働運動に従事して居るもの丶最も苦心して居る点は、如何にして労働者の生一本の突撃的態度を適当に指導すべきかと云ふ点にある。こんな事は殿上人には容易に分るまいが、流石に君丈けは略ぼ諒解が出来るだらう。

も一つ考へて貰ひたいのは、労働者の真剣になつて居る結果昨今の対労働政策をどう観るかと云ふ事である。表面の理窟は抜きにしよう。労働者の気分を今問題として居るのだから、一歩退いて労働者が今日の資本家なり政府なりの態度をどう観て居るかを研究しよう。労働者と資本家との対抗戦に於て、労働者は曾て一方の活路を開かれた事があるか。労働者の根本主張がい丶かわるいかは別問題として、政府は曾て彼等の運動に一方の活路を開いてやつた事があるか。国際問題でも最後の勝利に因る平和の解決は根本的の解決ではないと云ふ思想の流行する今日の時代に於て、何事でも独り労働問題に対し、最後の勝利に因つて之を解決せんとする態度の、政府及び資本家に濃厚なることや。最後の勝利に因る平和は敗者をして臥薪嘗胆の復讐を準備せしむるが如く、昨今の労働界の状況は一問題が起る毎に労働者の復讐心を非常に濃厚ならしめる惧はないか。君は最近労働争議が労働者の無条件降伏に終つた例が屢々繰り返されたのを何と観て居るか。

人によつては労働者がさう云ふ風に考へるのが間違ひだと云ふ。或はさうかも知れない。併し、間違であつてもなくても、さうした考を日に日に深くして居ると云ふ事実の前には我々篤と眼を刮く必要はないか。而して之は労働者の誰彼、又労働運動指導の任に当る誰彼の問題ではない。一般の空気が斯くして段々陰鬱になつて行くことが見逃すべからざる現象だと考へるのである。

斯うした気分は、労働者と共に所謂労働運動の指導を事として居る階級も共に有つ所だ。が、併しどんなに彼等が煽動者として政府や資本家からイヂメられたとしても労働者のやうな気分にはなれない。此処に僕は特に君の注意を惹きたいと思ふ。所謂指導階級も其立場になつて考へて見れば、随分イヂメられては居る。世間からは悪口を云はれる。牢屋にも打ち込まれる。夫れでも彼等は大学を卒業したとか、相当の教育を受けたとか云ふ丈けで、兎も角も飯丈けは喰へる。彼等が呪つて居る現社会は焉んぞ知らん矢張り彼等を特遇して居るのだ。どん底まで苦しめられてはゐない。其処に我々は彼等の呪咀的態度にも若干の余裕あるを見ると共に、彼等が自分の死活問題として専心一意労働問題の解決に熱中し得ざる事情を察することが出来る。斯うなると、本当の筋肉労働者は惨めなものだ。彼等には自らの腕の外何の頼みとする所はない。即ち労働問題が彼等の死活問題の全部なのだ。賃銀の値上げといひ、解職手当の増額といひ、之が彼並びに彼の家族の死活に係るのである。真剣にならずして居られようか。

今の賃銀では喰へないとする。値上げの運動をすれば頸切られる。一度頸切らるれば容易に他に職業を求むることは出来ない。仲間を作つて気勢を揚げようとすれば茲に法の制裁が来る。進んでかゝる窮境に陥る責任の何れにあるかの議論は止さう。兎に角斯う云ふ境遇に居るものが、段々自覚しつゝある今日の彼等の気分は我々決して軽卒に考へてはいけない。此等に関聯して僕の君達にいひたい点は沢山あるが、それは他日の機会に譲らう。当面の問題について特に君の諒解を得たいのは、斯うした境遇にある労働者が、当局大臣なぞの機に応じて発する言論を如何に迎へるかと云ふ点である。概して労働者は単純な頭脳の持主だ。原さんが何を云はうが、床次さんが何をいはうが、我々は時としてい丶加減な事を言つて御坐ると一笑に附することもあるが、労働者にはさうは行かない。大人同志が戯談を云つて居ることでも、傍に聴いてる小児が真に受けて怒り出すと云ふ事もあるやうに、労働者に対する響き方は我々とは違ふ。彼等は自分の境遇を省みて苦しくつて苦しくつて堪らない。政府の今迄の態度にも可なり不満がある。それでも大臣などをエライ人だと信じて、其中にはどうかして呉れるだらうと一縷の望を掛けて居つた際、若し当局者が皮肉な、刺《とげ》のある、同情のない言論を労働運動について発したとすれば、どれ丈け労働者の憤激を挑発するか。此点をよく〳〵君に察して貰ひたいと思ふ。我々には笑つて済ませる事だからとて軽々に附しては大変な間違だ。

神戸の労働争議以来の労働界の状況、之に関する当局大臣の言論、理否の何れにあるは姑く別問題として、此等が労働者を如何に自暴自棄の境に導いたか、又如何に彼等の憤激を昂《たかぶ》らしめたか。之と併せて指導者階級が如何に其緩和に骨折つて居るかに想到して貰ひたい。君はよく諒解して呉れるが、君達の仲間の目して以て憎むべき煽動者となすものが、何人よりも一番熱心に民情悪化の抑止に骨折つて居ると云ふ事実をも考へて貰ひたい。

自分が附けた火に困つて居るのだらうなどと冷笑すべき場合ではないのだ。今はどうして此陰鬱なる空気に光明を注ぐべきかと云ふ問題の研究が必要だ。

何れにしても労働者界を中心とする昨今の社会状態には非常に陰鬱な暗雲が棚曳いて居る。丸で毒瓦斯の蔓《はびこ》つて居るやうなもので、何時誰が其毒を受けるか分らない。偶々甲なるものが其毒に罹つたからとて、其周囲の乙、丙を検挙するが如きは抑も末だ。僕は今度の事件に対する君達の措置に反対だと云ふのではない。只頗る時勢に憂ふる所あるが故に、も少し研究の範囲を広くして君達と共に根本解決に協力したいと思つて此手紙を書いたのだ。

今度の事件の真相が分つた上で、仮令ば僕の考へて居たやうな意味のものでなかつたとしても、僕の心配は相当に理由あるものとして是非共君の講究を待たねばならぬが、序に一つ君に考へて貰ひたいのは、今度のやうな事件については、政府に於てもつと事件の真相を社会に明かにして貰ひたい事だ。早い話が今度の問題にしても、政治的の意味のものか、或は労働問題などに関聯するものか、之を明かにしないと我々は社会の何処に矢を放つてい丶か分らない。此点は安田翁の暗殺についても同じだ。僕等は動機の何れにあるにせよ、斯くの如き行動の絶対に排斥すべきを唱道するに於て決して人後に落ちるものではない。此点に於て大いに社会の一部に存する悪思想と戦ひたいのだが、偖《さて》其何物と戦ふべきかゞ今の儘では分らない。普通の詐欺や泥棒なら、天下何人も悪いと云ふ事を認めて居るし、当の本人も亦い丶と思つてやつてるのではないから、之は単純に悪い悪いと非難する丈けでもい丶。併し今度のやうなのは一部にはそれ程悪いとも思つても居ず、時としては斯くする事が社会の為めだと考へて居るものもある。斯う云ふものに対しては単純に悪い悪いと云ふ丈けでは収らない。理論として大いに戦ふの必要がある。而して之と戦ふに最も適当な地位にあるものは、或点まで此等兇暴な連中の主義主張に理解と同情とを有するものである。政府当局には此等の人々をも引くるめて危険視するの嫌ひはないか。言葉は適当ではないが、政府はもつと所謂危険人物を利用したらどうか。危険思想の取締りに一番有効な方法は、危険人物を利用することである。政府なんぞに利用されるものかと大言はするだらうが、君のやうな聡明な役人にはさう大して難しい事ではない。

最後に一つ君に諮《はか》りたいのは、遺書の発表といふ事である。安田事件についても同様だが、治安に妨害ありとして発表を禁止して居るにも相当の理由あるが、併し之では何の動機であんな事をやつたのか分らない。従つて我々は社会の如何なる敵と戦ふべきかを判断するに苦しむ。絶対に発表せよと云ふのではないが、発表禁止の為めに飛んでもない想像説が世間に流布するやうでは、二重三重に社会の損害である。我々は疫病の流行を怖れて居る。病菌の存在をも略ぼ疑はない。其病菌の如何なる種類のものであるか、又如何なる方面に伏在するかについて判断の材料を供給せられて居ない。斯う云ふ方面の診断に於て政府を最も適当と信じてゐない我々は、此点に多少の遺憾を感ぜずに居られない。

君は今此等の問題の取扱に於て枢要の地位に居る。が、併し未だ自己の判断を政府其物の政策たらしむる地位に居ない。幸にして君の献策が上司の容るゝ所となればよし、否《しか》らずんば少くとも同僚部下の間に勧説して、他日の備をなされんことを希望する。僕は切に君の聡明を頼みとするものである。

〔『中央公論』一九二一年一二月〕

兇変より新内閣の成立まで

原氏の兇変に狼狽して閣員は先きに総辞職の決意を表し、此稿を草する時まで新内閣の詮議は猶ほ五里霧中の裡にある。此際例に依つて又しても吾人の眼を刺撃する常套現象は、憲政の常道を履み外づす可らずとの民間の要求が盛である事と、内閣組織の実際の相談は這の要求を裏切つて、全然二三者の暗室裏に進められつゝある事実とである。理義と現実との相隔離せ〔る〕こと、蓋し我国今日の政界の如く甚しきはない。

以上の現象は、言ふ迄もなく今日我国には元老閥族の勢力の尚ほ無視す可らざるものあるを語るものである。之を計算の外に置いては政局の進行を滑かならしめ得ざるが故に、流石の大政党も突進を遅疑して居るのだ。どうせ御鉢が自分に廻つて来るに極つては居るもの丶、内閣製造の空名は之を閥族に帰して、只管《ひたすら》後日無用の妨礙を蒙らざらんとするは、今日の政党としては最も悧怜な遣口《やりくち》に相違ない。

併し閥族には進んで自ら内閣を組織する丈けの勇気はない。是れ一つには政党の勢力にも因るが、主としては輿論の支持を欠くに由ると観るべきであらう。閥族は最早今日となつては、僅に政党政治に対する消極的牽制力たるに過ぎぬものとなつた。而かも彼は此れ丈けの勢力を利用して、せめても彼等の所謂大権内閣論の空名を護らんとして居る。政党を差し措いて内閣は作れぬ実勢ではあるが、政党が政党の資格に於て内閣を作るに非ず、凡ての内閣は必ず大命降下を辱《かたじけな》くしたる政治家の作る所たるべしとの見解をば、曲りなりにも元老会議の惰性的慣例に由つて維持して居るのである。併せて彼等は出来る丈け自分達の畑に近い人を頭に推して政党を操縦させようと欲して居るのだらうが、左うばかりは世間が許さぬものと見へる。政党に意気地がないから閥族も相当にはびこつては居るが、閥族の野心家とて今日はさう軽く政党を視ることも出来ない様になつた。

斯んな所に停迷して居るのが恰度昨今の状況だ。此際双方の面目と希望とを立て、併せて双方を十二分に安心せしむる解決は西園寺公の奮起であらうが、之は恐らく出来ぬ相談だらう。元老連は極力同公の起立を促して熄《や》まず、政友会は無条件で一切を膝下に捧呈すると迫つて居るが、之れで動く西園寺なら、彼は寺内内閣の倒壊の際既に起つた筈だ。今や凡ての解決の鍵は同公に托され居るといへば、是れ正に原内閣成立当時の政情其儘だ。然らば自然の順序は噂の如く高橋野田の辺に来るのではあるまいか。原はあの時既に総裁であつた。高橋野田は然らずなどゝ言ふ勿れ。人物に貫禄を欠くと謂はゞ、原の時だつて世間はさう気遣つた。遣らして見たら存外相当にやるだらうと思ふ。

西園寺公の起つといふ事も夫れ程考へ得べからざる事ではない。高橋野田の孰れかゞ出るにしても、之は一個人の彼れに大命の降るので、新内閣は仮令同じ人々を以て作られるとしても前とは別のものだと云ふ解釈は飽くまで固執さるるだらう。変な話だが、日本の今日としては已むを得まい。憲政会は頻りに憲政常道論を振り翳して居るが、之は主として政友会の投げ出しの結果、官僚内閣の出現を見兼て政党官僚の慣れ合ひの現象を繰り返す場合を考へての反対であらう。

どの道政党者流が内閣を作るのだから、少し位の元老閥族の容嘴は已むを得ずとしよう。之を良いといふのではないが、事実勢力を有つて居るのだから致方はない。只之にも拘らず、政党を外にして内閣を作ることは殆んど不可能になつたといふ時代の潮流が面白いと思ふ。

此潮流は段々年と共に固まりつゝある様だ。が、併し近年の様に政友会のみが常に多数党であつては頗る心元ない。何となれば、彼は何時官僚と相通ずるか分らないから、之には同じ流儀は他の政党にも倣《なら》はれるといふ事が必要だ。色々の人が同し事を繰り返すことに依て、始めて慣例は法規となるものである。此点に於て吾人はまた翻て憲政会の奮発を望まざるを得ない。

誰が内閣を組織するにしろ、時代は今や多くの新しき問題を提供して其解決を迫つて居る。従来の政治家は之等の方面に余りに無理解であつた。今後の政治家にも果して何れ丈け期待し得るか甚だ怪しい。政変に際し若干光明ある解決に一歩を進めたるを悦ぶと共に、国民として為すべき仕事のまだ〳〵非常に多いことを想うて、我々は益々緊褌一番するの必要を痛感するのみである。

〔『中央公論』一九二一年一二月〕

初出及び再録一覧

〔標題の下の数字は本巻収録ページ〕

教育界に於ける基督教の圧迫を難ず　3

『新人』一九〇九年五月

選挙権拡張論　9

『六合雑誌』一九一三年一一月

民衆的示威運動を論ず　17

『中央公論』一九一四年四月

のちに吉野作造著『現代の政治』(実業之日本社、一九一五年)に収録。さらに『朝日文庫16 枢府と内閣他』(朝日新聞社、一九五〇年)、『日本の名著48 吉野作造』(三谷太一郎編、中央公論社、一九七二年)、『近代日本思想大系17 吉野作造集』(松尾尊兊編、筑摩書房、一九七六年)に収録。

政治に対する宗教の使命　45

『新人』一九一四年五月

山本内閣の倒壊と大隈内閣の成立　59

『太陽』一九一四年五月「憲政発展の一転機」の標題で掲載。

のちに前掲『現代の政治』に「山本内閣の倒壊と大隈内閣の成立」と改題して収録。

蘇峰先生著『時務一家言』を読む　72

『新人』一九一四年六、七、八、一〇月(四回連載)

戦後の婦人問題　110

『基督教世界』一九一五年四月

婦人の政治運動　115

『新女界』一九一五年五月

のちに前掲『現代の政治』『吉野作造集』に収録。

大正政界の新傾向　124

『中央公論』一九一五年七月

のちに前掲『現代の政治』に収録。

両大政党首領の舌戦　135

『中央公論』一九一五年一〇月

三大党首の会同協定　138

『中央公論』一九一六年七月

元老官僚閥と党人との調和　148

『中央公論』一九一六年八月

寺内内閣の出現に対する儼正批判　154

『中央公論』一九一六年一一月

蘇峰先生の『大正の青年と帝国の前途』を読む　174
『中央公論』一九一七年一月

首相内相の訓示を読む　182
『中央公論』一九一七年三月

斯くの如き標準によつて選挙せよ　201
『中央公論』一九一七年三月

善政主義と政争無用論を駁す　204
『横浜貿易新報』一九一七年四月一四—一六日

総選挙後の寺内内閣の執るべき態度　212
『中央公論』一九一七年五月

総選挙後の政戦と国民党の責任　215
『中央公論』一九一七年五月

徴兵制度に就き軍事当局者に望む　221
『中央公論』一九一七年六月
のちに吉野作造著『二重政府と帷幄上奏』(文化生活研究会、一九二二年)に「徴兵制度改革の急務」として収録。

所謂排法科万能主義によつて暗示せられたる三大時弊　232
『中央公論』一九一七年一二月

原内閣に対する要望　239
『中央公論』一九一八年一〇月
のちに『吉野作造評論集』(岡義武編、岩波文庫、一九七五年)に収録。

陸軍拡張に反対す　245
『中央公論』一九一八年一一月
のちに前掲『二重政府と帷幄上奏』に「陸軍拡張の無謀」として収録。

言論自由の社会的圧迫を排す　250
『中央公論』一九一八年一一月
のちに前掲『吉野作造集』に収録。

国民思想統一論者に与ふ　252
『中央公論』一九一八年一二月

政治学の立場より男女の同権を述ぶ　258
『新女界』一九一九年二月

我憲政の回顧と前望　263
『我等』創刊号一九一九年二月

選挙権の理論的根拠　273
『中央公論』一九一九年二月の「選挙権拡張問題」が初出。全七章のうちの第二章。本巻では吉野作造著『普通選挙論』(万朶書房、一九一九年)所収のものを底本とした。のちに『吉野作造博士民主主義論集二　民主主義政治講話』(新紀元社、一九四七年)に「普通選挙の諸問題」の「第一　普通選挙の理論的根拠」として再録。

改造同盟の成立を祝す　285
『中央公論』一九一九年九月「小題小言」のうち。

初出及び再録一覧

政党の地盤政策を難ず　286
『中央公論』一九一九年一一月
社会改造の第一楷段としての普通選挙　290
『中央公論』一九一九年一二月
言論の自由と国家の干渉　293
『我等』一九二〇年三月
のちに前掲『吉野作造集』に収録。
加藤総裁の演説を読む　305
『中央公論』一九二〇年五月
小選挙区制の利害　309
『中央公論』一九二〇年五月「小題小言」のうち。
国民は果して政治に冷淡か　311
『中央公論』一九二〇年五月「小題小言」のうち。
総選挙の結果に就いて　313
『中央公論』一九二〇年六月
国策といふ言葉の濫用を戒む　318
『中央公論』一九二〇年七月「小題小言」のうち。
官製婦人会よりも女子教育　320
『中央公論』一九二〇年一一月「小題小言」のうち。
現内閣の運命を決すべき転機　321
『中央公論』一九二一年一月
二重政府より二重日本へ　326
『中央公論』一九二二年三月
のちに前掲『二重政府と帷幄上奏』に収録。さらに『吉野作造博士民主主義論集　三　日本政治の民主的改革』(新紀元社、一九四七年)に収録。
言論の圧迫と暴力の使用を難ず　332
『中央公論』一九二一年四月
実業家の打算的軍備制限運動　338
『中央公論』一九二一年四月
のちに前掲『二重政府と帷幄上奏』に収録。
原首相の兇変に就て当局の一官人に与ふるの書　342
『中央公論』一九二一年一二月
兇変より新内閣の成立まで　352
『中央公論』一九二一年一二月

〈解説〉天皇制と共産主義に抗して

坂野潤治

一　社会民主主義者吉野作造

社会主義体制の崩壊と自由民主党の一党支配の終焉の後で読み返すとき、我々は、もっと早く吉野作造から学んでおくべきだったという後悔の念を強くする。

「自由」を重んじた吉野は、プロレタリア独裁を主張する共産主義を、はっきりと否定した。一九一九年八月に脱稿した論稿の中で、吉野は次のように明言している。

「社会主義の根本主張は広義の共産主義である。資本制度の撲滅である。その理想は社会の共産的改造である。……その実現のために彼等の執つた最初の実行方法はプロパガンダ(宣伝)であり、又小規模に於ける試験的実行であつた。併し乍ら、斯んな迂遠な方法では社会改造の大事業は到底達せらるゝ見込みはない、ここに於て彼等は遂にプロレタリアート執政を主張するに至つた。……故に今日社会主義を論ずる場合には、……労働者執政といふことを併せ考へなければならない。……彼等の立場はプロレタリアート執政の即時実現によつてのみ、彼等の希望は達せらるゝとするにある。従つて彼等は現在の政治組織に全然信用を置かない。この点に於て彼等の政治観には根本的の謬りがある。」(『社会問題及び社会運動』一一九―一二五頁)

このように「プロレタリア執政」を峻拒する吉野も、今日の言葉で言うところの「社会民主主義」については、むしろ肯定的であった。同じ論稿の中で吉野は、次のように論じている。

「民本主義の過激主義と相容れざるは前述の通りであるが、社会主義とは如何といふに、少くとももに立憲主義を根拠に有つ点に於ては両立し得る。而して社会主義はその理想実現の手段として普通選挙を主張するが、この点も民本主義と両立する。……かくの如く、民本主義者は必ず社会主義者であると限らないが、然し社会主義者であつても妨げはない。けれども断じて過激主義者たることを得ざるものである。」(同書、一三〇―一三二頁)

もっとも、ロシア十一月革命の後で、吉野が民本主義と社会民主主義の調和を計ったことは、よく知られており、また、とくに驚くにはあたらない。左翼の側が一歩左に寄った場合に、中間派も一歩左に位置を変えることは、よくあることだからである。吉野を理解する上で重要なことは、彼の社会民主主義への共感が、第一次大戦の勃発以前からのものであった点である。本巻収録の一九一三年一一月の論文で、吉野は次のように論じている。

「無論予は社会主義に対しては、正反対の意見を有するもので、従つて社会主義並に之に類する者が、政界に勢力を占むるが如きは、喜ばざる所であるが、議論上かく仮定して見れば如何であらうか。予は彼等が実権を握れば握るほど、思想行動共に穏健になることを信ずるものである。否、これは事実の明示するところである。仏国の社会党、瑞西《スイス》の社会党の極めて穏健なるは申すまでもなく、特に社会党の過激なるべき理由ある独逸に於いても、所謂修正派の勢力は日に増しつゝあるのである。……だから普通選挙の結果、一般民衆の勢力が如何に政界の実権を占めたればとて、保守派の人々が不当に之を攻撃せざる限り、国運の進捗に差支なきのみならず、それ以外の方面に於いて、寧ろ大なる利益なるを信ずる者である。」(「選挙権拡張論」)

この一文を素直に読めば、吉野の真意が冒頭の社会主義否認にあるのではなく、後半から末尾にかけての穏健な社会主義の肯定にあったことは、明らかであろう。一九一三年一一月と言えば、吉野が三年余の欧米留学から帰国してから、わずか四カ月後のことである。欧米滞在中の勉学と見聞によって、吉野は社会民主主義に好意的な民主主義者になっていたのである。

この論稿の五カ月後の一九一四年四月に発表された「民衆的示威運動を論ず」(本巻収録)の中でも、吉野は、西欧における具体的な政治的社会的要求をかかげた整然たる労働者階級の運動に好意を示し、また社会政策の実現をめざす西欧社会主義政党への共感を表明している。そして、この立場は、吉野の名を一躍有名にさせた、一九一六年一月の「憲政の本義を説いて其有終の美を済すの途を論ず」(本選集第二巻所収)の中で、一層明瞭に表示されている。すなわち、「抑も社会主義が資本家に対して抗争する所以の根本動機は、是れ亦社会的利福を一般民衆の間に普ねく分配せんとするの精神に基づく。此点に於て社会主義は又民本主義と多少相通ずるところないでもない。只社会主義は現在の社会組織に革命的変動を与へんとするが故に、恰かも民主主義が君主国に於て危険視されたるが如く、多くの国に於て同じやうに危険視される傾があつた。然しながら、経済上に優者劣者の階級を生じ、為めに経済的利益が一部階級の壟断に帰せんとするの趨向は、是れ亦民本主義の趣意に反するものなるが故に、近来の政治は、社会組織を根本的に改造すべきや否やの根本問題まで遡らずして、差当り此等の経済的特権階級に対しても亦相当の方法を講ずるを必要として居る。所謂各種の社会的立法施設は即ち之れである」と。

吉野の民本主義が、二大政党制と普通選挙制の実現による議会制民主主義の確立を説くものであったことは、よく知られている。しかし、彼の民本主義は、当初からさらに一歩踏み込んで、そのような議会制民主主義の下で「経済的特権階級に対しても相当の方法を講」じようとするものであった。社会主義体制の崩壊の後にも、今日なお西欧に残っている社会民主主義は、ここでの吉野の主張と大きくは変らない。プロレタリア独裁を唱えるレーニン型社会主義を「自由」の観点から峻拒しながら、社会民主主義には好意的立場を示しつづけた吉野作造から、戦後の思想界は、もっと早く学ぶべきだったのである。

二　自由民主主義者吉野作造

「どの国も、自由と平等とのいずれを重視するかの選択は広い意味でのリベラルな民主主義の土俵の上でおこなわれており、その基本をなす原理が損なわれることはない。いっそうの社会民主主義化を望むからといって形式を重視する民主主義を犠牲にする必要はない。」

一九九二年に刊行されて賛否両論の渦をまきおこした、フランシス・フクヤマの『歴史の終わり』の一節である(下、一九五頁)。本書全体への賛否は別として、吉野ほど、ここで言われている「形式を重視する民主主義」に忠実だった者は、あまりいない。「社会民主主義者」としての吉野作造を一瞥した我々は、次に自由民主主義者としての吉野作造から何を学べるかを検討する番であろう。

敗戦直後の数年間を除いて、その後四〇年近く、日本の政治は、自由民主党の一党優位体制の下にあった。政治学者佐々木毅氏は戦後日本のこの政治体制について、一九九二年に次のように要約している。

「今日の日本の政党システムは一つの政党が長期に政権を握っている点で一党制の側面を持つが、他方、独裁制のように弾圧が行われるわけではないということで一党優位制と呼ばれている。それが紛れもなく一党制の親戚であり、民主政の在り方からすればさまざまな無理を含んでいる仕組みであることは否定しようがない。」(『政治はどこへ向かうのか』一七八―一七九頁)

それから二年後の今日の日本は、一党優位制の崩壊後にどのような政治体制をつくったらいいのかが分らないまま、政治的混沌の渦中にある。三十八年間もつづいた一党優位制の遺産が重すぎるのである。

同様のことは、吉野作造が活躍した「大正デモクラシー期」にも見られた。一九〇〇年九月に伊藤博文を総裁に結成された立憲政友会は、一九二四年六月に護憲三派内閣が成立するまでの二四年間のうち、わずか二年間を除き、衆議院の第一党の地位を占めつづけ、同じ期間、内閣の与党もしくは準与党でありつづけた。

もっとも、戦後の一党優位制が一応その内部に官僚制を組み込んでいたのとは異なり、戦前の政友会一党優位制は、その外部に存在する天皇制特権勢力との協調を強いられ、官僚制はどちらかと言えば、この天皇制特権勢力の支配下にあった。元老、枢密院、軍部、貴族院などの合憲機関に根拠を持つ権威主義勢力が官僚制に大きな影響力を持って、衆議院を掌握する政友会の前に立ちはだかっていたのである。

この二つの大勢力が共存共栄の道を見付けるのには、あまり時間はかからなかった。日露戦争が終了した翌年の一九〇六年初めには、権威主義勢力と政友会とが交互に政権を担当することによって協調する体制が出来上った。前者の代表である陸軍大将桂太郎と後者の代表である政友会第二代総裁西園寺公望からそれぞれ一字をとって、「桂園体制」と呼ばれている。

三年余にわたる欧米留学によって、国民の政治選択の自由のための二大政党制と、国民の政治参加の平等のための普通選挙制を独自の論理で結びつけるにいたった吉野が帰国した、一九一三年七月という時点は、この「桂園体制」がようやくにして機能不全を起しかけていた時であった。一方で桂太郎に代表される元老や軍部に対する国民的不満が憲政擁護運動として爆発し、他方で時代の転換を意識した一部の官僚が他ならぬ桂太郎を総裁にいただき、万年野党の立憲国民党の右派を吸収して、政友会に対抗する政党を結成したのである。「桂園体制」の一方の主人公が「桂園体制」の打破に乗り出したのである。

ばならない。しかし、二大政党論の観点からすれば、桂太郎の立憲同志会の結成は歓迎しなければならない。しかも生れかけたこの二大政党制は彼の持論であった普通選挙制の実現と結びつかなければならない。このような複雑な課題を自ら担った吉野の眼には、問題を「閥族打破、憲政擁護」に限って興奮する政治家、ジャーナリスト、民衆運動参加者たちの浅薄さは、我慢ならないものと映ったにちがいない。シーメンス事件に反対する二度目の憲政擁護運動について吉野は、「殊に今年の騒動の如きは全然消極的で、即ち政府反対と云ふ事が唯一の主眼で、外に何等積極的の主張と云ふものがない」と吐きすてるように断じている(「民衆的示威運動を論ず」)。

自己の二大政党論に忠実な吉野は、他ならぬ桂太郎のつくった立憲同志会に好意的立場を表明した。すなわち、「桂内閣は瓦解し、遂に立憲同志会の成立を告ぐるに至るや、同志会は極力其の地盤拡張の為めに、地方遊説を試みた。……政治の公開――これたしかに憲政の一進歩として、慶賀するに躊躇しないのである」と(「選挙権拡張論」)。

「政治の公開」をキー・ワードとして、吉野は「桂園体制」下の一党優位制を支える政友会を批判して、次のように論じている。

「其後政党と云ふものが段々発達して、政友会の如き、兎も角も有力なる政党が出て来ると云ふと、政府も全く之を無視することが出来ぬといふ事になり、玆に初めて民衆的勢力と云ふものが、政権の推移に関する問題についても、大いなる影響を与ふるに至るかと楽しんで見て居つたのに、何時の間にやら政党の幹部が政府と、之も外部からは分らない内密の妥協をして、頗る公明を欠く政権の授受をやつて居つた。所謂数年前の桂公と政友会との情意投合なんと云ふ事は、政治上から見ると云ふと、一つの迷宮であつて、外からは何が何やら薩張り分らぬものである。それで政治と云ふものは一向に公明正大を欠いて了つた。」(「民衆的示威運動を論ず」)

まず天皇制絶対主義を倒すブルジョア革命を起し、次でブルジョア政権を倒して社会主義を実現する、という観点から戦前日本史を見てきた日本の近代史学においては、倒されるべき存在のブルジョア民主主義における、「政治の公開」とか「公明正大」の政治とかいうものは、どうでもいいものであった。吉野は普選論を唱えた点で尊敬され、プロレタリア独裁を否定したことで批判され、何よりも後に述べる天皇主権の肯定で非難されてきた。その結果、一九一〇年代に吉野が強調した「政治の公開」の重要性は、ごく最近の自由民主党の一党優位制の崩壊まで、ほとんど注目されてこなかった。先にも引用した佐々木毅氏の著書は、吉野と同じ課題意識をもって、次のように論じている。

「政党が弱体であれば官僚制や利益団体がその隙間に入って影響力を強めることは避けられない。官僚制や利益団体の台頭は民主政の表舞台の存在感を下げ、裏口で、あるいは密室でコトが運ばれる余地を大きくする。逆の言い方をすれば、政党政治はこの裏口や密室での決定をなくすことはできないが、公開性という大原則によってそれを少なくする役割を果たすことだけはできる。」(一八二頁)

約八〇年を隔てた二人の政治学者の主張が著しく類似していることほどに、日本政治思想史研究における吉野作造の過小評価の罪の大きさを物語るものはない。

もちろん、時代には抗しきれない流れと言うものがあるから、一九二〇年代の青年が、吉野の民本主義を捨てて、レーニンのプロレタリア独裁に走ったことを批判しても仕方がないかもしれない。しかし、その当時にあってすら、デモクラシー論から社会主義論への流行の急変を、「仁丹」の流行になぞらえて批判する知識人もあった。一九二五年一月の行政学者蠟山政道の論文がそうである(『日本政治動向論』所収)。ましてや高度経済成長下の社会秩序の安定と自由民主党一党優位制の下にあって、吉野の民本主義論の再評価を怠ってきた戦後の思想界は、大きな反省を迫まられているのである。

ところで、吉野の民本主義論の核心をなす二大政党制と普通選挙制のどちらも、この「政治の公開」という大原則と深く結びついていた。国民が政権党を選択できない「寡人政治」や政友会の一党支配の下では、「政治の公開」は実現できない。「二大政党対立の場合でなければ政党内閣の制度の妙用は之を発揮することが出来ぬ」のである(「山本内閣の倒壊と大隈内閣の成立」)。しかし、こうして二大政党制が実現したとしても、当時のような、有権者がわずか一五〇万人という制限選挙制の下では、「公開」の範囲が限られている。「寡人政治は所謂暗室政治であるからして曲事が外にあらはれない。民衆政治は明けつ放しの政治であるから、少しの曲事も忽ち眼に着く」という観点からすれば、有権者の数が多いほど「政治の公開」が実現することになる(「民衆的示威運動を論ず」)。二大政党制にも普選論にも、「政治の公開」というキー・ワードがついてまわっている点に、吉野の民本主義論の最大の特徴があったのである。

なお一点つけくわえておけば、二大政党制と普選論のセットのうち、吉野は普選論の方で有名であるが、ある意味では、吉野はむしろ二大政党制の方を重要視していたという点である。それは次のような一文の中に、よくあらわれている。

「政党内閣の制度の完全に行はるゝには、大体に於て二大政党の対立を要件とする。小党分立の状態に在つても、内閣は矢張り政党を基礎として組織せらるゝが普通の例であるけれども、二大政党対立の場合でなければ政党内閣の制度の妙用は之を発揮することが出来ぬ。而して二大政党の対立と云ひ、或は小党分立と云ふも、畢竟勢の問題であつて、人為を以て左右することは出来ない。例へば選挙権拡張の如きは、一片の法律を以て之を実行することが出来るけれども、制度法律の変更によつて、直ちに小党分立の勢を変じて之を二大政党に集中せしめることは不可能である。」(「山本内閣の倒壊と大隈内閣の成立」)

この観点からするとき、眼前に二大政党制の実現性が見えたとき、あるいはその可能性を押しつぶそうとする傾向が見えたとき、吉野の優先順位は、躊躇なく二大政党制の擁護に置かれる。第一次憲政擁護運動において世論の攻撃の対象となったあの陸軍二師団増設を支持して成立した第二次大隈内閣を、吉野が終始支持したのは、この観点からするものであった。政友会に支持された第一次山本内閣が倒れて、第二次大隈内閣が成立したときに、吉野は、政友会内閣が「議会に多数を制しながら辞職」した以上、「結局政友会に反対なる党派が内閣に立つより外に途が無い」という観点から、大隈内閣の成立を歓迎した。二年後にその大隈内閣に代って陸軍大将寺内正毅の内閣が成立したときには、政友会が大隈内閣与党に代って政権を担当しないことを非難した。すなわち、「何故に政友会は自ら政界の表面に乗り出すの決心と努力とを為さなかつたか。同志会に対抗し政界を両断して其一半を占有する大政党として、反対党の失脚に当り、おめ〳〵超然主義者に活躍の機会を譲つたのは、畢竟彼等に非政党主義と戦ふの鞏固なる決心なかりしの結果である」、と(「寺内内閣の出現に対する儼正批判」)。一九二一年一一月に原敬が暗殺された後を高橋是清が継いだときでさえ、「近年の様に政友会のみが常に多数党であつては頗る心元ない。何となれば、彼は何時官僚と相通ずるか分らないから」と危惧している(「兇変より新内閣の成立まで」)。吉野は、二大政党制の観点から、一貫して政友会を批判し、同志会→憲政会の活躍に期待しつづけたのである。

三　導く者と選ぶ者

本巻収録の諸論説を通じて吉野が一貫して主張しているもう一つの点は、民主政治におけるリーダーの責任という問題である。誤解を恐れずに問題点を直截的に提示する吉野は、それを次のように大胆な形で表現した。

「私の考では最良の政治と云ふものは、民衆政治を基礎とする貴族政治であると思ふ。所謂貴族政治丈けで民衆政治なければ駄目である。今日我国の政治は正に此弊に苦しんで居る。又所謂民衆政治丈けで貴族政治と云ふ方面なければ、之も亦駄目である。仏蘭西革命当時の歴史が之を証明して居る。そこで国民が一つの偉大なる精神に指導せられて動き、又其精神を最も多く体得して居るものが、又国民の監督を受けつゝ政治をすると云ふ事であれば非常に結構だと思ふ。而して斯の如きが実は本当の民衆政治だと思ふ。而して今日の英国は正に是である。」(「民衆的示威運動を論ず」)

同様の主張は彼の代表作である「憲政の本義を説いて其有終の美を済すの途を論ず」の中で、より正確な形で論じられている。

「民本主義の政治に於ては少数賢者の階級は全く用のないものかの如くに誤解するものもあらうが、之は決してさうではない。……彼等が自ら謙遜《へりくだ》つて多数の中に没頭し、陽に多数者の意嚮に随従しつゝ、陰に多数者の精神的指導者として公事に尽す時、彼等は真の賢者としての役目を最も適当に尽すことを得るものである。……多数者は形式的関係に於ては何処までも政権活動の基礎、政界の支配者でなければならぬ。然しながら彼は内面に於て実に精神的指導者を要する。即ち賢明なる少数の識見能力の示教を仰がねばならぬのである。」

この二つの論説を併せ読めば、吉野がここで説いているのは、民主政治の下における政治指導者と一般大衆の関係であることは、一目瞭然である。しかし、共産主義が善でブルジョア民主主義が悪であった一九五〇年代には、これらの吉野の主張は、次のように曲解されていた。

「吉野作造が「衆愚」である「一般民衆」に「形式上の権力」しかあたえようとせず、政治の実権を「賢者」と「哲人」の手にゆだねたのは、彼が「衆愚」の「多数専制」をおそれたからであった。「衆愚」の「多数専制」こそは、ヨーロッパの先進諸国やロシアにおいて社会主義運動が目標としていたところであり、日本でも民衆運動のなかから将来に見通されていたものであった。そして「多数専制」の危機についての認識は、プロレタリア・デモクラシーと対決を要求されるような段階におけるブルジョア・デモクラシーに特徴的なものであった。」(信夫清三郎『大正デモクラシー史』Ⅱ、三五四頁。一九五八年刊)

今日から見れば、信夫氏はここで、「多数専制」としての「プロレタリア・デモクラシー」の危険性を説いているのではないか、とすら読める。しかし、もとより、信夫氏の意図はそうではない。レーニンなどがめざしていた「プロレタリア・デモクラシー」を「多数専制」と批判して対決姿勢を示した吉野作造の民本主義の、反動性を非難しているのである。今日の我々には、吉野と信夫氏のどちらが正しかったかは、自明であろう。歴史学者は往々にして〝時代の価値観〟に過大に同調するものなのである。

しかし、歴史学者のすべてが〝時代の価値観〟から自由ではないわけではない。実は信夫清三郎氏の吉野曲解集とでもいうべき著作が刊行された前年には、民本主義と社会主義の関係を除けば、そのまま今日でも有効な吉野作造論が発表されていた。後に『近代日本の政治と人間』(一九六六年)に収録された、松本三之介氏の「「民本主義」の歴史的形成」(一九五七年)がそれである。

もちろん、思想界における共産主義の影響がきわめて高かった一九五七年に書かれたこの論文には、社会民主主義者としての吉野作造への不当な批判が全くないわけではない。たとえば、今日の視点からすれば何も批判すべき点を見出せない吉野の次のような一文が、「客観的には、しばしば階級協調的役割を演ぜしめる結果となつた」例として、引用されている。

「予輩は、今日の政治が今日の資本家階級の手に依つて運用せらるゝを痛苦となし、一日も早くこれを一般民衆の手に回収せんことを熱望する一人である。併しながら、一般民衆の手に回収するといふことは、資本家といふ階級から移して、これを例へば労働者といふ階級の手に収むることではない。」(『社会問題及び社会運動』一五二頁)

社会主義体制の実態を知っている今日の我々からすれば、この点に関して吉野と松本三之介氏のいずれが正しかったかは、いわずとして明らかである。

しかし、社会民主主義者吉野作造ではなく、自由民主主義者吉野作造の理解に関しては、約四〇年前に書かれた松本氏の論文につけ加えるべき点は、全く思いつかない。なかでも、民衆蔑視という非難を受けがちな、民主政治の下での指導者と民衆のあるべき関係についての吉野の主張は、松本氏によって驚くほど正確に理解されている。すなわち、民主政治の下でも、政党指導者は道徳的にも知識の上でも民衆よりすぐれた存在でなければならず、民衆は選挙などを通して、誰れが道徳的知的にすぐれた政治家であるかを選ぶ過程で、自らの道徳的、知的水準を高めていくのだと(『近代日本の政治と人間』一五三―一五四頁)。松本氏が引用された、「選挙とは将来に期待せらるべき自己の発達せる態度を他の人格に求むることである。他人の人格の内容にヨリよき己れを見出すことである」という一文は、今日の政党指導者と有権者の双方が、熟読玩味すべきものであろう。

しかも、吉野は、政治家一般の資質を語ったのではなく、政党指導者のそれを論じていたのである。すなわち、「政党は少数の賢者をして多数を指導せしむるの機会を作り、更に指導せられたる多数が少数の賢者を監督しつゝ、其政治的活動を後援するの政治上極めて重要なる機関である」と(「寺内内閣の出現に対する儼正批判」)。松本氏が正確に抽出した民主政治下でのあるべき指導者と民衆の関係は、一九九〇年代の日本にとっては、きわめて重要な論点である。社会主義体制の崩壊は、それとの対決によって正当化を行ってきた自由民主主義体制に対して、敵なしに自己の正当性を証明することを要求している。しかるに、四〇年近い間一党優位制を自由民主主義体制であると強弁してきた日本の支配層にとっては、敵なしの自己正当化は、とりわけ困難な課題であろう。社会主義体制の崩壊の思想的衝撃が日本においては比較的弱いのは、おそらくこのことと関係している。向うの体制もひどかったには違いないが、こちらの体制も、政治的選択の自由を誇るには相応しいとはいえないからである。

しかも、四〇年近くにわたって政治的選択の自由を実質上奪われてきた国民の側には、今さら自分の方で政治を改革しなければならない責任はない。政党政治家の側が、自らを道徳的、知的なエリートに自己改造しないかぎり、自由民主主義体制も社会主義体制の後を追うことになりかねないのである。

冷戦の終焉により、反共でも容共でもない民主主義者が日本の政治体制に直面しなければならなくなったとき、その立場は、意識すると否とにかかわらず、吉野作造の主張に酷似してくる。これまでも度々引用してきた佐々木毅氏の近著は、この点について次のように論じている。

「政党は一方で権力を追求する部分的組織になりつつも、他方では「人民のための統治」と公共の利益の一翼を担うという、緊張感を抱え込んできた。この緊張感を維持するためには、政治家は「どんな人間でもよい」ということにはならないという暗黙の了解が必要であった。政治家の質は避けて通れない問題である。……かつてのイギリスの議会政治の強さの秘密は、政治家階層間の競争の歴史が古く、そこで培われた分厚い人材が大衆の政治参加の衝撃をガッチリと受け止めた点にあったといわれる。ここで登場するのはしたたかな政治的操縦術を駆使しながら、あくまでも競争的な政治活動に従事することを天職と心得、互いに名誉をかけて切磋琢磨しあう人間の集団である。こうした制度化された「政治家魂」が基本になければ、気の利いた政策などはいくらあっても物の役に立たない。彼らの前に横たわる最大の暗礁は、私的利益、とくに金銭的利益の誘惑であり、それは彼らの「作られた」独自性——公共のための活動であるという——を一挙に崩壊させる。……これらプロ集団は、金権政治が資本主義において例外ではなく……従って、それとの距離を「作る」ためにあらゆる制度的工夫と厳しい教育、規律の維持が必要であることを十分に知っているのである。……このような政治家階層は一朝一夕に成立するものではなく、大衆化の波によって確実に浸蝕され得る。しかし、こうした努力がなされなければ、民主政は遠からず、深刻な機能障害に陥ることを覚悟した方がよい……」(一八二—一八四頁)

先にも少し引用した、約八〇年前の吉野の一文を、右の佐々木氏の議論と比較してもらいたい。すなわち、

「私の考では最良の政治と云ふものは、民衆政治を基礎とする貴族政治であると思ふ。……而して今日の英国は正に是である。英国に於て政治をする所のものは社会上、道徳上、知識上の皆貴族階級の人である。彼等は其品格と智識とを以て国民を指導し、而して又国民の感情を全然無視せずして其要求の那辺にあるかと云ふ事を見て政治をして居る。であるからして何処までも基礎を民衆主義に置いて居る。」(「民衆的示威運動を論ず」)

吉野がこの道徳上、知識上の「貴族階級」を重視した一因は、佐々木氏も強調する「権力」と「利益」の悪縁の克服のためであった。別のところで吉野は、次のように記している。

「夫れ権力のある処は同時に利益のある所であつて権力の中心には利益も亦伴ふのである。故に若し権力者にして宗教的の高潔なる精神なくば、そこに不義不正の利殖の行為の伴ふは已むを得ぬ事実である。」

この論稿で、吉野は「宗教」をもち出し、しかも「余の云ふ宗教が基督教を指せるものなることは……明なることである」と言い切っている。キリスト教徒でなければ、「利益」に溺れぬ「権力」もできず、弱者に優しい政治もできない(「優等階級のものが、下流人民の生活に同情し、十分なる理解を以て適当の処分をなすと云ふことは実は宗教心なくては出来ない事である」)となれば、そもそも日本では民主政治は育ちようがない。事によるとその通りなのではないかという気がしないでもないが、それでは吉野が「布教」ではなく「政治的啓蒙」に一生をかけたことが説明できなくなる。しかも等しくキリスト教徒であるイギリスを模範にしながらも、そこでの民主政治を、為政者と国民、指導者と監視者に区別した意味も薄められてくる。吉野は宗教の力ではなく政治の力に期待していたのである。

キリスト教の一点を除けば、八〇年隔てた吉野作造と佐々木毅氏の政治改良論はほとんど同じである。佐々木氏が「かつてのイギリス」をモデルとし、吉野が「今日の英国」を模範としている点まで、両者は一致している。社会民主主義論や二大政党制論だけではなく、民主政治下における指導者の条件についても、八〇年前の吉野の「民本主義論」は、今日なお有効性を失っていないのである。

四　天皇主権の肯定と天皇制の否定

吉野がその代表作「憲政の本義を説いて其有終の美を済すの途を論ず」で明言した天皇主権の肯定と、彼の一連の論文で同様に明言されている天皇制特権機構の否定との間に見られる表見的な矛盾は、今日の学界では、ほぼ解決している。そしてこの矛盾の解消にもっとも大きな貢献をなしたのは、おそらく久野収氏と松本三之介氏の論文であり、前者は、一九五六年に、後者は翌五七年に発表されている。久野氏は有名な「顕教」と「密教」の二元論によって、一般国民向けの天皇親政論と、権力内部用の天皇機関説の併存を指摘した上で、「密教」にすぎなかった天皇機関説を「顕教」すなわち一般国民用のものにしようとした思想家として、吉野作造に注目している(『現代日本の思想』)。また、松本氏は、吉野における「法律論」としての天皇主権の容認は、「政治論」としての天皇主権の否認とのセットで理解されるべきであることを論証した(『近代日本の政治と人間』)。さらに松本氏は、吉野における「法律論」と「政治論」の区別は、美濃部憲法学の限界を超えて、天皇制を一層骨抜きにしようとしたものであることを、示唆している。

これらの点について筆者が新たにつけ加えるものはあまりないが、久野、松本両氏が示唆にとどめた美濃部憲法学と吉野民本主義の相違については、明示的に記しておきたい。

たしかに、法律論を排して、あっけらかんと天皇主権説を認めてしまった吉野と違って、憲法学者の美濃部達吉は、天皇主権説を否定して国家主権説を唱えた。日本国の主権は天皇個人にあるのではなく日本国家という法人にあり、天皇はその最高機関にすぎないと。さらに重要なことは、美濃部は、明治憲法第五十五条の国務大臣の天皇輔弼権を拡大解釈して、天皇は国務大臣の集合体である内閣の輔弼なくしては、国務を行うことができないとした。美濃部はもう一歩踏み込んで、国務大臣の集合体である内閣が統一した意思を持つためには、内閣が初めから集合した意思を持つ団体である政党によって構成されるのが最善である、とまでいい切った。こうして美濃部達吉は明治憲法を「解釈改憲」することによって、政党内閣制こそ明治憲法にもっとも相応しい政治体制であることを論証したのである。

ここまでの解釈改憲の魔術は、美事としかいいようがない。しかし、解釈改憲にはそれ固有の限界があった。明治憲法自体の中につけ入る隙がない場合には、自縄自縛に陥るのである。その最大の難点は、明治憲法第十一条の統帥権の独立と、五十六条の枢密院による内閣権限の拘束であった。兵力量の決定に関する天皇の大権、たとえば軍縮協定を締結するか否かのような決定は、第十二条の編制大権に属し、その決定権は軍部にではなく内閣にあると解釈することは可能であった。しかし、陸海軍の作戦・用兵に関する事項は、第十一条に「天皇ハ陸海軍ヲ統帥ス」とあり、伊藤博文の『憲法義解』にも、「今上……帷幕の本部を設け、自ら陸海軍を総べたまふ。……本条は兵馬の統一は至尊の大権にして、専ら帷幄の大令に属することを示すなり」とあるので、解釈改憲では手も足も出なかったのである。「帷幕の本部」が参謀本部と海軍軍令部を指すことには疑問の余地はなかったから、「自ら陸海軍を総べたまふ」天皇と「帷幕の本部」との間に、内閣が介入する余地はなかったのである。

法律論を排して政治論として天皇制特権機構を批判する吉野は、このような解釈改憲の自縄自縛から自由でありえた。本巻収録の「二重政府より二重日本へ」の中で、吉野はこの点について、次のように論じている。

「国策の遂行は陛下之を統べ給ひ、而して其中政務は之を内閣に諮詢して行ひ、防務は之を大権独立の行動として親裁し給ふといふと、如何にも尤もらしい憲法論になるやうだけれども、よく考へて見ると、国権発動の実際の中心点を政府の外に、例へば防務会議と云つたやうな純粋な軍人のみの諮問機関と、此二つに置くものであつて、国家の統一を破る之より甚しきはない。……軍閥系統のものは、容易に文官系統の政府の力を以て動かすことは出来ない。……更にも少し考へて観ると、政府は理論上少くとも議会の監督の下にある。議会も亦理論上民間輿論の掣肘を受くるから、政府を通してする国権の発動は少くとも理論上は民間の輿論と調和することが出来る。故に現在の政府が偶々軍閥と狃《な》れ合つたとしても、政府が国権発動の唯一の中心なら制度としては先づ安心が出来る。」

この引用史料は、二つの点において重要である。第一に、ここで吉野が「如何にも尤もらしい憲法論」として批判しているのは、美濃部達吉の『憲法講話』の内容と同じであるという点である。翌一九二二年二月に発表された「帷幄上奏論」の中では、吉野は美濃部の同著を正面からとりあげて、次のように公然と批判している。

「参謀本部と海軍軍令部とは、制度の上で既に明白に国務大臣の輔弼の責任と衝突する。之が立憲の本義に悖ることは言ふまでもない。併し乍ら之を憲法違反といへるかといへば、此点は少しく他の観点を交へて考へて観る必要がある。……我国憲法学の権威美濃部博士の……名著『憲法講話』の中からこの点に関する説明を引用して見よう。「……一般の国防に付ては総て国務大臣が之を輔弼し其の責に任ずるのでありますが、独り軍令権即ち軍隊統帥の作用に付ては、天皇が軍の大元帥たる御地位に於て行はせられるのであつて、国務大臣の輔弼の外に在り、国務大臣は之に付て其の責に任じないのであります。……」

……斯う云ふ憲法論が相当通用して居る我国の事だから、僕等は、此種の問題をば憲法論といふ形で取扱ひたくないと常々考へてゐるのである。……冷静に考へて見て、国防用兵の事は勿論の事、統帥の事だからとて、之を普通の政務から離すといふは、国権の統一的運用を著しく妨ぐるものたるやを疑はない。戦時は格別、平時に在つては、凡ての国権は必ず同一の源泉から発動すべきは言を待たない所ではないか。」(『日本政

治の民主的改革』一四―一九頁)

ここに明らかなように吉野は、解釈改憲論の美濃部憲法学では否定しきれない「統帥権の独立」を、政治論の立場から否定しきってみせたのである。

「法律論」と「政治論」の区別ということは、松本三之介氏が明らかにしたように、合憲か立憲的かという区別である。この点が先の吉野からの引用史料の中での第二に重要な点である。すなわち、吉野が「国権発動」の一元化を強調する根拠は、「国権の発動」は、与論の監督下にある議会によって、いわば二重に監督された政府によって為されなければならない、としている点である。吉野が法律上の天皇主権を容認したことを批判する論者は、この点を再考すべきであろう。ここで吉野が主張していることは、今日の日本での、民衆↓議会↓政府↓自衛隊の関係と、ほとんど変らないのである。本節の表題を「天皇主権の肯定と天皇制の否定」とした所以である。

なお、紙幅の都合から、吉野の枢密院批判と美濃部憲法学の枢密院論との比較は、ここでは省かざるを得ない。結論だけを記せば、明治憲法第五十六条に、「枢密顧問ハ枢密院官制ノ定ムル所ニ依リ天皇ノ諮詢ニ応ヘ重要ノ国務ヲ審議ス」と明記されているために、解釈改憲の美濃部が枢密院無用論を唱えるには、相当の時間が必要であった。これに対し政治論の立場に立つ吉野は、本巻収録の一九一六年の論文で、すでに明瞭にその有害無益性を指摘している(「寺内内閣の出現に対する儼正批判」)。この点でも法律論の美濃部は政治論の吉野の主張を追いかけて行くことになる。

五 「零からの出発」

一九一〇年代の吉野作造の民主主義論が、一九九〇年代の今日の日本においてもなお有効であるということは、吉野作造という思想家の偉大さを物語るものである。このことには全く異論はない。しかし、振り返って考えてみれば、これはそれほど喜ばしいことではない。社会主義であれ、社会民主主義であれ、自由民主主義であれ、日本では何時も模範は海外に求められ、自国の歴史的伝統には求められなかったことを示しているからである。吉野が「今日の英国」を引照しても「明治十年代の福沢」は例に引かず、佐々木氏が「かつてのイギリス」を例に引いても「大正期の吉野作造」には触れないことが、このことを端的に示している。

もちろん、後に『明治文化全集』の編集に携わる吉野は、明治一〇年代の自由民権運動や福沢系のイギリス自由主義論に全く無知であったわけではなかった。一九一六年一〇月に同志会などを与党とする第二次大隈内閣に代って寺内正毅の超然内閣が成立したとき、吉野はこれを「政変」ととらえ、それを明治一四年の政変における大隈重信の失脚と比較して、次のように論じている。

「十四年に於ける大隈参議の失脚は、一面に於て、云ふ迄もなく其の英国流の政治主義が偏狭なる国体論と戦つて敗北したる結果に外ならぬ。……固陋なる一部の憲法論者は、今日仍ほ当時の政変を以て我国の政治主義が英国主義を排斥するに確定せるの明証となし、当年の廟堂多数の私見を以て永遠不動の原則なるかの如く見做す者ありと雖も、予輩歴史家の見地より云へば、之れ亦憲政思想発達の一段階に過ぎずして、適々《たまたま》憲政の根本義が其当初に於ては多少誇張したる形に於て唱へられ、為めに固陋なる保守的階級の排斥する所となるといふ各国通有の常例を繰返したものに外ならないと観る。」(「寺内内閣の出現に対する儼正批判」)

これによって見れば、イギリス流の二大政党制を重視する大正時代の吉野は、明治一〇年代の日本に自己の先達が居たことには気がついていたようである。しかし、自ら「歴史家」を名乗るにしては、この当時の吉野の日本憲政史の知識は、お粗末なものであった。あくまでも欧米先進国に関する「歴史家」であったにすぎないのである。大正の末年に吉野が記した「明治文化の研究に志せし動機」の中には、「大正七、八年」の話しとして、次のような一節がある。

「余り能くも知らなかつたが、明治十年代民間にどんな政治思想が流行してゐたかは私も多少聞きかぢつて居た。概念的自由民権論に心酔して一挙に政府を顚覆せんと試みる青年の志士もあつたとか、国力の如何対外関係の如何に顧慮せず実際的検証を経ざる原則を直に実行せんと要求する政客も尠くはなかつたとか、一知半解の共和思想もなか〳〵盛であつたとか、憲法を以て君民協同の公約なりとするは当時の輿論と謂ても い丶程であつたとか、本でも読んだり人にも聞いてゐた。……而して大正七八年の今日は如何といふに、デモクラシーがどうの共産主義がどうのと、基本的政治思想の混乱は恰度明治十年代とよく似て居る。……往時のデモクラシーは一知半解の洋学心酔者が唱へ出したのだ。今のデモクラシーは之に反して時勢の必要に促されて故に一寸でも之を試みれば失敗するにきまつてゐる。時勢はまだ之を採用するまでに進んでゐない。時勢の必要であつた専制的官僚政治ではもう立ち行かなくなつた。……古い人はこの時勢の変起つた。古い時勢の必要であつた専制的官僚政治ではもう立ち行かなくなつた。……何とかして斯うした古い人化を見ないで、……判断の基礎は自分達の踏んだ昔の経験だから堪らない。……何とかして斯うした古い人達の迷妄をひらかなければならぬ。……一番の近道は彼等に時勢の変化を説くことである。政治思想の変遷を基とした時勢の背景の新旧自ら異る所以を明にしてやることである。」

この一文に明らかなように、吉野にとっての自由民権運動は、学ぶべき民主化運動の伝統ではなく、大正デモクラシーを光らせるための「反面教師」であった。福沢諭吉の『民情一新』や徳富蘇峰の田舎紳士論や中江兆民の『国会論』などを読んでいれば、「往時のデモクラシーは一知半解の洋学心酔者が唱へ出した」ものである、などという言葉が出てくるはずがない。海外留学に当って蘇峰に世話になったので、蘇峰の駄作『時務一家言』を書評しなければならなかった事情は分らないではない。しかし、本巻収録のその書評の中には、明治二〇年代の蘇峰のイギリス型立憲政治論への言及は全くない。どうせ駄作の書評を引受けたのなら事の序に明治二〇年代初頭の蘇峰の『国民之友』でも繙いていれば、民権期や初期議会期の知識人を「一知半解の洋学心酔者」などと軽蔑することにはならなかったはずである。その反対に、イギリス・モデルの自己の民本主義を、二五年前のイギリス・モデルの蘇峰の「平民主義」の発展として、自国の伝統を援軍に使って正当化できたはずである。欧米のデモクラシーの歴史には精通していても、自国の過去の民主化運動に関しては「一知半解」の知識しか持合せていないという、日本の知識人の一般的傾向から、吉野でさえも自由ではなかったのである。

自由民権運動への無理解と無関心は、吉野にかぎらず、大正デモクラシー期のデモクラットの間で広く見られた傾向であった。行政学者蠟山政道が共産主義に対して吉野のデモクラシー論を弁護したときにも、自由民権運動は「反面教師」として登場する。一九二五年一月の論文で蠟山は次のように記している。

「我国に於いてデモクラシー論が売薬の宣伝広告のやうに忽に過ぎ去つて、社会主義論にその地位を譲つたのは、如何なる理由であつたらうか。……長く封建制度の下に訓練され、明治維新の後も、新政府の父長的指導の下に立たしめられて来た我が国民は……デモクラシーの本髄を把握し得なかつたのは当然である。ただ僅かに、一部の士族階級の先覚者、実業階級の少数者、知識階級の或部分がこのデモクラシーの一部分を体得し得たに過ぎなかつたのである。しかも、この少数者はこのデモクラシーを反抗の武器とする必要と障碍とに逢着することもなく、直に自らが伝統的支配者階級の仲間入をし、反つてその指導的分子となりすましたのである。この事が、我国に於けるデモクラシーの実際化を妨碍したのである。」(『日本政治動向論』八八頁)

吉野を始めとする大正デモクラットの努力が何故に国民の実生活における「栄養素」とならずに「売薬の宣伝広告」のようなものにとどまって、新流行の社会主義というもう一つの「売薬の宣伝広告」に取ってかわられたのか、という蠟山の設問には、耳を傾けるべきものがある。しかし、この設問に対する蠟山の回答は自国の民主主義運動の歴史に関して彼がいかに無知であったかを示している。一八八〇年に日本全国を席捲した自由民権運動は、それ以後一八九三年頃までの十数年間にわたって、日本国民の「栄養素」でありつづけた。その経験が一九〇〇年の立憲政友会の結成を境に日々忘れられていった責任の一半は、大正デモクラシーの理論家たち自身にもあったのである。わざととすら思える二、三十年前の自国の歴史の忘却と蔑視から、彼らが「零から出発」したことは、大正デモクラシーの定着を妨げたのである。デモクラシーを自国の伝統の中に求めず、舶来の新思想として提唱したのは、彼ら自身だからである。吉野の舶来のデモクラシー論が、それよりも新しい舶来品であった共産主義論によって隅に追いやられた一因は、吉野自身の自国の近過去への無関心と無理解にもあったのである。

本稿の範囲を越えるが、同様の傾向は、戦後民主主義の出発に当っても存在していたように思われる。戦後民主主義思想の形成にもっとも大きな影響を与えた、丸山真男氏の『現代政治の思想と行動』の中で描かれる自由民権運動は、吉野の場合と同様に「反面教師」としてのものであった。そして丸山氏の影響を強く受けた石田雄氏は、「日本には民主主義の伝統があったのだ、大正デモクラシーというのがあったじゃないか」というのはライシャワーを初めとするアメリカ近代化論の議論として退けたという(『社会科学研究』三五巻五号)。

大正デモクラシーに見られる明治デモクラシーの過小評価、戦後デモクラシーに見られる大正デモクラシーの過小評価と同じ傾向は、平成デモクラシーをめざす佐々木毅氏の著作の中にも見られる。吉野と同じく欧米のデモクラシーに関しては歴史家として謙虚に耳を傾けながら、日本近代のデモクラシー史に関しては、全く言及がないのである。すでに度々触れてきたように、大正期の吉野と平成期の佐々木氏の主張が著しく近似していることを考えれば、これはきわめて奇異な現象である。日本にデモクラシーの伝統がないのではなく、日本の知識人によって絶えずデモクラシーの伝統が消し去られてきただけではなかろうか。その結果、政治家も民衆も、初めから日本における民主政治の発達に大きな期待をかけなくなったという一面も、考えてみる必要があろう。政治家の責任放棄も、国民の政治への蔑視も、そのすべてが眼前の政治的現実だけによってもたらされたものとは限らないのである。

六 「非凡の思想家」の「等身大の思想」

本巻収録の諸論文のうち、婦人問題については解説を省かせてもらった。一方ではそれらは読んでもらえばそのまま理解できる分り易いものであり、他方では、女性史の専門家ではない筆者は、それ以上につけくわえるべきものを持合せていないからである。ただ、天皇主権論についての吉野の不用意な発言が長年にわたって彼の正当な評価を妨げてきたようなことが、この問題について起らないことだけを祈念したい。たとえば、「婦人の政治運動」の中の吉野の、「予はもと自覚したる婦人の側に多大の同情を有するものであるが、併し議論としては何処までも婦人は須らく家庭的たるべしと主張するものである」というような一文にだけ、注目すべきではないのである。その後につづく、「二十世紀の婦人は自覚しつゝある。彼等は先づ総てが家庭の人たるを得ざるの時勢に在るを見、男子と同じく広く外部に活動するの必要を感得しつゝある。次に彼等は家庭の人としても、徒らに男子の意思に隷属すべきものに非ず、之と対等に家庭を経営するの主脳者たるべきを覚りつゝある。……新運動の起るや、多少の弊害の之に伴ふは已むを得ぬ。併し多少の弊害が伴へばとて、新運動を全然排斥し去るは、角を矯めんとして牛を殺すの類である」という〝本論〟の方で、吉野を理解すべきなのである。本巻収録の諸論文を読めば明らかなように、吉野は女性の参政権を支持し、男女同一賃金論者であり、また自立した女性の味方であった。

天皇主権の肯定につづいて、「議論としては何処までも婦人は須らく家庭的たるべしと主張するものである」という〝不用意〟な発言を読んでいるうちに、筆者は、この不用意さは実は吉野の大衆説得術だったのではないかと思うに至った。初めから天皇制に不満で女性解放に好意的な知識層だけを相手にするならば、これらの発言は明らかに〝不用意〟である。しかし、常識的なレベルで天皇を尊敬し男尊女卑の家庭生活を営んでいる一般大衆を相手に、天皇制の弊害を語り、女性の解放を説くときには、冒頭で彼らの常識を肯定してまず安心させ、本論で穏かにその常識の改造を説く必要があったのではなかろうか。私には、吉野はこの説得方式を自覚的に採用していたように思えてきた。いいかえれば、吉野は、自分のめざす政治的社会的改良を、一般大衆の常識を尊重しながら実現しようとしたのである。

これまで五節に分けて見てきた吉野の主張は、相互に見事に結合しており、しかも彼はその綜合された民主主義論から逸脱したことは一度もなかった。その意味では吉野は、まぎれもなく戦前日本を代表する思想家であった。

しかし他方で、吉野は、その見事に構成された民主主義論を、時代の常識を無視せずに説こうとした。その等身性の説得術の故に吉野は、二度目の世界革命の時代であった一九二〇年代には、知識階級には受け容れられなかった。三度目の世界革命(改良)の時代であった一九五〇年前後においても、この点は同様であった。

しかし、二十一世紀を目前にした今日の我々は、フランス革命に代表される十九世紀やロシア革命に代表される二十世紀とは、全く異なる時代に直面している。「革命の時代」に必要なのは「非凡の思想」であり、「改良の時代」に必要なのは「等身大の思想」である。いつまでも「非凡の思想」だけを探し求めていると、それが出現しないと判明すれば「歴史の終り」を認めざるを得なくなる。「非凡の思想家」でありながら「等身大の思想」を語りつづけた吉野作造の著述を熟読玩味すべき時ではなかろうか。

■岩波オンデマンドブックス■

吉野作造選集 3　大戦から戦後への国内政治

1995年 7月 7日　第1刷発行
2016年 6月10日　オンデマンド版発行

著　者　吉野《よしの》作造《さくぞう》

発行者　岡本　厚

発行所　株式会社 岩波書店
〒101-8002 東京都千代田区一ツ橋 2-5-5
電話案内 03-5210-4000
http://www.iwanami.co.jp/

印刷／製本・法令印刷

ISBN 978-4-00-730421-7　　Printed in Japan